珍藏本
纪念版

汉译世界学术名著丛书

人类的知识

其范围与限度

〔英〕罗素 著

张金言 译

2017年·北京

Bertrand Russell
HUMAN KNOWLEDGE
its scope and limits
1948
Simon and Schuster, New York
本书据纽约西蒙-舒斯特公司 1948 年版译出

汉译世界学术名著丛书
（120 年纪念版·珍藏本）
出 版 说 明

2017 年 2 月 11 日，商务印书馆迎来 120 岁的生日。120 年前，商务印书馆前贤怀揣文化救国的理想，抱持“昌明教育，开启民智”的使命，立足本土，放眼寰宇，以出版为津梁，沟通中西，为中国、为世界提供最富智慧的思想文化成果。无论世事白云苍狗，潮流左右激荡，甚至战火硝烟弥漫，始终践行学术报国之志，无改初心。

逐译世界各国学术名著，即其一端。早在 20 世纪初年便出版《原富》《天演论》等影响至今的代表性著作，1950 年代后更致力于外国哲学和社会科学经典的译介，及至 1980 年代，辑为“汉译世界学术名著丛书”，汇涓为流，蔚为大观。丛书自 1981 年开始出版，历时三十余年，迄今已推出七百种，是我国现代出版史上规模最大、最为重要的学术翻译工程。

丛书所选之书，立场观点不囿于一派，学科领域不限于一门，皆为文明开启以来，各时代、各国家、各民族的思想与文化精粹，代表着人类已经到达过的精神境界。丛书系统译介世界学术经典，引领时代思想，为本土原创学术的发展提供丰富的文化滋养，为推动中国现代学术和现代化进程做出了突出的贡献。

为纪念商务印书馆成立 120 周年，我们整体推出“汉译世界学术名著丛书”120 年纪念版的珍藏本，寄望既利于文化积累，又便于研读查考，同时向长期支持丛书出版的译者、编者和读者致以敬意。

两甲子后的今天，商务印书馆又站在了一个新的历史时间节点上。我们不仅要铭记先辈的身影和足迹，更须让我们的步伐充满新的时代精神。这是商务人代代相传的事业，更是与国家和民族的命运始终紧密相连的事业。我们责无旁贷，必须做好我们这代人的传承与创造，让我们的努力和成果不仅凝聚成民族文化的记忆，还能成为后来人可以接续的事业。唯此，才能不负前贤，无愧来者。

商务印书馆编辑部

2017 年 10 月

译 者 序

罗素(Bertrand Russell,1872—1970)是二十世纪英国著名哲学家、数学家、散文作家和社会活动家。他的著作很多,论述范围极广。他对数理逻辑、哲学以及政治和社会问题都提出过自己的一套新看法。他的散文简洁明了、文笔流畅、富于风趣,赢得了广大的读者。有人就认为,自伏尔泰以来,还没有一个西方文人享有他这样大的声誉和产生过这样大的影响。

罗素对当代西方哲学起了重要的推动作用。他是分析哲学的奠基人,因为他第一次把分析方法引进了哲学研究领域。这种方法的应用引起了哲学的重大改变。除了对英美哲学产生的影响外,欧洲大陆的哲学家如维特根施坦和卡尔纳普等人也是在他的启发下从事哲学研究的。从二十世纪初的新实在论到三十年代的逻辑实证主义都和罗素的思想密切相关。但罗素从不完全同意或追随任何哲学运动,而是往往带有若干保留意见。例如他的立场是经验主义的,但他并不认为一切可以接受的信念都能从纯经验的前提推导出来。又如他虽然强调哲学要使用分析的方法,却不像有些人那样为分析而分析,也不同意那种认为哲学就是分析的看法。

罗素的哲学发展大体可以分为三个阶段。(1)新实在论时期。十九世纪末,布拉德雷等黑格尔派绝对唯心主义者统治着当时的英国哲学。首先对黑格尔派进行反抗的就是罗素和摩尔。罗素用外在关系说反对布拉德雷的内在关系说,从而得出了实在论的结论:外界事物的存在并不依靠人的意识。这本来是很明显的道理,但在当时却起了重大的变革作用。他在这段时期的主要著作有《数学原理》(*Principles of Mathematics*,1903)和《哲学问题》(1912)。(2)逻辑构造主义时期。所谓构造主义就是"只要可能,就用由已知实体组成的构造来代替推导出未知实体的推论"。罗素在这一时期的工作有三个方面:(a)把数学还原为逻辑,这方面的著作有他和怀特海合写的《数学原理》(*Principia Mathematica*,三卷,1910—1913);(b)心的构成,这方面的著作有《心的分析》(1921);(c)物的构成,这方面的著作有《物的分析》(1927)。在《心的分析》和《物的分析》这两本书中,罗素采用了詹姆士的中立一元论的立场,即认为心与物只是经验的两种不同形式。逻辑构造主义是就认识论讲的,如果就本体论讲就叫作逻辑原子主义。罗素认为常识世界中看来平常的和比较简单的事物实际上都是极其复杂的、由原子事实构成的复合。世界就是由许多互相独立的原子事实组成的总和。(3)后期发展。从二十世纪四十年代起,罗素逐渐认识到经验主义是不够的,承认只有靠某些不依赖经验的原则才能把经验中得到的零碎知识串联起来构成科学的世界。所以他开始研究从原子事实推导出科学知识所必需的各种推论原则。这段时期的著作有《意义与真理的探讨》(1940)和《人类的知识:其范围与限度》(1948)。

《人类的知识》是罗素最后一部专门哲学著作。罗素的后期哲学思想在本书中得到最系统的阐述。他想把本书写成自己哲学见解的最后总结。罗素传记作者伍德(Alan Wood)说过,这是罗素最重要的哲学著作之一,也是哲学史上一个里程碑。

既然经验不足以构成科学知识,那么科学在经验之外到底还需要什么必要的东西?罗素的答案就是本书最后列举的五个“公设”。其中第一个公设即“准永久性公设”是为了代替传统的“实体”观念而设立的。看来罗素再也不能随便使用他所喜欢的奥康剃刀了。罗素在他的后期哲学中仍然是一个中立一元论者,认为世界的构成要素在性质上是一样的,关于它们我们充其量只知道通过因果律推论出的结构。为什么我们要承认《人类的知识》所列举的五个公设?罗素提出三项理由:(1)如果不承认它们,我们就会走向唯我论;(2)如果没有它们,我们就不能相信科学的一般真理;(3)如果我们对于这些公设所抱的信念是错误的,人类就不会生存下来。他并不主张我们可以认识到这些假定为真。他的论点现在变得跟康德的立场一样,即如果我们打算承认我们在日常生活中都承认的那些关于未经验到的事件的推论,我们就必须承认这些假定。另外,他认为物体只是知觉的外界原因,是经过推论才被我们认识到的,因此我们一点也不知道物体的固有性质。这一点又和康德的说法相近。

在罗素的整个哲学发展中,他一直在追求着确定性。他在晚年却不得不承认确定性的获得比他所希望的要困难得多。他在《人类的知识》最后一页作出这样一个令人沮丧的结论:“全部人类知识都是不确定的、不精确的和不全面的。”但是尽可能接近确定性却决定了他关于认识以及世界性质的想法。正是由于这个原因,他一直从事把知识分析为不存在任何疑问的成分。即使他不得不承认进行超过直接与件范围的推论无可避免，他还是把这类推论缩小到最小限度。

罗素曾是一个逻辑原子主义者，一直认为世界是由原子事实所构成。但是他在《人类的知识》一书中这一立场有了新的发展。表示一件原子事实的原子命题如“这是红的”中的“这”字指的是某一特体(particular)。特体曾被认为是具有各种性质的东西，即性质所依附的基础。后来罗素相信并没有经验上的理由可以假定这样一种东西存在。在感觉经验中，人们觉察到许多性质和性质之间的相互关系，但却觉察不到某种具有各种性质的东西。性质的负载者原来不过是表示原子事实的句子的主语。罗素的最后看法是，性质的主体只是由共现的性质集合组成的结构。按照这种看法，“东西”被“性质束”所代替，性质本身成了构成世界的最后特体。罗素这样做的结果就是按照贝克莱的办法，把常识中的事物当作性质的集合，而这些性质则由一种叫作“共现”的关系结合起来。

罗素的目的一直是替公认的信念找寻理由，不管这些信念属于数学、自然科学、社会科学和常识当中哪一个领域。他的方法永远是从坚实可靠、不容置疑的命题出发，并以此为基础，用最少量的假定重建知识的大厦。使用这种方法的结果就是他通常采取分析的方式为信念提供合理根据，从而推动了当代哲学中的分析运动。在这一方面，以及在他刚健、优美的文体上，他都继承了英国经验主义的传统，成为二十世纪这派哲学的代表人物。

1982年6月12日

目　　录

著　者　序 v

以下的篇幅并不是只为或主要为专门的哲学家而写的，它们的对象是那些在人数上多得多的广大读者。这些人对哲学问题感兴趣，但又不愿或不能拿出较多时间来研究这些问题。笛卡尔、莱布尼兹、洛克、贝克莱和休谟的著作都是以这类读者为对象的，我认为不幸在过去一百六十年左右的时间内，哲学已经逐渐被人看成几乎和数学同样专门的东西。固然逻辑是和数学同样专门的学问，但我认为逻辑并不是哲学的一部分。哲学本身研究的是一般受教育的人感兴趣的问题，如果哲学的内容只有少数几个专门研究哲学的人能够懂得，它的价值就要大大减少。

在本书中我曾试图以我所能达到的最广阔的眼界来研究一个很大的问题：既然人们和世界接触的时间短暂，观察事物又不免带有个人偏见和局限性，那么人们又是怎样得以获知他们的全部知识的？相信我们的知识这种信念有一部分是幻觉吗？如果不是，那么我们除了依靠感官之外，还必须知道些什么？我在以前写的一些书中谈过这个问题的某些部分，所以我只好在较大的文章结构中重复我在别处已经考察过的某些问题的讨论。但是我已经在不妨碍我的主题的条件下，对这类重复作了最大的压缩。

我所讨论的题目的困难之一是我们必须使用日常语言中常见

的词,例如“信念”、“真理”、“知识”和“知觉”。因为这些词的日常用法意义含混而不准确,并且因为没有现成的准确的词可以代替它们,所以在我们的研究中早先阶段所说的每一句话,从我们希望最终到达的观点来看,难免令人不够满意。在我们成功的情况下,我们知识的增长好像旅行家在雾气朦胧中走近一座高山:最初只能辨清某些轮廓,甚至连这些轮廓的界限都看不分明,但是慢慢
vi 就能看到更多的东西,山的边崖也变得比较清楚了。所以在我们的讨论中,不可能先解决一个问题然后再去解决另外一个问题,因为中间的朦胧雾气笼罩着一切。在每一阶段中,尽管我们的问题的某一部分可能成为注意的焦点,所有各个部分还是或多或少与问题有关。我们必须使用的那些不同的关键词都是相互关联的,只要某些词的意义含混不清,其他词也就必然多少带有这种缺点。由此可以看出:前面所说的话应当受到后面所说的话的修正。穆罕默德说过,如果两种可兰经文有不一致的地方,那就要以后来的经文为准,我希望读者用同样的原则来解释这本书中所说的话。

本书打字稿曾由我的朋友和学生 C. K. 希尔先生阅过,感谢他提出的许多宝贵的批评、意见和改正。打字稿很大部分也曾由希拉姆·J. 麦克林登先生阅过,他提出了许多有用的意见。

本书第三部分第四章“物理学与经验”,是剑桥大学出版部出版的同名小书的重版,只作了少数修改。我感谢他们允许我这样做。

伯特兰·罗素

引　论 xi

本书的主要目的在于考察个人经验与科学知识整体之间的关系。我们一般都认为科学知识大体上是可以承认的。尽管怀疑主义在逻辑上无懈可击,从心理学的观点来讲它却不能成立,因为每一种自称相信怀疑主义的哲学都带有轻率不真诚的成分。进一步说,如果怀疑主义想在理论上站得住,那它就必须否认**一切**从经验到的事物中得出的推论;一种不彻底的怀疑主义,例如否认无人经验过的物理事件的存在,或者那种承认在我的将来或记忆不到的过去有事件存在的唯我主义,都没有逻辑上的合理根据,因为它必须承认那些导致它所否认的信念的推论原理。

从康德到现在,也许更确切点说从贝克莱到现在,哲学家当中一直存在着一种我认为是错误的倾向,那就是让对于世界的描述不适当地受到从人类知识的性质得出的看法的影响。从科学常识(这是我所承认的)来看,显然人类的知识只限于宇宙中微乎其微的一小部分,过去有过长得无法估计的蒙昧时期,将来也可能出现同样长的蒙昧时期。从宇宙秩序和因果关系来看,知识是宇宙的一个不重要的方面;一门略而不谈知识的出现的科学,从我个人的观点来看,也许只算一种非常无关紧要的缺点。在描述世界时,主观性是一种坏习惯。康德认为自己完成了一次“哥白尼式的革命”,但是如果他说自己完成了一次“托勒密式的反革命”那就更为确切,因为他把人又恢复到哥白尼废黜他以前的地位。

但是如果我们问的问题不是“我们居住的是什么样的世界?”,而是“我们是怎样得到我们关于世界的知识的?”,那么主观性就有了它应有的地位。每个人的知识,从一种重要的意义来讲,决定于他自己的个人经验:他知道他曾看到和听到的事物、他曾读
xii 到和别人曾告诉过他的事物以及他根据这些与件所能推论出来的事物。这里所谈的是个人的而不是集体的经验,因为从我的与件过渡到承认证词需要经过推理。如果我相信有塞米巴拉丁斯克[1]这样一个地方,我相信它是因为我遇到过的那些事物;除非承认某些重要的推论原理,我将不得不承认:没有这样一个地方,我也可能遇到过所有这些事物。

在描述世界时想摆脱主观性的愿望(这一点我也有)已经在有关认识论方面把一些近代哲学家引入迷途——至少在我看来是这样。因为他们发现认识论的问题不合口味,他们就设法否认这些问题的存在。认为与件是仅仅属于个人范围内的东西,这是从普罗塔哥拉斯时期以来就为大家所熟悉的一个论点。这个论点已经受到否认,因为人们和普罗塔哥拉斯同样认为,如果承认它,那就必然导致一切知识都是仅仅属于个人范围内的东西这个结论。就我来说,尽管我承认这个论点,却不承认这个结论;以下的篇幅就是说明我是怎样和为什么这样做的。

---

① 塞米巴拉丁斯克(semipalatinsk),苏联哈萨克苏维埃社会主义共和国都市,1920年著者访问苏联时曾去该地。——译者

由于我个人生活中遇到过的某些事件，我对于我未经验过的事件抱有许多信念——别人的思想和感情、在我周围的物体、地球在历史上和地质上的过去情况，以及天文学所研究的宇宙中遥远的领域。就我来说，除了细节上的错误以外，我承认这些信念是正确的。由于这种承认，我自己抱有这种看法，即从事件到其他事件之间存在着正确有效的推理过程——更具体地说，是从我无须推理就认识的事件推论到我不具这种认识的事件。发现这些过程的真相是对于科学和常识的工作程序的一种分析，只要这类程序一般认为在科学上正确有效。

从一组事件推论出其他事件的推理只能在世界具有某些在逻辑上并不是必然的特点的条件下才有其合理的根据。就演绎逻辑所能表明的来说，任何一个事件集合也许都有可能成为整个宇宙；这样，如果我能推论出事件，我就必须承认超出演绎逻辑范围的推论原理。一切从事件推论出事件的推理都要求在不同的现象之间存在着某种相互关联。传统上把这种相互关联用因果原理或自然
律表示出来。像我们将看到的那样，它蕴涵在简单列举的归纳可 xiii
能具有的有限正确性中。但是传统上表示这种必须作为公设的相互关联的方式，在许多方面都有缺点，有的失之于过于严格，有的则失之于不够严格。发现作为科学推理的合理根据所必需的最小量原理是本书的主要目的之一。

科学的重要推理与逻辑和数学的推理不同，只具有*概然性*，这已经是人所共知的了；换句话说，如果前提真并且推理正确，那么结论仅仅*可能*真。因此有必要考察“概然性”所表达的意义。人们将看出它可能表达两种不同的概念。一方面有数学上的概率：

如果一个类有 n 个分子，其中 m 个分子具有某种特点，那么这个类中一个未确定的分子具有所说的这种特点的数学上的概率就是 m/n。另一方面，有一种范围较大和意义更为含混的概念，我把它叫作“可信度”，这是我们有理由给予一个多少不带必然性的命题的相信的分量。在叙述科学推理的原理时这两种概然性都要涉及。

我们的研究大体将采取以下的顺序：

第一部分讲科学的世界，它描述宇宙中由于科学研究而带有概然性的某些主要特点。这一部分可以看作是为推理定下必须达到的目标，如果我们的与件和我们的推论原理能为科学实践提供合理根据的话。

第二部分讲语言，它所谈的仍然是一些准备的条件。这些条件分为两类。一方面，弄清楚某些像“事实”和“真理”这一类基本名词的意义是非常重要的。另一方面，有必要考察一下感觉经验对于“红”、“硬”、“公尺”或“秒”这一类经验界的概念的关系。此外，我们还将考察像“此地”和“此时”等主要与讲话人有关的词对于像表明经纬度和日期等不带个人因素的词的关系。这种考察提出了一些相当重要和比较困难的问题，这些问题关系到个人经验对于社会公认的普通知识整体的关系。

xiv 我们的主要研究开始于讲科学与知觉的第三部分。我们在这里要做的是在一般被人当成经验知识的东西中把与件和推理区分开来。我们所要做的还不是为推理找出合理根据或是研究进行推理所依据的原理，而是要表明推理（与逻辑构造相对而言）对于科学是必要的。我们还要区别两种空间与时间，一种是主观的和属于与件的,另一种是客观的和从推理得出来的。我们也将顺便指出,除非唯我主义以从未为人主张过的极端形式出现,那么它就是在逻辑上不能成立的、位于片断的与件世界和完整的科学世界中间的一所房屋。

第四部分讲科学概念,它要做的是分析从推理得出的科学世界的基本概念,特别是物理空间、历史时间和因果律。数理物理学中所用的名词需要满足两类条件:一方面它们必须满足某些公式,另一方面对它们所作的解释必须产生可以被观察证实或否证的结果。通过后一种条件它们和与件联系起来,尽管这种联系在意义上并不怎样精确;通过前一种条件它们在某些结构属性方面变得具有确定的性质。但是在解释上仍然有着相当大的伸缩范围。把与构造相对而言的推理的作用缩小到最小限度来使用这个自由范围是审慎可取的;例如,根据这种理由,把时空中的瞬间点做成由事件或性质组成的群。从这一部分的开始直到结束,时空结构和因果连锁这两个概念逐渐取得越来越大的重要性。第三部分是要发现什么可以作为与件,第四部分则要概括提出,如果科学可以找到合理根据,那么什么是我们一定能从我们的与件推论出来的东西。

因为一般公认科学的推理通常只能使它们的结论具有概然性,所以第五部分就来考察概然性。这个名词可以有各种不同的解释,不同的作者也为它下过不同的定义。我们对于这些解释和定义作了考察,对于想把归纳和概然性结合起来所作的尝试也作了考察。在这个问题上所得到的结论主要是凯恩斯所提出的主张:除非满足某些条件,归纳并不能使其结论带有概然性,并且只 xv

靠经验永远不能证明这些条件已经得到满足。

第六部分讲科学推理的公设,它试图发现为我们从一组与件推论出定律找出合理根据所需要的先于经验的最小量的假定;并且进一步探讨在什么样的可能有的意义上,可以说我们认识到这些假定是正确有效的。这些假定所必须完成的逻辑功能是使满足某些条件的归纳结论具有很大的概然性。为了这个目的,因为要讨论的只是概然性,我们不必假定某一种事件关联永远出现,而只需假定它经常出现。例如,看来必要的假定之一是可以分离的因果连锁的假定,例如光线或声波所显示的那些因果连锁。这个假定可以叙述如下:当一个具有复合的时空结构的事件发生时,经常出现的情况是它只是一系列具有相同或非常相似的结构的事件之一。(比较精确的叙述将在这一部分的第六章出现。)这是属于一个范围较大的规则性或自然律的假定的一部分,可是这个假定却需要用比通常详细明确的形式加以叙述,因为在通常形式下,它成了一个重言式。

为了正确有效,科学推理需要一些不能由经验使之具有哪怕是概然性的原理,我认为这一点是从概然逻辑得到的一个无法逃避的结论。对于经验主义来说,这是一个难以接受的结论。但是我认为通过第二部分所作的对于"知识"概念的分析可以让它变得比较更加合乎我们的口味。照我看来,"知识"是一个远远不及通常所想的那样精确的概念,它在不用文字表达的动物行为中扎根之深超过了大多数哲学家愿意承认的程度。我们的分析引导我们得出的逻辑上的基本假定,从心理学的观点来看,是一长系列改进的终点,这一系列改进以动物的预料习惯开始,例如有某种香味的东西将是好吃的等等。因此，问我们是否“知道”科学推理的公设并不是像表面看来那样明确的问题。对它的回答一定是：从一 xvi
种意义上说是，从另一种意义上说不是；但是从“不是”是正确回答的那种意义上说，我们是什么也不知道的，在这种意义上“知识”是一个幻象。哲学家们的疑惑，在很大程度上是由于他们不愿从这种幸福的梦境中觉醒过来。

第一部分　科学的世界

3 第一章　个人的知识与社会的知识

科学知识的目的在于去掉一切个人的因素，说出人类集体智慧的发现。在这一章里我要讨论一下科学知识在达到这项目的上获得了几分成功，和为了达到最大限度的成功而必须牺牲掉的个人知识因素。

整个社会的知识和单独个人的知识比起来，一方面可以说多，另一方面也可以说少：就整个社会所搜集的知识总量来说，社会的知识包括百科全书的全部内容和学术团体会报的全部文献，但是关于构成个人生活的特殊色调和纹理的那些温暖而亲切的事物，它却一无所知。如果有个人说"我没法说出我看到布痕瓦尔德[①]所感到的恐怖"，或者"我没法用语言表达我过了多年的集中营生活之后重见大海所感到的快乐"，这时他是在说一件千真万确的事实；他从亲身经验所得到的知识是那些与他经验不同的人所没有的，这种知识并不是用语言可以完全表达出来的。一个运用语

---

① 布痕瓦尔德（Buchenwald），第二次世界大战中纳粹德国最大集中营之一。——译者

言文字的能手可能在敏感的读者心中创造一种与他自己相差不多的心境；可是如果他用的是科学的方法，那么他的经验之流就会烟消云散，永远消失。

语言，这个我们借以表达*科学*知识的唯一工具，在其起源及其主要功用方面，基本上是社会性的。固然数学家乘船遇险漂到荒岛，他很可能掏出随身带的笔记本和铅笔，用数学语言作一些演算，来消磨这种难受的寂寞；同样，人们记日记也完全是为了自己看的。再就日常生活中更常见的事来说，大多数人也是通过语言 4
进行内心思维活动的。可是语言的主要目的毕竟还是传达思想，为了达到这个目的，语言就必须是大家公用的语言，而不是说话人独创的一套自家语言。其结果就是在把思想翻译成语言的过程中，每个人经验中最具个人特点的东西几乎都失掉了。此外，就连语言的共同性本身在很大程度上也是一个错觉。某种形式的一句话通常可以为适当的听者一致认为对或是错，但是这句话的意义对于所有的听者来说却并不相同。影响不到一句话的真或伪的那些意义上的差别，通常在实际生活中没有什么重要意义，因而被我们忽略掉，结果使得我们认为个人的世界与公共的世界非常相似，这种相似远远超过了实际的情况。

研究一下学习语言的过程，我们就会很容易证明这一点。理解一下词的意义有两种方法：一种是通过别的词给它下定义，这样的定义叫作*文字的*定义；另一种是通过让人经常当着一个词所指的物体听到这个词，这样的定义叫作*实指的*定义。显然开始只能使用实指的定义，因为文字的定义要是假定一个人已经认识用来*下定义*的那些词。你可以通过文字的定义懂得五边形是具有五条边的平面图形，可是小孩子却从来不是用这种方法学会那些常用的词的，例如“雨”、“太阳”、“午饭”或“床”等。这些词是通过小孩子看着我们要说的东西，由我们用加重语气读出相应的词让他们学会的。所以小孩子对于一个词的意义的理解要受他个人经验的影响，要受他的环境和感觉系统的决定。一个经常看到毛毛细雨的小孩和一个只见过热带倾盆大雨的小孩，对于同一个“雨”字的意义会有不同的理解。一个近视眼的小孩和一个远视眼的小孩对于同一个“床”字也会有着不同的意象。

不错，教育力求把语言变成不带一点个人因素的东西，并且获得了某种程度上的成功。“雨”不再是大家都熟悉的那种现象，而成了“从云块落到地面的水点”，“水”不再是把你弄湿的那种东西，而成了 H_2O。关于氢和氧，我们必须牢牢记住它们的文字的定
5 义；至于你是否理解这些定义倒无关紧要。一个人所受的教育越高，文字的世界和感官的世界的距离也就越大；你学会怎样正确使用文字，正像你学会拉小提琴一样；你终于成了一个运用文字的能手，熟练到连文字还有其意义这一点也丢在脑后了。这时你已经成了一个只具有社会性的人，连藏在你心头深处的思想也适合刊载在百科全书上了。但是你却再也没有希望做一个诗人，如果你想谈情说爱，你会发现你说的那种不带一点个人色调的语言很难引起你所希望引起的那种感情。你为了传达而牺牲了表达，结果你所传达的最后只能是既抽象而又枯燥无味的东西。

我们越是接近逻辑上的完全抽象，不同的人在理解一个词的意义上所出现的无法避免的差别也就越小。这一点是很重要的。没有理由认为两个受过适当教育的人在理解“3481”这个数字的

意义上会有什么不同。对于两个逻辑学家来说,“或”和“不”可以有完全相同的意义。纯粹数学自始至终都在使用能够为大家所公认、不带一点个人因素的概念。这是因为数学概念中没有从感官得来的东西,而感官乃是形成个人世界的门户。人体是一件反应灵敏的记录器,不断传进来自外界的消息;传到一个人体的消息绝不会和传到另一个人体的消息完全一样,尽管实际生活和社会的需要让我们学会不去理会两个邻近的人在知觉结果方面的差别。在物理学的建立上,我们特别强调知觉知识的时宜方面,这是知觉知识中最抽象和最接近逻辑和数学的一个方面。我们这样做是为了要做到让概念成为大家共同理解的东西,把可以传达的都传达出来,不能传达的就听其沉没到黑暗朦胧中去。

可是人类所理解的空间和时间,实际并不像科学所说的那样不带一点个人的因素。在神学家的心目中,上帝超然地对全部时间和空间一览无遗;科学在模仿这种非片面性的努力上获得了一些表面上的成功,但是这种成功有一部分实在是我们的错觉。人
类与神学家的上帝不同:人类的时间和空间总有个“此时”和“此 6
地”。凡是属于此时此地的事物都是清晰分明的,事物越是遥远就越变得模糊不清。我们对于一个事件的全部知识都是从一个时空中心向外辐射出去的,这个中心就是此时此地我们所占有的这块小小的领域。“此地”是个意义含糊的字眼:天文学中的宇宙论可以把银河系当作“此地”,在研究银河系时“此地”指的是太阳系,在研究太阳系时“此地”指的是地球,在地理上“此地”指的是我们居住的城市或地区,在感觉的生理研究上“此地”指的是与身体其他部分相对而言的脑子。大的“此地”总是以小的“此地”作

为它的部分的;一切“此地”都包含说话人的脑子或者脑子的一部分。至于“此时”,情况也相仿。

科学素以消除“此时”和“此地”为本身的目标。对于地球表面发生的某个事件,我们要指出它的经纬度和日期,借以确定它在时空簇中的位置。我们已经发展了一种技术,它可以保证所有具有精密仪器的精确观察者在经纬度和日期上会得出相同的数字。结果只要我们满足于这些数字,不去深究它们的意义,那么这些数字就不会再有任何个人的因素。在我们人为地把格林尼治的经度和赤道的纬度规定为零度之后,其他地方的经纬度也就随着确定下来。但是什么是“格林尼治”? 这类名词原是不该在完整的宇宙概观中出现的,它的定义并不是数学上的定义。如果想给“格林尼治”下定义,最好的办法是把一个人带到格林尼治,并对他说“这里就是格林尼治”。如果另外某个人已经确定了你所在的地方的经纬度,那么你就可以用格林尼治相对于这个地方的经纬度来给格林尼治下定义:举例说,格林尼治位于纽约以东多少度和以北多少度。但是这样仍然逃避不开“此地”这个概念,“此地”在这里指的是纽约而不是格林尼治。

此外,通过经纬度来给格林尼治或纽约下**定义**本身就很荒谬。格林尼治是个实有其地并且住有居民的地方,这里有些建筑在确定以格林尼治的经度做起算点之前就已经有了。自然你可以对格
7 林尼治作一番描写,可是你总会碰上具有同样特点的其他城镇。如果你要让你的描写**一定**指格林尼治,唯一的办法是说出它和另外某个地方的关系,比方说它在泰晤士河伦敦桥下游若干英里。可是这样你又得给“伦敦桥”下定义。迟早你还是免不了要把某

个地方定义为“此地”，而这却是一个以自己为中心的定义，因为所说的那个地方并不是每个人所公认的“此地”。可能有一个逃避开这个结论的办法：以后我们还要讨论这个问题。但是显而易见或轻而易举的办法是没有的，除非找出一个办法，否则所有经纬度的确定都会掺杂着“此地”这种主观因素。这就是说，虽然不同的人给一个地方确定了相同的经纬度，他们对于他们所得出的数字到底还是没有给予相同的定义。

我们相信我们生活于其中的这个共同的世界是一个结构，这个结构一部分是科学的，一部分是先于科学的。我们知觉到的桌子是圆形或长方形，尽管画家为了表现它们的外形，不得不把它们画成椭圆或非长方形的四边形。不管一个人离我们有二英尺还是十二英尺，我们看他总是差不多同样大小。除非我们注意到这些事实，我们很少觉察到经验让我们在解释可感觉的形象上所作的校正。从一个在一张侧面像上画出两只眼睛的小孩子到一个谈论电子和质子的物理学家，中间要经过一段很长的路程，可是在走这段路程时却有个始终不变的目标：消除感觉的主观性，而代之以对所有知觉者都相同的一种知识。感觉到的事物和人们认为是客观的事物之间的差别逐渐扩大；小孩子画的有两只眼睛的侧面像和看到的还是很相近的，但是电子和质子同感觉世界之间却只剩下一点点逻辑结构上的相似。然而电子和质子有一种好处，就是它们可以不靠感官而实际存在，而我们的直接视觉材料，由于它们掺有主观性因素，差不多可以肯定地说不是我们见到的物体的真实情况。

电子和质子的存在——假定相信它们的存在从科学上讲是正确的——并不依靠它们是否被知觉到；相反，我们有充分理由相信

8 它们在宇宙还没有一个知觉者以前就已经存在了无数的年代。虽然它们的存在并不依靠知觉，但是我们还是依靠知觉才有理由相信它们的存在。几十万年以前，从一个广漠遥远的区域发射出多到让人难以相信的光子，这些光子在宇宙中向四面八方流动。最后有很少数的光子击中了一张激光板，使感光板发生化学变化，这些变化使得感光板的有些部分在天文学家的观察下呈现黑色而不是白色。对于一个渺小的但却受过高等教育的有机体所发生的这点微小的效果，是我们相信有一块大小和银河差不多的星云存在的唯一理由。认识的顺序和因果的顺序恰好相反。就认识的顺序说，观察黑白形状的天文学家的短暂的主观经验发生在前，而那块广漠、遥远和属于很久以前的星云出现在后。

在研究我们为什么相信一个关于经验的语句的理由时，我们逃避不开带有个人局限性的知觉。我们从这个不纯的来源得到的知识，经过科学方法的一番提炼，到底能达到怎样纯净的程度，做到和上帝一样超然而无所偏，显出自己辉煌的成就，这是个困难的问题，我们以后将要多加研究。可是有一件事从开始就很明显：只有在原来的知觉材料确实可信的条件下，才有理由相信以它为基础推论出来的那座高大的宇宙大厦。

我的意思并不是说一定要把原来的知觉材料看成无可置疑而加以接受，实际情况并不是这样。加强或削弱个人的证词有着种种人所共知的方法；在法庭上我们使用一些方法，在科学上我们使用一些多少有些不同的方法。可是一切都依靠一个原理，那就是证词当中每一小部分都必须具有**一些**分量，因为只有依靠这个原理，彼此一致的证词才能具有很大的概然性。个人的知觉知识是我们全部知识的基础，我们还没有一种能在许多观察者所共有的与件上开始研究的方法。

第二章　天文学的宇宙 9

天文学是一门最古老的科学，对于天体及其周期性运行规律的观察使人类得到了关于自然界规律的最初的概念。可是尽管天文学非常古老，它却仍然和以前任何时期一样富有生命力，在帮助我们正确估量人在宇宙中所占的地位上也仍然起着重要的作用。

在希腊人开始提出天文学上的假说以前，巴比伦人和埃及人对于太阳、月亮和行星在恒星中间的运动已经观察了好几千年，他们也掌握了准确地推测月食和非常不准确地推测日食的方法。希腊人和古代其他民族一样，相信每个天体都是神，或者至少受天体自己的神或女神的严格支配。确实也有人怀疑过这种看法：庇里克里斯时期的安那克萨哥拉就认为太阳是一块赤热的石头，而月亮则是土做成的。可是他却因为主张这种意见而受到迫害，被迫离开雅典。不管是柏拉图还是亚里士多德，他们的唯理主义倾向都不见得能达到这样的程度。但是当时最好的天文学家并不是唯理主义倾向最强的人；最好的天文学家是毕达哥拉斯学派的学者，他们受了迷信的启示，碰巧提出了最好的假说。

在纪元前五世纪末，毕达哥拉斯学派的学者发现大地是个球体；大约一百年之后，伊拉托斯提尼斯正确推算出地球的直径，和实际相差不到五十英里左右。在纪元前四世纪，旁都斯的希拉克里底斯主张地球每天自转一周，金星和水星按照轨道围绕太阳运

行。纪元前三世纪,沙摩斯的亚里斯塔库斯提出了一个完备的哥白尼体系,并且得出一个理论上正确的推算地球与太阳和月亮之
10 间距离的方法。虽然由于他掌握的数据不够准确,这个结果就太阳来说错误非常之大;可是一百年以后,波西顿尼乌斯所作的一次推算和正确数字相差就不过一半。可是这种非常蓬勃的发展并没有继续下去,其中很大一部分成就由于古代后期理智的普遍衰退而被人遗忘了。

比方说把普洛提努斯著作里所说的宇宙和后来对于宇宙的看法对比一下,他所说的宇宙就显得像个舒适宜人的小寓所。整个宇宙受最高的神的管理,但是每个星球也是一个等级较低的神,这些神和人相差不多,然而不论在哪一方面都比人高贵聪明。普洛提努斯指责诺斯提教派,因为后者相信在创造出来的宇宙中最值得人们称赞的莫过于人类的灵魂。在他看来,天体不仅看来是美的,而且在道德和理智上也是美的。太阳、月亮和行星都是高贵的神灵,受这位哲学家在他最高境界中感兴趣的那些动机所支配。他愤怒地谴责诺斯提教派(以及后来的摩尼教徒)的悲观看法,按照这种看法,有形的世界是一个邪神创造出来的,所以要受到每个真心向上、向往美德的人的鄙弃。恰好相反,这些装饰天空的明亮的神灵是聪明而善良的,这些神灵正是在倾覆罗马帝国的种种愚行和灾祸所造成的混乱当中唯一使这位哲学家得到安慰的东西。

中古时代基督教的宇宙虽然不及摩尼教的宇宙那样严峻,可是它却失掉了非基督教直到最后还保留着的一些富有诗意的想象力。然而这个变化并不算很大,因为天使或大天使多少代替了多神教中天体上的神灵。中古时代的宇宙,包括它的科学和诗的方

面，都写进了但丁的《天堂篇》；其中科学一方面是沿袭亚里士多德和托勒密的。大地是个球体，位于宇宙的中心；撒旦在地球的中心，地狱是座倒立的圆锥，撒旦就是圆锥的顶端。在地球另一面和耶路撒冷正好相对的地方是炼狱，它的最高峰就是地上的天堂，正好和月亮接触。

天体是由十个同心的天球构成的，最靠下面的是月球。凡是比月亮低的东西都是可以腐化败坏的；凡是比月亮高的东西都是永不毁灭的。比月亮高的天球照顺序排有水星、金星、太阳、火星、 11
木星、土星和各恒星，再往上就是最外层的天球。过了最外层的天球最后还有最高天，最高天没有运动，也没有时间和地点的分别。上帝，这个亚里士多德所谓的不受动的推动者，先使最外层的天球运转，再由最外层天球把运动传到恒星层，这样依次把运动最后传到月球。但丁的作品并没有提到这些不同的天球的大小，可是他却能够在二十四小时之内走遍天球。显然他所想象的宇宙用现代的标准来衡量未免小了一点，因为这个宇宙不过是几千年前才创造出来的。所以它的开始并不是很久以前的事。各天球都以地球为中心，它们是上帝选民的永久住所。上帝的选民包括那些受过洗礼，在信仰和德行两方面都达到要求标准的人，那些预见到基督降生的教长和先知，以及少数在尘世受到奇迹的启示的非基督教徒。

近代天文学的开路人正是为了反对这样一种宇宙观而进行斗争的。把哥白尼所引起的震动和亚里士斯塔库斯所遭到的默默无闻作一个对比是很有意思的。斯多葛学派的克林提斯认为亚里斯塔库斯犯了亵渎神明的罪，应当受到审判，但是当时的政府对这个提议却表示了非常冷淡的态度;假如他真和伽利略一样受到迫害,说不定他的学说会变得人所共知。亚里斯塔库斯和伽利略后世声名的不同当然还有其他重要的原因。希腊时代的天文学是有闲富人的一种消遣——尽管是种高尚的消遣,却不是整个社会生活的一个组成部分。到了十六世纪,科学已经发明了火药和罗盘针,美洲的发现使人们看出了古代地球构造学的局限,天主教的正统开始成了阻挡物质进步的一道障碍,蒙昧主义的神学家的狂怒使得科学家在世人眼中成了代表新智慧的英勇战士。十七世纪由于发明了望远镜、动力学和万有引力定律,科学的世界观取得了完全的胜利,人们不仅把科学看成探索纯粹知识的一把钥匙,而且也把它当作推动经济进步的一个有力工具。从这时起,人们才认识到科学并不只是关系到个人,而且是关系到整个社会的一件事情。

12 把太阳和行星看作一个完整体系的学说实际上是由牛顿完成的。这个学说与亚里士多德和中世纪的哲学家所不同的地方在于:它不是以地球,而是以太阳作为太阳系的中心;天体在不受外力作用下,沿着直线而不是圆来运动;事实上天体运动的轨道既不是直线也不是圆,而是椭圆;保持它们的运动并不需要外力的作用。但是关于太阳系的起源,牛顿却没有说出什么科学性的意见;他设想上帝在创造世界时,用手沿着切线的方向把行星掷了出去,然后就交给万有引力定律去支配它们。在牛顿之前,笛卡尔曾经提出太阳系起源的学说,可是他的学说看来是站不住脚的。康德和拉普拉斯发明了星云说,根据这个假说,太阳是由一块原始星云凝聚形成的,行星则是由于太阳自转越来越快而被抛出去的。这个学说看来也有缺点,近代天文学家都趋向一种看法,认为行星是当另外一个星体经过太阳附近时形成的。在这个题目上人们所知道的仍然不多，但是没有一个人怀疑行星是由于某种内部作用从太阳产生出来的。

晚近天文学最显著的进步是关于星体和星云这一方面。恒星中最近的半人马座α星离地球大约有 25×10^{12} 英里，或 4.2 光年。(光速每秒 186,000 英里；一光年是光在一年内所走的距离。)最早一次测定星体的距离是在 1835 年；从那时起，人们使用各种巧妙的方法算出越来越远的距离。人们相信用现有的威力最强的望远镜可以看到的最远目标离地球大约有 5 亿光年。

人们现在有了一些关于宇宙的一般结构的知识。太阳是银河系中的一个星体，银河系由大约 3,000 亿颗星体汇集而成，广度大约有 150,000 光年，厚度大约有 25,000 至 40,000 光年。银河的总质量大约为太阳质量的 1,600 亿倍；而太阳的质量大约为 2×10^{27} 吨。整个银河系缓慢地绕着它的重心旋转；太阳需要 2.25 亿年才能走完它绕着银河系所走的轨道。

我们用望远镜可以观察到，在银河以外的空间相当均匀地散 13
布着和银河系大小差不多的其他星系。这些星系叫作外银河星云，其中可以观察到的估计约有 3,000 万个，但是这个统计还不完全。两个星云之间的平均距离大约有 200 万光年。(这些事实大多数采自赫伯尔的《星云的世界》，1936 年版。)

有关星云的最奇异的事实之一就是除了极少例外，它们的光谱线都向着红端移动，移动量和星云的距离成正比。唯一看来合理的解释是说星云正在远离我们，最远的星云离开的速度也最快。在 13,500 万光年远的距离这种速度达到每秒 14,300 英里。(赫伯尔,第 118 页,第八图。)速度到了一定的距离就会和光速变得相等,结果不管我们用的望远镜威力有多大,星云仍然不会被我们观察到。

广义相对论对这个奇异的现象提出了一种解释。这个理论认为宇宙的大小是有限的——这并不是说它有一个边缘,超过了这个边缘就不再是宇宙的一部分,而是说宇宙是一个三度的球体,其中无可再直的直线最后都又回到出发点,像地球表面的情况一样。这个理论进一步推测宇宙一定不是逐渐缩小就是逐渐扩大,然后它根据从星云上观察到的事实断定宇宙是在逐渐扩大。照爱丁敦的说法,宇宙每 13 亿年左右扩大一倍。(《科学的新途径》第 210 页。)如果这是正确的话,那就是说宇宙以前曾经很小,但是将来会变得很大。

这就使我们想到地球、星体和星云的年龄问题。根据大部分从地质学得来的证据,人们估计地球的年龄大约有 30 亿年。太阳和其他星体的年龄仍然是一个争执不决的问题。如果在星体的内部,物质能够因一个电子和一个质子转化为辐射而归于消灭,那么星体的年龄可能有好几亿万年;如果不能够,那么星体的年龄可能
14 只有几十亿年。(H. 斯宾塞·琼斯:《无尽的世界》第 231 页。)总的说来,后一种看法似乎更为普遍。

我们甚至有理由相信宇宙有一个时间上的开始,爱丁敦一直主张宇宙大约从纪元前 900 亿年开始。这比起我们的曾祖父一辈所相信的纪元前 4004 年确实要长,但是它仍是一段有限的时期,至于这个时间以前到底是什么样子,这类古老的谜语仍然没有得到解答。

我们从这个天文学的宇宙概观所得到的最重要的结论是：虽然宇宙确实很广大很悠久，我们却有理由——尽管这些理由现在看来还带有很大的臆测性——相信宇宙既不是无限广大，也不是无限悠久。广义相对论，通过把观察和推理巧妙地结合起来，自认能够告诉我们宇宙整体是什么样子。如果这是确实的话——我并不相信它是这样——那么一直成为天文学的特点的空间和时间上的度量的增加将会有一个限度，这个限度是我们测度能力所及的范围。爱丁敦主张宇宙的周界的数量级是 60 亿光年。（《科学的新途径》第 218 页。）如果真是这样，更好一些的望远镜将使我们“完全掌握这个令人感到棘手的局面”。我们正在开始看到，我们不久也可能“把它击成粉末”。但是我并不认为我们将来能够“把宇宙改造得更合乎我们的心愿”。

第三章　物理学的世界

目前最进步的并且看来最能阐明世界结构的科学是物理学。这门科学实际上是从伽利略开始的，但是为了充分估计他的成就，我们最好对于伽利略以前的思想作一番简括的说明。

中世纪的经院派学者带着大体上从亚里士多德那里得来的看 15
法，认为天体与地球上的物体受着不同法则的支配，有生命的物质与没有生命的物质也是这样。他们认为没有生命的物质，如果听其自然，便会逐渐失去它可能发生的运动，至少在地球上是这样。按照亚里士多德的说法，凡是有生命的东西都具有某种灵魂。一切动植物都有的植物灵魂只管生长的事，动物灵魂才管运动。世界共有四大原素：土、水、空气和火，其中土和水是重元素，空气和火是轻元素。土和水有一种自然向下的运动，空气和火有一种自然向上的运动。最高的天体还有第五种元素，这是火的一种升华。对于所有各种物质，人们并没有提出成系统的法则，对于物体的运动变化也没有找出科学的规律。

伽利略——其次还有笛卡尔——提出了直到本世纪以前还足够物理学使用的基本概念和原理。看来运动的法则对于所有各种没有生命的物质都同样适用，对于有生命的物质也很可能适用。笛卡尔认为动物是自动机器，它们的运动在理论上可以用支配铅体坠落的原理同样计算出来。认为一切物质的组成都相同，认为物质在科学上最重要的性质是它的空间位置，这种看法在物理学家当中是很流行的，至少他们是把它当作一项指导工作的假定。由于神学方面的原因，人体却常常（虽然不总是）被认为不受似乎由物理学定律所支持的那种严格的决定论的支配。除了这个可能有的例外，科学的正统后来证实了拉普拉斯的看法，这种看法认为一个具有充分数学能力的计算家，只要知道在某一定时刻宇宙中每个质点的位置、速度和质量，就可以计算出物理世界的全部过去和未来。如果像某些人所想的那样，偶然出现了奇迹，那么这些奇迹并不属于科学范围之内，因为它们的本来性质就决定它们不受定律的支配。由于这个原因，那些相信奇迹的人在计算时也脱离不开科学的严格性。

伽利略提出了对数理物理学的建立有最大贡献的两个原理：惯性定律和力的平行四边形定律。关于这两个定律我们必须分别谈一下。

通常称为牛顿第一运动定律的惯性定律，用牛顿的说法来说 16
就是：

“每个物体永远保持静止或匀速直线运动状态，除非受到外力，它不会改变这种状态。”

在伽利略和牛顿的著作里占有特别重要地位的“力”的概念，后来成了不必要的东西，在十九世纪，这个概念就被古典力学所抛弃。这就使得我们有必要对惯性定律重新加以叙述。但是还是让我们先结合伽利略以前所流行的看法来看这个定律。

地面上的一切运动都有逐渐松弛、最后停止下来的倾向。即使在最平滑的滚球草场上，滚球不久就会停下来；一块扔在冰上的石头不能永远滑动下去。虽然天体一直按照轨道运行，发现不出速度有任何减少；但是天体的运动并不是直线运动。按照惯性定律的说法，石块在冰上的减速，天体沿着曲线轨道运行都不能从它们的本来性质上，而只能从环境的作用上得到说明。

这个原理使人们有可能把物理世界看作一个在因果关系上独立自足的体系。人们不久就发现在任何一个动力学上独立的体系内——在非常近似的意义上讲例如太阳和行星——每个方向的运动量或动量都是一定不变的。所以一个一旦开始运动的宇宙将永远保持运动状态，除非出现奇迹，使它停止运动。亚里士多德认为行星绕着轨道运行要有神来推动，而地球上的运动则可以由动物的自发动作而产生。按照这种看法，物质的运动只能靠物质的原因得到说明。惯性定律改变了这种情况，并且使只靠动力学定律来计算物质的运动成为可能。

照物理学的术语来讲，惯性原理表示，物理学的因果律应该通过加速度——速度在量或方向上或者同时在量和方向上发生的变化——的说法叙述出来。古代人和经院派学者认为天体作匀速圆周运动是“理所当然”的，这时人们发现并不是这样，因为这种运动需要不断改变运动的方向，脱离直线的运动需要一个原因，这个原因可以在牛顿的万有引力定律上找到。

17 加速度既然是位置对于时间的第二微分，那么根据惯性定律我们就可以得出动力学的因果律一定是第二级的微分方程这个结论，虽然这种说法直到牛顿和莱布尼兹发明微积分之后才能够提出来。经过理论物理学在近代发生的所有变化，惯性定律的这个结论却一直站得很稳。加速度的基本重要性也许是伽利略的全部发现中最有永久价值和最能阐明问题的一个发现。

用牛顿的语言来说，力的平行四边形定律所讲的是一个物体同时受到两种力的作用时所发生的情况。这个定律说，如果一个物体受到两种力的作用，其中一种力的方向和大小用直线 AB 来度量，另一种力用直线 BC 来度量，那么这两种力同时作用的结果就用直线 AC 来度量。大体说来，这就等于说两种力同时发生作用的结果和它们前后连续发生作用的结果相等。用专门术语来说就是方程是线性方程，这种方程大大便利了数学上的计算。

我们可以认为这个定律确认同时发生作用的不同原因是各自独立的。让我们举伽利略具有专门研究兴趣的抛射体问题。如果地球不吸引抛射体，那么根据惯性定律，抛射体就会继续以匀速与地平面平行运动（空气的阻力不计算在内）。如果抛射体没有初速，那么抛射体就会以等加速度垂直降落。要确定例如一秒钟以后抛射体实际所在的位置，我们可以假定抛射体先与地平面平行作一秒钟的匀速运动,然后从静止状态开始一秒钟的等加速度垂直降落。

如果一个物体所受的力不是固定不变的话,那么这个原理就不允许我们在有限时间内分别计算每一种力,但是如果有限时间很短,那么分别计算出来的每一种力将达到近似正确,并且时间越短结果就越正确,而以完全正确为极限。

我们必须认清,这个定律是完全建立在经验上的;它的真实性并没有任何数学上的理由。大家相信它只限于在有证据支持它的
情况下。在量子力学中并不假定这个原理,有些现象似乎表明这 18
个原理对于原子以内的现象并不适用。但是它在研究比较大的现象的物理学中仍然有效,在古典物理学中它起过很重要的作用。

从牛顿到十九世纪末,物理学的进步并没有产生具有根本性质的新原理。1900 年普朗克提出的量子常数 h 是第一次出现的革命性的新事物。但是在讨论主要在研究原子结构和行为上占重要地位的量子论之前,我们必须对于远不及量子论那样离开牛顿原理的相对性稍谈一下。

牛顿相信除了物质之外,还有绝对的空间和绝对的时间。这就是说,有一个三度的点簇和一个一度的瞬间簇,并且有一种包括物质、空间和时间在内的三项关系,即在一个时刻"占有"一个点的那种关系。就这种看法来说,牛顿和德谟克利特以及其他古代原子论者的意见是一致的,这些原子论者相信"原子和虚空"的存在。其他哲学家则认为空无一物的空间是不存在的,物质一定是普遍存在的。这是笛卡尔的意见,也是莱布尼兹的意见,牛顿(我们拿克拉克博士做他的代言人)同后者在这个问题上发生过

争论。

作为一个哲学问题，不管物理学家抱什么态度，牛顿的看法已经包含在动力学的方法之中，并且像牛顿所指出的那样，选择这个看法是有经验上的理由的。如果我们旋转桶里的水，那么水就要溢出桶边，但是如果只旋转水桶，而让水保持静止，那么水面就会仍然保持水平状态。因此我们能够把水的旋转和桶的旋转区别开来，如果旋转只是相对的，我们就不可能做到这一点。从牛顿以来，其他这一类的论证已经很多。傅科摆的地球两极变得扁平以及物体在低纬度的重量比在高纬度的重量减轻这件事实会使我们推论出即使天空永远布满黑云地球也要转动的结论；事实上，根据牛顿的原理，我们可以说日夜交替和星体升落的原因在于地球的
19 自转而不在于天体的运转。但是如果空间完全是相对的，那么“地球自转”与“天体运转”这两句话之间的区别就只是字面上的区别了：两者必然都是描述同一种现象的方法。

爱因斯坦表明怎样避免牛顿的结论，而把时空的位置完全看成是相对的。但是他的相对论的意义却远远超过这一点。他在狭义相对论里表明两个事件之间存在一种关系，我们可以叫它为“间隔”，“间隔”可以用不同的方法分为我们可以看成一段空间距离和我们可以看成一段时间长短的东西。所有这些不同的方法都是同样合理的，哪一种也不比别的一些方法更为“正确”。选择它们完全靠习惯来决定，正像选用米制或尺寸制一样。

根据这一点我们可以看出物理学的基本簇不能由运动中的永存质点组成，而只能由一个四度的“事件”簇组成。将有三个坐标确定事件在空间中的位置，一个坐标确定它在时间上的位置，但是

坐标的改变可能改变空间坐标以及时间坐标，而这种改变不像以前那样限于对一切事件都相同的常量——例如把日期从回教纪元改变为基督教纪元。

广义相对论——发表于1915年，晚于狭义相对论十年——主要是关于引力的几何理论。理论的这一部分可以被认为是稳固站得住的。但是它也具有比较抽象的特点。在它的方程式中，它包括一种叫作“宇宙常数”的东西，这个常数确定宇宙在任何时刻的大小。像我在前面所说的那样，理论的这一部分被认为表明宇宙不是变得越来越大就是变得越来越小。遥远的星云趋向光谱的红极被认为表明星云正以一种与它们和我们的距离成正比的速度离开我们。这就让我们得出宇宙是在扩展而不是在收缩的结论。我们必须认识到，根据这个理论，宇宙是有限而无边的，和球体的表面一样，但却具有三度。所有这些都涉及非欧几何，对于那些固执地保持欧几里得几何想象的人来说免不了显得有些神秘。

广义相对论有两方面与欧几里得空间不同。一方面有可以叫
作小规模的不同（例如这里把太阳系看成“小”的东西），另一方面 20
有就整个宇宙来说的大规模的不同。小规模的不同发生在物质的邻域，是用来说明引力的。我们可以拿它们与地球表面的山冈和山谷相比。大规模的不同可以与地球是圆的而不是扁平的这件事实相比。如果你从地球表面上任何地点出发，尽可能一直向前走，那么最后你还会回到你原来出发的地点。同样，宇宙中无可再直的直线被认为最后也要与本身相遇。因为地球表面是两度并且地球以外还有另外的领域，而宇宙的球体空间是三度并且本身以外再也没有其他领域，所以这种与地球表面的相似情况到了这里就

不存在了。宇宙现在的周界介乎60亿和600亿光年之间，但是宇宙的大小大约每过13亿年增大一倍。可是所有这些说法绝不能看作是最后的结论。

按照米尔诺教授的意见[①]，在爱因斯坦的学说中还有很大一部分是可以怀疑的。米尔诺教授认为没有把空间看成非欧几里得空间的必要，我们采用哪一种几何可以完全看方便来决定。照他的说法，各种几何之间的不同是语言上的不同，而不是被描述的对象有什么不同。对于物理学家所争论的问题，一个门外汉最好还是不要贸然提出自己的意见，但是我却认为米尔诺教授的看法一多半可能是正确的。

与相对论恰成对比，量子论所研究的是知识所能达到的最小的事物，即原子和原子结构。在十九世纪中人们已经弄清楚物质的原子构成，人们还发现不同的元素可以排列成一个从氢开始到铀为止的系列。一个元素在这个系列中所占的位置叫作它的“原子序”。氢的原子序是1，铀的原子序是92。现在这个系列存在两个空位，所以已知的元素的数目是90而不是92；但是这些空位却说不定在哪一天就会给填补上，像以前存在的空位被新元素填补
21 上那样。一般来说，但并不是没有例外，原子量越大原子序也就越大。在鲁特福德以前，关于原子结构，或者关于使不同原子排成一个系列的物理性质还没有一种言之成理的学说。这个系列当时只凭化学性质来确定，而关于这些性质并没有物理学的说明。

以两位创始人的名字得名的鲁特福德——波尔原子具有一种

① E. A. 米尔诺著《相对性，万有引力与世界结构》，牛津，1935。

简单的美，可惜这种简单的美现在已经不存在了。但是尽管它已经成了一个只是近似真实情况的图像，人们在不要求十分精确的情况下仍然可以使用它，没有它现代的量子论就不会出现。因此我们还有必要把它谈一下。

鲁特福德根据从实验得来的理由，认为一个原子由一个带正电的原子核和围绕着它而比它轻得多的叫作“电子”的物体所组成，这些电子带有负电，像行星一样沿着轨道围绕原子核运行。在电子没有感电的情况下，周围绕行的电子数就是该元素的原子序；原子序在任何时候都等于原子核带有的正电量。氢原子由一个原子核和一个围绕着它运行的电子组成，氢原子的原子核叫作“质子”。人们发现可以把其他元素的原子核看作由质子与电子组成，质子数大于电子数的差等于该元素的原子序。因此氦的原子序是2，它的原子核就由四个质子和两个电子组成。原子量实际上由质子数来决定，因为一个质子的质量是一个电子的质量的1,850倍。所以电子在原子全部质量中所占的分量几乎可以略而不计。

除了电子和质子以外，我们还发现其他构成原子的东西，它们叫作“正电子”和“中子”。一个正电子恰似一个电子，只是它带的是正电而不是负电；它的质量与电子的质量相等，多半大小也相等，如果正电子和电子也可以说有质量的话。中子不带电，但是大约与质子的质量相等。看来一个质子很可能是由一个正电子和一个中子组成。如果这样，那么标准的鲁特福德——波尔原子最后 22
就由三种东西组成：本身有质量但不带电的中子、带正电的正电子和带等量负电的电子。

但是我们现在必须回到中子和正电子发现以前的那些理论上来。

波尔对于鲁特福德的原子图像补充了一个关于电子可能绕行的轨道的理论，这个理论第一次说明了元素的谱线。这个数学上的说明几乎能够完全说明氢和带正电的氦，虽然并没有达到十分完备的程度；这种数学应用到其他元素身上就过于困难，但是我们还没有发现任何理由可以认为在数学演算可以完成的情况下，这种理论会产生错误的结果。他的理论应用了普朗克的量子常数 h，关于它我们也要简单谈一下。

普朗克根据他对于辐射现象的研究，证明在频率为 v 的光波或热波中能量一定为 $h.v.$ 或 $2h.v.$ 或 $3h.v.$ 或者 $h.v.$ 的其他整数倍，这里 h 是“普朗克常数”，照厘米克秒制来计算，它的值约为 6.55×10^{-27}，它的度量就是作用的度量，也就是能量 × 时间。普朗克以前的人认为波的能量可以连续发生变化，但是普朗克却证明这并不是事实。波的频率是一秒钟内经过一个已知点的数目。拿光来说，频率决定颜色；紫罗兰光的频率最高，红光的频率最低。和光波属于同一类的还有其他种波，但却不具有在视觉上产生颜色感觉的频率。高于紫罗兰光频率的那些频率按顺序排列有紫外线、X 射线和 γ 射线；低于红光频率的那些频率有红外线和无线电报所用的频率。

原子所以放出光束是由于它失掉与光波中能量相等的能量。按照普朗克的理论，如果原子放出频率为 v 的光，那么它所失掉的能量一定由 $h.v.$ 来度量或者是 $h.v.$ 的整数倍。波尔认为这个现象的发生是因为有一个轨道电子从大的轨道跳到小的轨道上来，因此轨道的变化一定是造成失掉能量 $h.v.$ 或其整数倍的原因。由此得出的结论就是只有某些轨道是可能的。这样在氢原子内将有一个无可再小的轨道,其他可能的轨道的半径将 4,9,16,…… 23
倍于最小轨道的半径。这个理论最早发表于1913年,被人认为与观察到的现象一致,并且在一段时间内得到大家的承认。可是后来渐渐有人发现有些事实是它说明不了的,所以虽然没有疑问它是向真理走近了一步,它却不能再像以前那样让人无保留地接受了。创始于1925年的新的更为彻底的量子论主要是海森柏格和薛丁谔两个人的贡献。

这个现代的理论不再把原子看成一个想象中的图像。原子只有在它放出能量时才证明它的存在,因此实验方面的证据只能是能量的变化。这个新的理论从波尔那里得来这个看法:一个原子所含的能量只能是包括 h 在内的一系列不连续的值当中的一个,其中每一个值叫作一个"能级"。但是至于原子从什么地方得到它的能量,这个理论却非常谨慎,没有加以论断。

这个理论最不平常的地方是它取消了波动和质点的区别。牛顿认为光是由光源放射出来的质点构成的;惠更斯却认为光由波动构成。惠更斯的看法得到了胜利,直到最近以前一直被人认为是不能动摇的真理。但是从实验得来的新的事实却似乎要求光应当由质点构成,这些质点叫作"光子"。另一方面,布罗伊提出了物质是由波动构成的说法。最后证明物理学的全部现象既可以用质点说也可以用波动说来说明。所以它们之间并没有什么本质上的区别,在任何问题上我们都可以按照我们的方便任意采用一种说法。但是不管你采用哪一种说法,既采用就要采用到底;我们一定不要在一次计算中混用这两种假说。

在量子论中,个别原子现象不是由方程决定的;方程只能表明这些可能性形成一个分立的系列,并且还有在大量事例中决定每种可能实际出现的次数的规律。我们有理由相信,不存在这种绝对的决定关系并不是由于这种理论不完备,而是微观现象所具有
24 的真正特点。宏观现象所具有的规律性是一种统计上的规律性。涉及大量原子的现象仍然受决定关系的支配,但是一个个别原子在一定条件下的行为却是不确定的,这不仅因为我们的知识有限,而且也因为没有给出确定结果的物理定律。

我认为量子论的另外一个结论引起了人们过多的争论,这就是一般所说的海森柏格的测不准原理。按照这个原理,可以同时测量某些相关的量的精确度在理论上来讲是有限度的。在说明一个物理体系的状态时,存在着一些成对的相关的量;位置与动量是一对这样的量(或在质量不变的条件下的速度),能和时间是另外一对这样的量。任何物理量也不能测得完全准确当然是人所共知的一件事情,但是人们总是认为技术的改进所得到的精确度的增加在理论上是没有限度的。按照海森柏格的原理来看,事实并不是这样。如果我们要同时测定两个上面这种相关的量,那么对于其中一个量作出的测量结果的精确度的增加(超过一定程度)就会造成对于另一个量作出的测量结果的精确度的减少。事实上两种测量结果都会有误差,这两个误差的积不能小于 $h/2\pi$。这就是说,如果其中一个量的测量结果完全正确,那么另一个量的测量结果误差将变成无限大。比方说假定你想确定一个质粒在一定时间的位置和速度:如果你测得的位置非常接近完全正确,那么在速度

上就会出现很大的误差。关于能和时间也是一样：如果你把能量测得很精确，那么关于这个体系具有这个能量的时间就会出现一个很大的不确定的范围，而如果你把时间测得很精确，那么能量就会在很大范围内变得不能确定。这并不是我们的测量仪器不够完善的问题，而是物理学的一个重要原理。

如果我们看一看物理学的一些事实，便会觉得这个原理并不那样令人感到惊异。人们将看到 h 是个非常小的量，因为它的次数是 10^{-27}。因此凡是涉及 h 的时候我们所研究的问题总是非常细微的问题。太阳对着一位观察它的天文学家所进行的工作保持 25
着一种高高在上、无动于衷的态度。但是如果一位物理学家想发现原子的情况，那么他用来进行观察的仪器很可能对于原子产生影响。详细的研究表明最适于确定原子位置的仪器很可能对于它的速度产生影响，而最适于确定原子速度的仪器却又很可能改变它的位置。同样的论证也适用于其他一些成对的相关的量。因此我认为测不准原理并不具有人们有时给予它的那种哲学上的重要性。

量子方程与古典物理学的方程有一个很重要的不同。那就是这些方程不是“线性”方程。这就是说，如果你发现了一个单独原因的结果，随后又发现了另一个单独原因的结果，你不能把以上两种结果加起来作为两个原因共同产生的结果。这种情况引导出非常奇特的结果。比方说，假如你的屏幕上有一道很小的缝，而你用质粒来打击它；这些质粒当中有些将通过这道缝。假如你这时把第一道小缝闭上而打开第二道缝，那么有一些质点将通过这第二道缝。现在同时打开这两道缝。你会认为通过这两道缝的质粒数目将是以前数目的和,但这却不符合实际情况。在一道缝上的质点的行为看来似乎受着另一道缝的存在的影响。量子方程就是用来预测这个结果的,但是这个结果仍然让人感到惊异。量子力学中的原因不像在古典物理学中那样具有独立性,而这一点就大大增加了计算的困难。

相对论和量子论已经用“能量”概念代替了旧的“质量”概念。平常总是把“质量”定义为“物质的数量”;一方面“物质”在玄学上的意义是“实体”,另一方面它是常识中叫作“东西”的专门名称。在早期阶段,“能量”是“物质”的一种状态。能量由两部分构成——动能和势能。一个质粒的动能等于它的质量与它的速度的平方的乘积的一半。它的势能等于把这个质粒从某个标准位置移
26 动到它现在位置所需要做出的功。(这里剩下一个常数没有确定下来,但无关紧要。)如果你把一块石头从地面搬到一座塔顶,那么这块石头在这个过程中就得到势能;如果你从塔顶把它抛下来,那么在降落的过程中势能就逐步转变为动能。在任何一个独立自足的体系内,总的能量是固定不变的。能量有各种不同的形式,热能就是其中的一种;宇宙中的能量有越来越多转变为热能的趋势。由于焦耳测定了热能转变成机械能,能量不灭才第一次成为颠扑不破的科学结论。

相对论和实验都证明质量不像以前人们所认为的那样,是固定不变的,而是随着快速运动而增加的;如果一个质粒的运动速度与光的速度同样快,那么它的质量将变为无限大。由于一切运动都是相对的,所以随着不同的观察者对于要计算的质粒的相对运动的不同,他们在质量上所得到的不同计算结果都是同样合理的。

但是只就这个理论来说，却仍然有一个计算结果可以当作基本的计算结果；这就是对于要计算其质量的物体处于相对静止状态的观察者所得出的计算结果。由于质量随着速度得到的增加只有在速度可以和光速相比时才可以影响计算结果，所以上面这种情况实际上包括除了从放射性物体放射出的 α 质点和 β 质点以外的一切观察到的现象。

量子论给了“质量”概念一个更重大的打击。现在看来，只要有由于放射现象引起的能量的减少就一定有相应的质量的减少。有人认为太阳每秒钟失掉的质量有四百万吨。举另外一个例子来看：一个不带电的氦原子（照波尔的理论来讲）由四个质子和四个电子组成，而一个氢原子则由一个质子和一个电子组成。假定这种说法合乎实际情况，人们就会推想到一个氦原子的质量是一个氢原子的质量的四倍。但是实际情况并不是这样。把氦原子的质量作为 4，氢原子的质量并不是 1，而是 1.008。原因在于四个氢原子合成一个氦原子时（由于放射现象）失掉了能量——至少我们必须这样假定，因为从来还没有人观察到这个过程。

人们认为四个氢原子合成一个氦原子的过程发生在星体的内部，如果我们能够造成和星体内部相差不多的温度，那么这种合成 27
过程就可以在地面上的实验室里进行。合成氢以外的元素所失掉的能量几乎全部都发生在过渡到氦的阶段内，在以后的阶段能量失掉得很少。如果我们能够用人工的方法把氢制成氦或任何氢以外的元素，那么在这个过程中就会放出大量的热能和光能。这就表示有可能发明比目前用的破坏性更大的原子弹，目前用的原子弹是用铀制成的。另外还有一种好处：地球上铀的储藏量非常有

限,人们唯恐不等人类灭绝铀已经用完,但是如果我们能够利用海水里实际上取之不尽的氢的话,那么我们满有理由指望人类会自己结束自己的生命,从而让那些不及人类凶残的动物得到好处。

但是我们现在还是回到不那么令人愉快的话题上来。

波尔理论的说法在许多方面仍然适用,但是却不能用来叙述量子物理的基本原理。为了叙述这些原理,我们一定不要把原子内部的现象想象成任何图像,一定不要再设法给能下定义,我们只能说:有某种可以度量的东西,我们把它叫作"能量";这种东西在空间分布得很不均匀;有一些小的领域,其中有大量的能存在,这些领域叫作"原子",按照较旧的说法,物质就存在于这些原子之内;这些领域以具有周期性"频率"的形式不断吸收或放出能量。量子方程为确定某一个原子放出能量可能的形式和(在很大数目中)每种可能性出现所占的比例数提供了规律。在这一方面,除了放射能在进行观察的物理学家身上所产生的色、热等感觉以外,剩下的就都是抽象的和数学上的东西了。

数理物理学就是由理论构成的一座庞大的上层建筑,它的庞大几乎令人忘记了它是建筑在观察基础之上的东西。可是它毕竟是一门经验性质的学科。它的经验方面的性质在物理常数上表现得最为明确。爱丁敦(《科学的新途径》第 230 页)给了我们下面这个物理上最基本的常数表:

28 e 一个电子所带的电荷

m 一个电子的质量

M 一个质子的质量

h 普朗克常数

c 光速

G 引力常数

λ 宇宙常数

这些常数出现在物理学的基本方程内，人们通常（虽然并不总是）认为其中任何一个常数都不能从另外一个常数推论出来。人们认为其他常数在理论上可以从这些常数演绎出来；计算有时可以得出具体数字，有时即使是数学家也感到很困难。它们代表能够用方程表示的都化为方程之后所剩下的最简单的事实。（我并没有把只属于地理方面的最简单的事实包括在内。）

应该看到的是，我们对于这些常数的重要性比起对于它们的这种或那种解释认识得要确实得多。从 1900 年到现在普朗克常数被应用的短短的历史来看，这个常数曾经有过各种不同的文字表达方式，但是它的数值却没有受到这些不同文字表达方式改变的影响。不管量子论将来发生什么变化，常数 h 将继续保持它的重要性却是完全可以肯定的。关于电子的电荷 e 和质量 m，情况也是一样。电子也可能从物理学的基本原理中完全消失，但是可以完全肯定 e 和 m 将继续保留下来。在某种意义上讲，我们也可以说这些常数的发现和测定是现代物理学中最坚实的成就。

第四章　生物界的演化 29

到现在为止，我们所谈的问题不是作为一个整体来看的宇宙，就是宇宙各部分所共有的各种特点。天文学和物理学的知识如果正确，这种知识是完全中立的，意思是说它对于我们本身或是对于我们的时空邻域没有任何特殊的关系。但是现在我们必须把注意力转移到比较狭窄的问题上来。关于我们自己这个星球和它上面的寄生者,我们知道的东西比关于另外的领域所知道的要多。可能其他地方也有生命存在,在某块遥远的星云中也可能存在某种虽然与我们所理解的生命并不相同,却有着和它同样复杂并且与我们所认识的无机物质同样不同的现象。但是这种说法尽管可能符合真实情况,我们还没有什么正面的理由来作这样的假定;我们关于生命的全部**知识**都是根据在地球表面或是距离地球表面很近的地方所作的观察得来的。在生命的科学研究上我们不再去看天文学的宏伟远景,也放下了从原子理论得来的关于结构方面详细而切实的知识探讨。

人类发现以科学的态度研究生命比研究天体更加困难;在牛顿那个时代,生物学还深受迷信的影响。一切生物所具有的生长能力和动物所具有的显然是自发性的运动能力,看来都是神秘而不可测的。动物的运动不像天体的运动那样简单而有规律。另外由于我们自己也有生命,所以我们认为凡是我们与木石或禽兽的不同之处都是高贵的,拿来作为冷静的科学研究的对象未免有点贬低我们的身价。

虽然《圣经》起初是接受哥白尼体系的一个障碍,人们却很快就
30 发现可以对它作出一些解释,使像牛顿本人那样虔诚出众的人可以一方面相信《圣经》的文字给人的感化,一方面又相信天文学的知识。但是在生物学上把科学和《创世记》调和起来就更加困难。如果我们照字面相信《圣经》上的话,世界创始于纪元前 4004 年或前后不久;每一种动物都是分别创造出来的,亚当和夏娃是没有父母

的。在动物当中只有人类被认为具有不朽的灵魂、自由的意志、道德上的责任和可怕的犯罪能力。所以人和比他低等的动物之间的鸿沟是不可逾越的,一个半人半猴的生物是不可想象的。对于从《圣经》得来的教义,人们又添上了从柏拉图或亚里士多德那里得来的另外的学说。只有人类是有理性的,这就是说他可以作算术并理解三段论法。每一种生物都是永不改变的,是天上的一种神圣的形体的复本;莎士比亚写的一行诗里所涵蕴的正是这个道理:

但是自然赐给他们的形体复本是有期限的。[①]

后来地质学发现灭绝了的生物,人们就假定它们是在洪水时期灭绝的。所有现在生存的动物种类都是从诺亚方舟上的一对传下来的,尽管有些自然学家对于树懒怎么能从阿拉拉特山最后到达南美,并且中途没有一个停留下来感到奇怪。还有一种与上面不相一致的学说,这个学说认为有些生物是由于太阳晒在黏土上而自然产生的。

到了十九世纪中叶,具有很高科学成就的人由于一些现在看来令人奇怪的疑难问题而感到苦恼。例如,在亚当犯罪之前,世界上没有攫食其他动物的猛兽;狮子和老虎心满意足地啃着草,兀鹰也只是高兴地吃着水果和草本植物。在地质学似乎已经证明有人类以前就有了食肉动物之后,人们就很难再把一切痛苦,不管是人的还是动物的,都看成是对于亚当吃苹果犯下的罪的惩罚。十九纪中叶一位很有能力的地质学家休·米勒一方面承认这种证据,一方面又被它弄得非常不安。总的说来,地质学经历了一场艰苦

① 见莎士比亚剧本《麦克白》第三幕第二场。——译者

31 的斗争。因为巴封主张现在的高山和山谷的产生是由于“次要的原因”,即不是直接由于上帝创造万物的命令,结果受到索尔朋大学的谴责,并强迫他当众收回自己的意见。

起初,《创世记》所承认的时间量度的短暂成了科学的地质学的最严重的障碍。那些主张水成岩的形成过程就是今天我们见到的正在变化中的过程的人被迫做出荒唐可笑的假说,例如所有白垩都是在洪水刚刚退下后几周以内积成的。人们对于化石都感到不好说明;化石给人指出一个比正统基督教所承认的更为古老的时代,但是它们也提供了洪水时期的证据,这就使伏尔泰想出极其荒谬的学说去解释它们。

最后大家同意把《创世记》里的“日”理解为“时期”,由于这种折中的说法,地质学家才获得了一定程度的创立学说的自由。但是即使这样,丁尼生还是为此感到苦恼:

是因为那时上帝与自然互相争斗,
自然才赐予我们这样的噩梦?
看来她对于种类非常小心爱护,
对于个体生命却一点也不放在心上。

“对于种类就非常小心爱护?”不!
她从悬崖绝壁和石坑采出的石头上
喊出:“一千种生物已经完结”,
我什么也不爱护,一切都要完结。

所有以前这一领域内的科学与神学的论战都因为那场关于演化的大论战而显得有些逊色。这场论战从1859年达尔文的《物种起源》出版开始，直到今天在美国还没有结束。但是我并不想再讲这些已经有些过时的争论。

“演化”这个词的用法常常带有伦理学的意味，但是科学并不因为伦理学的加入而得到什么好处。如果让“演化”不带伦理学的意味，同时还要和一般变化有所区别，那么我认为它的意思一定就是指复杂性和多样性的增长。在这种意义上讲，我们有理由相信在无机界也存在着演化的过程。星云说虽然不能说明太阳系的发展，这个假说却能很好地说明银河系的发展。某个时期一定有过巨大的星云，这些星云后来渐渐凝成恒星系。各种不同的元素 32
一定是逐渐形成的，它们的形成过程我们现在才开始知道一些。我们对于化合物的形成知道得比较清楚。这种过程只有在与我们常见的温度相差不远的适当温度下才能顺利进行，在这类温度下具有高度复杂性的分子才可能产生。

有生命的和无生命的物质的分别在什么地方？它们的不同首先在于化学组成和细胞结构。一般认为其他特点都是从这两点产生的。其他特点中最显著的是同化作用和生殖作用，在最低等的生物身上这两种作用的分别并不十分明显。同化和生殖有这样的结果：把少量的有生命的物质放在适当的环境下，总量将会迅速增加。一对澳洲兔很快就会成为许多吨的兔群。小孩身上几个麻疹干状菌很快就变成几百万个。飞鸟在火山爆发后的克拉卡托亚荒岛[①]上撒下的几颗种子很快就会长成茂密的草地。只就动物来

① 克拉卡托亚（Krakatoa），火山岛名，位于印度尼西亚苏门答腊与爪哇之间。——译者

说，有生命的物质的这种性质并没有充分表现出来，因为动物所需要的食物已经是有机物了；但是植物可以把无机物改变为有生命的物质。这完全是一种化学变化的过程，但是就某种意义来说，它却可能是作为一个整体来看的有生命的物质的大多数其他特点的来源。

有生命的物质的一个基本特点是它在化学组成方面永不处在静止状态，而是处在不停的化学变化之中；我们可以说有生命的物质是一个天然的化学实验室。我们的血液循环全身的时候经过一种变化，当它接触肺里空气的时候又经过一种相反的变化。食物从刚一接触唾液的时刻起经过一系列复杂的变化过程，其中最后一个过程是把食物的化学结构改变得适合于被身体某一部分吸收。

除了组成有生命的身体的分子的高度复杂性之外，没有任何理由可以认为这类分子不能用人工方法制造出来；也没有一点理由认为一旦把这些分子制造出来，它们会缺少自然产生的有生命的物质的任何一种特点。亚里士多德认为每个植物或动物都有一
33 个植物灵魂，生机论者所信仰的学说和这种说法也差不了许多。但是随着有机化学的进步，这种看法越来越不能令人相信了。根据我们的证据虽然还不能得出最后的结论，这种证据却倾向于表明有生命的物质的每个特点都可以还原到化学，从而最后还原到物理学。非常可能的是：支配有生命的物质的基本定律也就是支配氢原子行为的定律，即量子力学的定律。

活着的有机体看来有些神秘的特点之一就是生殖的能力。兔子生兔子，知更鸟生知更鸟，蠕虫生蠕虫。最简单的生物没有从胚胎发育的现象；单细胞的有机体只是生长到一定的大小，然后分裂。有性生殖也还保留着类此的现象：雌体的一部分成为一个卵子，雄体的一部分成为一个精子，但是这一部分比分裂而成的一半小得太多，所以看来它不只在数量方面，而且在性质方面也和分裂为两个相等部分的过程有所不同。不同之点并不在于分裂，而在于雄性与雌性成分结合成一个新的有机体，这个有机体经过自然生长的过程，最后变得和它的成熟的亲体一样。

孟德尔学说使得我们多少明白了一些遗传的过程。看来卵子和精子内有着某种相当小的数目的“遗传基因”，这些遗传基因传递着遗传上的特点。和量子论的定律一样，遗传的定律也是具有个别性和统计性质的；一般说来，如果祖父母在某种特性方面有所不同，我们不能断定某个孩子将来和祖父还是和祖母相似，但是我们能够在很大数目的孩子当中，说出在这种特性方面和祖父或是和祖母相似的情况所占的比例。

一般说来，遗传基因传递亲体的特性，但有时也有变形的生物或“突变体”，它们和亲体有着很大的差别。它们是在占很小比例数的个别情况下自然产生的。我们也可以用人工方法通过 X 射线让它们产生。这些变形的生物对于演化提供了最好的机会，换句话说，它们对于从旧的动植物种类发展出新的动植物种类提供了最好的机会。

关于演化的一般概念由来已久，我们可以从安纳克西曼德（纪元前六世纪）那里找到这种看法，他认为人的祖先是鱼。但是
这些说法却为亚里士多德和教会所不容，直到十八世纪还是这样。34
笛卡尔、康德和拉普拉斯早就主张过太阳系有个逐渐形成的起因，以代替那种认为太阳系一下子创造出来之后就完全不再发生变化

的说法。地质学家刚刚确定了不同地层的相对年代，人们根据化石就看出比较复杂的生物出现在比较简单的生物之后；另外许多很久以前存在过的生物已经完全灭绝。人们发现先有一些中间类型，以后才有我们所常见的高度分化的类型。从前为很多人主张的自然发生说，除了作为最简单的生物的起源假说以外，已经被实验证明是错误的。这一切使人们很自然认为目前或过去存在的动植物都是一个共同祖先的后代，由于可遗传的特性的变异逐渐分化而来。

照上面意义所说的演化论现在已为大家所承认[①]。但是达尔文提出的那种特殊动力，即生存竞争和适者生存，在生物学家当中已经不像五十年前那样流行了。达尔文学说是放任政策的经济学推广到整个生物界的结果；由于这种经济学和与其连在一起的那种政治已经过时，人们也就想使别的理论来说明生物界的变化。如果某种生物有一部分已经发生过这类变化，人们仍然可以用达尔文学说的原理来说明在突变体与保存原来特性的生物体之间的竞争中，为什么有一方面取得优胜。但是早期的达尔文主义者认为，由于选择，每一代都发生一些细微的变化，现代孟德尔学派的人却重视一些偶然发生的比较巨大的变化，他们希望能找到一种比较确定的学说来解释这类变化的来源。通过实验的方法用 X 射线改变遗传基因给了我们朝着这个方向取得进展的希望。

有些人认为生物学的基本概念应该是“有机体”的概念，并且

① 关于目前科学对于这个问题的意见，可以看朱林·赫胥黎著《演化：一个现代的综合》。

认为按照这种说法，生物学不能还原为化学和物理学。这是从亚 35
里士多德那里得来，并为黑格尔哲学所助长的一种看法，尽管黑格尔本人并没有用过“有机体”这个字眼。我认为这是一种错误的看法，它的流行成了科学进步的一个障碍。但是因为还有不少人相信这种看法，所以我们还要对它进行一番考察。

让我们先说一下这个学说的逻辑实质。这个学说认为动物或植物的身体是一个统一体，意思是说支配各部分行为的定律只有看到各部分在整体中所占的地位才能得出。一个割断的肢体或一只脱离眼窝的眼睛不能再完成它没有脱离身体时所完成的任务：肢体不能走动，眼睛也不能再看东西。当然这是事实，但是这却不是有生命的物质的一种特点：你的无线电在关闭电流后就不能再向你报告新闻。严格说来，看见东西的并不是眼睛；看见东西的是大脑或心灵。眼睛只是一件传递和改变光能的工具。但是“有机论”者会说不把身体的其他部分考虑进去，不把身体当作一个整体来看，我们便无法理解眼睛处理光能所用的方法。

与此相反并且我认为是正确的那种看法，认为想理解眼睛的作用，除了眼睛本身的构造以外，只需要知道能的流入和流出。眼睛的外层表面感受外界的某些影响，这些影响所引起的过程由眼睛内层表面传到神经。机械论的看法认为眼睛离开身体以后，只要它的构造和化学组成不变，并且用人造神经排放由于入射光而造成的冲动，那么眼睛的作用还会和在它原来的位置时一样。这种实验是一项不能进行到底的实验，因为一只离开身体的眼睛很快就会失去它的生机，而且由于技术上的缺陷，代用的人造神经和真正的神经不能具有完全相同的性质。但是类似的实验在越来越大的范围内正在变得成为可能，例如青蛙的心脏从青蛙的身上取下来以后还可以让它保持跳动。

一般说来，科学的进步是由于对研究对象进行分析和把研究对象人为地分离开来。像量子论所表明的那样，也许这种方法的合法性是有限度的，但是如果它不是经常或大致正确的话，那么科
36 学的知识就不可能产生。因此把机械论的看法当作一个指导工作的假设，只有在出现了明显的反面证据时才把它抛弃，永远不失为一种审慎的态度。就生物学所研究的现象而论，直到今天我们还没有发现一件这样的证据。

总结一下上面的话：我们只知道这个行星上有生命存在；太阳系中任何其他行星都很少可能有生命存在，看来大多数恒星可能并没有行星。因此我们几乎可以肯定地说，生命是一种非常少有的现象。即使在地球上，生命现象也是很短暂的：最初地球太热，最后地球又将变得太冷。斯宾塞·琼斯所著的《无尽的世界》（第19页）提出过一些带有很大臆测成分的年代。地球年龄大概小于30亿年，生命可能开始在17亿年以前。哺乳动物出现在6千万年以前；类人猿出现在8百万年以前，人大约出现在1百万年以前。地球上一切生物很可能都是从单细胞生物演化而来的。我们不知道这些单细胞生物最早是怎样形成的，但是它们的来源不会比氦原子的来源更为神秘。我们没有任何理由假定支配有生命的物质的定律和支配无生命的物质的定律有什么不同，我们却很有理由认为有生命的物质的一切行为在理论上都可以用物理学和化学解释明白。

第五章　感觉和意愿的生理学

从正统心理学的观点来看，在心理现象与物理现象之间存在
两道分界线，即感觉和意愿。我们可以把“感觉”定义为一个物理
原因所引起的最初的心理结果，把“意愿”定义为引起一个物理结
果的最后的心理原因。我并不认为这些定义令人完全满意，我只 37
认为我们可以把这些定义作为我们初步研究的指导。在本章内我
将不去研究感觉和意愿本身，因为它们属于心理学的范围；我要研
究的只是那些引起感觉与伴随感觉的生理现象，和那些伴随意愿
与由意愿引起的生理现象。在研究科学对这个问题的看法之前，
我们有必要先从常识的观点来观察一下这个问题。

假如有人对你说了一句话，结果你就采取了某种行动；比方说你可能是个执行命令的士兵。物理学研究经过空气的声波，直到到达你的耳朵为止；生理学研究在耳朵神经和大脑中随后发生的事件，直到你听到声音为止；心理学研究听觉和随后发生的意愿；然后生理学又重新开始研究这个过程，研究从大脑外传到肌肉的事件连锁和表示意愿的身体动作；以后发生的现象便又是物理学研究的题材。属于哲学中最常谈的题目的心物关系问题在从大脑发生的事件过渡到感觉，和从意愿过渡到大脑其他事件这个过程上达到了最关紧要的一个阶段。所以这是一个两方面的问题：在感觉上物质怎样影响心理，在意愿上心理又怎样影响物质？我并不想现在就研究这个问题；我现在提到它只是为了说明生理学中有些部分对于哲学必须讨论的问题所具有的重要性。

阿德里安的《感觉的基础:感官的动作》(伦敦,1928 年)这本书对于先于感觉和与感觉同时发生的生理过程讲得很好。大家都知道有两种神经纤维,一种把消息传给大脑,一种则从大脑传出消息。感觉的生理学只研究前一种神经纤维。我们可以通过人工方法用电流把离开身体的神经刺激到兴奋状态,我们有充分理由相信用这种方法产生的过程和没有离开活的身体的神经自然发生的过程基本上是相同的。如果一条离开身体的神经用这种方法适当地刺激到兴奋状态,那么就会产生一种以每小时 220 英里(一秒
38 钟 100 米)的速度沿着神经前进的振动。每条神经都由一束神经纤维组成,这些神经纤维从人体表面直达大脑或脊髓。把消息传到大脑的神经纤维叫作“内传”神经纤维;从大脑把消息传出来的神经纤维叫作“外传”神经纤维。一条神经通常既有内传又有外传神经纤维。大体说来,内传神经以感官为起点,而外传神经则以肌肉为终点。

神经纤维对于刺激的反应属于那种叫作“全或无”的类型,正如一支枪对于加给扳机的压力的反应那样。给扳机轻微的压力不会产生任何结果,但是足够大的压力会产生特有的结果,不管压力多大(在一定限度内)这种结果总是一样。同样,如果一条神经纤维受到的刺激非常轻微,或者时间非常短暂(小于一秒的十万分之一),那么就不会产生任何结果,但是如果给以足够的刺激,那么就有一股电流在很短的时间内(一秒的几千分之一)通过神经纤维,其后神经纤维开始“疲劳”,休息好之后才能传送另一股电流。最初,在一秒的二三千分之一的时间以内,神经纤维完全不接受任何刺激;随后它才逐渐恢复。在神经纤维正处于恢复阶段时,

一定的刺激产生的反应较小而且传送较慢。大约经过一秒的十分之一的时间，神经纤维才完全恢复。结果是不停的刺激引起的并不是神经纤维不停的兴奋状态，而是一系列中间有着停息的反应。正如阿德里安所说，传到大脑的消息不像一股连续不断的水流，而像一排从机关枪发出的弹流。

人们推测在大脑或脊髓内有一种相反的作用，把不连续的冲动转变为一个连续不断的过程，但是直到现在这还完全是一种假设。

由于刺激所引起的反应具有间断性，所以对于不停的刺激和对于按照神经恢复周期频率而间断的刺激的反应是完全一样的。看来我们似乎没有什么方法可以知道刺激是不停的还是间断的。比方说，假如你观看一个很亮的光点；如果你能让眼睛完全不动地盯住这个光点，那么你在光的适当快速闪动下的感觉和你在光的
稳定不变的情况下的感觉是一样的。但是事实上眼睛不可能保持 39
完全不动，因而我们总是不断地调用一些尚未疲乏的神经。

一件看来似乎可能对于感觉的传送信息的价值作出限制的值得注意的事实是，神经纤维对于任何一个具有足够力量和时间的刺激所作出的反应都是一样的：某一条神经纤维所能传递的消息有一件并且只有一件。但是让我们看一看打字机的类似情况：如果你用手按一个字母，那就只能产生一种结果，但是作为一个整体来看，打字机却能传达任何复杂的消息。

外传神经纤维的作用看来与内传神经纤维的作用完全一样；从大脑传到肌肉的消息与从感官传到大脑的消息具有同样不连续的性质。

但是最令人感兴趣的问题我们还没有谈到。在内传神经传进一件消息和外传神经发出一件消息之间大脑中发生的情况是怎样的？假如你读到一份电报，说“你的财产已经全部毁于地震”，你就喊出“天呀！我完了！”不管正确与否，我们总觉得我们通过内省多少知道那些心理上的环节，但是每个人都一致认为还有生理上的环节。视觉神经传到视觉中心的电流一定转到语言中心，随后再刺激产生你的喊声的肌肉。这件事的发生情况我们还不清楚。但是从生理学的观点来看，从物理的刺激到肌肉的反应之间显然有着一个统一的过程。就人类来说，由于后天获得的习惯，尤其是语言习惯的运用，这个过程可能变得极其复杂，但是在身体组织没有人类那样集中的动物身上，这个过程就比较简单和比较容易研究；比方说飞蛾扑火就可以通过生理学的说法解释得相当明白。

这就产生了一个很有趣的问题，即大脑中连接感官刺激的到来与向肌肉发出信息的过程是否可以完全用物理学的说法解释清楚？是否还需要一些“心理的”中间过程，例如感觉、考虑和意愿？一位对于某个大脑的构造有着充分的知识，又具有超人能力的计
40 算家能不能用物理学和化学的定律预测肌肉对于某种刺激所要作出的反应？心理的干预在连接物理学的前件（刺激）与物理的后件（身体运动）上是否是一个必不可少的环节？

除非我们关于大脑的知识比现在所知道的多，我们就不可能有把握地肯定其中一个作为这个问题的答案。但是我们早有某些理由认为那种可以叫作唯物主义的答案更加接近真实，尽管凭这些理由还不能够得出最后的结论。有一些反射，其反应是自动的，

不受意愿的支配。条件反射是靠习惯律从无条件反射产生的，我们有充分理由认为习惯可以用生理学的说法解释明白。条件反射足以解释人类行为的一大部分；就目前来说，是否还有一部分不能这样解释仍然是个存而未决的问题。

在本书后一阶段我将提出心理与物理之间并不存在像常识所认为的那样大的一条鸿沟这个意见，我还主张即使从感官到肌肉之间的生理上的因果连锁可以不涉及连锁中间部分的心理现象而得到说明，这并不能证明照“原因”这个词的唯一正确意义来讲，意愿就不是“原因”。但是这两种不同的说法在很大程度上都需要加以论证和阐明。现在我只想站在科学常识的观点说几句话。

如果——看来可能是这样——从感官到肌肉的整个过程中有一个完全属于物理方面的不中断的因果关系连锁，那么我们的结论就是人类的行为和物理学同样受因果律的支配。现在物理学只是在宏观现象上完全受因果律的支配，并且即使在这些现象上物理学所说的也只具很大的概然性，而不是必然性。人的智力也许可以一方面不违反物理学的定律，一方面又让不大可能的事情发生，正像麦克斯威尔的魔鬼本来可以通过向快速运动的质点开放活门而向缓慢运动的质点关闭活门来打破热力学的第二定律一样。

根据这些理由，我们可以承认仅仅有一种可能——不能比可能更多——认为虽然大脑中发生的现象并不违反物理学的定律，然而如果不是有心理学的因素在内的话，这些现象的结果是不会完全相同的。我说仅仅有一种可能，这有几个理由。第一，这个假 41
设只假定保留下来的微观现象的定律，而不假定宏观现象的定律。

但是宏观现象的定律的证据要比微观现象的定律的证据强，如果认为这些定律有时失效，我们就需要非常有力的理由来为这种信念找出合理根据。第二，所有说明心物相互关联的现象都是宏观性质的：举例说，一个意愿产生的结果是一次可以知觉到的身体运动，而不仅仅是原子范围内的变化。第三，到目前为止，对于神经和大脑的过程的研究都证明凡是我们可以充分观察的现象都具有物理的因果关系：我们对之仍然毫无所知的领域是一些非常细微的现象，观察起来也非常困难。所以直到现在，我们还没有一点点正面理由，可以假定大脑中的物理过程有任何现象具有和研究无生命的物质的物理学的那些定律不相同的宏观现象定律。

然而，那些极力主张精神具有支配物质力量的人还可以找到一个巧妙回避的办法。可能有人主张有生命的物质的一个特点就是不稳定的平衡状态，而这种状态在人的大脑中得到了最高度的发展。我们可以把一块重达若干吨的岩石巧妙地放在一座圆锥形的山顶上，只要一个小孩轻轻一推就可以让这块岩石滚到下面山谷里去；在这里，起始的冲力上很小一点差别会使结果产生巨大的不同。也许大脑中的不稳定平衡状态微妙到一个原子内部两种可能发生的现象之间的不同足以在肌肉运动上产生宏观性质的不同。并且因为照量子物理学的说法，我们还有确定某一个原子在几种可能的转变中要经历哪一种转变的定律，所以我们可以想象在大脑中选择两种可能的转变要受一种叫作“意愿”的心理学的原因来确定。所有这些都是可能的，但也只是可能而已；我们还没有哪怕是最少的一点点正面理由来假定实际上发生过这一类事情。

就现有的证据来看，最接近真理的假设是：在从感官到肌肉的一系列事件当中，一切都是由宏观的物理学的定律来确定的。让我们回到我们前面举过的那位读了电报就喊出“我完了！”的人的 42
实例：如果你对他的大脑构造有足够的详细知识，你又是个相当好的数学家，那么你就能够预测当电报上构成消息的那些形体进入他的视野时，它们会引起一个以他的口部的某些动作为终点的过程，这些动作也就是发出我们写下来就是“我完了”的声音的动作。我们假定你并不需要懂得英语才能作出这个预测，你并不需要理解电报或是喊出来的声音的意义。从生理学方面来说，一个懂得英语和一个不懂得英语的人的区别在于一个具有而另一个却不具有接受听到或读到的英语文字的刺激的内传神经与产生适当反应的外传神经之间的关联。我们假定一个假想的观察者是看得出这种区别的，却并不需要他一定理解刺激或反应的意义。

我们必须承认，这个假设看来并没有很大的说服力，我也绝没有武断地说它对的意思。照我的看法，我们在合理限度内最多能够说，对于一个研究与感觉和意愿同时发生的生理现象的人来讲，这是一个正确的指导工作的假设。在这个假设是正确的情况下，它可以帮助他作出一些发现；如果它在某一点上是错误的，那么它的错误也很可能是由于通过假定它的正确而想出来的实验方法而被发现的。只要这个假设是正确的，生理学就是独立于心理学的一门科学；如果这个假设在某一点上是错误的，生理学就失去了它的独立的性质。作为一个实际工作的方针，生理学家完全可以假定只要没有发现相反的证据，他所研究的科学就仍然具有它的独立的性质。

43 第六章　心理的科学

科学的心理学由于与哲学和不久以前甚至还与神学纠缠在一起而受到很大的损失。苏格拉底以前的哲学家并没有把心与物截然区别开来，这种区别到了柏拉图就变得十分明显，柏拉图还把它和宗教结合起来。基督教采用了柏拉图学说的这一方面，拿它作为许多神学教义的基础。灵魂与肉体是各不相同的实体；灵魂是不朽的，而肉体却会在死后腐烂，尽管我们复活时可以获得一个永不腐烂的新的肉体。犯罪的是灵魂，所以灵魂不是由于神的公道而受到永世的惩罚，就是由于神的恩赐而享受永世的快乐。所有经院派的著名学者都承认物质与心灵两种实体的存在；正统的基督教需要心灵也需要物质，因为变体的教义需要基督的圣体。灵魂与肉体的区别最初不过是形而上学的奥义，却逐渐成了大家公认的常识的一部分，直到今天只剩下很少几个玄学家敢于怀疑这种区别。

笛卡尔学派的学者认为心与物之间不存在任何相互作用，从而增长了心物区别的绝对性。但是继这种二元论而起的是莱布尼兹的单子论，按照这种学说，一切实体都是灵魂，而我们所谓的“物质”只是许多灵魂的混乱的知觉结果。在莱布尼兹之后，贝克莱由于完全不同的理由，也否认物质的存在，费希特和黑格尔——由于另外的不同理由——同样提出了这样的看法。同时，特别是在十八世纪的法国，还有一些主张物质存在而否认灵魂存在的唯物论者。大哲学家中只有休谟完全否认实体的存在，从而为近代

关于心物区别的讨论铺平了道路。 44

就我来说，我认为先要研究一下心理的科学与物理的科学的区别才能对心与物作一番形而上学的讨论。非常明显，它们是不同的科学，因为在每个大学里它们都由不同的人来讲授。物理学家所讲的东西是大家都清楚的，但是心理学家所讲的东西是什么呢？

心理学家当中有一些人的看法实际上否认了心理学作为一门独立科学的地位。按照这个学派的看法，心理学所研究的是人类和动物的行为，它与哲学唯一不同的地方在于它的着眼点是把有机体看成一个整体。按照这个看法，心理学家所必须依据的是一个人对于自己以外的动物所能作出的观察；这一学派的人认为任何科学的与件都不是一个人只凭观察自己而得到的。尽管我承认从研究行为所得到的结果的重要性，却不能同意这种看法。我想武断地坚持这个意见——我能够观察到我所遇到的事件，别人的我却观察不到。我能够观察我自己的痛苦和快乐，我的知觉，我的欲望和我做过的梦。根据类推的方法，我相信别人也有同样的经验，但这是推理而不是观察。牙科医生感觉不到我的牙痛，尽管他有令人赞服的归纳的理由相信我感到牙痛。

这就让我们看出心理学的一个可能的定义，即把心理学当作研究那些由于本身的性质只能由一个人观察的现象的科学。这样一个定义，如果不加以相当的限制，就会在一个方面变得过宽而在另一个方面却又变得过窄。当许多人观察到一个公共的事件时，例如火箭的发射或首相的广播讲演，他们听到的和看到的并不完全相同：由于配景、视源或声源距离的远近，感官的缺陷以及其他

原因而造成了一些差别。因此如果我们的说法精确到带点学究气
的话,我们一定得说每件可能观察到的事物都是只属于一个人的。
可是不同的人在同一时间的知觉结果非常相似,使得我们可以在
45 许多方面不去管那些细微的差别;因而我们说他们知觉到同一个
现象,我们还认为这个现象发生在一个不属于任何个别观察者的
公共世界内。物理学的与件就是这一类的现象,而那些不具有这
种社会或公共性质的现象则构成(我是这样想的)心理学的与件。

按照这种看法,物理学的与件是从一组相互关联的心理学的与件抽出来的。如果一群人观察火箭发射,他们不会去管他们经验中凡是有理由认为独特而专属于个人的东西,并且要费一点力气才能明白他们所看到的东西竟然带有个人的因素。但在必要时他们却能知道这些因素的存在。这群人有一部分看到火箭的右侧,另一部分看到火箭的左侧,以及其他等等。所以如果我们全面研究每一个人的知觉,而不是研究在表达关于外界的知识上最为方便的抽象形式,那么知觉就成了心理学的一种与件。

但是虽然每个物理与件都来自一组心理与件,把这句话反过来说却不合乎事实。一种体内刺激产生的感觉别人自然感觉不到;在我胃痛的时候,我绝不会因为别人没有感到同样的痛苦而觉得奇怪。肌肉有内传神经,这种神经在使用肌肉时产生一些感觉;这些感觉自然只有当事人感觉得到。只有在刺激发生在知觉者身体以外的情况下,即使这时也不总是这样,感觉才是属于共同构成物理学的一个与件的体系的一个元素。如果一只苍蝇爬在你的手上,苍蝇所造成的视觉对于大家都是一样的,但是痒的感觉只有一个人能觉得到。心理学是研究个人与件的科学,它还研究常识认

为对于大家都是相同的与件中那些专属于个人的方面。

有一派心理学家对于这个定义提出一种原则性的反对理由，这些人认为“内省”不是一种可靠的科学方法，并且认为除了从公共的与件中得出的知识以外，再也没有什么可以叫作科学知识的东西了。我认为如果不是因为很多人抱有这种看法，它的荒谬已经到了不值一驳的地步；但是由于这种看法流行在许多不同的人中间，所以我要把我驳斥它的理由说一下。

首先，我们需要对于“公共的”和“个人的”与件下一个比较精
确的定义。在那些反对内省方法的人看来，“公共的”与件不仅指 46
那些事实上为其他观察者所共有的与件，而且也包括在适当条件下可能为其他观察者所共有的与件。按照这种看法，鲁宾逊讲他收获的谷物时，虽然没有其他观察者证实他说的话，他并不是在作不合科学的内省，因为他的忠仆证实了他说的话的后一部分，也有可能证实他说的话的前一部分。但是在他讲他怎样才变得相信他的不幸遭遇是对于他前生的罪恶生活的惩罚时，他不是在讲没有意义的话，便是在说不管遇到谁他就要说的话，因为一个人所说的话是具有公共性质的，但是他所想的事情却只有他一个人知道。按照这个学派的意见，认为他所说的话代表他的思想就是说了一句不是科学所能证实，因而也就不是科学所应该说的话。像弗洛伊德那样，打算建立一门关于梦的科学是错误的；我们不能知道一个人梦到些什么事情，我们所知道的只是他告诉我们他所梦到的事情。他对于他所梦到的事情所说的话是物理学的一部分，因为他说的话是由嘴唇、舌头和喉咙的运动组成的；但是如果我们认为在他自称述说他的梦境时所说的话代表一种真实的经验，那就是

一种毫无根据的想法了。

我们将把一个“公共的”与件定义为一个**可以**被许多人观察到的与件，只要这些人所在的位置适当。他们无须同时观察到它，只要我们有理由相信中间没有什么变化发生即可：两个人不能同时使用一架显微镜，可是反对内省方法的人并无意排斥在显微镜下得到的与件。或者让我们看一看这件事实，那就是如果你用力向上翻转眼球，你就会把一切东西都看成两个。说把东西“看成”两个是什么意思呢？这就只有靠把视觉与物理事实区别清楚才能得到解释，否则就只有使用遁词。你可以说：“如果我说 A 先生把每件东西都看成两个，我并不是在谈他的知觉；我说的话的意思是：如果有人问 A 先生，他将说他把每件东西都看成了两个。”这样一种解释使得探讨 A 先生说的话是否真实变成毫无意义，并且使得发现他认为他正在叙述的那种情况变成了不可能的事。

梦也许是在那些只有靠个人与件才能知道的事实当中最不容
47 置疑的实例。如果我记起了一场梦，那么我讲它时不是按照真实情况便是加以渲染；我可能知道我说的是不是真话，但是别人却很少能够做到这一点。我认识一个中国女人，她上了几次心理分析课之后就开始做起和心理分析教科书上所说的完全一样的梦来；那位给她作心理分析的医生听了很高兴，但是她的朋友们却表示怀疑。虽然除了这个女人以外，再也没有一个人能够知道这件事的真相，我却认为她做过的梦具有和物理现象同样明确的如此这般而不是某某一类的性质。

我们将要说：一个“公共的”与件是在某一时空领域内对于所有知觉者产生类似感觉的一个与件，这个时空领域比（比方说）半秒钟内一个人体所占的领域要大得多，或者这样说，一个“公共的”与件是在占有适当位置的知觉者在场时产生这类感觉的一个与件（这就是承认鲁宾逊所收获的谷物是一个公共的与件）。

我们很难把这种公共的与件同个人的与件精确地区别开来。大体说来，视觉与听觉提供公共的与件，但也不总是这样。黄疸病患者会把一切东西看成黄色，但是这种黄色却是只属于他个人的与件。许多人耳朵里容易听到一种嗡嗡的声音，这种声音从主观上很难和有风时打电报的声音分别开。知觉者只有靠别人的反面证据才知道这类感觉只属于他一个人。从某种意义上说触觉提供了公共的与件，因为不同的人可以接触到同一件物体。嗅觉的公共性质可以普遍到成为向卫生当局吐露不满的理由。味觉的公共性质在程度上要小一些，因为虽然两个人不能吃同一口食物，他们却能吃到同一种食物的相互连接的部分；但是副牧师的鸡蛋[①]却证明这个方法并不完全可靠。可是不管怎样，对好厨师和坏厨师作出一种人所公认的区别却是件相当可靠的事，尽管内省在这里起了一种很重要的作用，因为一个好厨师是使大多数顾客满意的厨师，而每个人感到的快乐则是完全属于他一个人的事。

我是在常识的水平上进行这个讨论的，但是以后我将重新谈到这个问题，对于作为科学的基础的个人与件这一整个问题作一番比较深入的探讨。现在我只想说公共的与件同个人的与件的区
别是程度上的区别，这种区别依靠能够证实内省结果的证据，生理 48

① 英语中的一个成语，“只有几部分好，就像副牧师的鸡蛋一样”，来源于《笨拙》周刊。——译者

学使我们预料到人体内部的刺激所产生的感觉只有本人才能知道，最后，我们知道得最清楚的许多事实依靠只有我们自己知道的方法才能被我们知道。你喜欢坏鸡蛋的气味吗？你高兴战争的结束吗？你牙痛吗？对你来说回答这些问题并不困难，但是另外再也没有人能够不根据你的行为（包括你的证言）进行推理来回答这些问题。

因此，我的结论是：个人与件的知识是存在的，并且我们没有任何理由不建立一门研究这些与件的科学。承认了这一点，我们现在就可以探讨什么是心理学真正要讲的问题了。

首先，让我们谈一下重要性常常被人忽视的一个问题，这就是物理现象与感觉的相互关联问题。物理学家和天文学家依靠各种感官特别是视觉的证据得出他们对于外面世界发生的事件所作的叙述。但是为我们所知道的在物理世界中发生的现象中没有一件是感觉；那么，感觉又怎样能够证实或否证一种物理学说呢？让我们从科学萌芽时期找一个具体实例来说明。人们很早就发现日食是由于月亮走进地球与太阳中间而发生的，人们还发现日食可以预先推测出来。日食发生时直接得到证实的是一系列预料到的感觉。但是物理学与天文学的发展在观察日食的天文学家的感觉与他推论出来的天文学的事实之间逐渐形成了一条很大的鸿沟。光子从太阳出发，如果月亮没有走进太阳与地球之间，那么有些光子就直达我们的眼睛，在这里它们就开始了我们在上一章讨论过的那种复杂过程；最后当这个过程到达这位天文学家的大脑时，这位天文学家才得到一种感觉。

这种感觉只有在我们知道了把它与那件天文学的事实联系起

来的定律时才能成为后者的证据,而这些定律的最后阶段一定把感觉与刺激,或者把视神经和大脑中所发生的现象与感觉联系起来。我们应该看到,这种感觉与那件天文学的事实之间并没有任何相似之点,也没有什么**必然的**关联。也许我们可能作出一种人为的刺激,使天文学家产生一种和我们叫作“看见太阳”的经验在主观上难以区别的经验。这种感觉与那件天文学的事实之间的相似最多也只能像留声唱片和它放出的音乐,或者图书馆的目录和 49
它列举的书籍之间的相似一样。由此可以看出,如果物理学是一门经验科学,它的叙述可以由观察加以证实或否证,那么物理学就必须补充上把刺激与感觉联系起来的定律。目前这些定律属于心理学的范围。因此经验上可以证实的东西不是单独存在的纯粹物理学的事,而是物理学加上心理学的一部分。所以心理学在经验科学的每个部分中都构成一个不可缺少的组成部分。

直到现在,我们还没研究是否有把一个心理事件与另一个心理事件联系起来的定律。我们直到现在所讨论过的表示相互关联的定律都是些把物理的刺激与心理的反应联系起来的定律,我们现在所要研究的是在一个心灵范围之内有没有因果律存在。如果有,那么心理学在这个限度内就是一门独立的科学。意念的联想律,比方说照哈特利和边沁学说中所说的那样,是一个这类的定律,但是代替了它的条件反射和习惯律基本上属于生理学,只有在引申的意义上才属于心理学,因为联想被认为是由于建立了连接大脑中一个中心与另一个中心的通路而造成的。我们仍然可以用纯粹心理学的说法把意念的联想述说出来,但是在这样述说下它就不是关于一定要发生的现象的定律,而只是关于很可能发生的现象的定律。因此它不具备科学在因果律身上希望找到的那种特性，或者至少是在量子论出现以前科学一直在因果律身上希望找到的那种特性。

这些话对于心理分析也是适用的，心理分析的目的在于发现纯属心理方面的因果律。我还不知道有什么心理分析的定律宣称在某些一定外界条件下一定会发生什么事件。举例说，有个人患了独居恐惧症，心理分析会发现这件或那件过去的经验是他得病的原因；但是许多人有过同样的经验却没有得到同样的结果。所以，我们所谈的那种经验虽然可能是这种恐惧病的部分原因，却不能是它的全部原因。既然这样，我们就不能从心理分析中找到任何纯属心理方面的因果律的实例。

在上一章我们曾经作为一个可能性很大的假说提出过一种看
50 法，即一切身体行为在理论上都可以用物理学的说法解释明白，而无须研究与生理现象同时发生的心理现象。我们应该看到这个假说并不能决定我们现在的问题。如果 A 和 B 是大脑中发生的两个事件，并且如果 A 是产生 B 的原因，那么如果 a 是与 A 同时发生的一个心理事件，b 是与 B 同时发生的一个心理事件，结果就是 a 是产生 b 的原因，而这是一个纯属心理方面的因果律。事实上因果律并不属于“A 是产生 B 的原因”这种简单形式，但是就因果律的真正形式来说这个原则仍然不变。

虽然我们现在很难举出真正精确的心理的因果律的重要的实例，从常识的观点来看却又似乎确实存在着这样的定律。如果你对一个人说他既是无赖又是傻瓜，他一定会生气；如果你对你雇主说人们都拿他当骗子和吸血鬼，他一定会请你到别处去找工作。

广告和政治宣传对于信仰心理学提供了大量的材料。人们对于小说或剧本中人物的行为是否“正确”的感觉是以还没有明确表示出来的关于心理的因果关系的知识为基础的，在驾驭人上所需要的精明也是这样。这些情况中所涉及的知识是先于科学的，但是如果没有科学定律这种知识也就不能存在，而这些科学定律是能够通过充分研究而被发现的。

我们有一些属于所说的这一类的真正的因果律，虽然直到目前它们涉及的都是一些本身没有什么重大兴趣的问题。举残像为例。你盯着看一件鲜明红色物体，然后闭上眼睛；你首先看见一个颜色逐渐变浅的红色物象，然后看见一个绿色的物象，形状大体相同。这是一个完全根据从内省得来的证据而成立的定律。让我们再举一个有名的幻觉：

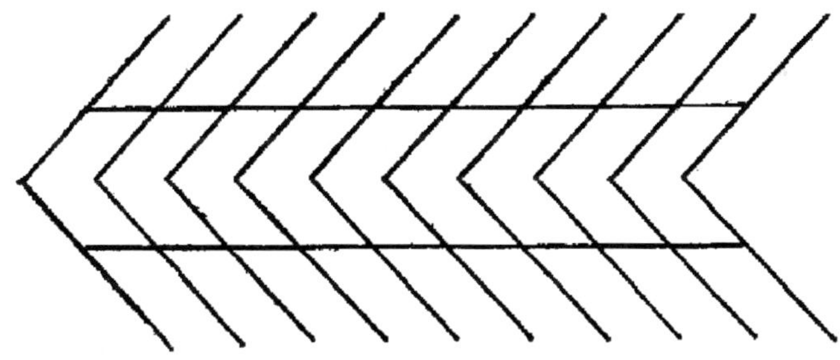

图中两条横线是互相平行的，但是它们看起来却好像越往右 51
越互相接近。这又是一个完全靠从内省得来的证据而成立的定律。对于这两种情况我们有生理学的说明，但是这些说明并不能使纯粹心理学的定律失效。

我的结论是：虽然有一些心理学的定律涉及生理学的范围，但是另外一些心理学的定律却不是这样。心理学是一门与物理学和生理学完全不同的科学，心理学有一部分是在物理学和生理学的范围之外独立存在的。所有物理学的与件都是心理学的与件，但是所有心理学的与件并不都是物理学的与件；两者所共有的与件在这两门科学中可以作为不同推论的根据。作为与件的一种来源内省是有效的，在相当大的范围内内省是可以由科学来控制的。

心理学有不小一部分虽然不具备数量上的准确性，却算得上真正的科学。对于我们的空间知觉的分析和根据感觉基础建立起来的常识的空间概念就是这样的例子。贝克莱的视觉学说已被体视镜证明是错误的，按照这个学说一切东西看起来都是扁平的。我们幼童时期学会的去摸我们看见的地方的过程可以用观察的方法来研究。意愿的控制也是一样：我们可以观察几个月的幼儿高兴地学会随意转动脚趾，而不是被动地观望脚趾按照纯粹的反射运动来蠕动。在你以后学会某种技能，例如骑自行车的时候，你可以看到自己所经过的阶段：开始你要你的身体做出某些动作，希望它们引起你想让自行车产生的动作，但是后来你就直接要自行车做出动作，你的身体需要做出的动作会自动地随着发生。这一类经验对于我们理解意愿的心理学有很大的帮助。

把感觉刺激与它们所造成的信念联系起来涉及不少的心理学。我想到的是当某些走动的有色斑点走进你的视野时，你就想到“有一只猫”这一类的简单现象。很明显，猫以外的东西也可以引起同样的感觉刺激，在这种情况下你的信念就是错误的。你可能看见映在镜中的一间屋子，而把它看成“真实的”东西。通过研究这一类现象，我们就理解到很大一部分我们认为我们知觉到的东西都是过去经验所造成的习惯。在我们生活中有很多预料，这些预料照例只有在它们没有实现时才会被我们觉察到。假如你看 52 见一匹马的半个身子正绕过墙角走来；你可能不怎样注意到它，但是如果你发现剩下的半个身子是牛而不是马，你就会感到几乎难以忍受的惊讶。然而我们却必须承认这种现象从逻辑来说是可能的。

快乐、痛苦和欲望同习惯的养成之间的关联可以用实验的方法来研究。巴甫洛夫是从不依靠内省方法的，他让一只狗站在两个门的前边，一个门上画的是个椭圆，另一个门上画的是个圆。狗找对了门，它就可以得到饭吃；如果找错了门，那么它就要挨一下电击。在这样的刺激下，狗在几何学上取得的进步快得惊人。巴甫洛夫把椭圆画得越来越接近圆，但是狗仍然能够正确分辨得出，直到短轴与长轴之比缩小到8∶9，这时那只可怜的动物的神经已经不能再支持了。这个实验对于学童和犯人的用处是显而易见的。

或者再让我们看一看这个问题：为什么我们相信我们所相信的事情？从前的哲学家们会说这是因为上帝赋给我们一种天生的认识真理的能力。在十九世纪初期，哲学家们会说这是因为我们衡量过证据之后才决定了我们的意见。但是如果你问到一位现代的广告家或政治宣传家，他却会给你一个更合乎科学和更加令人沮丧的答案。我们的信念一大部分建立在习惯、自满、自利或经常重复的基础上面。广告家主要依靠最后一种，但是一位聪明的广告家却把最后一种和前面三种巧妙地结合起来。那些控制宣传的人希望通过研究信仰的心理学有一天能够使任何人相信任何一件事情。到了那个时候极权主义国家将成为不可战胜的力量。

关于人类的知识我们可以提出两个问题:第一,我们知道什么?第二,我们是怎样知道这些知识的?回答第一个问题的是科学,而科学所要做到的是尽可能不带任何个人的因素和完全去掉人的成分。因此科学的宇宙概观自然要从天文学和物理学开始,
53 这两门科学研究的是大而普遍的对象;而罕见的和看来对于事件的进程没有什么影响的生命与精神在这个包括一切的概观中就只能占一个比较次要的地位。但是对于我们的第二个问题——即我们怎样得到我们的知识——心理学在各门科学中却最为重要。不仅从心理学的观点来研究我们进行推理的过程是必要的,而且看来我们推理所依据的与件在性质上也是属于心理学的;这就是说,它们是单独的个人的经验。我们的世界所具有的表面的公共性一部分是由于我们的幻觉,一部分是从我们的推理得到的;我们的知识的全部素材都是由各别人生活中的心理事件构成的。因此,在这个领域内,心理学占有最高的地位。

第二部分　语言

第一章　语言的用途 57

语言也像呼吸、血液、性别和闪电等其他带有神秘性质的事物一样，从人类能够记录思想开始，人们就一直用迷信的眼光来看待它。野蛮人害怕把真名泄露给敌人，唯恐敌人借以施展邪术。奥里金告诉我们，异教的巫师用圣名耶和华比用宙斯·奥西里斯或婆罗门等名字收到的法力更大。习见反而使我们看不出“不可妄称你神的名”这句诫言对于语言的重视。人们用迷信的眼光看待语言的习惯还没有完全消失。英文《圣经》中《约翰福音》里说：“太初有言”，在读到一些逻辑实证主义者的著作时我不禁想到这句误译却代表了他们的看法。

由于哲学家都是读书和谈理论的人，他们对于语言的兴趣主要是把它当作一种作出叙述和传达知识的工具，但这只是它的许多功用之一，也许并不是它的最原始的功用。对于一个上士来说，语言的功用是什么？一方面是发号施令的语言，目的在于让很多听到的人同时发出同样的身体动作；另一方面是骂人的语言，目的在于让那些没有做出预期的身体动作的人难堪。除了附带的效果外，这两种情况都不是用文字来叙述事实或传达知识。

语言可以用来表示感情，或者用来影响别人的行为。这些功用不管哪一种都可以用先于语言的方法来完成，虽然完成得差一些。动物发出痛苦的尖叫，不会说话的婴孩可以用种种不同的哭声和笑声来表达愤怒、难受、愿望、快乐以及所有各种情感。守羊犬对羊群发出命令所用的手段与牧羊人对犬发出命令所用的手段
58 几乎难以区别。这类声音与语言之间并没有什么明显的界限。如果牙科医生让你感到疼痛，你可能不由自主地发出一声呻吟；这并不能算是语言。但是如果他说“告诉我是不是感到疼痛”，而你这时发出同样的声音，那么这种声音就成了语言，并且还是那种旨在传达知识的语言。这个例子说明了一件事实，那就是在语言方面和在其他方面一样，从动物的行为到最严格的科学家的行为，从先于语言的声音到字典学家用得很讲究的词句，中间的过渡是逐渐的和连续的。

我将把表示感情的声音叫作“感叹”。在动物发出的声音中已经可以区别开命令和感叹。在母鸡对着它孵出的一窝小鸡咯咯叫的时候，它是在发出命令，但是在它受惊而发出粗厉的声音时，它却是在表达感情。但是像我们从你在牙科医生那里发出呻吟所看到的那样，一声感叹可以传达知识，局外的观察者却看不出这是出于有意还是出于无意。爱群居的动物在发现食物后发出容易辨别的声音，同类的动物闻声而至，但是我们却不知道这些声音只是表示快乐还是有意要说“这里有食物”。

如果一个动物由于本身的构造使得某种外界条件在它身上产生某种感情，某种感情又产生某种声音，那么这种声音对于一个适当的观察者就传达了两件知识：第一，这个动物有某种感情；第二，

有某种外界条件存在。动物发出的声音是大家都听得见的,外界条件也可能是大家都看得见的。举例说,如果动物是海鸥,外界条件就是一大群鱼。动物的叫声可能是直接对其他同类动物而发的,在这种情况下**我们**将要说,它们“理解”它的叫声。但这是假定在听到叫声和对于声音作出的身体反应之间存在着一种“心理的”媒介,而除去在反应推迟的情况外,我们并没有真正理由假定任何这样的媒介的存在。语言一大部分的重要性是和推迟的反应有关的,但是我现在还不预备谈论这个题目。

语言有表达和传达两种功用。语言的最原始的形式和某些其他种类的行为没有什么大的区别。一个人可以用叹气,或者说一 59
声“哎呀!”或“我真倒霉!”来表达他的悲伤的心情。他可以用手去指或者说声“看”来传达他的意思。表达和传达并不一定是各自分开的;如果你因为看见了鬼而说“看”,那么你可能用一种表达恐惧心情的声调来讲它。这个说法不仅适用于语言的初级形式;在诗和特别是歌曲中,感情和知识是用同样的手段来表达的。我们可以把音乐看作是一种感情脱离知识的语言,而电话簿却只告诉人知识而不表达感情。但是日常语言通常都有这两种因素。

传达不限于告诉人知识;命令与疑问必须包括在内。有时两者几乎不能分开;如果你同小孩走路时说“那边有个水坑”,这里面就包含着“不要走进去”的命令。告诉别人知识,可能只是因为你对这种知识感兴趣,否则就可能是用来影响别人的行为。如果你刚看见马路上发生的一次事故,你会因为你一直想着这件事而愿意把它告诉你的朋友;但是如果你对小孩说六乘七等于四十二,那么你的目的就只是为了影响他的(文字的)行为。

语言有两种互相关联的优点:第一,它是社会性质的;第二,它对“思想”提供了共同的表达方式,这些思想如果没有语言恐怕永远没有别人知道。如果没有语言或者某种先于语言而近似语言的东西,我们对于环境的知识就会局限于我们自己感官所告诉我们的知识,加上那些我们天生的身体构造赋给我们的推理方法;但是有了语言的帮助我们就能知道别人所说的话,还能说出在感觉上已不属于现在而只存在于记忆中的东西。如果我们看见或听到某种未被同伴看见或听到的事物,我们常常可以用单词“看”或“听”,或者通过手势来让他知道这件事。但是如果我们在前半小时看见一只狐狸,那么没有语言就不可能使别人知道这件事实。这是由于“狐狸”这个词同样适用于表达看见的狐狸或是记忆中的狐狸这件事实所决定的,所以我们通过发出大家都听得见的声
60 音把本身只有自己知道的记忆表示出来。如果没有语言,那么可以传达给别人的东西就只有大家具有相同感觉的那一部分生活,而且这一部分生活也只能传达给那些由于环境条件而能共有这些感觉的人。

我们将看到语言的用处依靠为大家所共有的和只属于个人的经验之间的区别,这种区别在研究物理学的经验基础上是很重要的。这种区别一部分依靠生理学,一部分依靠声波和光量子的继续存在,这种继续存在使得说、写两种语言形式成为可能。所以语言要依靠物理学,而且如果没有大体可以各自分开的因果连锁语言也就不能存在,我们还将看到靠着这些因果连锁才可能有物理学的知识;因为大家对可以感觉的物体的共同感觉只是大体相同,所以从社会方面来说,用来表示这些物体的语言免不了有不够准

确的地方。我用不着说我并**不是**在主张语言的存在需要物理学的**知识**。我们说的是,如果物理世界没有它事实上具有的某些特点,那就不可能有语言存在,并且语言的**理论**在某些点上要依靠对于物理世界的知识。语言是把我们自己的经验加上外形并使之为大家共晓的一种工具。一只狗是不能讲它的自传的;不管它吠得怎样动听,它也不能告诉你它的父母是贫而正直的。一个人可以做到这点,他是通过把"思想"和大家共同的感觉相互关联起来而做到这点的。

语言的功用不仅是表达思想,它还使一些没有语言就不能存在的思想成为可能。有人主张过没有语言就没有思想,可是我却不同意这种看法;我认为没有语言也可能有思想,甚至还可能有真伪的信念。但是不管这些问题怎样,我们却不能否认一切比较复杂的思想都需要字词。在某种意义上讲,我可能知道我有五个手指,却不认识"五"这个词,但是除非我学会了算术的语言我就不会知道伦敦约有八百万人口,我也不能有与"圆的周长与直径之比约为3.14159"这句话所说的意思非常接近的思想。语言一旦开始发生就获得一种独立性:特别在数学上,我们知道一个句子肯定某种关系为真,但是它所肯定的那种关系却复杂到连头脑最好的人也不能直接领悟。让我们先看一看在这类情况下心理方面所 61
发生的情况。

在数学上我们从我们相信自己能够理解的比较简单的句子出发,根据我们相信自己也能理解的推理的法则,一步一步建立起越来越复杂的符号命题,只要我们起始的假定正确,那么这些句子就一定正确,不管它们的意义是什么。通常我们不必知道它们的

“意义”是什么，如果我们把它们的“意义”当作在一位具有超人能力的数学天才的头脑中可能发生的一种思想的话。但是另外还有一种“意义”，实用主义和工具主义就是根据这种意义产生的。按照那些对于“意义”采取这种看法的人的说法，一个复杂的数学句子的作用在于供给我们具体处理某几种实际情况的法则。拿上面那个关于圆的周长与直径之比的句子作例。假如你是个酿酒家，需要为啤酒桶装配直径为定长的铁箍，这个句子就会给你一个法则，你可以用它算出你需要多少材料。这个法则对于小数点每一位都可能有一个新的句子，所以我们从来没有把这个法则作为一个整体来理解它的意义的必要。除了在最关键性场合以外，语言的独立性能使你抛掉这些冗长的解释过程。

语言还有其他两种很重要的用途；它能让我们使用符号来处理与外面世界的关系，这些符号要(1)在时间上具有一定程度的永久性，(2)在空间内具有很大程度的分立性。这两种优点在写的文章里比说的语言里更为明显突出，但是在说的语言里并非完全没有这两种优点。假如你有一位名叫琼斯的朋友。把他当作一个物体来看，他的界限有些模糊不定，一方面因为他在不断失去和得到电子，另一方面又因为既然电子是能的分布，所以它不能在离中心老远的地方突然消失。因此琼斯先生的表面带有一种虚无缥缈、令人捉摸不定的性质，而你是不愿把这种性质和你那位看来似乎结实的朋友联系在一起的。要想证明琼斯先生是个难以确定他的界限的人，并不需要我们深究理论物理学中最细微的地方。当
62 他正剪脚指甲的时候，在一段短而有限的时间内，很难确定正在剪下的指甲是否仍属于他。当他吃羊排的时候，从什么时刻起羊排

就变成他的一部分呢？当他呼出二氧化碳的时候，在未出他的鼻孔以前，二氧化碳是不是他的一部分？即使我们对这个问题作出肯定的答复，在一段有限的时间内，我们仍然不易确定某些分子已经出了还是未出他的鼻孔。在这些以及其他方面，我们不易确定什么属于琼斯和什么不属于琼斯。关于空间的模糊不定的性质就说到这里为止。

关于时间也存在着同样的问题。对于"你在看什么？"这个问题，你可能回答一声"琼斯先生"，尽管你看到的有时是他的正面，有时是他的侧面，有时又是他的后背，尽管有时他可能在赛跑，有时他也可能在安乐椅上打瞌睡。另外还有一个问题，那就是"你在想什么？"对此你也可能回答一声"琼斯先生"，尽管在不同的场合你心中真正想到的可能非常不同：你想到的也许是婴儿时期的琼斯先生，或是琼斯先生因为早餐晚了而在发脾气，或是琼斯先生正接到将要授给他爵士称号的消息。在这些不同的场合下，你所经验的事情是很不相同的，但是为了许多实用的目的还是把它们看成具有一个共同的对象比较方便，我们假定这个共同的对象就是"琼斯先生"这个名字的意义。这个名字，特别是印在纸上以后，虽然不能完全避免一切物体所具有的不确定性和短暂性，却比琼斯先生的不确定性和短暂性要少得多。印在纸上的"琼斯先生"这几个字的两个实例之间比起（例如）琼斯先生跑步的姿态和记忆中的婴儿时期的琼斯先生之间相似的程度要大得多。每个实例在印出以后所发生的变化比琼斯先生所发生的变化要慢得多：每个实例不吃饭，不呼吸，也不修剪指甲。因此名字能够使我们把琼斯先生看成一个单独的看来好像具有永久性的实体，这比没有

名字时要容易得多，而尽管这个看来好像具有永久性的实体不是真实的，在日常生活中对于我们却很方便。

从上面关于琼斯先生的讨论看来，语言虽然是一个有用甚至是不可缺少的工具，却也是一个危险的工具，因为语言是从暗示物体具有一种确定、分立和看来好像具有永久的性质而开始的，但是物理学却似乎表明物体并不具备这些性质。因此哲学家就面对着
63 使用语言来消除语言所暗示的错误信念的困难任务。有些哲学家为了逃避这个任务所涉及的那些问题和各种不能确定以及错综复杂的情况，他们愿意把语言看成一个独立的领域，打算忘掉语言的目的是和事实发生关系，便于我们应付环境。在一定限度内，这样一种处理方法有很大的好处：如果逻辑学家和数学家一直想着符号的意义应该是某种事物，那么逻辑和数学将不会取得它们这样高的成就。“为艺术而艺术”是一句在逻辑上和绘画上具有同样合理范围的格言（虽然在以上两种情况这句话都不是全部真理）。歌唱可能起初只是求爱当中的一个举动，它在生物学上的功用是促进性的交配；但是这件事实（如果它是事实的话）并不能帮助作曲家作出好的音乐来。如果你想在饭馆叫一顿饭，那么语言是有用的，但是这件事实对于纯粹数学家同样一点也不重要。

然而哲学家一定要追求真理，即使让美受到损害也在所不惜，在研究语言时他一定不要让数学的诱人的歌声把自己迷惑住。语言在开始的阶段是平凡而实用的，它使用一些不够仔细的大概说法，最初这里面并没有什么美，所包含的真理也很有限。以后语言所得到的加工在动机上往往只着眼于审美而不是科学方面，但是在我们正要开始进行的这项研究中，不管怎样困难我们也要毫不

留情地把审美的动机完全抛掉。

第二章　实指的定义

我们可以把“实指的定义”定义为任何一种“人们无须借其他的字而学会理解一个字的意义的方法”。假如你乘船在诺曼底海岸遇险，而你又不懂法语；你走进一家田舍，看见桌上放的面包，因为饿极了，你用一种表示询问的手势指着它。如果那位农民说声“pain”[①]，那么你至少临时做出一个结论：法语里的“面包”就是这 64
个字；如果你指的是其他种类的食物，你就不会再听到这个字，这就使你更加确信你的结论。这时你就通过“实指的定义”而学会了理解一个字的意义。很明显，如果你不懂法语，你的教师也不懂英语，那么在开头几课你就只能靠这种方法来学，因为你没有任何一种语言作为传达手段。

一个不懂任何语言的学习者比起一个已经掌握了自己的语言的人更能说明通过实指的定义来学习的方法。成人知道字词的存在，自然会想到法国人对于面包有一种说法。他的认识方式是：“‘pain’的意义是‘面包’。”固然你乘船遇险，由于看到真的面包而获得了这项知识，但是如果你当时身上带着一本字典，那么那块真的面包对于认识这个字就不是必要的了。掌握一种外国语言有两个阶段，第一阶段只是通过翻译来理解它，到了第二阶段你才能用外国语言来“思想”。在第一阶段你知道“pain”的意义是“面

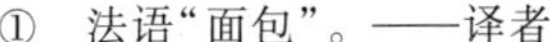

① 法语“面包”。——译者

包”,在第二阶段你就知道这个字的意义是面包。还不懂得语言的婴儿必须从第二阶段开始学习。他的成功足以说明婴儿智力方面所具有的能力。

懂得一种语言有被动的和主动的两个方面:听懂你所听到的话是被动的一方面,能够自己说出来是主动的一方面。在一定程度上狗具有前一种能力,而小孩通常也是先具有前一种能力,经过一段时期才获得后一种能力的。懂得一种语言并不是说对于这种语言里的字的意义能够作出清楚明白的说明;懂得一种语言是说听到这些字时产生适当的效果,而使用它们时也有适当的原因。我在旅行的时候,有时看见过两个人发生争吵,我不懂他们说的语言,所以很难不让你感到他们的激动愚蠢可笑。但是大概是第一个人骂第二个人是私生子,而第二个人回骂第一个人的妻子与人私通。如果我懂得他们所说的语言,那么这些侮辱性言辞的效果和回骂的话的原因就会明显地看出来。像这个例子所说明的那样,如果一个人听到某些声音就产生某些效果,而发出这些声音时

65 又具有某些原因,那么这个人就算懂得这一种语言。在婴儿身上开始建立起这些因果律的方法正是实指的定义的方法。

最早阶段的实指的定义需要某些一定的条件。环境中一定要有一种引人注意、明显易见、在情绪上引起人的兴趣和(一般说来)经常重视的特点,并且成年人一定要在婴儿注意它的时候经常说出这一特点的名称。这自然会有弄错的危险。比方说小孩的瓶子里有牛奶。你可以每次说“牛奶”或“瓶子”。在前一种情况下,小孩会把“牛奶”当作表示一瓶水的适当的字;在后一种情况下,小孩可能把“瓶子”当作表示一杯牛奶的适当的字。为了避免

这一类错误，你在理论上就应该使用穆勒的归纳法规，记住归纳法是一种身体上的习惯，把它叫作一种逻辑方法只不过是由于大家的好意罢了。你不要单说“牛奶”或者“瓶子”，而应该说“一瓶牛奶”；然后你应该在适当的场合说“一杯牛奶”和“一瓶水”。通过穆勒法规的应用，婴儿如果能活下去，他早晚将学会怎样正确说话。但是我并不是在讲实际的教学方法，我只是在举实例说明一种理论。

实指的定义的被动部分不过是我们所熟知的联想作用或条件反射。如果某种一定的刺激 A 在小孩身上引起某种一定的反应 R，并且经常和 B 这个词一起被经验到，那么早晚 B 会产生反应 R 或它的一部分。只要一发生这种情况，B 这个词对于小孩立刻就有了一种“意义”：它的“意义”就是 A。这种意义可能不完全合乎成人的意图；成人的意图可能是“瓶子”，而小孩却可能把这个词理解成了牛奶。但是这并不能阻止小孩掌握一个有意义的词，这只能说明小孩的语言还不是正确的英语。

遇到经验产生强烈的情绪时，那就不一定有重复经验的必要。如果一个小孩在他已经学会懂得“牛奶”以后，吃到一口热得烫嘴的牛奶，你说一声“热”，从此他就会牢固地记住这个词的意义。但是遇到经验不引起人们的兴趣时，那就可能有把经验重复若干次的必要。

语言学习的主动部分需要其他一些能力，但是这些能力从哲 66
学上看比较不大重要。狗因为从身体构造上就不能发出正确的语音，所以它们不能学习人的语言。鹦鹉虽然能发出大体正确的语音，却似乎又不能具备正确的联想，所以它们说的字并没有任何意义。同高级动物的幼子一样，婴儿有一种模仿与自己同类的成人的冲动，因而要设法发出他们所听到的声音。有的时候他们也可能像鹦鹉那样重复人的声音，只是到了后来才发现这些声音的"意义"。在这种情况下，直到声音对于小孩有了意义以后，我们才能把声音当作字来看待。有意义的声音也就是字的存在对于每个小孩来说都是一个发现。对于小孩来说，学会说出字来是一种快乐，主要因为这样他可以把他的愿望比用哭或做手势更明确地传达给别人。正是这种快乐才使得婴儿通过智力劳动和肌肉练习达到学会说话的目的。

虽然不是普遍这样，一般说来，重复实指的定义是必要的，因为实指的定义就在于养成一种习惯，而习惯通常是逐渐养成的。例外的情况有俗语所说的"上当只一次"和"挨过烫的孩子怕火"等。除了这一类带有不平常的感情色彩的事例以外，那些具有实指的定义的字指的都是环境中经常重现的一些特点，例如家庭中的成员、食物、玩具、喜爱的动物等等。这就涉及识别或是某种与识别差不多的过程。尽管在不同的场合下，一个孩子的母亲看起来多少有些不同，（在他开始思维时）孩子总是把她当作同一个人，并且对于使用同一个名字表示她的各次不同的出现不感到有什么困难。从语言的开始起或者不如说从对于语言加以思考开始起，语言就体现出相信多少带有永久性的人和事物的存在的信念。或许这就是不管哪种哲学都难于抛掉实体观念的主要原因。如果你告诉一个孩子说他的母亲是一系列由相似和因果关系联系起来的感觉印象，其中并没有什么实质上的等同关系，并且你竟然奇迹般地能够让他懂得你所说的话的意思，那么他会把你当成疯子并感到十分气愤。因此这个叫作“识别”的过程是个需要加以研究的过程。

作为一种生理上或心理上的现象来看，识别可能符合也可能 67
不符合客观实际。如果我们把两个孪生兄弟当中一个当成了另外一个，那么我们的识别就日常生活的意义来说就不符合客观实际；但是即使它从常识的观点看是正确的，在形而上学的意义上也可能是导致错误结论的东西。在某甲两次出现当中到底有没有等同的东西，并且如果有那又是什么，这是一个深奥而又困难的问题，我将在讲专有名称时一起来谈它。现在我只想把识别作为一个实际发生的过程来看，而不涉及它的解释。

这个过程发展的第一阶段是一种学得的反应随着刺激的重复而重复出现。它一定是一种**学得**的反应，因为识别必然是从一种过程中成长出来的，这种过程包含着某种对于一定刺激的第一次反应中所没有，而在以后反应中存在的东西。比方说，你给小孩一杯放有苦药的牛奶；第一次他喝下带药的牛奶时，露出难受的表情，但是第二次他就闭口不喝牛奶了。这件事从主观方面来看有些像识别的过程，即使在第二次他错误地认为牛奶里有药。很明显，这种过程可能完全属于生理方面，并且只涉及刺激与反应的相似而不是相同。我们可以把通过实指的定义来学习认字的方法完全放进这个原始阶段里来。儿童的世界包括许多相似的刺激，对于这些刺激他学会了用相似的声音作出反应，也就是用构成“牛奶”这个词的各个实例的声音作出反应；这个世界也包括另外一组相似的刺激，对于这些刺激他学会了用构成“母亲”这个词的各个实例来作出反应。在这里并没有一点涉及儿童的信念或情绪的问题。只是由于以后的回想，现在已经成了哲学家的小孩子才认为有同一个词“母亲”和同一个人母亲存在。我认为在哲学上这个开始的第一步就是错误的。我认为“母亲”这个词不是一个单独存在的实体，而是一类相似的声音；母亲本人也不是一个单独存在的实体，而是一类由因果律联系起来的现象。这些纯理论的探讨对于实指的定义这种方法并没有什么重要关系，这种方法所需要的只是通向一般叫作识别的那条道路上最初一个阶段，也就是对于相似的刺激作出相似的反应。

68 识别过程中的这个原始形式在分析记忆和说明观念与印象的相似上（借用休谟的说法）是很重要的。如果我想起了一次过去发生的事件，我是不能让这个事件本身再一次出现的，尽管我能够使一次与它相似的事件发生。但是我又怎么知道新发生的事件与过去发生的事件相似呢？从主观方面看，我只能通过观念与印象的比较来知道；我对于过去发生的事件有一个观念，对于目前发生的事件有一个印象，而我觉察到它们的相似。但是这样做还是不够的，因为它没有能够证明我对于过去的事件的观念和事件发生时我对于过去的事件的印象是相似的。事实上这一点是不能证明的，在某种意义上说这一点也是认识的许多前提之一。但是人们虽然对它不能严格加以证明，人们却可以用各种方法来证实它的可信。你可以在某甲在场的时候对他加以描述，还可以把你的描述用录音机记录下来。你以后可以凭记忆对他加以描述，并把你新作的描述和录音进行比较。如果它们之间很相似，那么我们就可以说你的记忆是正确的。

这个例证建立在一件在这个问题上具有根本重要性的事实

上，那就是我们对于观念和作为观念原型的印象使用了相同的字。这一点说明了通过实物靠单独一次感觉到的现象学会一个字的可能。我见过一次狄斯拉利，并且只见过一次，别人在当时告诉我说：“这是狄齐。”从此我经常想到这件事，而“狄齐”这个名字就成了对这件事的回忆的一个重要组成部分。这就使得人们有可能通过观念（照休谟所说的意义）而养成一种习惯，尽管印象是永远不能重复的。很明显，观念和印象在许多方面都不相同，但是观念与其原型之间的相似却由于它们引起相同的字而得到了保证。“你在看什么？”和“你在想什么？”这两个问题在不同场合下可以得到相同的回答。

让我们看一下通常借实指的定义学会的不同种类的词。我想要说的是语法上词类说的逻辑形式。

我们已经有机会对专有名称作了初步的研究。目前我不想去讲它们，因为它们将是另外一章所要研究的题目。

往下就是种属的名称：男人、女人、猫、狗等等。一个这样的种属由许多单独的个体组成，这些个体彼此具有可以识别出来的相 69
似的程度。在达尔文以前的生物学中，“种属”是个非常重要的概念。上帝为每个种属创造一对个体，并且不同种属不能杂交，或者即使在特殊情况下像马和驴那样能够杂交，它们的后代也没有繁殖的能力。属、科、目等构成了复杂的等级。这种分类法过去和现在在生物学中都是很方便的，它被经院派学者推广到其他领域里去，并且由于形成了认为某些分类方法比其他分类方法更为正确的看法而阻碍了逻辑的发展。至于实指的定义，不同的经验会产生不同的结果。大多数儿童通过这种方法学会认识各种狗——守羊犬、圣伯纳犬、猎鬈毛犬等等，而另外一些和狗很少打交道的儿童也可能先在书上遇到这些词。没有一个儿童是通过实指的定义学会"四足兽"这个词的，更不用说意义包括牡蛎和蠍在内的"动物"这个词了。儿童多半是通过实指的定义学会"蚂蚁"、"蜜蜂"和"甲虫"这些词的，也许"昆虫"这个词也是这样学来的，但是如果这样，他就会错误地把蜘蛛也包括到昆虫里去，直到他改正过来为止。

像"牛奶"，"面包"、"木料"这些初看不是由个体组成的集合的物质名称，在它们表示日常生活中常见的事物时常常是通过实指的定义被学会的。原子说是想把这类事物与前一类等同起来而作的一种努力，所以拿牛奶来说，它就是乳质的个体(分子)的集合，正像人类是男人、女人和孩子的集合一样。但是不合科学的理解却不能把这些物质名称纳入由单独的个体组成的种属里去。

再往下就是性质的名称——红、蓝、硬、软、热、冷等等。这里面有许多名称是通过实指的定义被人学会的，但是有一些比较不常见的性质名称，例如银朱色，却可以根据它们之间的相似和差别来加以描述。

某些关系的名称，例如"上"、"下"、"左"、"右"、"以前"、"以后"，通常是通过实指的定义被人学会的。像"快"和"慢"这类词也是这样。

有一些我把它们叫作"自我中心"的词，这些词的意义根据说话人和他所占的时间和空间的位置而有所不同。这里面的简单的词是通过实指的定义被人学会的，例如"我"、"你"、"这里"、"现在"。这些词所引起的问题我们将在以后一章里讨论。

到现在我所讨论过的词都属于公共世界的范围。一位观察家 70
可以看出在什么时候公共环境中的某一特点吸引住了儿童的注意,并在当时说出这个特点的名称。但是关于像胃痛、痛苦或记忆这些属于个人的经验又是怎样的情况呢?有些表示各种个人经验的词确实是通过实指的定义被人学会的。这是因为儿童在行为上表现出了他的感觉:例如在痛苦与眼泪之间就有着一种相互关联。

什么词可以通过实指的定义来学会并没有**确定的**界限。“十字形”、“新月形”、“卐字形”可以通过实指的定义学会,而“千边形”就不能用这种方法。但是这种学习方法的最大限度却要靠儿童的经验和智力来决定。

直到目前我们所谈到的词都是可以作为完整的句子来使用的,事实上它们最原始的用法就是这样。“母亲”、“狗”、“猫”、“牛奶”等词单独使用的时候不是表示识别就是表示欲望。“硬”、“软”、“热”、“冷”用来表示识别比表示欲望更为自然,并且通常表示带有惊讶的识别。碰到面包片太陈而不能吃的时候,你可能要说一声“硬”;碰到姜饼由于露在外面而吃起来不脆的时候,你可能要说一声“软”。如果你感到洗澡的水太烫,你就要说一声“热”;如果你感到太凉,你就要说一声“冷”。父母常常把“快”当作祈使句来使用;在马路或铁路转弯的地方“慢”也是当作祈使句来使用的。开电梯的人习惯把“上”和“下”两个词当作完整句子来使用;在栅栏门口“出”和“入”两个词的用法也是这样。“以前”和“以后”在宣传生发药的广告上被当作完整的句子来使用。此外还有很多这类情况。我们要注意到不仅实词和形容词,有时连副词和介词也被当作完整的句子来使用。

我认为一个词的基本用法可以分为陈述、祈使和疑问三种。小孩子看见他妈妈来了，他可能说声“妈妈”；这是陈述的用法。小孩子需要他妈妈的时候，他就叫声“妈妈！”；这是祈使的用法。在他妈妈装扮成女巫而开始被他看破的时候，他可能说一声“妈妈？”；这是疑问的用法。在掌握语言的过程中，人们一定首先学会陈述的用法，因为字词与它所指的事物之间的联想一定通过两
71 者的同时出现形成。但是祈使的用法很快就跟着来到。这一点在研究我们所谓“想到”一个对象是什么意思时是至关重要的。很明显，刚刚学会叫他妈妈的小孩子已经学会了一种表达方式，用它来表达他以前常常处在的一种情况，这种情况是和他的妈妈联系在一起的，并且现在这种情况已经和“妈妈”这个词联系在一起了。在他没有学会语言以前，他只能部分地传达出他的情况；成人听到他的哭声能知道他需要某种东西，但是他到底需要什么东西就只好去猜测了。但是“妈妈！”这个词表达了他所处的情况这件事实表明，即使在他没有学会语言以前，他所处的情况就和他的母亲有一种关系，也说是所谓“想到”的关系。这种关系不是语言创造出来的，而是先于语言存在的。语言的作用只是让它成为能够传达给别人的东西。

“意义”这个词必须看它是用在陈述的还是祈使的用法上而作出多少有些不同的解释。在陈述的用法下，一个词 A 的意义是环境中一个特点 B，如果(1)当 B 特别引起注意时，说出 A 来，或者有一种说出 A 来的冲动，和听到 A 的声音就引起可以叫作 B 的“观念”的东西，这个观念显示在寻找 B 的过程上或者显示在由于 B 的出现而引起的行为上。所以在陈述的用法下，如果一件事物

在感觉上的出现引起说出这个词来,而听到这个词在某些方面也具有与这件事物在感觉上出现时相似的效果,那么这个词的意义就是这件事物。

一个词的祈使用法必须根据它是听到的还是说出来的而区别开。广义地讲,一个听到的祈使用法——例如军队里的命令——在它引起某种一定的身体运动或想作出这种运动的冲动时,人们就算理解了它的意义。一个说出来的祈使用法表示一个欲望,因此需要一个关于预期的效果的“观念”的存在。这样它一方面“表达”说话人心中想的某种事物,另一方面它的“意义”也就是它所要达到的那种外在效果。它的“意义”与它所“表达”的事物之间的区别在字词的这种用法上是很重要的。

我们在本章里所讨论的只限于那些最原始的词的最原始的用法。我们并没有研究词在记叙、假设或小说中的用法,我们也没有研究“不”、“或”、“所有”、“有些”这类逻辑字眼;我们没有探讨过 72
学习者怎样学会正确使用“比”或“关于”这类不表示任何感觉到的环境中识别得出的一些特色的词。我们已经确定的是一个词可以和环境的某种引人注目的特点(一般说来,这种特点是经常出现的)联系起来,并且在发生这种联系以后,它还会和可以叫作这种特点的“观念”或“思想”的东西联系起来。如果有了这种联系,那么这个词的意义就是环境中的这一特点;这一特点可以引起人们说出这个词来,人们听到它也可以引起关于这个特点的“观念”。这是最简单的一种“意义”,其他种类的意义都是从这种意义发展出来的。

第三章　专有名称

在“专有”名称和“类别”名称之间存在着一种传统上的区别，这种区别人们认为在于下面这件事实：一个专有名称基本上只能指一件事物，而一个类别名称却可以指某一类中所有的事物，不管它们的数目有多大。所以“拿破仑”是一个专有名称，而“人”却是一个类别名称。我们可以看到专有名称只有在这个名称所指的事物存在的情况下才有意义，但是一个类别名称却不受这种限制。“头长在肩下的人”是一个完全合乎标准的类别名称，尽管它没有任何实例。有时一个类别名称只有一个实例，例如“地球卫星”。在这种情况下，这个唯一的分子可以有一个专有名称（“月亮”），但是这个专有名称和那个类别名称的意义却不相同，并且具有不同的句法功用。例如，我们可以说“‘地球卫星’是一个只有一个分子的类别”，但是我们却不能说“月亮是一个只有一个分子的类别”，因为月亮并不是一个类别，或者至少在逻辑形式上不是和“地球卫星”同样的类别。如果把它当作一个类别（例如当作分子的类别）来看的话，那么它的分子是许多个而不是一个。

73 许多困难的问题都是由于专有名称而产生的。其中有两个问题特别重要：第一，专有名称的确切定义是什么？第二，能否把我们的全部经验知识用不包括专有名称在内的语言表达出来？我们将看到，这第二个问题将把我们引到某些最古老的和难以解决的哲学上争论的问题上去。

在给“专有名称”下定义时，我们可以从形而上学、逻辑、物理、句法或认识论的观点来着手。我将初步对每一种观点说几句话。

A. 形而上学的观点　日常语言中的专有名称是靠“实体”这个概念而存在的，这些专有名称最初是以“人”和“东西”的简单形式出现的。我们先给一种实体或存在一个名称，然后再把一些性质加在它身上。只要我们承认这种形而上学，那么在专有名称上面就不会发生任何困难，这些专有名称就是足以引起人们兴趣的那些实体的名称。固然我们有时也把一个名称给予一类实体的集合，例如法国或太阳。但是严格说来，这类名称并不是必要的。不管怎样，我们能够把我们的定义的范围扩大，将实体的集合收容进去。

但是现在大多数人却不再把“实体”当作一个有用的概念。在这种情况下，我们是否要采用一种不包括专有名称的语言？或者我们是否要给“专有名称”下一个不依靠“实体”的定义？或者我们是否认为“实体”被抛弃得过于匆忙了呢？现在我只是提出这些问题，而不想给出答案。目前我要指明的只是通常所谓的专有名称乃是实体的幽灵。

B. 句法的观点　很明显，一个“专有名称”的句法的定义一定是相对于一种特定语言或一组语言来说的。在各种日常使用的语言和逻辑上使用的大部分语言中，在主语和谓语之间，在表示关系的词和表示名词的词之间，有着显著的区别。在这类语言中，一个名称将是“一个除了作为主语或表示名词的词就不在一个句子里出现的词”。不然就是：一个专有名称是一个可以在不包含变项的任何形式的句子里出现的词，而其他的词却只能在适当形式的

74 句子里出现。人们有时说某些词“只有句法上的意义”，这显然是说它们本身没有什么意义，但是对于确定它们所在的句子的意义却有所帮助。按照这种说法，专有名称不是只有句法上的意义的词，但是能不能把它作为一个定义却是个值得怀疑的问题。不管怎样，对“只有句法上的意义”这个名词下一个清楚的定义是不容易的。

上面所说的句法的观点的最大缺点就是它本身不能帮助我们决定是否可以用一种不同的句法来构成一些语言，在这些语言中将没有我们刚刚说过的那些区别。

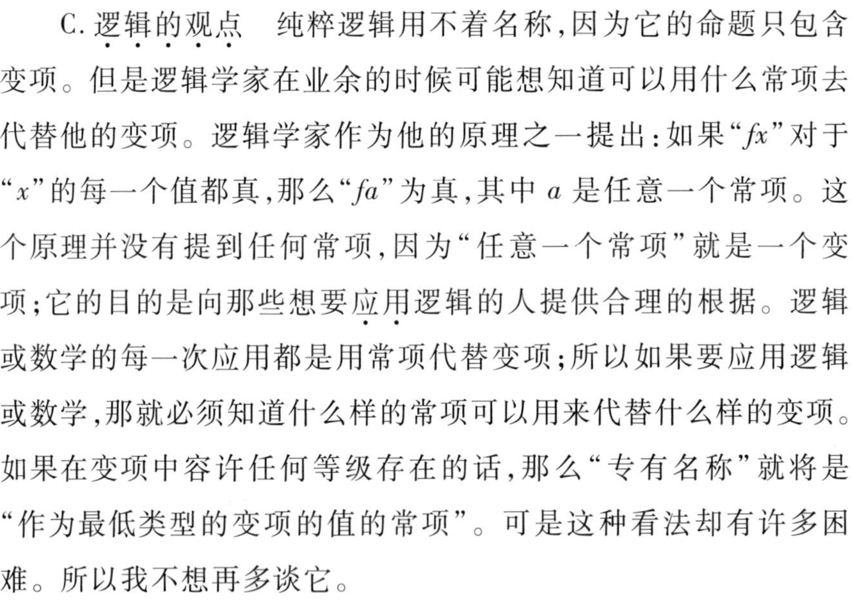

C. **逻辑的观点**　纯粹逻辑用不着名称，因为它的命题只包含变项。但是逻辑学家在业余的时候可能想知道可以用什么常项去代替他的变项。逻辑学家作为他的原理之一提出：如果“fx”对于“x”的每一个值都真，那么“fa”为真，其中 a 是任意一个常项。这个原理并没有提到任何常项，因为“任意一个常项”就是一个变项；它的目的是向那些想要**应用**逻辑的人提供合理的根据。逻辑或数学的每一次应用都是用常项代替变项；所以如果要应用逻辑或数学，那就必须知道什么样的常项可以用来代替什么样的变项。如果在变项中容许任何等级存在的话，那么“专有名称”就将是“作为最低类型的变项的值的常项”。可是这种看法却有许多困难。所以我不想再多谈它。

D. **物理学的观点**　这里我们要研究两种观点。第一种观点认为一个专有名称是一个表示任何一个足以引起我们兴趣的时空连续部分的词；第二种观点认为既然这是专有名称的功用，那么专有名称就不再是必要的东西，因为时空的任何部分都可以用坐标

来表示。卡尔纳普(《逻辑句法》第12—13页)阐明地名可以用经纬度或时空坐标来代替。“用专有名称来表示的方法是一种原始的方法;用位置来表示的方法才符合科学比较发展的阶段,并且在方法论上比起前者有各种显著的优点。”他说在他所使用的语言中,坐标代替了像“拿破仑”或“维也纳”这类的词。这个观点值得充分的讨论,我将很快就这样做。

E. **认识论的观点**　首先,我们在这里所遇到的区别不完全和 75
专有名称与其他字词之间的区别完全一样,却又和它有着某种关联。这种区别是那些具有文字的定义的词和那些只有实指的定义的词之间的区别。关于后一种词,有两点是明显看得出来的:(1)不是所有的词都能有文字的定义;(2)什么词只能有实指的定义大部分靠人的主观意见来决定。例如,如果我们给“拿破仑”下一个实指的定义,那么“约瑟夫·波那帕特”就可以用文字定义为“拿破仑的长兄”。然而这种对于人的主观意见的意愿却受这件事实的限制,那就是在某一个特定的人的语言中,实指的定义不可能超出他的经验范围以外。拿破仑的朋友们可能(在某些限制下)给拿破仑下实指的定义,但是我们却不能,因为我们绝不能合乎实际地说“**这人**是拿破仑”。这里显然存在着一个和专有名称相关联的问题;它们之间的关系到底有多么密切,我现在不预备去谈它。

很明显,有一系列的问题等待我们去研究,并且和一般哲学问题一样,很难弄清楚这些问题确切说是些什么问题。我认为我们最好还是从卡尔纳普用坐标代替专有名称的方法开始讨论。我们所要研究的问题就是这样一种语言是否能够表达我们的全部经验知识。

在卡尔纳普的体系中,由四个数字组成的一组数字代替了一个时空点。他用这个例子来说明:用“蓝(x_1、x_2、x_3、x_4)”,意思是“位置(x_1、x_2、x_3、x_4)是蓝的”,来代替“蓝(a)”,意思是“物体 a 是蓝的”。但是现在看一看像“拿破仑在 1814 年有一段时间在厄尔巴岛”这样一句话。我相信卡尔纳普会同意这句话为真,并且同意它的真实性来自经验方面,而不是逻辑方面。但是如果我们把它翻译成他所用的语言,那么它就成了一个逻辑上的真理。“拿破仑”将被“在某些特定界限以内所有由四个数字组成的各组数字”来代替;“厄尔巴岛”将是这样,“1814 年”也将是这样。这时我们就要说这三类四个数字组成的集合有一个共同部分。然而这却是一件逻辑上的事实。显然这并不是我们说话的用意。我们把“拿破仑”这个名称给予一个一定的区域,不是因为我们要研究拓扑学,而是因为这个区域有某些特点引起我们的兴趣。我们可以采取一种比较概括的简单说法来替卡尔纳普辩护,那就是假定“拿破仑”的意思是“所有具有某种比方说叫作 N 的性质的区域”,
76 而“厄尔巴岛”的意思是“所有具有 E 性质的区域”。这样“拿破仑在厄尔巴岛度过一些时候”就将成为:“有 N 性质的那些区域和有 E 性质的那些区域有互相重合的部分。”这已经不是一件逻辑的事实了。但是它却把日常语言中的专有名称解释成了伪装下的谓语。

但是我们这种比较概括的简单说法未免过于极端。没有一种性质或是一组性质是在凡是拿破仑在的地方就出现,而凡是在他不在的地方就不出现的。在拿破仑还是婴儿的时候,他并没有戴顶三角帽，率领军队，或是交叉着手臂，而别人有时也做着所有这一些事情。那么，我们怎样给“拿破仑”这个词下定义呢？让我们继续为卡尔纳普做到我们所能做到的一切。当牧师为他施洗礼时，牧师决定用“拿破仑”这个名字来叫他身边的一个小的区域，这个区域大体是人的形状，并且这个名字还要用于将来和这个区域相关联的那些区域，这个区域与那些将来的区域之间的关联不仅是由于它们的连续性，只有这一点不足以保证它们基本上的相同，而且还要靠某些因果律，也就是那些使我们能够在两个场合把一个身体认为是同一个人的身体的因果律。我们可以说：已知一个在时间上很短暂的，具有一个活的人体的特点的区域，那么就存在着以物理定律与这个区域相关联的在时间上较先和较后，并且特点也大体相似的区域这件经验界的事实；这些区域的总和就是我们所说的一个“人”，而且有一个这样的区域叫作“拿破仑”。命名具有回顾的性质这一点可以从亚加绍[①]一家住宅所挂的牌子上看出来，这张牌子上写着“Ici Napoléon fut conçu”[②]。

这一点可以用来回答那种认为照卡尔纳普的看法“拿破仑曾经在厄尔巴岛”会成为一个逻辑命题而抱的反对理由。可是它却留下一些非常严重的问题。我们看出我们不能单靠一些性质来给“拿破仑”下定义，除非我们认为不可能有两个完全相似的个体。然而时空的用途之一却是区别在不同地点的相似的个体。卡尔纳普“蓝(3)”、“蓝(4)”等句子的意思表示“地点(3)是蓝的”、“地

① 拿破仑出生于科西嘉岛亚加绍。——译者

② “Ici Napoléon fut conçu”是法语，意思是“拿破仑之母在此怀胎”。——译者

点(4)是蓝的”等等。大家认为,我们可以把一个地点的蓝色与另一个地点的蓝色区别开来。但是怎样把地点区别开来呢？卡尔纳普把时空当作无须证明就存在的东西,从来没有讨论过时空的地点是怎样区分的。事实上,在他的体系中时空的区域具有实体的
77 特点。物理学假定时空的均一性,然而它也假定有着可以区别开来的不同区域。除非我们接受那种很成问题的主张实体存在的形而上学,我们势必将假定由于性质的不同而区别开来的区域的存在。这样,我们将发现我们不再需要把区域当作具有实体性质的东西,而把它们当成性质的集合。

卡尔纳普用来代替名称的坐标当然不是任意指定的。原点和轴是任意确定的,但是一旦确定之后,其他也就跟着确定下来。我们叫作“1814”的那一年,在从穆罕默德出走算起的回教纪元和从世界创始算起的希伯来纪元中有着不同的名称。但是我们叫作“1815”的那一年,无论按照哪一种方法,都占有我们叫作“1814”后面的相邻的一个位置。正是因为坐标不是任意规定的,所以它们不是名称。坐标根据点与原点和轴的关系描述一个点。但是我们必须能够说“这是原点”。如果我们要能够说出这句话,我们就必须能够叫出原点的名称,或者用某种方法描述它,并且初看我们可能认为任何方法都包括名称在内。拿经度作例。经度的原点是格林尼治的子午线,但是任何其他的子午线也同样可以作为经度的原点。我们不能把“经度0度,纬度52度”作为格林尼治的定义,因为如果我们这样做,我们就无法确定经度0度在什么地方。如果我们说“经度0度就是格林尼治的经度”,这种说法是令人满意的,因为我们能够到格林尼治说“这就是格林尼治”。同样,如

果我们住在比方说西经 40 度，那么我们可以说“这个地点的经度是西经 40 度，然后我们就可以通过对于这个地点的关系来给经度 0 度下定义。但是除非我们能够有一种不通过经纬度认出某些地点的方法，经纬度就会变成没有意义的东西。如果我们问“纽约的经纬度是多少？”我们所问的和我们用降落伞降落到纽约后所问的“这座城市的名称叫什么？”并不是同样的一个问题。我们所问的是“纽约在格林尼治以西和赤道以北多远？”这个问题假定纽约和格林尼治都是人们已经知道和已有名称的地方。

我们可能随意指定有限数目的坐标，而它们都会成为名称。如果（和平常人们所做的一样）我们按照一个原则来规定它们，它
们就成为一些描述，通过它们对于原点和轴的关系来给点下出定 78
义。但是这些描述对于原点和轴却不适用，因为对于它们来说，数字是人们任意指定的。回答“原点在什么地方？”这个问题，我们必须有某种不靠坐标就认出一个地点的方法。专有名称的使用正是首先假定了这一类方法的存在。

我暂时先做出一个结论，那就是我们不能靠坐标而完全不用专有名称。我们也许能够减少专有名称的数目，但是我们却不能完全避开它们。不用专有名称我们可以表达全部理论物理学的内容，但却不能表达任何一部分历史和地理的内容；至少这一点是我们讨论到这里所得到的结论，但是我们以后将找到理由对它稍加修改。

让我们再进一步研究一下用描述来代替名称的问题。目前在美国一定有一个身长最高的人。让我们假定他是 A 先生。这样我们就可以用“美国身长最高的人”来代替“A 先生”，这种代替一

般并不改变代替后的句子的真和伪。但是它却能把说法加以改变。人们可能知道有关A先生的事,而不知道有关美国身长最高的人的事,倒过来说也是一样。人们可能知道A先生住在艾奥瓦州,但是不知道美国身长最高的人住在艾奥瓦州。人们可能知道美国身长最高的人年龄超过十岁,但却可能不知道A先生是成年男子还是男孩。另外还有“A先生是美国身长最高的人”这个命题。A先生可能不知道这个命题;可能有一位B先生与他相差无几。但是A先生确确实实知道A先生就是A先生。这就又一次具体说明有些事物是不能用代替名称的描述来表达的。

人的名字具有通过“这”字得出的文字的定义。如果你在莫斯科,有人告诉你说“这是斯大林”,那么“斯大林”的定义就是“你正在看见的这个人”——或者说得更详细一些:“在那些构成一个人的一系列现象当中,你所看见的**这个**是其中的一个。”这里我们没有给“这”字下定义,但却给“斯大林”下了定义。我认为人们可以看出每个用于时空某一部分的名称都能有一个包含“这”字或与它意思相同的字的文字的定义。我认为这一点就是历史上的人
79 物与想象中的人物,比方说哈姆雷特,所不同的地方。让我们举一个我们不认识的人,例如苏格拉底。我们可以把他定义为“饮毒酒的哲学家”,但是这样一个定义并不能使我们相信苏格拉底曾经存在,但是如果他不曾存在,那么“苏格拉底”就不是一个名字。什么东西使得我们相信苏格拉底的存在呢?那是我们听过或读过的许多不同的句子。这些句子中每一句都是我们自己经验中一次感觉到的现象。假定我们在百科全书上看到“苏格拉底是一位雅典哲学家”这句话。在我们看到这句话的时候,这句话就是一个

这个,并且由于我们相信百科全书,所以我们说“这是真的”。我们可以把“苏格拉底”定义为“在百科全书上‘苏格拉底’这个名字下面所说的那个人”。这里我们经验到“苏格拉底”这个名字。当然我们也可以用类似的方法来给“哈姆雷特”下定义,但是在定义中使用的命题有些将是伪的。举例说,如果我们说“哈姆雷特是作为莎士比亚悲剧之一的主角的丹麦王子”,这就是伪的。这样说才是真的:“‘哈姆雷特’是莎士比亚用来作为丹麦王子的名字的词。”看来结论将是:除了“这”“那”这些字以外,每个名称都是一个包括某个**这**的描述,并且只有在某个命题为真时才是名称。(这个命题可能只是“这是一个名字”,如果这是“哈姆雷特”,那么它便是伪的命题。)

我们必须研究最小量用语的问题。我所说的最小量用语是其中没有一个字可以由这组用语中其他字给出文字的定义的用语。两组处理同一个题目的最小量用语可能并不相等;可能有不同的下定义的方法,其中有些方法最后剩下的不下定义的名词要比用另外一些方法所剩下的少。最小量用语的问题有时是很重要的。皮阿诺把算术用语缩减到三个词。用质量、长度和时间的单位给所有单位下定义是古典物理学的一大成就。我想讨论的问题是:一组最小量用语一定具有哪些特点?通过这组最小量用语我们可以把所有用来表达我们的经验知识或信念的词都给出定义,只要这些词具有确切的意义。把范围缩小一点,让我们回到前面说过的一个例子,“拿破仑在1814年有一段时间在厄尔巴岛”和类似的语句需要什么样的最小量用语?也许在我们答复了这个问题以
后,我们才能够给“名称”下定义。在以下的讨论中,我将假定这 80

类历史——地理上的语句不是分析性质的;这就是说,虽然就事实来说它们为真,但是在逻辑上说它们伪却不是不可能的。

让我们回到那种从卡尔纳普所说的“拿破仑”可以被定义为时空某一区域引出来的理论。在这个问题上,我们反对“拿破仑曾经在厄尔巴岛度过一段时候”是一个分析命题。它可能受到这样的反驳:不错,但是为了找出不是分析性质的东西你就要探讨为什么我们把一个名字送给时空中是拿破仑的那一部分。我们这样做的理由是它具有某些专有的特点。它是一个人,长大之后戴顶三角帽。然后我们将说:“时空的这一部分是一个人,在它以后所占有的时空的部分它还戴顶三角帽;时空的那一部分是个小岛;这一部分和那一部分有一个共同的部分。”我们在这里说了三句话,前两句是经验性质的,第三句是分析性质的。这似乎无可反驳。它给我们留下了规定坐标的问题,还有给“人”和“岛”这类名词下定义的问题。“人”和“岛”这类名词显然可以用性质和关系给出定义;它们是普通名词,而不是(我们可以这样说)那一类引导出专有名称的名词。坐标的确定需要确定原点和轴。为了简便起见,我们可以先不去管轴而把注意力集中在原点上。我们能够给原点下定义吗?

举例来说,假如你正在从事行星论的研究,不仅是作理论上的探讨,而是准备通过观察来试验计算的结果。在这种情况下,你的原点必须通过某种可以观察的东西来下定义。大家都承认绝对的物理学的时空是不能观察的。一般来说,我们所能观察的事物是各种性质和时空关系。我们可以说:“我将以太阳中心作为我的原点。”太阳中心是不能观察的,但是太阳(在某种意义上)却是可以现察的。我经常有一种我叫作“看见太阳”的经验，并且我能观察到其他有类似经验的人的感觉，这是一件经验界的事实。“太阳”是一个可以用性质给它下定义的名词：圆、热、明亮、有某种一定的近似大小等等。碰巧在我的经验中只有一件物体有这些性质，而这件物体又是一直存在的。我可以给它一个叫作“太阳”的专有名称，并且说“我将以太阳作为我的原点”。但是因为我已经用太阳的性质来给太阳下定义，所以太阳不能作为最小量用语的一部分。看来结论应该是：虽然表示性质和时空关系的词可以作为我的最小量用语的一部分，任何表示物理学上的时空区域的词 81
却不能这样。事实上，这只是一种认为物理学上的时空关系是相对的，而不是绝对的说法。

假定这种看法到现在为止是正确的，那就产生了我们是否需要用名称表示性质和时空关系的问题。拿颜色作例。人们可以说颜色可以用波长来表示。这就使得卡尔纳普主张物理学中没有任何一件事情是盲人所不能知道的。就理论物理学的范围来说，这显然是对的。在一定限度之内，它在经验界中也是对的。我**们看见**天空是蓝色的，但是盲人也许能够设计各种实验，表明一定波长的横波从天空发出，而这正是一般物理学家**作为**物理学家所要断言的东西。可是物理学家却不愿费事去断言，盲人也不能够断言这个命题：“当一定频率的光打在一只正常的眼睛上时，它就引起一种蓝的感觉。”这句话并不是一个重言式；它是在那些表示“蓝”的词已经被人普遍使用了几千年以后才得出的一个发现。

能不能给“蓝”这个词下定义并不是一个容易的问题。我们可以说：“蓝”是一定频率的光所引起的颜色感觉的名称。或者我们可以说："蓝"是光谱上那些介乎紫罗兰色和绿色之间的浓淡不同的颜色的名称。这两个定义都可以为我们自己得到蓝色的感觉。但是我们这样做了之后我们就能够说："那就是蓝色。"这将是一个发现，不过只有实际经验到蓝色才能得到。我认为在这句话里"那"字在某种意义上说是一个专有名称，尽管它属于一种我叫作"自我中心"的特殊类别。

我们通常不给闻到的气味和尝出的味道起名字，但是我们可以这样做。在我到美洲以前，我就知道"臭鼬的气味是难闻的"这个命题。现在我知道这两个命题："那是臭鼬的气味"和"那是难闻的"。我们可以用一个比方说叫"菲"的名称来代替"那"字，并且如果我们常常想说这种气味而不必提臭鼬的话，我们还必须这样做。但是对于任何一个缺少这种必要经验的人来说，这个名称只能是一个缩简的描述，不是一个名称。

82 我的结论是：名称是用来表示人们经验到的事物的，而人们经验到的事物，从本质和必然性上看，并不具有那种属于物理学中时空区域的时空上的唯一性。一个词一定表示某种可以被识别的事物，而离开性质的时空区域是不能被识别的，因为它们全都一样。事实上它们是逻辑上的虚构，但是目前我并不去管这一点。

有些现象是我经验过的，而且我相信另外有些现象是我没有经验过的。我所经验过的现象都是复合的，可以分析为各种具有空间和时间关系的性质。这些关系中最重要的是共现、相邻和连续。那些我们用来表示性质的词含义并不准确；它们全都具有"秃"和"胖"这类词所有的那种意义上的含糊不清。即使像"厘米"和"秒"这些我们最需要意义准确的词也是这样。如果我们把观察结果表达出来，那么对于表示性质的词就一定要给出实指的定义；一旦我们换上文字的定义，我们就不能表达出我们所观察到的东西。例如，“蓝”这个词的意义将是“和那相似的一种颜色”，这里的那是一块蓝。至于必须和它相似到什么程度才成为蓝色，我们却不能准确地说出来。

这一切都没有什么问题，但是像“这”和“那”这些经常出现的词怎样去处理呢？我们认为“这”字表示的是某件唯一而且只能出现一次的事物。可是如果“这”表示一组共同出现的性质，那就没有任何逻辑上的理由说明它不能再次出现。我承认这种看法是对的。这就是说，我主张没有这样一类从经验界认识到的对象，即如果 x 是这一类中的一个分子，那么“x 出现在 x 之前”这个句子在逻辑上是不可能的。

我们习惯于认为“出现在前”这种关系是非对称性的和传递性的[1]。“时间”和“事件”两者都是为了把这些性质保留给“出现在前”这种关系而创造出来的概念。大多数人已经把“时间”当作与时间上的连续不相同的东西而抛掉了它，但是他们却没有抛掉“事件”。人们认为一个“事件”占有时空的某一连续部分，它消失
在这一连续的部分的尽端，并且不能再次出现。显然一种性质或 83
是一组性质的复合是可以再现的；因此，如果不能再现是逻辑上的必然，一个“事件”就不是一组性质。那么它是什么，我们又是怎样认识它的？它将具有传统上实体所有的那些特点，因为它将是

① 这就是说，如果 A 出现在 B 之前，那么 B 就不出现在 A 之前，并且如果 A 出现在 B 之前，B 出现在 C 之前，那么 A 出现在 C 之前。

一些性质的主体,但却不能通过列举它所有的性质来给它下定义。另外,我们怎样认识有一类其中分子都不能再现的客体的存在?如果我们要认识这一点,那么看来它一定是一种综合的先验知识,而如果我们不承认综合的先验知识,我们就一定不能承认再现的不可能。当然,我们将承认如果我们考虑数目足够大的一组性质,那么在经验界中就不会有再现的实例。我们可以把这样成组的性质的不能再现看作是物理学的一个定律,但是不能把它作为一种必然的现象。

我提出的看法是:一个“事件”可以定义为一组共同出现的性质的全部集合,也就是一组具有下面两种性质的集合:(a)这一组的所有性质都共同出现,(b)这一组外的任何性质都不与这一组的每个分子共同出现。作为一个经验的事实来讲,我认为没有任何事件会再一次出现;这就是说,如果 a 和 b 是两个事件,而 a 发生在 b 之前,那么 a 与 b 之间就有着某种性质上的差别。我们所以认为这种说法优于那种认为不能给事件下定义的说法,有着一般用来反对实体的所有理由的支持。如果两个事件完全相似,那么就没有任何理由使得我们认为它们是两个事件。在户口调查上,我们不能把它们中的一个与另外一个分开来算,因为如果不是这样,那就必然是在它们之间有着差别。从语言的观点来看,一个词一定表示某种可以识别的东西,而这就需要某种可以识别的性质。这种看法使我们得出的结论是:像“拿破仑”这一类词是可以给它们下定义的,所以它们在理论上并不是必要的;如果我们想杜撰一些表示事件的词,那么对于这些词来讲情况也是这样。

我的结论是:如果我们把我们的有关经验界的用语缩减到最

小量，从而去掉那些具有文字的定义的词，我们仍然需要一些词表示性质、共现、连续和观察到的空间关系，即在一个单一的感觉复合中可以分别出来的空间关系。如果我们让所有彼此共同出现的性质形成一个复合，那么在我们的经验范围内，这个复合是不会先 84
于本身出现即再现的，这是一件经验界的事实。在构成时间序列上，我们把这件观察到的事实普遍化了。

在这样一种语言内，最接近专有名称的东西将是表示性质或共同出现的性质复合的词。这些词具有专有名称的句法上的特点，但却不具有我们预料的某些其他特点；例如，那种表示一个时空上连续的区域的特点。在这些外界条件下，这些词能否叫作“名称”是一个主观上喜欢不喜欢的问题，对于这点我不表示什么意见。一般叫作专有名称的词——例如“苏格拉底”——如果我的意见对的话，可以用性质和时空关系来下定义，而这种定义是一个具体的分析。大多数主谓命题，例如“苏格拉底是个长着扁鼻子的人”断言谓语所表示的某种性质是主语所表示的一组性质中的一个——这组性质由于共现和因果关系而成为一个统一体。如果这个说法对的话，那么通常所说的专有名称就会给人造成错误的印象，并且代表一种错误的形而上学。

〔注〕作者没有把上面关于专有名称的讨论当作最后的结论。我将在其他场合继续讨论这个题目，特别是在第四部分第八章中。

第四章　自我中心的特称词

我把意义随着说话者和他在时间与空间中位置的不同而改变的那些词叫作"自我中心的特称词"。这类词中四个基本的是"我"、"这"、"这里"和"现在"。"现在"这个词我每用一次都表示一个不同的时间上的点;"这里"这个词我每移动一次都表示一个
85 不同的空间区域;"我"这个词随着说出它来的人的不同而表示不同的人。很明显,这些词仍然具有**某种**使它们具有不变意义的东西,这就是使用这些词的理由。这就产生了一个问题,但是在我们没有研究这个问题以前,先让我们看一下还有什么其他词是自我中心的,特别是那些目的上不是而实际上却是的自我中心的词。

那些明显的自我中心词包括"近"和"远","过去"、"现在"和"将来","已是"、"是"和"将是",以及一般来讲所有具有时间变化的动词形式。"这"和"那"显然是自我中心词;事实上我们也许可以把"这"字看作自我中心词中唯一没有文字的定义的字。我们可以说"我"的意思是"经验这件事的那个人","现在"的意思是"这个时间","这里"的意思是"这个地方"。就某种意义来说,"这"字是一个专有名称,但是它与专有名称不同的地方在于它的意义经常变化这件事实上。这并不是说它的意义有什么含混,像"约翰、琼斯"那样,总是作为许多不同的人的专有名称。和"约翰、琼斯"不同,"这"字在一个人所说的话中每一时刻只表示一件东西。知道了说话的人和时间,"这"字的意义是没有什么含混之处的,但是如果不知道说的人和时间,我们就不知道它表示的是什

么东西。因为这个原因，这个字用在口语上比用在书面上更为适当。如果你听见一个人说“这是一个进步的时代”，你知道他指的是什么时代；但是如果你在书上读到同样一句话，那么它可能是亚当在他创造铁锹以后所说的话，也可能是后来一位乐观主义者所说的话。你只有知道作者在什么时候写的这句话，才能确定这句话的意义，在这种意义上讲，它的意义不是自足的而是需要外来的知识加以阐明。

科学和常识的目的之一就是用中立的公用的名词来代替自我中心的特称词所具有的变化不定的主观性。用我的名字代替“我”，用经纬度代替“这里”，用时间代替“现在”。假如我和一位朋友在黑夜里走路，彼此走散了。他喊了一声“你在哪儿?”我回答一声“我在这里”。科学不会采用这样的语言；它会用“1946 年 1 月 30 日下午 11 时 32 分，B. R.（罗素）在西经 4 度 3 分 29 秒，北纬 53 度 16 分 14 秒的地点”来代替上面的说法。这种知识是不带任何个人色彩的；它给人一种方法，凭着这种方法一个有能力的人带着六分仪和计时仪，并且有耐心等待到晴天，就能够确定我的所 86
在地，他可以用这几个字向大家宣布：“这里就是他曾经在过的地方。”如果事情相当重大，比方说审讯一件谋杀案，那么费点事完成这项复杂的手续还是值得的。但是表面上它完全不带一点个人色彩这一点有一部分却是骗人的。这里用了四个名词：我的名字、时间、纬度和经度。这些名词当中每一个身上都有一种自我中心的成分，这种成分被它在大多数场合都没有什么**实用上**的重要性这件事实给掩盖起来了。

从实用的观点看，这种不带任何个人色彩的特点是不打折扣

的。两个有能力的人，如果给他们时间和机会，将会同时同意或不同意这种形式的一个语句："在时间 t，A 在纬度 B，经度 C 的地点。"让我们称这个语句为"P"。有一种用来确定时间、纬度和经度的方法，这种方法在观察没有错误的情况下会使不同的人得到相同的结论，所谓相同的意思是：如果两个人都说得对，"五分钟以前他在这里"，那么他们这两个人一定都在一起。这就是科学用语和科学方法的主要优点。但是如我们仔细研究我们的科学名词的意义，我们便会发现我们所要避免的那种主观性并没有完全给驱除走。

让我们从我的名字开始讲起。我们按照具体情况用"B. R.（罗素）"代替"我"或"你"或"他"，因为"B. R."是一个出现在我的护照和身份证上的人所共见的名字。如果一位警察说："你是谁？"我可能回答说："看！我就是这个人。"但是这个回答并不是警察所想要的回答，所以等我拿出我的身份证来他才满意。但是基本上我只是用一种感觉印象代替另一种感觉印象。这位警察在观看身份证时得到某种视觉印象，这种印象使他能够说出："被告人的名字是 B. R.。"另外一位警察在观看同一张身份证时将说出所谓"相同的"一句话，这就是说，他将发出一系列与第一位警察非常相似的声音。这种被人误认为相同的相似正是名字的好处。如果这两位警察一定要讲我的外貌，因为第一位警察是在我冒雨走了一天之后把我拦住的，他可能说："他是个狂暴的满面通红的流浪汉。"而另一位警察却可能说："他是个身穿晚礼服的和蔼可
87 亲的绅士。"名字具有比较固定的好处，但是它仍然是只有通过个体的感觉印象才能被认识的东西，在这些印象当中没有两个是完

全一样的。我们总是回到“这是他的名字”上面来,这里的这是一个眼前发生的现象。或者更精确地说:“他的名字是一类与这非常相似的印象。”用我们的办法,我们得到一种提供非常相似现象的集合的方法,但是我们却不能完全避开“这”字。

这里涉及一个范围相当大和相当重要的原理,这个原理值得作一番比较详细的说明,这一点我们必须现在就做。

让我从一个简单的实例谈起。假如你认识 A 太太,你还知道她的那位你从来没有见过的母亲的名字是 B 太太。对你来说 B 太太这个名字的意义是什么呢?它对于你所表示的意义不同于它对那些认识她的人所表示的意义,更不同于它对她本人所表示的意义。它所表示的意义一定是某种可以用你的经验定义出来的东西,正像每个你能正确理解使用的字所表示的意义一样。因为你所能理解的每一个字一定不是有着由有实指的定义的字给出的文字的定义,就是本身有着实指的定义;而实指的定义,从它们的形成过程看来,只有通过那些你曾经验过的事件才有可能。现在“B 太太”这个名字是你经验过的一件事情;所以在你说起 B 太太的时候,你可能在心中把她定义为“名叫‘B 太太’的那个女人”。或者姑且承认(严格说这种说法并不准确)你认识 A 太太,那么你就可以把“B 太太”定义为“A 太太的母亲”。这样,虽然 B 太太在你的经验范围之外,你却可以这样解释有她的名字出现的句子,那就是说虽然她在你的经验范围之外,你还是能够知道这些句子是否为真。

我们现在可以把上面的实例所包括的过程概括一下。假定有一个你从经验中认识到的东西 a,并且假定你知道(不管是怎样知

道的)只有一件 a 对之有 R 关系的东西,但是在你的经验中并没有这样的东西。(在上面的例子中,a 真是 A 太太,R 是女儿对母亲的关系。)然后你就能够用一个名字来叫 a 对之有 R 关系的那件事物;让这个名字叫作“b”。(在我们的实例中它是“B 太太”。)
88 这样它就容易使人忘掉你虽然知道许多关于 b 的真的句子却并不认识 b 这件事实。但是正确地说,事实上你并**不**知道关于 b 的句子;在你所知道的句子里,“b”这个名字都是由“a 对之有 R 关系的那件事物”这个词组来代替的。你还知道有些关于 b 这个具体东西的句子在字面上与那些你所知道的关于那个 a 对它有 R 关系的东西的句子互相等同——那些以“b”作为名字而被别人说出来的句子——但是虽然你能描述这些句子,并且(在常识范围之内)知道哪些是真的和哪些是伪的,你却不知道这些句子本身。你可能知道 A 太太的母亲是个有钱的人,但是你却不知道 B 太太在说“我是个有钱的人”的时候的认识是什么。

这种事态的结果是,我们的知识从**表面上看来**要比它实际超过我们的经验范围的程度大得多。就我们刚刚研究过的例子来说,我们也许能够区别我们所能肯定和我们**企图**肯定的东西。如果我说“B 太太是个有钱的人”,我所**企图**肯定的是有关 B 太太本人的一件事情,但是我实际肯定的却是 A 太太是个有钱的母亲。另外,一个人可能知道 B 太太,不过不是把她当作 A 太太的母亲,而是把她当作另一个女儿 C 太太的母亲。在这种情况下,如果他说“B 太太是个有钱的人”,他的意思是说“C 太太的母亲是个有钱的人”,这就不是我所说的那句话的意思。但是我们两个人都**企图**说出一件有关 B 太太本人的事情,尽管我们两个人都没有成功。在实用上这并没有什么重要，因为我们对于 A 太太的母亲和 C 太太的母亲分别所说的话，只要我们能够把它们说出来，对于 B 太太就会是真的。但是尽管它在实用上没有什么要紧，它在认识论上却非常重要。因为事实上除了我自己以外，每个人对于我来说都处在 B 太太的地位；同样还有太阳和月亮，我的住宅和花园，我养的狗和猫，斯大林和英王。我不是通过直接认识而是通过描述才知道这一切的。而这种描述只有通过我自己的经验才能得出。对于名字我们就讲到这里为止。为了解释我们的语句 P，我们必须接着研究日期的问题。

如果我知道一个日期，我怎样才能用我自己的经验来给这个 89
日期下定义，或者换句话说，怎样用对我具有实指的定义的东西来给它下定义？让我们先看一下"1948"的定义。一般的定义是"基督正式降生日期以后 1948 年"。一般都认为这不可能是基督真正降生的日期，因为希罗德死在纪元前 4 年。所以"1948"真正表示的意思是：基督教纪元建立以后若干年。那就是说，如果在某年大家决定这一年应该作为纪元后的 n 年，那么"1948"所表示的意思就是"这一年后 1948—n 年"。我们说，这是它的**公共**的意义，但是这显然不是它对我个人所表示的意义，因为我并不知道它是哪一年。根据自己的经验，我所知道的是在报纸上，在我的日记和信件上，以及一般说来只要是它可以出现的地方，这一年都叫作"1948"；另外我还记得去年叫作"1947"。我知道"A. D."的意思是什么，因而晓得这个日期据说与我读了《圣经》而知道的某些历史事件有关。

在分析日期的主观意义时，我们最后回到我自己的某种经验

上来，这种经验不是属于眼前的知觉就是属于对于过去的记忆。有时这个过程是明显易见的：我想知道今天是星期几，我的日记上写着我在星期三和某人吃过饭，我还记得我是昨天和他一起吃过饭，因此我推断今天是星期四。或者我可能听到教堂的钟声而推断今天是星期日。如果我相信今天是 1948 年 1 月 30 日，我这样相信是因为我在报纸上看到了这个日期，或者因为我记得昨天是 29 日，或者由于某种类似的原因。

经度和纬度的情况也和日期的情况差不多。连那些我们最想让它们成为科学上不带一点个人色彩的字眼都需要解释者用个人的经验来给它们作出解释。由于那种我们可以称为“文字的”思维，才让我们把这一点忽略过去。1948 这年是一个很难想的对象。但是“1948”这个词却是容易想的。在任何明显的意义上来说，我都不能经验到 1948，但是我一听见或读到“1948”这个词，我就经验到“1948”。我所叫作“文字的”思维的特点在于把一件事物的名称当作一种描述它的工具。当我们要想到拿破仑的时候，我们就用“那个名叫‘拿破仑’的人”这个描述来代替他。我们能够经验到“拿破仑”这个名字，我们还常常不自觉地用“那个名叫‘拿破仑’的人”来代替“拿破仑”。由于这种不自觉的代替，我们从来不曾发觉关于拿破仑本人我们实际上什么也不知道，因为我们和他并不相识。

让我们回到自我中心的特称词上来，它们所产生的问题对于
90 空间和时间来说特别重要。比方说“红”这种性质本身并不具有任何个人性质；怀疑我叫作“红”的那种感觉是否与另外一个人叫作“红”的那种感觉相似固然可能，但是我们却没有任何正面的理

由假定它们之间有着差别。另一方面,我所说的“这里”必然不同于另外一个人所说的“这里”,我现在所说的“现在”必然不同于我在另一个场合所说的“现在”,也不同于别人在其他时间所说的“现在”。这是每个个人经验本身所有的个人性质表现在语言上的最突出的特点。我们每一个人都和莱布尼兹所说的单子一样,从我们自己的个人观点来反映世界。但是事实上莱布尼兹并没有把单子论充分加以发展,因为他只把它用于空间方面。一个人不仅对于别人来说有他个人的经验,他和他的过去和未来的自我也不相同。不仅“这里”具有个人的性质,“现在”也是一样;事实上“这里—现在”是我们目前所讨论的问题中最根本的东西。我—这里—现在知道某些事物;不管怎样不完全,我通过我的精神的现在内容来反映宇宙。但是这是可能的吗?怎样它才是可能的?在什么范围内它是可能的?这些问题属于本书所要讨论的基本问题。不断的分析逐渐把范围从天文学的宇宙缩小到天文学家的心理,又从他一生的心理缩小到他在单独一个片刻的心理。但是从这个最小的端点,从这个暗箱出发,如果(事实上我们大家也这样相信)这个天文学家真正知道别人认为他知道的东西,我们就可以用知识的光芒照亮广大的时间和空间领域,并且发现我们所想象的那座主观上的监牢的墙壁原来是不真实的。在这个逃脱的过程中,自我中心的特称词的解释是一个很重要的步骤。

在我们对于自我中心的特称词作出确切的说明之前,先让我们简单看一看以后的讨论所要得出的那幅世界图像。

有一种公共的空间,这就是物理学的空间,这个空间为公共的物体所占有。但是公共的空间和公共的物体是不能感觉到的;它们是推理和逻辑结构加在一起得到的结论。可感觉的空间和可感觉的物体对于每个人都不相同，尽管它们彼此之间以及和它们的公共复本之间有着某些相似之点。

91 有一种公共的时间①，其中不仅有物理的事件，而且还有心理的事件。另外也有个人的时间，它们是那些存在于记忆和预料中的时间。

我的全部个人空间在物理学空间中是“这里”，我的全部个人时间在公共时间中是“现在”。但是在不同的个人空间和时间中也有不同的个人的“这里”和“现在”。

如果你的朋友在黑暗的地方喊出一声“你在哪儿?”而你回答说“我在这里”，这个“这里”是属于物理空间的，因为你想说出的是让另外一个人知道找到你所需的知识。但是如果你一个人正在找寻一件失掉的东西，当你找到它的时候，你喊了一声“它在这里”，这个“这里”可能属于公共的空间，也可能属于你的个人的空间。当然日常语言并不区分公共的与个人的空间。一般来说，“这里”是我的身体所在的地方——如果我所说的“这里”属于物理学的空间，它就是我的身体，如果我所说的“这里”属于我的个人的空间，它就是我对于我的身体的知觉。但是我们还可以把“这里”所占的空间大大加以缩小——比方说在你指着手指上一根刺的时候。人们可以说(虽然这和习惯说法有些不合)“这里”指的是正吸引我的注意力的任何一件可感觉的物体所在的地方。

① 这种时间受着与相对性有关的一些限制。但是由于语言与认识论涉及的是地球上的居民，这些限制我们可以略而不计，因为没有两个人具有可以和光速相比的相对速度。

这虽然不完全是这个词的通常意义,它却是关于“这里”这个词最需要讨论的一个概念。

“现在”具有与此相似的两重意义,一个是主观的,而另一个是客观的。当我用记忆回顾我的一生时,我所回忆起来的事情当中有一些好像是很久以前的事,另外一些好像离现在不久,但是和现在的知觉比较起来却都属于过去。然而这种“过去性”却是主观方面的东西:我正回忆起来的事情是我**现在**回忆起来的,我的回忆是一件现在的事实。如果我的记忆符合实际情况,那么就有过一件事实,我所回忆起来的事情与这件事实具有某种一部分因果上的、一部分相类似的关系;这件事实客观上是属于过去的。我主张除了那种把事件按顺序安排在公共时间序列内的客观的前后关系之外,还有一种安排存在于同一客观时间的各种回忆的主观上较近或较远的关系。由这种关系所产生的个人时间序列不仅每人
不同,而且在任何一个人的一生中每一时刻都不相同。在个人的 92
时间中还有一种将来,那就是预料中的将来。在知觉者一生的每一时刻,个人的和公共的时间都占有一个特殊点,这个点在那个时刻就叫作“现在”。

我们可以看到“这里”和“现在”是靠知觉而产生的;在一个只有物质的世界里不会有什么“这里”和“现在”。知觉对于事物不是完全一律对待,而是从一个中心出发的;我们的知觉世界是(可以这样说)对于公共世界的一个透视。在时间和空间中近的事物一般比远的事物引起的记忆和知觉更为生动和清楚。在公共的物理学的世界中却没有这种照明中心。

在给自我中心的特称词下定义时,我们可以把“这”当作最基

本的东西,“这”字在这里的意思与“那”字的意思没有什么区别。我将对“这”字下一个实指的定义,然后再对其他自我中心的特称词下文字的定义。

“这”字表示在使用这个字的时刻占有我们的注意中心的任何事物。对于那些不是自我中心的字词来说,它们的不变的意义属于被表示的事物,但是“这”字在每个使用的场合都表示一件不同的事物:它的不变的意义不在于被表示的事物,而在于这件事物对于这个字的这种特殊用法的关系。每逢使用这个字的时候,使用它的人总是在注意着某件事物,而这个字就是表示这种事物的。如果一个字不是自我中心词,那就没有把使用它的不同场合加以区别的必要,但是对于自我中心词,我们却必须作出这种区别,因为这些字词所表示的是某件与这个字的这种特殊用法有一定关系的事物。

我们可以把“我”定义为“注意这件事物的那个人”,把“现在”定义为“注意这件事物的那个时间”,把“这里”定义为“注意这件事物的那个地方”。我们也同样可以把“这里—现在”当作最基本的东西;这样“这”就可以被定义为“这里—现在存在的那件事物”,“我”可以被定义为“经验到这件事物的那个人”。

两个人能够经验到同样的“这”吗?如果能够的话,在什么样的外界条件下才会这样?我认为这个问题不是逻辑所能确定的;从先验的观点来看,两种答案都是可能的。但是从经验的观点来看,它却只有一种答案。如果我们所谈的“这”是常识所认为的对
93 于一个物体的知觉,那么在两次观察同一个物体的实例中,观点上的差别不可避免地要产生知觉结果上的差别。两个人看同一棵

树,或是听同一只鸟唱的歌,他们的知觉多少会有些不同。但是从理论上讲,两个人看不同的树,他们的知觉却可能完全相似,尽管这样的事看来不大可能发生。两个人可能看到浓淡完全相同的颜色,如果每个人观看一条连续的色带,比方说虹,那么他们还很有可能做到这一点。两个人观看一张方桌,他们将不会看见完全相似的四边形,但是他们所看到的那些四边形会具有某些共同的几何性质。

从这里可以看出,两个人经验到相同的"这",在比较抽象的情况下比在完全具体的情况下的可能性为大。一般来说,事实上每增加一点抽象性就减少一点一个人与另一个人的世界的差别。在逻辑与纯数学的领域内,不需要任何差别的存在:两个人对于"或"这个词或"371,294"这个词可以给予完全相同的意义。这就是为什么物理学通过消除感觉的个人性质的努力,变得越来越抽象的一个原因。多数哲学家主张一切真的知识不是感性的而是理性的,感官把我们每一个人禁锢起来,而理智则使我们得到解放。这种看法的根据也在这里。这些看法包含着一定的真理成分,但也只限于此,只有逻辑和纯数学的情况除外;因为在全部经验知识中从感觉中解放出来只能是部分的。然而这种解放却可以达到几乎完全可以确定两个人关于一个特定的句子作出的解释同真同伪的地步。取得这种结果是支配科学概念的发展的目的(多少是不自觉的)之一。

94 第五章　推迟的反应：知识与信念

到现在为止，我们所讨论的可以叫作语言的“感叹”用法，它用来表示一个人现在经验中某种引人注意的特点。如果我们所谈的只限于这种用法，一个单词是可以具有一个陈述句的作用的。当色诺芬的一万名战士喊出“海！海！”的时候，他们对这个词就是采取这种用法。但是一个单词也可以有其他用法。一个在沙漠里被人发现快要渴死的人可能低声说出“水！”，这是在提出一种请求或是表示一种愿望；他可能见到一座海市蜃楼而说出一声“水？”；他也可能见到一处泉水而用肯定的语气说声“水”。我们需要用句子来区别词的这些不同的用法。我们还需要用句子来表示——也许这是句子的主要用途——那种可以叫作“推迟的反应”的东西。假如你打算明天乘火车去旅行，而在今天去看你要乘坐的那列火车：你并不是想按照你所得到的知识当时就采取什么行动，而是为了在时间到来时不致手忙脚乱。从它不仅是记录现在的感觉印象的意义来讲，知识基本上是由对于这类推迟的反应作出的准备所组成。这类准备一般都可以叫作“信念”，但是只有在它们引起**成功的**反应时才能叫作“知识”，或者至少显示出它们本身与它们所处理的事实之间有着某种关系，这种关系使得这些准备有别于那些可以叫作“错误”的准备。

不过分夸大语言的作用是很重要的。我认为在先于语言的经
95 验中有某种可以叫作“信念”的东西，这种“信念”可以为真也可以为伪；我认为还有些可以叫作“观念”的东西。语言大大增加了可

能出现的信念和观念的数目和复杂性，但是我确信语言对于最简单的信念和观念却不是必需的。一只猫摇摆着尾巴，迫不及待地长时间盯住一个鼠洞；就这个实例来说，人们可以说（我是这样认为的）老鼠的气味刺激起构成一只真的老鼠的其他方面的“观念”。在我看来，对于这种语言的反对意见来自人们对于“观念”这个词的意义所抱的过于理智主义的看法。我想把“观念”定义为一个有机体对于某种在感觉上没有出现的东西所具有的一种适当的（在某种意义上讲）状态。一切欲望都包括这种意义的观念，而欲望无疑是先于语言而存在的。就一种重要的意义来讲，信念也存在于那只盯住鼠洞的猫的身上，如果洞里有一只老鼠，这个信念便是真的，如果没有，这个信念便是伪的。

“老鼠”这个词单独并不能表达猫在等着攫取它的食物时和捉住它时的不同态度；为了表达这些不同的态度就需要语言进一步的发展。命令、欲望和叙述都要求用字词描述某种在感觉上没有出现的事物，为了把它们彼此区别开来并和陈述句区分开就需要各种不同的语言手段。

通过研究字词到底表达什么，假定“观念”先于语言存在的必要性也许会变得更加明显。在沙漠中濒于死亡而低声说出“水！”来的那个人显然是在表达垂死的动物可能有的一种状态。应该怎样分析这种状态是一个困难的问题，但是从某一种意义上讲，我们都懂得“渴”字的意义，我们也都知道这个字的意义的存在并不依靠有一个字来表示它。“渴”字表示要喝点什么的欲望，而这样一种欲望，就上面已经解释过的意义来讲，会引起喝的“观念”的出现。一般所谓的一个人的“精神”生活完全由“观念”和对于“观

念”所抱的态度构成。想象、记忆、欲望、思想和信念都包括观念在内，而观念则是和推迟的反应互相关联的。事实上，观念是行动
96 的部分原因，它们在适当的刺激下便会成为行动的全部原因。它们像是等待爆发的爆炸物。事实上两者之间可能非常相似。受过训练的兵士一听到“射击！”（这个词早已作为一个观念而存在他们心中）就会进行爆炸动作。语言与爆炸物相似之点在于一个很小的外加刺激可以产生巨大的效果。看一看希特勒说声“开战！”所产生的结果。

我们可以看到，学会的词可以用来代替观念。有一种情况叫作“想到”这个和那个，比方说你在沙漠里会想到水。从行为上看，狗似乎能够具有这种情况；还不会说话的婴儿看见也是这样。当这种情况存在时，它会引起与水相关的行为。如果人们认识“水”这个词，那么这种情况的存在可能（大部分而不是毫无例外）就靠这个词的出现，不管是明白说出还是仅仅想象到这个词。被理解的词和观念具有同样的因果上的效果。为人们所熟悉的知识常常容易变成纯属字面的东西；小学生在背诵“征服者威廉在1066年即英王位”时很少想到这些字所表示的字面以外的意义。事实上，字词和观念是可以互换的；两者都具有意义，两者对于它们所表示的意义都有同样的因果关系。它们之间的差别在于：在字词这一方面，字词和它们所表示的意义之间的关系属于一种社会上约定俗成的性质，并且人们是通过听到语言才学会这些字词的；而在观念这一方面，这种关系却是“自然的”，这就是说它不是依靠别人的行为，而是依靠本来的相似并且（人们必须这样假定）依靠所有人类以及在较差程度上高级动物所具有的生理过程。

由于“知识”在大多数情况下都和推迟的反应有关，所以它并不是一个明确的概念。哲学家们所遇到的许多困难都是由于他们把它当作一个明确的概念而产生的。让我们看一看“认识”同一件事实的各种不同的方法。假定昨天下午四时我听到一次爆炸的声音。在我听到爆炸声的时候，从某种特定的意义上说，我“认识”到这种声音，显然这里“认识”的意义和一般所用的不一样。这种意义虽然和一般的不同，我们却不能把它抛掉不要，因为它在说明“经验证实”所表示的意义上是不可缺少的。事情刚刚过去，我可能说：“声音真大！”或者“这是什么声音？”这叫作“直接的记忆”，它和感觉只有程度上的差别。因为声音所造成的生理上的波动还没有完全平息下去。在爆炸刚要发生之前，如果我已经看见点起的导火线引向一堆爆炸物，我可能处于一种紧张的预料状
态，在某种意义上讲，这种状态和直接的记忆相似，但是它的方向 97
却朝着最近的将来。在这以后才是真正的记忆：我现在记起我昨天听到的那声巨响。我现在的状态是由观念（或意象）或字词，加上信念和那种确定被忆起的现象的日期的前后情境所构成的。我可以想象和我记起的巨响正好一样的声音，但是在我做这件事的时候，并不涉及信念和日期的确定。（“信念”是我将在以后讨论的一个词。）想象中的事件并不包括在知识和谬误之内，因为这里不涉及信念。

感觉、直接的预料、直接的记忆和真实的记忆都向人提供知识，这种知识在某种程度上和适当限制下是不依靠外界的证据的。但是凡是受过一点教育的人的知识大部分都不属于这些种类。我们知道别人告诉我们的知识或是我们在书上或报纸上读到的知

识:这里首先出现的是字词,而体会这些字所表达的意义却常常变得不必要。如果我相信“征服者威廉在 1066 年即英王位”,我所真正相信的(通常)是:“征服者威廉在 1066 年即英王位”这些字是真的。这句话的好处在于我可以随时让字词变成可感觉的东西;这位征服者死了,可是他的名字我一说就能复活。它还有一种好处,那就是名字是公共的,对一切人都是相同的,而在想到威廉时所用的(如果有的话)意象却会因人而异,而且不可避免会过于具体。如果(比方说)我们想到威廉骑着马,这就不会适合“威廉生于法拉斯”这句话,因为他不是在马上降生的。

在叙事文字里听到的句子当然不一定要按照这种只限于字面
的方式去理解;实际上只限于字面的理解是不完全的。一个阅读
一篇引人入胜的冒险故事的儿童会“亲身经历”主人公的各种冒
险经验,在主人公和读者年龄相差不多的情况下更是这样。读到
主人公跃涧而过,读故事的儿童的肌肉也会紧张用力;读到主人公
看见一只狮子要扑过来,这个儿童也会屏住呼吸。对于主人公所
遇到的一切,这个儿童的生理状态都是主人公的生理状态的规模
较差的再现。在成人生活中,好的作品可以产生同样的效果。在
读到莎士比亚的安东尼说出“我要死了,埃及女皇,我要死了”的
时候[①],我们所感受到的那种感情是我们在读到《泰晤士报》上某
98 个和我们不相识的人的讣告时所感受不到的。诗歌与单纯叙述之
间的一个区别就在于,诗歌的目的是让读者越过字词直达字词所
表示的意义。

① 见莎士比亚剧本《安东尼与克柳巴》第四幕,第十三场。——译者

那种叫作“证实”的过程并不绝对*需要*(但是常常包含)人们对于字词作出想象的理解,而只需要把预先用的字词和在所说的事实成为可感觉的现象时所用的字词作一番比较。你说:“这张石蕊试纸将变成红色”;后来我说:“这张石蕊试纸已经变成红色。”这样,只有当我用一句话来表达一件现在可以感觉到的事实时,我才*需要*跨出纯属文字的领域。

由于两种原因,知识是一个意义模糊的概念。第一,因为除了在逻辑或纯粹数学的范围内,一个词的意义多少总有些模糊不清;第二,因为我们所认为的全部知识在或多或少的程度上是不确定的,而且我们无法判断不确定性达到什么程度一个信念就不配叫作“知识”,正像我们无法判断一个人脱落了多少头发才算秃一样。

我们有时给“知识”下的定义是“真的信念”,但是这个定义过于宽泛。假如你去看你认为还走着而事实上已经停了下来的一座钟,并且碰巧你看它的时刻正和钟面上的时间一样,那么关于时间你将得到一个真的信念,但却不能正确地说你得到了知识。我们现在不必去研究“知识”的正确定义;我们现在要研究的是信念。

让我们举一个表示某件是或者可能是可感觉的事实的简单句子,例如“一声巨响正在(或者已经,或者将要)发生”。我们将假定这是一件事实:在时间 t 和地点 P 发生了这样一声巨响,并且我们所要研究的信念关系到这声特殊的巨响。这就是说,我们将把我们的句子改正为“在时间 t 和地点 P 有一声巨响发生”。我们把这个句子叫作 S。如果我相信这个句子,或者不如说如果我相信它所表达的意思,那么我所遇到的是什么情况呢?

有许多种可能的情况。第一,在时间 t 我可能在地点 P 或者距离 P 地点很近,并且可能听到这声巨响。在这种情况下,在时间 t 我有着关于它的感性知识;日常语言很少会把这种知识叫作“信念”,但是为了我们的目的,我们最好还是把它包括在这个词的范围之内。显而易见,这种知识并不需要字词。直接的记忆也
99 不需要字词,这种记忆存在于声音仍然使我震动的那段时间。但是时间较远的记忆又是怎样呢?这里我们也可以不需要字词,而只需要一个伴有一种可以(但不一定必需)用“发生过这件事”这些字所表示的感觉的视觉意象。直接的预料也不需要字词。在你看到门要被风关闭的时候,你的身体和精神都处在一种预料有声音发生的状态,如果没有声音发生,你反而会感到惊异。这种直接的预料不同于我们通常对于那些不是立刻就要发生的事件所作的预料。我预料我明天早晨将要起床,但是我的身体并没有处在当我在明天早晨正预料到我立刻就要起床时所处的那种不快状态。我怀疑不通过字词是否可能预料任何一件不在**直接**的未来发生的事件。这是预料与记忆之间的区别之一。

对于超乎我个人经验范围的事物的信念,通常只有靠语言或者语言的最早阶段的帮助才有可能。海鸥和吃人生番都会做出“见到食物发出的叫声”,吃人生番用这种叫声把消息告诉别人,但是海鸥的叫声却可能是表达一种自发的情感,正像牙医拔牙让你感到疼痛发出的哼声一样。这种声音对于听者来说就是一个词,但是对于发出声音的人来说却不是这样。动物的行为可能受一些与语言没有什么相似之点的信号的影响,比方说当这只动物在生疏的地区寻找水喝的时候。如果一只口渴的动物往山谷里直

奔过去,我就会说这只动物“相信”那里有水,在这种情况下就有着相信某件还在这只动物的经验之外的事物存在的非文字的信念。但是我并不想陷入有关字的意义的争论,所以我将不坚持那种认为这类行为显示“信念”的看法。

在人类,一般是通过文字的证词来获得对于那些还未曾经验到并且不会很快就可以经验到的事物的信念的。让我们回到我们的句子 S,某个我们认为诚实的人当着我们的面说出这个句子来,然后我们就相信了这个句子所断言的东西。我想探讨一下我们正在相信这个句子的时候我们的真正情况。

当然,我们必须把作为习惯的信念和正在活动中的同样的信念区别开来。对于一切习惯来说,这种区别都是必要的。一个获得的习惯表现在这件事实上:只要有某种一定的刺激发生,现在它 100
便会在动物身上产生某种一定的反应,这种反应在该动物尚未具有某些一定的经验之前是不能发生的。我们必须假定即使没有我们所说的那种刺激发生,一只获得某种习惯的动物与一只没有这种习惯的动物之间也有着某种不同。一个理解“火”这个词的人,即使他现在并没有听见这个词,也必然与一个不理解这个词的人在某一方面有所不同。我们假定这种差别存在于大脑,但是它的性质却是假设性的。可是我们所要研究的并不是那种作为有机体的一种不变的特性的习惯,而是**正在活动中**的习惯,这种习惯只有在适当的刺激下才显示出来。就我们所研究的实例来说,这种刺激就是句子 S;或者更确切地说,因为可能从来没有听到过这个句子,所以可能没有机会在听者身上产生习惯,这种刺激就是组成句子 S 的字词连续,我们假定其中每个词都是听者所熟悉的,而且早

已在听者身上产生了构成理解词的意义的习惯。

可能有这种情况：当我们听见一句话时，我们不去想它所表示的意义，而只是相信“这句话是真的”。就某些种类的句子来说，这是通常的反应；例如，当别人告诉我们某人的住址而我们也只是想给他写信的时候。如果我们想去看他，那么这些词的意义就会变得重要起来，但是为了给他寄信只用这些词就够了。如果我们相信“这个句子是真的”，那么我们并不是在相信这个句子所说的内容；如果这个句子是用一种我们不懂的文字写的，那么我们可以相信它是真的而不必弄懂它所说的内容——例如，如果它是希腊文《圣经》上的一句话而我们又不懂希腊文的话。因此我将不去管这种情况，我要研究的是我们听到 S 就相信 S 所说的内容到底是怎么回事。

让我们把这个句子稍稍简化一下，并且假定一位朋友在跟我一起走路时对我说：“昨天这里发生了一次爆炸。”我可能相信他，或者理解他的意思而不相信。让我们假定我相信他，并且我相信他用的词所说的内容，而不只是相信那些词为真。这个句子里最重要的词是“爆炸”。在我积极地理解这个词的时候，它在我心中唤起比听到一声真的爆炸所产生的效果要轻微的类似感觉——视
101 觉意象、神经震荡的意象等等。由于“这里”这个词，在我的意境中这些意象与周围的景色结合在一起。由于“那天”这个词，这些意象又和对于昨天经验的回忆连在一起。所有这些一直都包括在对于这个句子的理解过程之内，不管我相信它还是不相信它。我倾向于这种看法：相信一个句子比理解而不相信它要简单；我认为最初的反应是信念，理解而不相信包含着对于相信的冲动的抑制。

信念的特点在于如果所说的内容是一件事实，信念就是准备作出任何一种需要作出的行动。比方说，假如我有一个相识失踪，并且知道昨天他曾在这里附近，那么信念就可以促使我去寻找他的踪迹，如果我理解而不相信，我就不会去做这件事。如果不需要这样的行动，那么至少在看来适宜的时候我会在行动上重复一遍别人对我所讲的话。

从所有这一切看来，当我相信某个句子所说的内容时，已经达到预期效果的那些字词就不再需要出现在我的眼前。需要出现的只是适合那个句子所说的事实的一种心理和身体状态。

认为信念只在于采取某些种类的行动的倾向的看法是一个错误。让我们举一个可以类比的例子：我们可以把一个信念比成一个贮水池加上水管和水龙头。水龙头**可以**拧开，信念**可以**影响行动，但是两者的发生都依靠外加的刺激。如果一个人正在相信某件事物，那么在他心中一定有着适当的字词或适当的意象，或者至少作出适当的肌肉上的适应。这里面任何一种情况加上某些一定的外加条件（这些条件相当于拧开水龙头）都将产生行动，而这种行动可以让一个外面的观察者看出某人相信的东西是什么；如果行动在于说出适当的词，那么情况就更是这样。在适当的刺激下，行动的冲动是随着词、意象或肌肉的适应的出现而出现的。心中抱有一种明确的想法而不照它去行动是一件难事；如果你夜间独自一人读了一篇讲一个人遭到暗害的故事，你会不自禁地把椅子紧靠在墙上。戏剧演员布斯（刺杀林肯的凶手的兄弟）有一次演 102
麦克白，竟不让别人把他杀死，并在剧院前排追赶麦克达夫，要杀死他。夜半走过墓地，事先最好还是不读讲鬼的故事。从这些例

子可以看出，当你抱有一种想法同时并不相信它的时候，相信它的那种冲动不是没有而是受到了抑制。信念并不是什么加在先前只是被人抱有的想法上面的东西，而是在人们想到而不接受它的时候凭着努力才从想法中减掉的东西。

另外一个例子是没有受过教育的人对于假设所感到的困难。如果你说："让我们这样假设，看看这个假定产生什么结果"，那么他们不是相信你的假设就是认为你在浪费时间。因为这种原因，那些不熟悉逻辑或数学的人感到归谬法是一种很讨厌的论证形式；如果提出假设是为了证明它的荒谬，那么他们就不能以假设的方式首先去肯定它。

我不愿夸大先于语言存在的信念的范围：只有非常简单的和最原始的事物可以不靠文字来处理。文字是大家公用、永久不变（写出之后）并且可以任意创造的东西。这些好处使得我们有可能靠文字比靠没有文字的观念或意象建立更复杂的习惯。通过获得文字的习惯，我们就能在实际情况发生时有所准备。另外，我们可以把知识变为参考书的形式，只有在需要知识时人们才有必要知道它。拿电话簿来说：没有一个人想知道电话簿的全部内容，实际上只有在某些时刻才需要知道其中的某一部分内容。编电话簿的人可能从来都用不着它，而大部分使用它的人却不曾参加编电话簿的工作。这种社会化的潜在的知识只有通过语言，事实上就是写的语言，才有可能存在。使用电话的人所需要知道的只是根据电话簿中适当的项目作出适当的行动的一个简单方法而已。通过这些办法，我们能够大大减少需要我们自己知道的知识。

所有一般化的知识都是这种知识。假如地理书上告诉我塞米巴拉丁斯克是苏联领土中亚细亚的一个省和城市。除非我有机会到塞米巴拉丁斯克去一趟，否则这种知识将永远完全限于文字的范围之内，但是如果这件事竟然发生，那么就有一些规则让我根据书上的文字得到预期的经验。在这种情况下，如果当我具有与这 103
些文字的意义相关联的欲望，或者在一种极端的情况下，只想知道这些文字的意义时，我知道这些文字让我采取的行动，那么我就可以算是理解这些文字。你可能想去看看阿尔泰山，而你除了知道它的名字以外对它一无所知。在这种情况下，旅行指南会告诉你必须怎样做才能知道这个命题："这就是阿尔泰山。"在你学过算术之后，你就会处理所有那些数不尽的买东西时需要计算找回零钱的场合，但是在学习算术时你却不必想到它的实际应用。通过这些方式，纯粹文字的知识的领域变得越来越广阔，最后竟让人容易忘记文字的知识与感觉经验一定具有某种关系。但是除了通过这样的关系，我们是不能确定经验界的真和伪的，所以忘记了这一点就绝不可能有建立一种正确的哲学的希望。

第六章　句子

我想在本章里研究一下与字词相对而言的句子，并且看一看理解那些并不表示物体而只是作为句子的部分而出现的字词是怎么回事。我们见过一个"水"字可以用来表示需要不同句子才能详细表达的意思。它的意思可能是"这里有水"；也可能是"我要喝水"；如果说话时用的是疑问的口气，也可能是"这是水吗？"显然这类意义上的模棱两可是很讨厌的，特别在很难表明口气上不同的写的文章里更是如此。因此我们需要像“这里有”、“我要”、“这是吗”一类的词。这些词的功用构成了本章所要讨论的题目。

让我们看一看下面这些句子:“这里有火”,“这里有过火”,
104 “这里将要有火”,“这里有火吗?”,“我这里要火”,“这里没有火”。这些句子分别是现在、过去、将来、疑问、祈愿和否定的形式,但是讲的都是同一件事物,那就是火。

说出“火”这个字可能有不同的原因。如果说出它是由于从感官上知道它的存在,那么我就用“这里有火”这句话把这个事实传达给别人;如果是凭记忆想起来的,那么我就用“这里有过火”这句话来传达这个事实。但是我可能不用这个句子表达一次回忆,而用它报告我所听到的事情,或者用它叙述根据烧成的灰烬而作出的一个推理。在前一种情况下,我说出“火”这个字是因为我听到了这个字;在后一种情况下,那是因为我看见了某种我认为是火造成的结果的东西。所以在我说“这里有过火”的时候,我的心理状态可能是几个非常不同的可能情况当中的一个。可是尽管有着这些主观方面的不同,在所有这些情况下我所断言的东西仍然是相同的。如果我的断言为真,那么这里发生过某个现象,并且使得我的断言为真的那个现象是不变的,不管这个现象是凭记忆想起来的,或是从证据知道的,或是从过去的燃烧留给现在的痕迹推论出来的。正是因为这个原因,我们才在这些不同的情况下使用相同的字,因为一个直陈式的句子的目的并不是表达一种心理状态(虽然它总会这样),而是断言一件这个句子所表达的心理状态以外的事实。但是我们要把关于真理和虚妄的详细的讨论推迟到后面一章去。

关于“这里将要有火”这个句子也存在着类似的主观上的意义含混。在你对火有着直接预料的经验的情况下,除了面向将来这一重要方面之外,你的主观状态和记忆是类似的。但是关于将来的叙述一般都是些推理。你可能看见一个湿草堆发出泡沫,而作出它将要燃烧的推理,或者可能有人告诉你在将来某天这里要放烽火。但是这些不同的可能情况对于你说“这里将要有火”这句话时所断言的事情并不会产生什么差别。

“这里有火吗?”可能是一种祈使句,或者是提议调查一下。这个句子并没有作出一个断言,而是表示想作出一个断言的愿望。它与“这里有火”的区别不在于任何具有外界参照的东西上面,而在于我们对于具有这种外界参照的东西所抱的态度上。我们可以说有一个叫作“现在—这里—火”的“观念”;如果我们在这些字前
面加上“有”,那么我们就肯定了这个观念,而如果我们在这些字 105
前面加上“有吗”,那么我们就是在“积极考虑”这些字,也就是说我们要看一看是不是要肯定它们。我是用一种初步的讲法来讲“向外参照”的,因为这个概念是需要详细讨论的一个困难的概念。

“我这里要火”是一个直陈式的句子,断言我感到某种愿望,但是通常的用法使它看来很像是**表达**愿望,而不像是断言愿望。严格说来,愿望应该用“要是这里有火该多好”或者“这里快生火吧!”来表达。这种说法在一种像希腊文那样有祈愿语气的语言中是比较自然和容易表达的。“快点生火吧!”这个句子并没有断言任何事情,所以它是既不真也不伪的。它**表达**一个愿望,一个听到我说出它来的人可以推论我感到一个愿望,但是这句话并没有

断言我感到一个愿望。同样，如果我说“这里有火”，那么我是**表达**一个信念，听者可以推论我有这个信念，但是我并没有**断言**一个信念。

如果我说“这里没有火”，这句话中可以叫作“内容”的部分和我说“这里有火”这句话的内容是一样的，但是这个内容不是被肯定而是被否定了。

总观以上的句子，但是省略掉那些关于过去和将来的句子，我们发现就它们所表达的意思来说，它们都有着相同的核心，即“火—这里—现在”。“火”、“这里”和“现在”所表达的观念可以叫作“直陈的”观念；这就是说，它们都能陈述感觉经验的一些特点。把它们合在一起，它们就构成一个复杂的直陈观念。一个直陈观念有时陈述，有时并不这样；如果现在这里有火，“火—这里—现在”陈述的就是这火，但是如果没有火，“火—这里—现在”就不陈述任何事物。对于一个直陈的观念我们可以采取不同的态度：肯定的、疑问的、祈愿的或否定的态度。这些态度分别用“有”、“有吗”、“快点吧”和“没有”来表达。（我并不认为这个表已经把所有可能的态度都列举全了。）这些用上面的词所**表达**的态度也可以加以**肯定**，但是这样我们就需要直陈语气的词；这些词是“信念”、“疑问”、“愿望”和“不相信”。这样我们就得到了新的句子，所有这些句子都是肯定句，但是它们讲的是我的心理状态，而不是火。这些句子是：“我相信现在这里有火”，“我不知道现在这里
106 有没有火”，“我希望现在这里有火”和“我不相信现在这里有火”。

很明显，“有”、“有—吗”、“快—点—吧”和“没—有”每一组都应该当作一个字来看，把它看作是用来表达说话人对于同一个

观念所抱的不同态度的。它们的功用不是像名称那样用来陈述客体;我们可以有意义地使用“不”这个字并不说明在某种柏拉图式的天国里有一种名叫“不”的客体。认识到有些必要的词表示物体而其他的词却不这样对于理解语言是非常重要的。

表示客体的词可以叫作“直陈语气的”词。我不仅把名称包括在这些词的范围之内,而且把那些像“白”、“硬”、“暖”等表示性质的词和那些像“在前”、“在上”、“在内”等表示可以知觉到的关系的词包括在内。如果语言的全部目的是描述可以感觉到的事实,我们就只需要一些直陈语气的词。但是,正如我们已经看到的那样,这些词不足以表达疑问、愿望或不相信。它们也不足以表示逻辑上的关联词,例如“如果这样,我就吃掉我的帽子”,或者“如果威尔逊比较机智的话,美国早已参加国际联盟”。它们也不足以构成需要像“所有”和“有些”,“这个”和“一个”这些词的句子。这类词的意义只能通过说明有它们出现的句子的意义而得到说明。如果你想说明“狮子”这个词,你可以把你的孩子带到动物园,说“看,这是一头狮子”。但不管在什么动物园里你也找不出**如果**、**这个**或**然而**来给他看,因为这些不是直陈语气的词。句子中需要它们,但也只有那些不限于肯定单独事实的句子才需要它们。正是因为我们需要这类句子,所以不是直陈语气的词也是不可缺少的。

第七章　观念和信念的外界参照 107

在本章里我们所要研究的这种外界参照并不是那种用来把经

验解释为关于外界客体的知觉的外界参照，比方说像视觉使我产生一种叫作“看见一张桌子”的情况时那样。这种外界参照将和物理学的解释以及使它为真的证据一起加以研究。我们现在所要研究的是我的精神生活中的一部分对于另一部分所构成的外界参照，它与不属于我的经验的一部分的事物只有引申出来的关系。

我们习惯说我们想到某种事物和相信有某种事物。我想讨论的就是在这些词组里出现的“关于(of)”和“在于(in)”的意义，作为给“真理”和“虚妄”下定义的准备。

我们在前面一章里曾把实指的定义这个方法当作字的意义的来源。但是随后我们就发现一个字的意义除了“表示”一次感觉经验之外，还可以“表示”一个观念；这种情况特别发生在人们用字表示一件忆起的事情的时候。人们可以用同一个字来表示一个观念或一次感觉经验，这就表明这个观念是“关于”那次感觉经验的一个观念。但是很明显，“关于”这个词所表示的那种关系是一种可以不依靠语言而存在的关系，并且事实上在用同一个字表示一个观念和一次感觉经验时人们就预先假定了这一点。

我们所要研究的那种关系也许在记忆上表现得最为明显。假
定你最近看见了一件可怕的事情——比方说一位朋友被卡车撞
108 死。这件事将在你心中不断重复出现，这幅景象不仅完全是想象
中的东西，而且是一件实际发生过的事情。当那可怕的闪电般的
一系列意象又一次掠过你的心头的时候，你可能对你自己说：“是
的，事情真是这样发生的。”但是这句话在什么意义上讲可以是真
的呢？因为你的回忆发生在现在，并且是由意象，而不是由感觉构
成的，更不是由什么真正的摩托运货车构成的。它在某种意义上

讲却仍然是真的，我们所要阐明的就是这种意义。

意象通过两种方式出现，作为想象和作为记忆。有时我在困乏或发烧的情况下看见我所喜欢的人们的面孔变得不像平常那样和蔼可亲而是怪得可怕。除非我的体温高到胡言乱语的程度，这些令人感到痛苦的意象并不能得到我们的相信。甚至在有意作出的回忆中，也常常有不被人相信的想象的附加物，我们也并不把这些东西当作回忆。任何被我们当作记忆的东西都是由意象或文字组成的，人们感到这些意象或文字关系到以前发生的某种经验。因为我们可以明显看出文字所以能够表示记忆完全是由于一个特定的词既能用来表示一个意象（或观念）也能用来表示一个可感觉的现象，所以很明显我们必须先研究非文字的记忆，目的是要发现观念与感觉经验之间存在着什么关系。正是这种关系才使得我们用同一个词来表示这两种东西。因此目前我将先不去管用文字表达的记忆，而只研究那些伴有被人相信或感到与一个过去发生的现象相关联的由意象构成的记忆。

假定有人要我描述一下我的房间里的家具。我可以走到我的房间把我所看见的记录下来，不然我就在心中唤起一幅我的房间的图画，把我的心眼所看见的记录下来。如果我的视觉想象能力还不差，我在我的房间里也已经住了一段时间，那么这两种方法得到的结果至少在轮廓上是没有什么区别的。用这种方式很容易测验我的记忆的准确性。但是在测验之前我心中就相信了我的记忆的准确性。有些记忆是不能加以精确的测验的，比方说你是一件谋杀案的唯一目击者；除非有理由怀疑你作伪证，那么你的证据还是可以被大家承认的。我们目前所要研究的问题不是记忆的可靠性,而是对于这个现象的分析。

109 A是关于B的一个“意象”或“观念”这句话所包含的内容是什么?第一,一定存在着相似关系;更详细地说,如果两者都是复合,那就一定存在着结构上的相似关系。第二,对于引起A的出现B一定起着一定的作用。第三,A和B一定具有某些共同的效果,例如它们能够让一个经验到它们的人使用同样的字词。如果这三种关系存在,我将说B是A的“原型”。

但是如果A是关于B的一次回忆,那就包含着另外的内容。因为在这种情况下,人们感到或是相信A在指明某件A本身以外的事物,而事实上这件事物就是B。我们想说我们感到A在指明B,但是我们却没有权利这样说,因为B本身并不能在回忆的人心中出现;出现的只是B的代表A。因此我们一定要这样说,在与纯粹想象相对而言的记忆中存在着这种信念:“A对于*某件事物*具有观念对于原型的关系”,这里观念对于原型的关系就是上段所说的三个特点。当然我的意思并不是说一次通常的记忆—信念具有上面分析所显示出来的明确性。我的意思只是说在记忆中我们隐约感到一个观念指明它本身以外的东西,并且上面所说的是在这种隐约的感觉有理由出现时,对于可能是实际事态的情况的一个说明。

如果B是A的原型,我们就说A是“关于”B的一个意象。这就是“关于”这个词的这种用法的定义。

很明显,A可能是关于B的意象而当事人并不知道这件事实。另外一点也很明显,那就是A可能有许多原型。如果我告诉你我在英国乡间一条小路上遇见一个黑人,“黑人”这个词可能在你心中唤起一个不十分清楚的、由你见过的许多黑人所组成的意象;在这种情况下,我们必须把他们都看作你的意象的原型。一般说来,即使在一个意象只有一个原型的情况下,意象通常也不及它的原型那样生动鲜明。这一点碰巧可以给休谟的问题找到答案:如果你从未见过的一种颜色的浓淡介乎你曾经见过的两种非常相近的颜色的浓淡之间,那么你能想象出它来吗?答案是你不能想象出非常明确的一个意象,这即使对于你曾经见过的颜色也办不到,
但是你却能够想象出一个不太清楚的意象,它同样适用于你从未 110
见过的那种颜色的浓淡和你曾经见过的那两种相近的颜色的浓淡。

从上面的理论可以看出,一个观念或意象的外界参照存在于一种信念上面,这种信念说得清楚些可以用这些字表达出来:“这有一个原型。”如果没有这样一种信念(这种信念的存在通常是一种比较不太清楚的感觉)发生,那么尽管事实上可能有原型存在,却不存在外界参照。纯粹的想象就是这种情况。

就记忆——信念来说,如果我们所说的被忆起的事情是进行回忆的人的一次经验,那么我们就只需要上面所说的这种外界参照。但是一般说来还有另外一种,那就是我们在本章开头指出我们不想去研究的那一种外界参照。假如我回想起“昨天我看见了一只象”。这里不仅有着我昨天的经验,而且还有相信一只独立存在的动物的信念,不仅在我看见它的时候是这样,在我看见它以前和以后也是这样。所有这一切都要依靠本书第三部分我们所要谈的那种动物性推理,这里涉及的参照不仅对我现在的经验来说,而且对我的全部经验来说都是外界的。但是这种外界参照并不在

本章讨论范围之内。

第八章　真理的基本形式

就真与伪都具有公共性质来说,它们是句子的属性,这些句子
不是直陈语气就是虚拟语气或假定语气。在本章我们只研究真理
的较简单的例子,所以我只限于讨论直陈语气的句子。除了句子
以外,表达具有公共性质的叙述还有一些别的方法——例如地图
和图表。习惯还有一些把一个句子缩成一个最主要的词的方法,
像电话簿和火车时间表所采用的就是这种方法。但是为了我们的
111 目的,我们可以只讨论充分表达出来的句子,而不致失去较多的普
遍性。在我们还没有讨论下两章所要研究的逻辑字眼以前,我们
也只能限于讨论直陈语气的句子。

但是为了给“真”与“伪”下定义,我们必须透过句子本身看一下句子所“表达”的和“陈述”的东西。

首先,句子具有一种我将把它叫作“意指”的性质。这就是通过正确的翻译所保留下来的那种性质。英语的“二加二等于四”(Two and two make four)和法语的“二加二等于四”(Deux et deux font quatre)具有相同的意指。改变措辞之后意指还是保留下来;例如,“A 是 B 的丈夫”,“B 是 A 的妻子”,“A 是一个和 B 结婚的男人”,“B 是一个和 A 结婚的女人”,这些句子都具有相同的意指。很明显,两个意指相同的句子同时为真或同时为伪;所以真与伪的区别要从句子的意指上,而不能从句子本身上去找。

有些初看结构似乎正确的句子事实上却是无意义的胡说,也

就是说它们没有什么意指。按照字面来解释,“需要是发明之母”和“拖延就是盗窃时间”就是这样的例子。逻辑句法中很重要的一部分是讲如何避免造出无意义的句子的规则。但是目前我们所要研究的是简单到不会变得没有意义的一些句子。

要想知道一个句子的“意指”,最容易的方法是问一下我们自己用一种语言写的句子和把它译成另一种语言后两者具有什么共同的东西。假如我在某个场合用英语对一个英国人说“我觉得热”(I am hot),另外又用法语对一个法国人说“我觉得热”(J’ai chaud);这两个句子所表示的身心状态是一样的,它们的真与伪是由同一件事实来确定的。这样看来,一个句子的意指似乎有两个方面:一方面它“表达”说话人的状态,另一方面它从现在这种状态指向某种可以确定它的真伪的东西。一个肯定的句子所表达的是一个**信念**;确定它的真伪的是一件**事实**,事实一般是和信念不同的。真和伪是对于外界的关系;这就是说,对于一个句子或一个信念所作的分析不能表明它的真和伪。(这一点不适用于逻辑和数学,在逻辑和数学上真、伪事实上决定于句子的形式。但是我现在 112
暂时不去研究逻辑上的真理。)例如让我们看一下“我是个舅舅”这个句子,假如你知道你在印度的姊妹快要生小孩了,但是你还不知道已经生了没有。对于这个句子或你的精神状态所进行的分析不能表达句子的真或伪,因为句子的真伪决定于你所不知道的在印度发生的事件。但是尽管对于这个句子的理解并不能让你知道它的真或伪,它却能让你知道什么样的事实使它为真和什么样的事实使它为伪;所以这是一个句子的意指的一部,或者至少是和意指不可分开的东西,尽管实际的真或伪(随具体情况而定)不是

这样。

假如我们已经给"真"和"伪"下过定义,那么我们就能够说:如果任何可能发生的事态使两个句子当中一个为真,也使另一个为真,反过来说也是这样,那么按照定义这两个句子具有相同的"意指"。但是我们将看到,如果不首先给"意指"下定义,我们就不清楚能否给"真"和"伪"下定义。

我们说过意指有两个方面,这两个方面我们可以分别叫作主观方面和客观方面。主观方面是说话者所处的状态,而客观方面是确定句子真伪的事实。让我们先研究主观方面。

如果我们说一个句子是真的,我们的意思是说断言它的人说的是真话。一个人可以说出一个句子而没有肯定它的意思;如果一位演员说"我是丹麦王子哈姆雷特",没有谁会相信他,但也没有谁会责备他说谎。这就表明在意指的分析上主观方面是很重要的。如果我们说一个句子是"真的",我们所讲的话是关于那个带有信念说出或听到这句话的人的心理状态的。事实上真、伪主要是指信念而言;句子只是通过表达信念这件事实才有真、伪。因此我们要从信念上去找寻句子意指的主观方面。

113 我们可以说,如果两个句子表达相同的信念,那么它们就具有相同的意指。但是说过这句话之后,我们却必须说明两个人(或者在不同时间的同一个人)在什么意义上说具有相同的信念,并且用什么试验方法我们才能发现两个人具有相同的信念。为了实用的目的,我们可以说如果两个说同一种语言的人承认同一个句子表达相同的信念,那么他们就具有相同的信念;如果两个说不同语言的人被胜任的翻译人员认为其中一个人表达他的信念的句子正好是另一个人用来表示他的信念的句子的译文,那么他们两个人具有相同的信念。但是这个准则在理论上还不是充分的,因为我们必须承认不能说话的婴儿和(我认为)动物具有信念。

照我想给予它的意义来讲,“信念”表示一种心理或身体或者心理身体都包括在内的状态,在这种状态下一个动物的行动和某种在感觉上没有出现的事物相关联。当我期望找到一列火车而去车站的时候,我的行动表现一个信念。狗在闻到狐狸的气味而兴奋起来的时候也是这样。一只想飞出屋去而扑打到窗上玻璃的鸟也是这样。在人类,表现信念的唯一动作往往是说出适当的文字。

按照上面所给的“信念”的定义,我们可以看出它和意义以及实指的定义有着密切的关系。如果有一种联想或条件反射把字词与它们本身以外的某种事物联系起来,那么字词就具有“意义”——这一点至少适用于直陈语气的字词。如果我说“看,有一只狐狸”,这时你的动作就会和你闻到一只狐狸时的动作一样。我看见一只狐狸就说出“狐狸”来,因为一只狐狸使你想到“狐狸”这个词,正像反过来“狐狸”这个词使你想到一只狐狸一样。如果我在狐狸刚刚不见时说声“狐狸”,并且如果你在还没有看见狐狸时听到了这个词,这时就会出现照上面定义所说的那种意义的“信念”。当你默不做声寻找狐狸的时候,情况也是这样。但是只有在动作被推迟的时候,信念才成为一种确定的心理状态——比方说,你刚刚看到你明天要搭乘的一列火车。在需要立刻做出动作的情况下,能力可能集中到肌肉上去,而“信念”可能只表现为身体运动的一个特点。但是我们必须记住喊出“狐狸”或“噢哟”是一种身体的运动;因此我们不能否认身体运动可能表示信念。

114 我们在上一章所讨论的外界参照存在于按照字词开始使用的方式来使用的所有直陈语气的字词身上。它也存在于非文字的行为上，像一只狗看见一只兔子跑进洞里就去乱抓兔洞那样。但是在遇到非文字的行为时，正确说出与行为相关的到底是什么事物却是观察者并且常常是动作者感到困难的事情。像天秤和温度计一样，字词也是精密的仪器，尽管它们往往不是很好的仪器；但是那些通过它们才能精确看出来的事物却能够不依靠它们而存在并被人模糊地认识到。

让我们把这个问题概要地表示出来，这样多少会让问题经过一层不真实的简化过程：刺激 A 的出现引起某种比方说叫作 B 的行为；经验造成的结果使得在 A 不出现的时候，某种另外的比方说叫作 C 的事物引起 B 这种行为。在这种情况下，我们可以说 C 引起对于 A 的“信念”，并且我们可以说对于 A 的“信念”是 B 这种行为的一个特点。在字词出现之后，这一切就变得更加精确。看见一只狐狸（A）使你说出“狐狸”这个词（B）；你可能在雪地里认出狐狸的足迹（C），并且在看见它的时候说出“狐狸”这个词来。这时你是由于 C 才“相信”A 的。如果这种足迹是狐狸走的，那么你的信念便是真的。

具有外界参照的东西——信念、观念或身体运动——在某些情况下是公共的，在另外一些情况下则是只属于个人的。在它是包括语言在内的公开的行为时，它是公共的；在它是“意象”或“思想”时，它就是个人的。（我们将在第三部分里说明这里所谈的“公共的”和“个人的”意义。）如果有机体身上发生的一个现象具有外界参照，那么唯一永远出现的一个特点就是上一段所讲的那种因果关系，也就是说这个现象具有某些由于它的外界参照在感觉界的出现而产生的结果。我们将把发生在有机体身上并具有外界参照的任何一件事叫作“表象事件”。

除了用来给“表象事件”下定义的最主要的因果关系之外，在某些这类现象上还存在着另外一些关系。一个记忆意象与它所代表的（即记起的）东西具有相似之处。在其他意象上也可能存在着相似之处，尽管在相似的精确程度上差一等。如果有人告诉你：“你的儿子从悬崖上掉下来摔死了”，你心中可能产生一个非常生动的意象，其中有些方面是正确的，有些方面是不正确的。但是文字（除了拟声文字以外）和它们所表示的意义并没有什么相似之 115
处，因此文字的信念不能根据它们与它们所断言的事物之间相似还是不相似来判断真伪。文字的行为只是具有表象作用的身体运动的一种形式；另外一种形式是狗抓兔洞那种形式。我们可以十分概括地说，在身体行为具有表象作用时，它并不一定和它所指的东西有什么相似之处。

可是就详细表达的语言来说，一个句子和它所断言的事物之间却存在着一种**结构上的**相似。假如你看见狐狸吃鹅，然后你说“狐狸吃鹅”。原来发生的现象是狐狸与鹅之间的一种关系，而这个句子创造了“狐狸”这个词与“鹅”这个词之间的一种关系，也就是说在它们之间插进了“吃”这个词。（参看维特根施坦的《逻辑哲学论》）这种在一个句子和它所肯定的事物之间可能存在的结构上的相似有着一定的重要性，但是我认为这种重要性并不带有根本的性质。

我认为上面关于使一个表象事件为真的条件的说明在它可以

应用时就是正确的，但是有各种不同的推广方法使得“真理”扩大了它的范围。

让我们从记忆谈起。你可能想起一件并不需要目前做出行动的事件，在这种情况下上面关于“真”的定义就不能应用。如果你的回忆是由意象组成的，那么你的记忆在它和事件相似的意义上便可以叫作“真”。而且即使不需要目前做出什么行动，将来的情况还可能使你的记忆具有实际的重要性，如果你的记忆将来能满足这个考核标准，那么我们现在就可以把它叫作“真”。

但是具有更大重要性的是那种可以叫作“引申的”意义，这是组成句子的几个字都有着它们“本来的”意义的那些句子的一种性质。假如对于某个孩子来说，“猫”、“狗”和“恨”等字有着本来的意义，也就是说这个孩子是通过实指的定义来学会它们的。这时“猫恨狗”这个句子就具有不需要重新通过实指的或文字的定义就可以知道的一种意义。另外它还是一个永远不能由一个可感觉的现象来证实的句子；在这一点上它与“立刻就要有一阵巨响”不同。只有在柏拉图的天国里我们才能看见理念化的猫恨理念化的狗。
116 在我们尘世上能使这个句子为真的事实很多，并且不能在同一个时间都被我们经验到。这个句子对于那些使它为真的事实的关系是从许多其他句子引申出来的，这些句子每个都是这样的形式：“这是一只猫，那是一只狗，这个恨那个。”（我是把“恨”当作表现出来的行为的一个特点来看的。我这样做不是为了提出一种理论，而是为了提供例证。）我们这里有三个句子：(a)“这是一只猫”，(b)“那是一只狗”，(c)“这个恨那个”。只要观察者学过英语，这里面每一个句子都可以直接由现在可感觉的事实所引起。

一组充分数目的这样的句子,或是与这些句子相应的观察或信念早晚将在大多数人心中唤起“猫恨狗”这个句子,它的意义是按照句法的定律从具有(a)、(b)和(c)形式的句子的意义得出来的。正是在这种意义上讲这类句子的意义才是“引申出来的”。在我已经说过大多数句子的意义是“引申出来的”之后,现在我想只谈一下那些具有本来意义的句子。

让我们现在看一下人们当猫在感觉界出现时说出的“这是一只猫”这个句子。到现在为止我所研究的“真”与“伪”一直是只能应用在感觉界中没有出现的事物的各种表象上的观念,并且如果我们紧紧守着这种看法,那么我们的(a)、(b)和(c)三种形式的句子在说出来之后将变成既不真也不伪的东西。但是这样来使用字词是不方便的,所以我还是愿说(a)、(b)和(c)为真或为伪。

如果我看着一只动物说“这是一只猫”,那么有哪些可能发生的情况使它为伪呢?首先就是有意说谎:我可能正和一位盲人谈话,想让他把一只真正的兔子想成是一只猫。我们可以把这个例子除外,理由是我所说出的词并不表达一个信念,另外一个理由是“猫”这个词并不是由于我所见到的东西而是由于某种隐藏的动机而引起的。另外一种情况就是我由于黑暗或眼力不好而看不清楚,这时如果有人把另一盏电灯拉开,我就会说“啊,原来不是一只猫”。在这种情况下,我所看到的东西一定和猫有些相似,而如果我说的是“这种东西和猫差不多”,那么我所说的就是真话。再有一种情况就是由于语言知识不足,结果我把正式名字叫作美洲狮的那种动物叫作了猫。就这种情况来说,发生的只是社会性质的错误:我的语言固然不是正确的英语,但是就我所用的语言来

117 说。我所说的这句话却是真的。最后一种情况是我可能患有酒后精神错乱症，无中生有地看见了一只猫，至少从公共的观点来看并没有什么东西存在。如果这些不常有的可能情况不出现，那么我所说的“这是一只猫”这句话就将是真的。

当有一只猫存在而我说“有一只猫”的时候，我所说的话和这只实际存在的四足兽有什么关系？有一种因果关系：看见了猫才引起了“猫”这个词，但是这一点正像我们在视觉不清的情况下所见到的一样，是不足以保证它为真的，因为某种不是猫的东西也可以引起“猫”这个词。当我说“这是一只猫”的时候，我是在断言某种东西的存在，这种东西不仅是我自己的暂时的视觉经验，而且活着、呼吸、喵喵叫和念猫经并有着猫的喜愁。在酒后精神错乱症发作的情况下，这一切都是不正确的。所以让我们举一个比较简单的例子，比方说“这是蓝的”。这句话并不一定意味着任何超出我个人经验范围以外的事物的存在，所以不会产生喝醉的人所发生的那种错误。在这种情况下，唯一存在的错误的可能在于对于这种语言的无知，使我把别人叫作“紫罗兰的”东西叫成了“蓝的”。这是一种社会性质的错误，而不是理智上的错误；我所相信的东西是真的，但是我用字不当。所以在这种情况下，我所说的话真正虚妄的可能性看来似乎缩小到了最小的限度。

我们可以概括地说：一个直陈语气的字词在它是由它所表示的意义引起的时候就是真的，假定这个字是以可以叫作惊叹的口气说出来的话，就像人们喊出“着火了！”或“杀人了！”时那样。在较发达的语言中，我们一般不再这样使用直陈语气的字词，而是在那个字前面加上“这是”。这样，如果“这是蓝的”这句话是由

“蓝”所表示的意义引起的，那么它便是真的。事实上这是一个重言式。但是像“猫”和“狗”等大多数字词的意义不仅可以表示一个暂时的知觉结果，而且还可以表示习惯上与这类知觉结果同时出现的事物。如果这些仅是些通常而不是永远同时出现的事物，那么在使用这个知觉结果所引起的词上就可能出现错误；这就是酒后精神错乱症患者和伊撒把雅各误认为以扫[①]时的情况。大多数字词体现通常为真但不永远为真的动物性归纳；这一点特别适用于客体或客体种类的名称，例如我们的朋友或各种不同类的动
物。所以只要我们由于一次知觉结果的原因而使用这类字词，就 118
总有产生错误的可能，尽管这种错误的可能性往往是很小的。

我们现在可以下定义说：如果一个具有“这是A”的形式的句子是由“A”所表示的意义而引起的，那么这个句子便叫作“真的”。我们还可以进一步说如果“这是A”按照上面所说的意义曾是或将是真的，那么具有“这曾是A”或“将有A”的形式的句子便是“真的”。这就包括了所有断言现在、过去或将来的知觉事实的句子，也包括了那些我们根据知觉结果通过动物性归纳而正确地推论出与它通常同时出现的事物的句子，至少在这些同时出现的事物能够构成一个直陈语气的字词的意义的一部分时是这样。这就包括了经验知识的全部事实前提。像“狗吠”这类普遍性的叙述，或者不管是演绎的或非证明性质的推论原理都不包括在内。除非我们已经探讨过像“或”和“所有”这类逻辑字眼的意义，我们就不能对这些问题加以充分研究。另外，上面所说的只是“真理”

① 雅各与以扫是伊撒的两个儿子，见《旧约·创世记》。——译者

而不是“虚妄”的一个定义。关于“虚妄”，我们要留待以后去研究。

关于我们给“意义”和“真理”所下的定义有一句重要的话要说，这句话就是“意义”和“真理”都决定于对于“原因”所作的一种解释，这种解释照近代物理学来看可能显得粗糙而且只能部分地适用于自然界的过程。如果我们采取这一种看法，那么这种旧式的“原因”概念所有的任何缺点也都是我们所解释的“意义”和“真理”这些概念的缺点。但是我并不认为这是一种非常严重的反对理由。根据另外的理由，这两个概念必然会有含糊和不精确的地方，而这些另外的理由对于概念的精确性所带来的妨碍比近代物理学所带来的还要大得多。像“闪电是雷的原因”，“微生物是发烧的原因”，“伤口是痛苦的原因”这类句子虽然已经失掉以前人们给予它们的那种必然性，并且即使（由于后面就要看到的那些原因，我是不相信这些的）“原因”是属于科学发展中某一阶段的一个粗率而适用的概念，而不是像习惯所认为的是一个基本的范畴，这类句子仍然用一种方便的形式表达出关于自然界的通常的虽然不是永远不变的过程的真理，而作为这类真理来看它们仍然是有用的，只有在量子物理学中我们为了求得最细密的精确度才不顾其复杂性和由于这个原因在大多数预测上所表现的无
119 用。假如人类的行为能够被物理学家计算出来，我们就不会再需要“意义”、“信念”和“真理”这一类概念了。但是这些概念同时仍然有用，在一定限度内它们的意义也是明确和清晰的。如果事实上“原因”并不是科学的一个基本概念，那么试图所得超过这个限度将是徒劳无益的。但是像我所主张的那样，如果“原因”这个

概念是不可缺少的，那么上面所谈的问题就不会出现，或者最多只能以一种改变了的形式出现。

第九章　逻辑字眼与虚妄

在上章我们研究了信念和句子的真和伪的一些情况，这些情况只靠观察而不靠根据已得的知识作出推理来决定。在本章我们就要开始研究那些在有了从观察得来的适当与件之后就可以加以证明或否证的句子。在研究这类句子的时候，我们不需要去研究信念或句子与某种一般说来既不是信念又不是句子的事物之间的关系；我们需要研究的只是句子与句子之间的句法关系，凭借这种关系根据某些别的句子的真或伪就可以推断出某个句子的确实的或概然的真或伪来。

在这类推理当中有着某些我将叫作“逻辑的”字眼，其中有一个或一个以上永远出现的字眼。这些字眼分为两类，这两类可以分别叫作“连接词”和“普遍字眼”，尽管它们的意义不完全和通常语法上所说的一样。连接词的例子是“不”、“或”、“和”、“如果—那么”。普遍字眼的例子是“所有”和“有些”。（我们将在以后讨论中看出为什么把“有些”叫作一个“普遍字眼”的理由。）

通过连词的使用我们能够构成各种不同的简单推理。如果
“*p*”为真，那么“非 *p*”就为伪，如果“*p*”为伪，那么“非 *p*”就为真。120
如果“*p*”为真，那么“*p* 或 *q*”就为真；如果“*q*”为真，那么“*p* 或 *q*”就为真。还有其他等等。我将把包含连接词的句子叫作“分子”语句，把被连接的“*p*”和“*q*”当作“原子”来看待。如果知道了一组命

题的真或伪，我们可以无须靠对于事实作出新的观察，只凭句法规则就可以推断出由本组命题构成的每个分子命题的真或伪。事实上我们所研究的正是逻辑的领域。

假定我们知道“p”，既知道相信“p”时所涉及的因素，又知道使“p”为真或为伪的条件，那么我们对于“非 p”能说些什么呢？

假定有一个句子“p”，我们可能不是相信它便是不相信它。两者当中哪一种都不是句子的基本用法；句子的基本用法是表示相信某种另外事物的存在。如果我觉得一滴雨水落到我的鼻子上，说声“天在下雨”，那么这就是那种可以叫作“基本的”肯定陈述，这里我所注意的并不是这个句子。而是用它直接说到某种另外的事物，即雨。这种肯定陈述并没有与它相应的否定陈述。但是如果你对我说“天在下雨吗？”这时我往窗外一看，我可能回答说“是的”或“不是的”，而这两个回答可以说是属于同一等级的。就本例来看，我先遇到一个句子，后来由于这个句子才遇到一件可以使我说出“是的”或“不是的”的气象学上的事实。如果我回答“是的”，我所说的并不是“天在下雨”，而是“‘天在下雨’这个句子是真的”；因为你的问题向我提出一个句子而不是一件气象学上的事实。如果我回答“不是的”，我所说的是“‘天在下雨’这个句子是伪的”。这一点提示我们：也许我能够把“天不在下雨”的意义解释为“‘天在下雨’这个句子是伪的”。

可是这种看法却有两种困难。第一是这种看法使得我们很难看出我们所说的“伪”是什么意义；第二是这种看法使得我们几乎不可能理解一个包含“不”字的句子怎样能够通过观察才被认为是真的。在我为了回答你的问题而向窗外看的时候，我不仅是没有观察到天在下雨，因为我不向窗外看也可以做到这一点；在某种意义上讲我观察到天不在下雨，但是这种意义到底是什么，我们却不清楚。

我怎样知道我说“天不在下雨”时所断言的那种事实呢？我 121
可能说：“我看见天空一片蔚蓝，而我知道在蔚蓝色的天空下不会下雨。”但是我是怎样才知道这一点的？因为我常常同时观察到我可以用“天空是蔚蓝色的”和“天不在下雨”这两个句子来断言的事实。因此我不能以这种方式说明我是怎样知道否定的事实的。

如果当真有什么意义的话，那么到底是在什么意义上存在着与包含“不”字的真的句子相对而言的否定事实呢？让我们把问题述说如下：设想有一个人知道每件不用“不”字或与它意思等同的字就可以把它叙述出来的事物；这样一个人会还是不会知道自然界的全部运行过程？他可能会知道一朵金凤花是黄的，但是他也许不会知道它不是蓝的。我们可以说知识的目的在于描述世界，并且使一个知觉判断为真（或为伪）的条件一般是某种即使世界上不存在判断也仍然会是一件事实的事物。我们可以把金凤花的黄看作是一件这样的事实，并且必须把它写进对于世界所作的完全的描述中去。但是如果没有判断存在，金凤花的非蓝是不是存在呢？在对金凤花作出的完全描述中，我们是不是必须把它所不是的所有颜色都写进去呢？

让我们看一看知觉把我们引向最接近于一个非常简单的否定判断的一个实例。假如你把糖当作了盐，你很可能一尝就会喊出“这不是盐”。在这个实例上存在着观念和感觉的冲突：你有关于盐味的观念和糖味引起的感觉,以及由于两者非常不同而产生的一种惊讶之感。只有在相关的肯定判断早已形成或想到的情况下,知觉才能引起否定的判断。当你寻找某件失掉的东西时,你说“没有,那里没有”;一阵闪电过后,你可能说“我还没有听到雷声”。如果你看到一条两边长满桦树的大道旁有一棵榆树,你可能说“这不是一棵桦树”。如果某人说整个天空都是蔚蓝色,而你却看到天边有一块云彩,你可能说“那不是蔚蓝色”。所有这些都是从知觉相当直接地得出的非常明显的否定判断。如果我看到一
122 朵金凤花是黄的,我说它不是蓝的也不是红的似乎并不能增加我的知识。那么就客观事实来讲,否定的判断所表示的又是什么意思呢?[①]

在所有自发性的否定知觉判断中,把我们引向判断的经验,就它的基本核心来说,是属于同一种类的。先有一种属于某一感觉类别的感觉意象或观念,后有一种属于同一类别但却又和一种观念所表示的那种感觉不相同的感觉。我想看到蓝的,而我看到的却是红的;我准备尝到的是盐,而我尝到的却是糖。这里一切都是肯定的东西:蓝的观念,红的感觉,感到不同的经验。我所说的“不同”的意思并不仅是逻辑上的不相等同,例如一种颜色和一种味觉之间所存在的那种不相等同;我的意思是指在两种颜色之间所感到的那种不同。这种不同是一种程度上的不同。我们可以经过一系列的中间颜色的浓淡从蓝过渡到红,其中每一种颜色的浓

① 下面我将证明无须假定否定事实的存在就可以确定否定判断的真实性。我只是想构成一种得到这种结果的理论;我并不是说没有能够得到同样满意结果的另外的理论。

淡在主观上都不能和下一种区别开来。我们可以说介乎两种颜色的浓淡之间存在着一种“很大的”不同,这种不同如果用到一种颜色和一种味觉上就会变得毫无意义。两种颜色的浓淡具有某种不能并存的性质:如果我在某一方向看见了蓝的,我就不会在那个方向同时看到红的。其他种类的感觉具有类似的不能并存的性质;不管怎样,这种说法在触觉上是对的:我如果感到身体某一部分被抓得发痒,我就不会同时感到这一部分被拳打中。

如果我由于知觉的结果而说“这不是蓝的”,我所说的话可能被解释为“这是一种不同于蓝的颜色”,这里“不同”是那种可以叫作“不相似”的肯定的关系,而不是抽象的不相等同。不管怎样,我们可以认为这是使我的判断为真的那件事实。我们必须把一个判断所表达的内容与它所叙述的内容区别开来,后者也就是使它为真和为伪的条件。所以如果我符合真实地说出“这不是蓝的”,那么在主观方面首先想到的是“这是蓝的”,随后就把它抛掉,而在客观方面则有某种不同于蓝的颜色出现。这样,只就颜色判断来说,我们就可以不再需要用否定的事实作为使否定判断为真的条件了。

但是这里仍然存在着一个困难,而且是一个很严重的困难。123
上面提出的这个理论只能靠不同颜色的不能并存的性质才能成立,也就是说要靠如果我在某个方向看见红的我就不能在同一方向看见蓝的这件事实才能成立。这就重新把“不”字引了进来,而这个字正是我们想避开不用的。如果我们在某个方向同时看见蓝的和红的,那么“这是红的”就不能成为“这不是蓝的”的理由。人们感到在某个方向不可能同时看见两种颜色像是一种逻辑上的不

可能，而不像是一种来自经验的归纳；但这只是那些初看似乎可能成立的许多不同的假设之一。假如从我的眼睛看过去的某个方向有一个红色的光源，直接在它后面又有一个蓝色的光源；这样我就会有某种颜色感觉，这种颜色感觉可能不是非红即蓝，而是属于某种单独的颜色浓淡。看来这些各种不同的颜色浓淡是颜色在生理上唯一可能产生的感觉。并且这方面没有什么可以和听到音乐中的和音相比的东西。

让我们研究一下认为红与蓝的不能并存是逻辑性质的那种假设，看一看这是否有助于我们从客观世界中把"不"这个字排除出去。我们现在假定这样说是一个重言式："如果于一个已知时刻在一个已知方向有红色在视野中出现，那么同时在同一方向就不会有蓝色出现。"我们可以把这个假定说得更简单一些，尽管精确性要差一些："对于一个已知的"这个"来说，'这是红的'和'这是蓝的'在逻辑上同时为真是不可能的"。但是不管这个假定是真是伪，它对于我们并没有什么帮助。像莱布尼兹在证明上帝可能时所指出的那样，两个肯定的谓语在逻辑上是不能具有不能并存的性质的。所以我们的假定要求我们把"红"或"蓝"或者两者都看成具有复合结构的东西，至少其中一个在定义中要包含一个"不"字。因为如果已知 P 和 Q 两个复合谓语，那么它们只有在其中一个包含一个组成部分 A 而另一个包含一个组成部分非 A 的条件下才能在逻辑上具有不能并存的性质。就这种意义来说，"健康的"和"有病的"是不能并存的，"活的"和"死的"也是不能并存的。但是除了最终是从 p 和非 p 两个命题的不能并存推导出来的那种不能并存的性质以外，从来不可能有逻辑上的不能并存

的性质。所以如果我们假定红和蓝在逻辑上不能并存，我们就不能从客观世界中把“不”字排除出去。

让我们更仔细地研究一下那种把红与蓝的不能并存的性质看 124
作是有着生理学根源的看法。这就是说，我们要假定某一种刺激引起一种红的感觉，而另一种刺激则引起一种蓝的感觉。依我看来这是最好的一种理论，但是这样我们就必须说明两种刺激的不能并存的性质。作为物理学的问题来看，我们可以把这种不能并存的性质看作是由于每一个光量子具有一定的能量这件事实，以及把能与频率联系起来的量子定律而产生的。这里的困难在于只说出某个已知光量子具有若干能量是不够的，我们还必须说它同时并不具有某种其他能量。人们总是把这一点当作一件明显到连说都不用说的一件事。在古典物理学中与此相似的原理可能具有一种逻辑上的根据，但是在量子物理学中这种不能并存的性质却似乎是综合性质的。

让我们在排除否定的事实上重新作一次开始。如果我们知道了“这是红的”这样的单独的直陈语气的句子，我们对它可能采取两种态度：相信和不相信。就它们是有机体的真实状态来说，这两种态度都是“肯定的”，描述这些真实状态是不需要“不”这个字的。这两种态度每一种都能够为“真”，但是一次不相信的“真”和一次相信的“真”并不完全一样。我们在前面一章里曾经研究过一个知觉的信念所表示的是什么意思：如果“这是红的”是由某种红色的东西引起的，那么它便是“真”的。那时我们并没确定使得与它相对应的不相信为“真”的条件。现在就让我们来看一下这个问题。

如果对于“这是红的”所抱的不相信是一个知觉判断——这就是我们正在研究的那种情况——那么“这”就必定是一种颜色。只有在逻辑或哲学的范围内我们才会去不相信气味或声音具有红的性质,这种不相信属于一个比在关于我们目前的问题上所要讨论的那种不相信较后的阶段。所以我将假定如果我们作为一个知觉判断不相信“这是红的”,那么我们就总是在知觉到它是某种另外的颜色。所以如果对于“这是红的”所抱的不相信是由于某种对于红色具有我们前面讨论过的那种肯定的不相似的关系的东西所引起的话,我们就可以说这种不相信是“真”的。(这是一个充分的而不是必要的条件。)

125 现在我们必须解释一下矛盾律。我们一定不要说“‘这是红的’和‘这不是红的’不能都真”,因为我们的目的是把“不”字排除出去。我们一定要说“对于‘相信这是红的和不相信这是红的’这句话所抱的不相信永远是真的”。似乎这样做我们就能把“不”和“伪”换成“不相信”和“不相信的真实性”。然后我们通过定义又重新引进“不”和“伪”来:我们把“这不是蓝的”这些字定义为表达对于“这是蓝的”这些字所表达的内容的不相信。这样做我们就可以避免必须把“不”字当作事实中一个不能下定义的组成部分。

上面的理论可以概述如下:作为逻辑问题来看,如果我们知道了任何包含“不”字的命题,那么在不通过推理而得出的命题当中一定有着某些具有“非 p”或“p 蕴涵非 q”形式的命题。看来一个“这不是红的”的判断可以是一个知觉判断,只要“这”是红以外的一种颜色。这个判断可以被解释为对于“这是红的”所抱的不相信，这里不相信和相信同样具有肯定的性质。一种使对于“这是红的”所抱的不相信为真的充分（但不必要）的条件是这种不相信是应该由一个对于红具有肯定的不相似关系的“这个”所引起的。

就某些实例来说，另外还有一种充分而不必要的测验真理的条件。如果一个人用“这是蓝的”这些字来表达他的信念，并且在适当条件下具有一种“正是这样”的感觉，那么这个句子便是“真”的，而如果他得到的是一种“多么出人意料”的感觉，那么这个句子便是“伪”的。对于每个信念来说都有一个与它相对应的不相信。如果一个人在“这是蓝的”为真时感到出乎意料，而在“这是蓝的”为伪时感到“正是这样”，那么这个人就是“不相信”“这是蓝的”这些字所表达的内容。一般说来，我们一定得通过“非 p”所**表达**的内容来给它下定义。

这个理论的目的是解释否定句在什么情况下为真，和我们怎样才能认识这些否定句，而不必假定只能用包含“不”字的句子来断言的事实的存在。

所有经验界的否定判断都是从“这不是蓝的”这一类型的否定知觉判断推导得出的。假如你站在远处看见一只动物，起初你以为是只狗，走近才看出是只狐狸。这个结果要靠对于形状的知 126
觉，而对于形状的知觉要靠在你看见一种颜色的地点不能看见另外一种颜色这件事实。你说出“这不是一只狗，是一只狐狸”的时刻正是你看见某种你不曾料到的事物，比方说狐狸尾巴的时刻。如果分析一下你的惊讶，那么这种惊讶最终会成为“这不是绿的，是褐色的”这类知觉判断，在这里狐狸尾巴出人意料地遮住了青草。

结合普遍命题以及逻辑来看,我们对于否定还有一些要说的话。但是就否定的知觉判断以及一般来说所有引导我们使用包含“不”字的句子的观察来说,上面的分析似乎已经足够了。

现在我们必须对“或”这个字眼作一番类似的处理。

使得“p 或 q”为真的条件不是一件包含某个与“或”相对应的组成部分的事实,这一点就“或”的情况来说比“不”的情况更为明显。假如我看见一只动物而说出“这是一只白鼬或者一只伶鼬”。如果它是一只白鼬,我的陈述是真的,如果它是一只伶鼬,我的陈述也是真的;没有第三种叫作白鼬—或—伶鼬的动物。事实上,我的陈述表达了带有犹豫的不完全的知识;“或”这个字眼表达的是我的犹豫,而不是某种客观的事物。

但是人们可以对于这种看法提出反对的意见。人们可能说“白鼬”这个词表示一类动物,其中所有动物并不完全相同,“伶鼬”这个词的情况也是一样。人们可以说“白鼬或伶鼬”这个词组只表示另外一类动物,这类动物与前面所说的每一类一样,是由具有共同特点和差异的个体组成的。人们可能很容易地用一个比方说叫“白伶鼬”的词表示白鼬—或—伶鼬,这样我们就可以说“这是一只白伶鼬”。这就可以不用“或”而肯定地说出前面用这个字眼所表达的同样的事实。

或者让我们举一个更简单的例子:有许多浓淡不同的蓝色,它们有着不同的名称;如深蓝、浅蓝、孔雀蓝等等。假定我们有一组浓淡不同的蓝色,我们把它们叫作 b_1,b_2 等等,并且假定每一种蓝色都不外乎是这些不同浓淡之一。这样一来“这是 b_1 或 b_2 或其他等等”这个陈述就和“这是蓝的”意义完全相等,但是第一种陈述包含“或”字而另外一种陈述却没有。

在正确的解释下，这样一些事实却证实了那种认为“或”的意 127
义在于主观方面的看法。我们可以把“或”这个字眼取消而不改变那件使一个句子为真或为伪的事实，但是却不是没有改变说这句话的那个人的心理状态。当我说“这是一只白鼬或一只伶鼬”时，人们可能以为我会补充说“但我不知道是哪一种”；当我说“这是一只白伶鼬”时，那就没有这种补充，尽管如果我说出这种补充，它仍然可能为真。事实上“或”表达出为我们意识到的不完全的无知，虽然它在逻辑上能有别的一些用途。

在这一方面逻辑的观点与心理学的观点存在着一种差别。在逻辑上我们只关心使一个句子为真或为伪的条件；在心理学上我们也关心带着信念说出这个句子的那个人的心理状态。在逻辑上“p”蕴涵“p 或 q”，但是在心理学上一个说出“p”的人的心理状态和一个说出“p 或 q”的人的心理状态是不同的，除非所说的这个人是位逻辑学家。假如有人问我“你是哪一天去伦敦的?”我可能回答说“星期二或者星期三，但是我记不清是哪一天了”。如果我知道那一天是星期二，我将不会回答“星期二或者星期三”，尽管事实上这个回答会是真的。事实上只有在我们感到不确切知道的情况下，我们才使用“或”这个字眼，如果我们无所不知，我们就可以不用这个字眼表达我们的知识——当然不包括我们关于那些意识到自己多少有些无知的人的心理状态的知识。

取消析取性的“事实”并不像取消否定的“事实”那样困难。虽然我可以合乎真实地相信今天是星期二或者星期三，显然一周内除了星期二和星期三以外，再也没有另外一天叫作“星期二或

星期三”的了。因为今天是星期二，或者因为今天是星期三，所以我所相信的事实是真的。“或”在这里又出现了，并且实际上我们不能给“或”下定义。但是我们所不能下定义的事物并不是非认识的世界的一个特点，而是不完全的认识的一种形式。

有人可能争论说：“当我相信‘p 或 q’的时候，很明显我是在相信**某种事物**，而这种事物既不是‘p’也不是‘q’，所以一定存在
128 着我在相信的某种客观事物。”这种论证是错误的。我们确信在别人说我在相信“非 p”时我实际上在不相信“p”；这就是说，有一个不包含“不”字的句子，这个句子表示的内容我可以相信或者不相信，但是一旦把“不”字加上去，这个句子就不仅表示一种内容，而且还表示出我对于这种内容的态度。“或”的情况与此十分类似。如果我说“今天是星期二或星期三”，这就有两个句子，“今天是星期二”和“今天是星期三”，其中每个句子都表示某种一定的内容。我的析取性的断言表达一种心理状态，在这种心理状态下这些内容当中没有一种得到肯定或否定，存在的是在两者之间作出选择时的犹豫不决。“或”这个词使得这个句子不再表示一种内容，而是表达对于两种内容所抱的一种心理状态。

对于一个说出来的直陈语气的句子，有三件与它相关的事。说话者的认识态度，就我们已经谈过的各种情况来说有相信、不相信和犹豫不决；这个句子所表示的一种内容或许多内容；使这个句子为真或为伪的一种事实或许多事实，我想把这种事实叫作这个句子的“证实者”或“否证者”。就“今天是星期二或星期三”这个句子来说，认识态度是犹豫不决；内容有两件，即“今天是星期二”和“今天是星期三”所表示的意义；证实者可能认为今天是星期二

这件事实或者今天是星期三这件事实，否证者可能认为今天是一周内另外一天。

一个不包含逻辑字眼的句子只能表示信念。如果我们知道全部不包含逻辑字眼的真的句子，又知道它们就是全部句子，那么其他每个真的句子就都可以通过逻辑推理而得出来。一个不属于这个表的句子添上一个“不”字就成了真的句子。就一个由“或”把两个句子连接起来的句子来说，如果有一个作为组成部分的句子属于这个表，这个句子便是真的。就一个由“和”把两个句子连接起来的句子来说，如果两个作为组成部分的句子都属于这个表，这个句子便是真的。就包含“所有”和“有些”这些逻辑字眼的句子来说，同样的逻辑证明也是可能的，这一点我们将在下一章里看到。

这样，如果我们把一个不包含逻辑字眼的句子叫作“原子语句”，我们就需要(a)一个包括所有真的原子语句的表和(b)“所有真的原子语句都在上表中出现”这个句子，把两者当作无所不知的前提。然后我们就能通过逻辑推理得出所有其他真的句子。 129

但是如果我们想证明一个包含“所有”的句子为真或一个包含“有些”的句子为伪，那么上面的方法没有(b)就会失效。无疑，我们可以找出一些代替(b)的前提，但是它们都将包含“所有”这个字眼，正如实际情况那样。由此看来，我们的知识必须包括含有这个字眼的一些前提，或者，意思还是与这种说法一样，必须包括断言含有“有些”这个字眼的句子为伪的一些前提。这就使得我们需要对“所有”和“有些”这些字眼详细加以研究，这将是下章的题目。

第十章　普遍的知识

我用“普遍的知识”来表示对于包含“所有”或“有些”这些字眼或与它们在逻辑上意义相同的字眼的句子的真或伪的知识。我们可能认为“有些”这个字眼比“所有”这个字眼所具有的普遍性要来得少，但是这是一种错误。这点从包含“有些”的句子的否定就是一个包含“所有”的句子，并且反过来说也是一样这件事实就看得出来。“有些人是不死的”的否定是“所有的人都有死”，而“所有的人都有死”的否定是“有些人是不死的”。所以任何一个不相信一个包含“有些”的句子的人一定相信一个包含“所有”的句子，并且反过来也是一样。

一个包含“有些”的句子具有同样的普遍性这一点可以从对于这个句子的意义的研究看出来。假定我说“我在小巷里遇见一个黑人”。如果我遇见了由黑人组成的整个一类中任何一个分子，那么我的语句便是真的；这样整个这一类就有关宏旨，正像我说“所有黑人的祖先都是非洲人”时关系到整个这一类一样。假定你想推翻我的语句，有两件事是你可能做的。第一，你可以从头
130 到尾看一遍由黑人组成的整个一类，并且证明他们当中没有一个人曾在小巷里；第二，你可以从头到尾看一遍由我遇到的人组成的这一类，证明他们当中没有一个是黑人。这两种情况不管哪一种都需要对于某一类作出完全的列举。

但是一般来说，一个类是不能被人完全列举出来的。没有一个人能够列举由黑人组成的一个类。如果列举所有我在小巷里遇

到的人是可能的，那么就组成人类的每个分子来说，我们都必须知道我是否在小巷里遇到过。如果我根据知觉知道我曾遇到A、B和C，另外再也没有遇到过别人，那么别人一定会认为我知道"除了A、B和C以外，所有的人我再也没有遇到过"这个普遍性命题。这就突出地向我们提出了我们上章说过的否定知觉判断问题。这也说明了推翻含有"有些"的句子，以及相应地证明含有"所有"的句子是存在着困难的。

但是在我们进一步研究这类句子的真与伪之前，让我们先考察一下这类句子所表示的意义。

一个不能把所有的人都写进一个表的人能够理解"所有的人都有死"这个句子，这是很明显的。如果你理解其中的逻辑字眼和谓语"人"和"有些"，你就能完全理解这个句子，不管你能不能知道它的真实性。有时你十分清楚地知道这样一个句子为真，尽管不可能把有关的类全都列举出来；一个例子是"所有不是2的质数都是奇数"。当然这是一个重言式；"所有的寡妇都结过婚"这个语句也是一样，这个语句并不是通过列举所有的寡妇才被人知道的。要想理解一个普遍性的句子，我们只需要理解内包；我们知道其中外延的那些实例都是些例外的情况。

还有：如果我们首先知道一个内包，那么只有通过一个普遍否定才可能列举出与它相应的外延。例如已知A、B、C等人住在某个村庄，这只有在我们知道"除了A、B、C等人以外，没有人住在这个村庄里"的条件下才能给出"这个村庄的居民"的外延。这样，除非我们通过列举来给一个类下定义，它就只能借助于某个必须假定已经知道的包含"所有"的否定句子才能被列举出来。

虽然,在纯粹逻辑的范围内一个包含“所有”的命题只能靠由包含“所有”的命题所构成的前提来证明,但却有着我们根据观察
131 得到的理由都相信为真的许多包含“所有”的命题。例如“狗吠”,“人是有死的”,“铜传电”。传统的看法是把这类命题看作归纳出来的普遍概括,这些概括具有概然性而不是必然性,如果我们知道了这些普遍概括的前提的话。假定我们通过观察知道“A 是一只狗并且 A 作狗叫”,“B 是一只狗并且 B 作狗叫”,等等;并且假定我们不知道任何具有“X 是一只狗并且 X 不作狗叫”形式的命题。那么人们就假定大概所有的狗都作狗叫。我现在所推论的不是这类推理的正确性,而只是这件事实,即保证这类推理的正确性的原理的知识,如果存在的话,是普遍的知识,并且是不能根据观察得出的知识。所以即使归纳是正确的,它并不能帮助我们理解我们怎样得到普遍的知识。

得出普遍的命题有三种主要方法。有时它们是些重言式,例如“所有的寡妇都是女人”;有时它们得自归纳;有时它们通过完全的列举而得到证明,例如“这个屋子里每一个人都是男人”。我将从完全列举谈起。

虽然不是从逻辑的而是从知识的观点来看,在肯定的与否定的普遍命题之间有着一种重要差别,那就是某些普遍的否定命题似乎得自和“这不是蓝的”同样直接的观察,这一点我们在上一章已经讨论过。在《镜中世界》[①]里国王对艾丽丝说:“你看见路上走

① 《艾丽丝漫游奇境记》的作者卡洛尔(Lewis Carroll)所写的另一部作品。——译者

来的是谁?”她回答说:“我看见没有人走来。”对这句话国王反驳说:“你有一双多好的眼睛！这跟我在这种光亮下能看见某个人所用的眼力可以相比了。”对于我们来说,问题在于“我看见没有人”的意思不等于“我没有看见什么人”。后一种说法在我闭上眼睛时就是真的,它不提供没有什么人存在的证据;但是如果我说“我看见没有人”,我的意思是说“我看了一下,但是我没有看见什么人”,这是没有什么人的初步证据。在构成我们的经验知识上,这一类否定判断是和肯定判断同样重要的。

比方说让我们看一看“这个村庄有623个居民”这个语句。户口调查人员是根据列举满有把握地得出这类语句的。但是列举不仅包括623个具有“这是一个人”的形式的命题,也包括着数目 132
不确定的具有“这不是一个人”的形式的命题,最后还有在我已经有了足够多的这类命题之后使我有把握认为没有一个人被漏掉的某种确信。成吉思汗相信“所有墨夫[1]的居民都被杀光”这个命题,但是他错了,因为有些人躲进他没有看到的地方隐蔽起来。这是错误的一种实际来源;错误的另外一种可能的来源也许是某个奇形怪状的长期被监禁的囚犯被他错误地当成了一只大猩猩。

假如你是一个正在进行搜索的德国秘密警察官员,你确信在某一时刻某个住宅只有五个人。你是怎样得到这种知识的?你只要看见这个住宅里任何地方有人,你就叫他到一间房子里去;当你相信没有一个人漏掉的时候,你就去数一下你能看见的人,发现他们是五个人。首先这要求你有许多“我在这个方向看见一个人”

---

① 中亚细亚古地名。——译名

和“我在那个方向看见某种不是一个人的东西”的判断。其次它要求“经过我的检查,屋子里不管什么人都会被发现”这种判断。这第二种判断很可能由于常识方面的原因而陷于错误,我们可以不去管它,但是另外一种判断却需要我们加以考察。

当你对“那里有人吗?”“你听见声音了吗?”“你感到痛吗?”这类问题用“不”来回答的时候,你所说出的是一种普遍的否定,可是你的回答却好像和你用“是”来回答时同样直接从知觉得来一样。这一点必须依靠上一章讨论过的那种不能并存的性质。你正看见某种东西,但是它的形状不同于人的形状;你的听觉意识正处于注意听的状态,但却没有听见什么;在所说的身体的那一部分你感到的不是痛苦。只有靠着不能并存的性质,一种肯定的知觉才能产生一种普遍的否定:我能在我看见蓝色的地方,说我没有看见红色,只要所指的面积小到适当的程度。这类从知觉得来的普遍否定产生很大的困难,但是如果没有它们我们大部分的经验界的知识将是不可能的,其中包括我们所看到的每一种统计方面的知识以及每一种通过列举由内包得到定义的一个类的分子所得到的知识,例如“这个村庄的居民”或“现在这间屋子里的人”。所以
133 不管怎样,我们必须在我们的认识论里为从知觉得出的普遍否定找到一个位置。

可是现在我想把这个问题先搁一下,而去研究有没有与真的普遍命题相对而言的普遍事实;并且如果普遍事实不能得到我们的承认,那么在普遍命题为真的时候,什么是使它们为真的条件。如果这个问题得到解答,那么发现真的普遍命题是怎样被我们认识的就变得比较容易了。

有没有普遍的事实？我们可以用下面的形式重说一次这个问题：假定我知道每个不包含“所有”这个字眼或“有些”这个字眼或者与其中一个字眼意义相同的字眼的句子的真或伪，那么还有哪些知识是我所不知道的？我所不知道的也许是某种关于我的知识或信念的知识，要么也许是某种与知识或信念无关的知识。我在假定我能说“布朗在这里”，“琼斯在这里”，“鲁滨逊在这里”，但却不能说“有些人在这里”，更不能说“恰好三个人在这里”或者“每个在这里的人叫作‘布朗’或‘琼斯’或‘鲁滨逊’”。我也在假定，虽然我知道属于某一种类的每个句子的真或伪，我却不知道我的知识具有这种完备性。如果我知道我列的表是完备的，我就能够推断出这里有三个人，但是实际上我并不知道没有别人。

让我们完全弄清楚这里所涉及的问题。当南极洲被发现之后，人们知道了某种以前没有人知道但却在那里存在的事物；这个认识过程是知觉者与某种不依靠知觉并且一般说来不依靠生命的存在的事物之间的一种关系。就包含“所有”的真的句子和包含“有些”的真的句子，例如“南极洲有火山”来说，有没有类似的情况呢？

让我们把关于每个不包含普遍的字眼的句子的真或伪的知识叫作“第一级的无所不知”。“有限的第一级的无所不知”将表示类似的关于所有具有某种形式的句子的完备知识，比方说“x 是人”这种形式。

我们将探讨一个具备第一级无所不知的人还有什么是他所不知道的。

我们能不能说他唯一不知道的事情就是他的知识具有第一级

134 的完备性？如果我们能够这样说，那么这是一件关于他的知识的事实，而不是关于不依靠知识的一些事实。我们也许可以说除了再也没有什么可以知道的事情这一点之外，他是无所不知的；看来没有什么不依靠认识的事实是他所不知道的。

让我们举一个有限的第一级的无所不知的实例。让我们研究一下具有“x 是人”和“x 是有死的”这种形式的句子，并且让我们假定一个聪明人知道对于使句子有意义的“x”的每一个值来说，这些句子为真或为伪，但却不知道（事实上这是真的）“x”没有其他的值可以使句子有意义。假定 A，B，C，……Z 是使“x 是人”为真的“x”的值，并且假定对于这些值当中每一个值来说“x 是有死的”为真。那么“A 是有死的”，“B 是有死的”……“Z 是有死的”这些语句合在一起在*事实上*和“所有的人都是有死的”具有相同的意义，这就是说，如果一个真那么另外一个也真，反过来说也是一样。但是我们所说的聪明人却不能知道这种意义相同的关系。不管怎样，这种意义相同的关系包含着“A 是有死的”，“B 是有死的”……“Z 是有死的”所构成的合取命题，这就是说它包含着一个通过反复使用“和”这个字眼而建立起来的句子，我们将用与解释“或”这个字眼所用的同样的方法来解释“和”这个字眼。

“和”与“或”之间的关系是很特殊的。当我肯定“p 和 q”时，我可以被认为是在肯定“p”并且肯定“q”，所以“p 和 q”中的“和”看来似乎不是必要的。但是如果我否定“p 和 q”，那么我就是在肯定“非 p 或非 q”，所以在解释一个合取命题为伪时“或”又似乎是必要的。反过来说，如果我否定“p 或 q”，那么我就是在肯定“非 p 和非 q”，所以我们在解释析取命题为伪时要用到合取命题。

因此“和”和“或”是彼此各不依赖的；其中每一个都可以用另外一个加上“不”来下定义。事实上“和”、“或”和“不”都可以通过“非 p 或非 q”，也可以通过“非 p 和非 q”来下定义。

显然包含“所有”的句子和合取命题相类似，而包含“有些”的句子则和析取命题相类似。

就“所有的人都是有死的”这个句子继续谈下去，让我们假定我们那位聪明人理解“和”和“或”和“不”，但是让我们仍然假定他不能理解“有些”和“所有”。让我们进一步假定，和前面所说的一样，A，B，C，……Z 是所有存在的人，并且假定我们那位聪明人知道“A 是有死的，并且 B 是有死的，并且……并且 Z 是有死的”；但是因为他不知道“所有”这个字眼，所以他不知道“A，B，C，……Z 是所有存在的人”。让我们把这个命题叫作“P”。我们所关心 135
的问题是：确切说，在他不知道 P 时他不知道的是什么？

在数理逻辑中“P”被解释为：“不管 x 可能是什么，不是 x 不是人就是 x 是 A 或者 x 是 B 或者……x 是 Z。”或者它可以被解释为：“不管 x 可能是什么，‘x 是人并且 x 不是 A 和 x 不是 B 和……x 不是 Z’这个合取命题是假的。”这两个句子中每一句都是关于宇宙中每件事物的一个陈述，而假定我们能够知道关于宇宙的所有事物似乎显得有些荒谬。就“所有的人”这个实例来说，就存在着真正的疑问，因为围绕某个其他恒星的行星上**可能**有人。但是就“这间屋子里所有的人”来说，情况又是怎样的呢？

我们现在将假定 A，B，C 是这间屋子里所有的人，并且我知道“A 在这间屋子里”，“B 在这间屋子里”，“C 在这间屋子里”，并且我理解“和”、“或”和“不”，但却不理解“所有”和“有些”，因此我不能知道“A 和 B 和 C 是这间屋子里所有的人”。我们把这个命题叫作“Q”。在我不知道 Q 时我不知道的是什么?

在解释 Q 时数理逻辑仍然把宇宙中每件事物都引了进来,它是以这种形式来阐述 Q 的:不管 x 可能是什么,不是 x 不在屋内或者 x 不是人就是 x 是 A 或者 x 是 B 或者 x 是 C”;或者“不管 x 可能是什么,如果 x 不是 A 并且 x 不是 B 并且 x 不是 C,那么 x 不是人或者 x 不在屋内”。但是就这个实例来说,数理逻辑的这种解释,不管技术上多么方便,从心理学的角度来看却显得非常荒谬,因为想知道谁在屋内我显然不需要知道屋子以外的事物。那么,我们将怎样来解释 Q 呢?

从实际方面讲,如果我已经看到 A 和 B 和 C,并想完全相信 Q,那么我就在碗橱里、桌子下面、帐子后面找来找去,嘴里还不时说着“屋子里这一部分没有人”。从理论方面讲,我可以把这间屋子的体积分割成许多小的体积,每一个大到刚能容下一个小人;除了我发现有 A 和 B 和 C 的地方以外,我可以一边检查每一个体积,一边说“这里没有人”。最后,如果我们能找出正当理由来肯定 Q,我们就必须能够说出“我已经检查了这间屋子的所有部分”。

“这里没有人”这个陈述和“这不是蓝的”是相似的,后者我们在前一章里已经讨论过。这个陈述并不是一个无限伸展的合取命题:“布朗不在这里并且琼斯不在这里并且鲁滨逊不在这里并且……”一直到把人类的名单数完为止。这个句子的作用在于
136 否认有人的地方所共有的一种性质,这种性质也就是我们比方说在捉迷藏的时候说出“这里有一个人”时所肯定的那种性质。这

一点并不会产生新的问题。现在这个普遍性的命题就包含在“我已经检查过这间屋子的所有部分”或是某个与它意义相等的句子之内。

我们可以把我们所需要的这个普遍性命题叙述如下：“如果我完成了一项工作程序，那么屋子里每一个人都将在工作程序中某一阶段成为可以被人知觉到的对象。”这个工作程序必须是一个切实可行的工作程序；我们恐怕永远也不能为“这间屋子里只有三个铀原子”这句话找到正当的理由根据，但是幸亏人类无须用显微镜才能看到。我们的普遍性命题可以用这种形式表达出来：“如果我完成了一系列动作 A_1，A_2，……A_n，那么在一定体积内的每一个人都将在这些动作内至少一次动作中被人知觉到。”在这里逻辑的、物理的、形而上学的和心理学的因素几乎不可分开地纠缠在一起，因为我们目前只研究逻辑的因素，所以我们最好还是挑选另外一个例子作为我们讨论的开始。

让我们举例来看：“我刚从无线电听到六下报时声。”这句话可以被解释为“在很短的最近一段时间当中，我有过恰好六次彼此非常相似的听觉方面的感觉。它们是具有某种确定的性质的感觉，也就是叫作‘报时声’的那种感觉”。我可以给每个感觉一个专有名称，例如 P_1，P_2，……P_6。然后我说：“P_1 和 P_2 和……P_6 是从时间 t_1 到时间 t_2 这段时间内我所听到的全部报时声。”我们将把这个陈述叫作“R”。

十分明显，R 与“我听到 P_1 并且我听到 P_2 并且……并且我听到 P_6”这个合取命题所不同的地方在于它的否定性质：R 是我没有听到别的报时声的知识。让我们把这一点研究一下。假定我同意在一段五秒钟的时间内一直注意听报时声，你在这段时间的开头和结束说一声“现在”。刚刚过后，你说“你听到报时声了吗?”而我说声“没有”。这在逻辑上虽然是一个全称命题，从心理学的观点来看却可能是一个单独的否定知觉判断，和“我没有看到蓝天”或“我没有觉出下雨”一样。在这类判断中(重说一遍)我们有着由一种性质所唤起的观念和使得我们不相信这种被唤起的观念的一种不同性质的感觉。这里不存在大量数目的事例，而只存在一个表面的现在，在这个现在之内一种性质存在而另一种性质让人感到不存在。我们知道“我没有听见报时”并且我们把它翻译
137 成“我没有听见报时声”。“报时声”的复数是与性质相对而言的事件的复数——这个题目我们在以前讲专有名称时就已经讨论过了。

我们可以把这类否定判断扩大到超过表面的现在的范围，因为在感觉与直接回忆，或者直接回忆与真正回忆之间并没有什么截然分开的界限。你说“你听到一次报时声吗?”而我不是用一声干脆的“不”而是用慢吞吞的拖长的“不——不——不”来回答。这样一来我的否定就能占有十秒钟或者十秒钟左右的一段时间。通过直接回忆和真正回忆，我的否定可以把它的时间范围无限扩大，直到能够有正当理由说出像“我观察了一整夜，没有看到一架飞机”这样一个陈述的程度。如果这样的陈述是合理的，那么我们就可以说“在时间 t_1 和时间 t_2 之间我看到恰好有六架飞机”，因为我们可以把这段时间分成更小的时间，在其中六段时间我们说“我看见一架飞机”，而在其他时间我们说“我没有看见飞机”。这些不同的判断随即积存在记忆之中，并产生“在整整这一段时间

内我看到恰好有六架飞机”这个列举性质的判断。

如果上面这种理论正确，那么否定知觉判断本身就不带有普遍性：（例如）他们说“我没有听见报时”，而不说“我没有听见报时声”。“我没有听见报时声”这个判断是逻辑上的必然结论，因为一次报时声是以报时作为一个组成因素的复合。这个推理就和从“我没有看见一个人”得出“我没有看见人的行列”的推理一样。人的行列是一个人群，而一个人在不同时间可以成为许多行列的组成部分，但是人的行列没有人是不能存在的。所以我们能够根据没有那种叫作“人类”的性质用逻辑方法推论出没有人的行列的结论。同样我们能够根据没有声音的性质而推论出没有声音的结论。

如果上面这种理论正确，那么列举性质的经验判断就依靠可以用逻辑推理根据关于像“我没有看见蓝的”这一类单独性质的否定知觉判断推论出的普遍否定判断。所以只就这一类判断来说，我们的问题通过以前关于“不”和关于专有名称的理论而得到了解决。

可是上面所说的只是我们得出普遍命题的方法之一。这是在可能作出完全列举的条件下适用的一种方法，也就是在有一种我们对它可以说“$a_1, a_2, \cdots\cdots a_n$ 都是可以合乎真实地被肯定具有性
质 P 的主语”的性质 P 的条件下适用的一种方法。它可以用来得 138
出“这个村庄有 323 个居民”，或者“这个村庄的居民都叫作琼斯”，或者“所有姓氏以字母 Q 起始的数理逻辑学家都住在美国”这些句子。我们刚刚讨论过的问题是：“完全列举的可能性包含什么条件？”但是存在着许多为我们大家所相信的普遍命题，尽管

对于它们不是在实际上就是在理论上不可能做到完全列举。这些普遍命题有两种,那就是重言式与归纳。属于前一种的有"所有五边形都是多边形","所有寡妇都有过丈夫"等等。属于后一种的有"所有的人都是有死的","凡铜都导电"等等。对于这两种当中每一种我们都要讲几句话。

重言式首先是性质之间的关系,而不是那些具有这些性质的事物之间的关系。五边形的性质是一种以多边形的性质为一个组成因素的性质;我们可以把它定义为多边形的性质加上五倍的性质。所以任何人只要肯定五边形的性质同时就必然肯定多边形的性质。同样,"x 是个寡妇"的意思是"x 有过一个现已死去的丈夫",因而它也就附带肯定"x 有过一个丈夫"。我们已经看到在我们打算解释"我没有听到报时声"这类判断的时候,一种重言的因素就闯了进来。那种严格说属于经验方面的因素是"我没有听到报时";我们把"报时声"定义为"以报时为一个组成因素的复合"。所以从"没有报时"到"没报时声"的推理具有重言的性质。我将不再去谈具有重言性质的普遍命题,因为这个题目不属于我们所要研究的逻辑范围。

我们还要研究从归纳得出的概括——不是研究它们的理论根据,而是研究它们所表示的意义,以及需要有什么事实才能使它们为真。

从理论上说,"所有的人都是有死的"这句话可以用列举的方法加以证明:有个统治世界的罗马皇帝加里古拉,他在完成一次完全的人口调查之后,也许可能在把他的臣民全部杀光后自杀,临死时喊出"现在我知道所有的人都是有死的"。但是我们却只能依靠说服力没有这样强的证据。最重要的问题是如果这些概括不是通过完全的列举得到证明的话，那么是否可以认为它们是在肯定一种内包的关系，不管是必然性的还是概然性的，还是仅仅在肯定一种外延关系。此外还有：如果出现一种可以作为使“所有的 A 都是 B”成立的正当理由的一种内包关系，那么这一定是一种使得这个概括具有重言性质的逻辑关系呢，还是有着一种我们通过归 139
纳对它有着概然性知识的逻辑以外的内包关系？

让我们举“铜导电”作例。这个概括是通过归纳的方法得出的，而这个归纳由两部分组成。一方面，对于不同的铜片做过实验；另一方面，对于许多不同的物质做过实验，每次做过的实验表明每种元素在导电性上都有一种与其他元素不同的行为。得出“狗吠”这个归纳也包含同样这两个阶段。一方面，我们听到许多狗吠叫；另一方面，我们观察到每一种能够发出声音的动物所发出的声音都与其他种类的动物发出的声音不同。但是另外还有一个阶段。人们已经发现铜原子具有某种结构，导电性可以根据这种结构以及物理学的一般定律经过推理得出来。如果我们现在把铜定义为“具有某种原子结构的元素”，那么在“铜”的内包与“导电性”的内包之间就存在着一种关系，这种关系在我们假定物理学的定律之后就变成了一种逻辑关系。可是这里却存在着一种隐蔽起来的归纳，这就是说通过发现近代原子结构理论以前所做的实验证明是铜的东西也就是在新的定义下的铜。（这句话只是在一般情况下，而不是在普遍情况下为真。）从理论上讲，这个归纳本身可以被从物理学的定律得出的演绎所代替。物理学的定律本身有一部分是重言式，但是它们当中最重要的部分却是能够解释大

量从属于它们的归纳的一些假设。

关于“狗吠”我们也可以作出同样的解释。根据狗的喉部构造,像根据管乐器的构造一样,我们有可能推论出它只能够发出某些种声音。这样我们就用声学所依据的范围大得多的证据代替了从注意狗吠而得出的范围较小的归纳证据。

同样的原则适用于所有这类情况。这个原则就是:已知大量的现象,那么除了起始的时空分布以外,所有有关这类现象的性质都从很小数目的普遍原理通过重言的形式而得出,因而我们也就认为这些原理是真的。

我们现在所要谈的不是这些普遍原理的根据的可靠性,而是
140 它们所肯定的内容的性质,也就是它们所肯定的是内包的关系还是类的内涵的纯外延的关系。我认为我们一定要选择前一种解释。一个归纳之所以看来具有说服力是因为存在于它所含有的内包之间的关系给了我们一种并非不可能的印象。“姓氏以字母 Q 起始的逻辑学家住在美国”是可以用完全列举的方法来证明的,但是它却不能靠归纳的理由让人相信,因为我们看不出有任何理由认为一个姓古德雷的法国人刚对逻辑发生兴趣就马上离开他的祖国。另一方面,我们很容易根据归纳的理由来相信“狗吠”,因为我们希望对于“狗叫出什么声音?”这个问题有一个可能的答案。在适当的情况下,归纳的作用是使内包之间的关系具有概然性。甚至在由归纳所提示的普遍原理已经成为重言式的情况下它也能做到这一点。你可能注意到 $1+3=2^2$,$1+3+5=3^2$,$1+3+5+7=4^2$,因而推测最初 n 个奇数的和永远等于 n^2;如果你心中已经形成了这个假设,那么你就很容易用演绎方法把它证明。像

“铜导电”这类通常的科学归纳在什么程度内可以变成重言式是一个非常困难的问题，也是一个意义很不明确的问题。“铜”有许多可能的定义，答案可能要看我们采取的是哪一种定义。可是我却不认为内包之间的关系，例如那些可以用来为具有“所有的 A 都是 B”这种形式的陈述提供正当理由的关系，*永远*都能变为重言式。我总相信有着一些只能在经验界发现的内包关系，而这些关系不论在实际上还是在理论上都不能得到逻辑上的证明。

在结束关于这个题目的讨论之前，我们有必要谈一下包含“有些”的命题，或者逻辑上所谓的存在命题。“有些 A 是 B”这个陈述是“所有的 A 都不是 B”（也就是“没有 A 是 B”）的否定，而“所有的 A 都是 B”是“有些 A 不是 B”的否定。所以包含“有些”的句子的真与和它相关的包含“所有”的句子的伪意义相等，并且反过来说也对。我们已经研究过包含“所有”的句子为真的情况，我们所说的话也适用于和它相关的包含“有些”的句子为伪的情况。现在我们想研究一下包含“有些”的句子为真的情况，这种情况表示与它相关的包含“所有”的句子为伪。

假定我遇见了琼斯先生，于是我对你说“我遇见了一个男 141
人”。这是一个包含“有些”的句子：它断言对于 x 的*某个*值来说，“我见了 x 并且 x 是人”为真。我知道所说的 x 是琼斯先生，但你却不知道。我的知识使我能够推论出“我遇见了一个男人”的真实性。这里有一种相当重要的区别。如果我知道“我遇见了琼斯先生”和“琼斯是个男人”这些句子为真，那么“我遇见了一个男人”为真就是一个实质性的推理。但是如果我知道我遇见了琼斯，并且知道琼斯是个男人，那么我就是已经知道我遇见了一个男

人。知道“我遇见了琼斯”这个句子为真与知道我遇见了琼斯并不是一回事。如果我不懂英语,那么我可能知道后者而不知道前者;如果我听见的这句话是从一位我非常尊敬的道德修养很高的人口里讲出来的,但是我还是不懂英语,那么我就可能知道前者而不知道后者。

假定你听到门铃响声而推论出有客来访。当你还不知道是谁的时候,你处在一种既相信而又知道得不确切的精神状态。当你知道了是谁之后,那种知道得不确切的因素就消失了,但是那种相信的因素仍然存在,另外增加了“这是琼斯”这个新的信念。所以从“a 有 P 性质”推论出“某件事物有 P 性质”,只在于把断言“a 有 P 性质”时所表达的全部信念的一部分孤立起来并对它加以注意。我认为同样的话对于一切演绎推理都是适用的,而这类推理的困难,当它存在时,是由于我们相信的是一个句子为真,而不是这个句子所肯定的内容这件事实所造成的。

这样从表达知觉判断的句子过渡到包含“有些”的句子——例如,从“琼斯在那里”过渡到“有个人在那里”——就不会发生困难。但是有许多我们大家都相信的包含“有些”的句子却不是通过这种简单方法得来的。我们常常知道**某件事物**具有 P 性质,虽然并没有一件固定的事物 a 可以让我们说“a 具有 P 性质”。比方说我们知道某个人是琼斯的父亲,但是我们却可能说不出他是谁。没有一个人知道拿破仑第三的父亲是谁,但是我们却相信总有个人是他的父亲。如果有颗子弹在你身边飕然飞过,当时又看不见人,你会说“有人向我开枪”。就这些实例说,通常你是在根据一
142 个普遍命题而作出推理。每个人都有一个父亲,所以琼斯先生有

一个父亲。如果你相信每件事物都有一个原因，那么许多事物只有作为“构成这件事物”的原因才被你认识到。这类概括是不是那些不是直接从知觉得出来的包含“有些”的句子的唯一来源，还是与此相反，是不是在我们知识的前提中一定有着包含“有些”的句子，这是目前我不打算对它做出结论的一个问题。

有一个由布劳威尔创始的学派，这个学派主张一个包含“有些”的句子可能既不真也不伪。最常举的例子是“在 π 的十进位表示法里有三个连续的 7”。就目前计算出来的 π 的值来看，还没有三个连续的 7 出现。如果它们在以后出现，这一点早晚可能被人发现；但是如果它们永不出现，那么这一点也永远不可能被人发现。我已经在《意义与真理的探讨》一书中讨论过这个问题，在那本书里我得出的结论是这类句子只要在句法上有意义，那么它们永远不是真就是伪。因为我看不出有什么理由改变这种看法，所以我将请读者去看那本书里关于我的理由的一段叙述，我还将不经过任何进一步的论证就作出凡是句法上正确的句子都是不真就伪的假定。

第十一章　事实、信念、真理和知识

本章的目的是把根据以前的讨论以及《意义与真理的探讨》一书中较详的讨论所得出的某些结论以教条的形式叙述出来。特别是我想对本章题目中这四个词给出尽可能确定的意义。我并不想否认这些词可以有其他同样合理的意义，而只是认为我给予它
们的意义代表重要的概念。理解和区别清楚这些概念，它们对于 143

许多哲学问题都是有用的，把这些概念弄混，它们就会成为一些不能解决的纠缠的根源。

A. 事实

“事实”这个名词照我给它的意义来讲只能用实指的方式来下定义。世界上的每一件事物我都把它叫作一件“事实”。太阳是一件事实；恺撒渡过鲁比康河是一件事实；如果我牙痛，我的牙痛也是一件事实。如果我作出一个陈述，我作出这个陈述是一件事实，并且如果这句话为真，那么另外还有一件使它为真的事实，但是如果这句话为伪，那就没有那件事实。卖肉商人说：“我的肉全卖完了，这是事实”；过了不久，来了一位老顾客，卖肉商人从柜台下面取出一块新鲜的羊羔肉交给了他。这个卖肉商人算是说了两次谎话，一次是说他的肉已经卖完了，另外一次是说他的肉卖完了是一件事实。事实是使叙述为真或为伪的条件。我愿把“事实”这个词限定在一个最小范围之内，这个最小范围是使得任何一个陈述的真或伪可以通过分析的形式从那些肯定这个最小范围的陈述得出来所必须知道的。举例说，如果“布鲁塔士是罗马人”和“加西奥是罗马人”都各自说出一件事实，那么我就不该说“布鲁塔士和加西奥是罗马人”是一件新的事实。我们已经知道有没有否定的事实与普遍的事实引起了一些困难。这些细微的问题大部分却都来自语言方面。

我所说的“事实”的意义就是某件存在的事物，不管有没有人认为它存在还是不存在。如果我抬头看一张火车时间表，发现有一趟列车在上午十时去爱丁堡，如果那张时间表正确，那么就会真

有一趟列车，这是一件“事实”。时间表上所说的那句话本身也是一件“事实”，不管它是真还是伪，但是只有在它是真，也就是真有一趟列车的条件下，它才**说出**一件事实。大多数的事实的存在都不依靠我们的意愿；这就是为什么我们把它们叫作“严峻的”、“不肯迁就的”或“不可抗拒的”的理由。大部分物理事实的存在不仅不依靠我们的意愿，而且也不依靠我们的存在。

从生物学的观点来看，我们的全部认识生活是对于事实的适应过程的一部分。这个过程是一切生物在大小不同的程度上都具有的一个过程，但是除非它发展到一定的阶段，一般并不把它叫作
“认识的”过程。因为在最低级的动物与思想最深刻的哲学家之 144
间并没有一道分明的界线，所以非常明显，我们不能准确说出我们是在什么地方从完全属于动物的行为过渡到配得上“知识”这个珍贵名称的阶段。但是每个阶段都有适应的过程，而动物本身所要适应的就是由**事实**构成的环境。

B. 信念

我们接着要研究的问题就是“信念”，“信念”带有一种本身固有的和不可避免的意义上的模糊不清，这种模糊不清的原因在于从变形虫到人类的心理发展是一脉相连的。“信念”的最完备的形式是哲学家们考虑最多的问题，它表现在一个句子的肯定上。你用鼻子闻了一会儿，接着就喊：“天啊！房子着火了。”或者当你正计划到郊外去野餐的时候说：“看这些黑云。天要下雨了。”或者在火车上你为了把一个乐观的同车乘客的高兴打下去而这样说：“上次我坐这趟车就晚到三个钟头。”如果你不是在说谎，那么

这些话就都表示信念。我们非常习惯于用文字来表示信念，所以一说到有些不用文字表示的“信念”就觉得有些奇怪。但是我们很清楚地看得出来，即使在用文字表示信念的情况下文字也不是问题的最关紧要的部分。烧着东西的气味首先使你相信房子着火，然后你才说出这些字来，这时候文字并不*就是*信念，而是用一种行为的形式把信念传达给别人的方法。当然，我想到的是那些不很复杂或微妙的信念。我相信多边形的内角和等于两直角乘以它的边数然后减去四个直角，但是一个人要不通过文字而相信这一点就必须具备超人的数学直观能力。但是比较简单的信念，特别是要求作出行动的信念，可能完全不需要用文字来表达。你可能对一起旅行的同伴说：“让我们快跑，火车已经要开了。”但是如果只有你一个人，你可能有着同样的信念，并且同样快地跑过去，而在你的头脑中却并没有什么文字出现。

因此我主张把信念当作某种可以是先于理智并且可以表现在
145 动物行为上的东西。我还认为有时一种完全属于身体方面的状态也可以称得上是一种“信念”。举例说，如果你摸黑走进屋内，并且有人把椅子放在了一个平常不放椅子的地方，那么你就可能撞到椅子上，因为你的身体相信那里没有椅子。但是对于我们目前的讨论来说，把心理与身体在信念上各自起的作用分别开并不是很重要的。按照我对于这个名词的理解，信念是身体上或心理上或者两方面兼有的某一种状态。简单来说，我将把它叫作有机体的一种状态，而不去管身体的与心理的因素的区别。

信念的一个特点是它有着外界参照，按照我们在前一章给外界参照所规定的意义。最简单的可以从行为方面观察到的情况就是由于条件反射作用，A 的出现引起适合于 B 的行为。这包括根据得到的消息而采取行动那种重要情况：听到的话是 A，而它所指的意义是 B。如果有人告诉你“注意！汽车来了！”你的动作就和你真的看见了汽车时一样。就这个实例说，你在相信“汽车来了”所指的意义。

从理论上讲，我们可以把任何一种构成相信某种事物的有机体的状态详尽描述出来，而无须讲到所说的某事物。当你相信“汽车来了”的时候，你的信念就是由肌肉、感官和情绪，也许还有某些视觉意象所构成的某种状态。所有这些以及凡是可以构成你的信念的东西，在理论上都可以由心理学家与生理学家共同合作详尽描述出来，而无须提到任何一件在你身体和心理以外的东西。当你相信一辆汽车开过来的时候，你的状态在不同的外界条件下也会非常不同。可能你在观看一场车赛，心里想着你下了本钱的那辆车是不是能够获胜。可能你在等着你那从远东被释放归来的儿子。可能你正在设法逃开警察的监视。可能你在过马路时突然精神集中起来。但是尽管你的整个状态在这些不同的情况下不会相同，它们中间还是存在着某种相同的东西，正是这种东西使得它们都成为汽车来了这个信念的不同实例。我们可以说，一个信念是有机体的状态的一个集合，这个集合是由于都具有全部或部分相同的外界参照这一点而组成的。

在动物或年幼的小孩身上，相信是通过一种或一系列行动而表现出来的。猎犬凭着嗅觉追踪狐狸表现出猎犬相信有狐狸的信 146
念。但是在人类，由于语言和使用推迟的反应的结果，相信常常变成一种多少静止的状态，也许主要就在于发出或想象出一些适当

的文字,加上构成各种不同种类的信念的那些情感当中的一种感情。关于这些不同种类的信念,我们可以一一列举出来:第一,那种以动物性推理补足感觉的信念;第二,记忆;第三,预料;第四,只凭证据不经思考就得出的信念;第五,那种得自有意识的推理的信念。也许这个表现既不完全又有些冗长,但是知觉、记忆和预料在所涉及的情感上的确有所不同。因此"信念"是一个范围很广的类名,而一种相信的状态与一些通常不会叫作相信的相近的状态是不能明显地区分开的。

有机体处于相信状态时所相信的到底是什么,通常是个比较含糊不清的问题。对于一只凭着嗅觉追踪的猎犬来说,这是异常确定的,因为猎犬的目的简单,它又完全确信它所凭借的手段;但是一只没有决定是否要去你手中吃东西的鸽子所处的却是一种更加含糊不清和复杂的情况。就人类来说,语言给人一种表面上好像准确的印象;一个人也许可能用一句话表示他的信念,而这句话就被人当成了他所相信的东西。但是一般来说情况却不是这样。当你说"看,琼斯在那里"的时候,你是在相信某种事物,并且把你的信念用文字表示出来,但是你所相信的是关于琼斯这个人,而不是关于"琼斯"这个名字。在另外一个场合,你可能有一种关于文字的信念。"刚走进来的那位鼎鼎大名的人是谁?他是提奥菲鲁斯·特瓦孔爵士。"在这种情况下,你所需要的只是名字。但是通常在日常语言中这些字几乎可以说是透明的;这些字不是被相信的东西,正如一个人的名字不是那个人一样。

在文字只表示一种关于这些文字的意义的信念的情况下,这些文字所表示出来的信念不够准确的程度正像那些文字的意义的不够准确的程度一样。在逻辑与纯粹数学的范围之外,具有准确意义的字是没有的,连“公分”和“秒”这样的字也不例外。所以即 147
使我们用有关经验界的字所能达到的最大准确性的一些字来表示一个信念,关于什么是被相信的东西仍然是多少含糊不清的一个问题。

在一个信念可以叫作“纯粹文字的”信念,也就是说在被人相信的是某个句子为真的情况下,这种含糊不清仍然存在。这是受旧式教育的学生所获得的一种信念。让我们看一下学生对“征服者威廉在1066年即英王位”和“下星期三放全天假”所抱的不同态度。遇到第一种情况,学生知道这样写是对的,一点也不去管文字的意义;遇到第二种情况,他获得了一个关于下星期三的信念,却一点也不去管你是用什么文字使他产生这种信念的。前一种信念是“纯粹文字的”信念,后一种却不是。

如果我要说这个学生相信“征服者威廉在1066年即英王位”这个句子为“真”,那么我就必须补充说这个学生关于“真理”的定义完全是实用观点的定义:如果当着教师说出一个句子的结果令人愉快,它便是“真”的;如果结果令人不愉快,它便是“伪”的。

让我们忘掉这个学生,重新开始我们身为哲学家的本务,当我们说一个句子是“真”的,**我们**要表示的是什么意思?我现在问的还不是什么是“真”的问题;这将是我们下面要谈的题目。现在我要指出来的是:不管“真”的定义怎样下,“这个句子是真的”所指的意义一定要依靠这个句子所指的意义,因而它的含糊不清的程度完全与那个被认为真的句子所具有的含糊不清的程度一样。因此我们并没有因为把注意力集中到纯粹文字的信念上面而能使这个问题免于含糊不清。

哲学也应当像科学一样，认识到虽然绝对准确是不可能的事情，人们还是可以发明一些办法来逐步缩小含糊不清或不确定的范围。可是不管我们的测量工具多么让人满意，仍然会存在着我们不能确定它们大于、小于或等于一公尺的一些长度；但是通过办法的日臻完善减少这些不能确定的长度的数目是没有什么止境的。同样，当信念用文字表示出来之后，永远会存在一条由可能发生的情况构成的带子，关于这些情况我们不能说它们使信念为真或为伪，但是一方面我们可以用更完善的文字的分析，一方面我们
148 可以用更精细的观察办法把这条带子的宽度无限地加以缩小。绝对准确是否可能要靠物理世界是分立的还是连续的来决定。

现在让我们看一看全由具有最大限度准确程度的文字表示的一个信念。为了谈得具体，假定我们相信这个句子：“我的身高大于5英尺8英寸而小于5英尺9英寸。”让我们把这个句子叫作“S”。我还不是问使这个句子为真的条件是什么，或者我根据什么说我知道它；我只是问：“当我具有用S这个句子表示的信念时，我所处的状态是什么？”对于这个问题，显然没有一个唯一的正确答案。我们可以肯定的只是我处在这样一种状态之下，即如果有另外某些事情发生，那么这种状态将给我一种可以用“正是这样”等字来表示的情感，如果这些事情尚未发生，那么我会想到它们的发生并且感到“是的”这个词能表示的那种情感。比方说，我可以想象我自己靠在放有一个刻有英尺、英寸的尺度的墙壁上，并在想象中看到我的头部位于这个尺度上面的两个记号之间，对于这个想象我可以有表示同意的情感。我们可以把它看作是那种

可以叫作“静止的”信念的本质,这种信念是与用行动表现出来的信念相对而言的:静止的信念是由一个观念或意象加上一种感到对的情感所构成的。

C. 真理

我现在要给“真理”与“虚妄”下定义。有一些问题是明显易见的。真理是信念的一个性质,间接也是表示信念的句子的一个性质。真理是一个信念与这个信念以外的一件或更多件事实之间的某种关系。如果这种关系不存在,那么这个信念就是伪的。一个句子即使没有人相信,它还是可以叫作“真”的或“伪”的,只要假定在有人相信的情况下,这个信念按照当时的情况为真或为伪。

我认为明显易见的就是以上所说的这些。但是信念与它所涉及的事实之间的关系的性质,或者使一个已知信念为真的可能的事实的定义,或者这个词组里“可能的”意义都不是什么明显易见的问题。除非这些问题得到答案,我们对于“真理”就不能给出恰 149
当的定义。

让我们从信念的生物学上最初的形式开始,除了人类以外,动物也有这种最初形式的信念。如果 A 与 B 两种外界条件的共现是经常的或者在感情方面引起人的兴趣,那么这种共现就容易产生下面的结果:当从感觉上知道 A 的存在之后,动物的反应就和它以前对 B 的反应一样,或者至少表现出对 B 的反应的一部分。在有些动物身上,这种关联有时可能是天生的,而不是得自经验的结果。但是不管这种关联是怎么产生的,当从感觉上知道 A 的存在这件事引起适合于对 B 的动作时,我们可以说这个动物“相信”

环境中有 B 存在,并且如果环境中有 B 存在,这个信念就是“真”的。如果你在半夜把一个人叫醒,口里喊着“失火了!”,即使这个人还没有看见火或闻到着火的气味,他也要从床上跳下来。他的动作是他具有一个信念的证据,如果有失火的事发生,这个信念就是“真”的,否则就是“伪”的。他的信念的真伪要靠一件可能永远在他的经验范围之外的事实来决定。他也许逃得很快,根本没有得到关于失火的感觉上的证据;他也许因为害怕被人猜疑有意纵火而逃到国外,从来没来得及问别人是否真的发生过失火事件;然而如果构成他的信念的外界参照或意义的那件事实(即失火)存在,那么他的信念就仍然是真的,而如果没有这样的事实存在,那么即使他所有的朋友都让他相信发生过一次失火事件,他的信念也仍然是伪的。

一个真的与伪的信念之间的区别正像一位太太与一位老处女的区别一样:真的信念有着与它有一定关系的一件事实,但是伪的信念就没有这样的事实。为了完成我们对于“真理”与“虚妄”要下的定义,我们需要对于使一个已知信念为真的那件事实作出描述,这个描述在信念为伪的情况下不能适用于任何事物。已知一位不知已否结婚的妇女,我们可以作出一个描述,如果她有丈夫,这个描述就适用于她的丈夫,如果她是位老处女,那么这个描述就不能适用于任何事物。这样一个描述可能是:“在教堂或结婚登记处站在她身旁的那个男人,当时还有人说了一些话。”同样,我们需要对于由于一件或许多件事实的存在而使一个信念为真的这件或许多件事实作出叙述。我把一件或许多件这样的事实叫作这
150 个信念的“证实者”。

这个问题的基本方面就是感觉与意象，或者按照休谟的说法，印象与观念之间的关系。我们在前面一章里已经研究过观念与其原型之间的关系，看出“意义”是怎样从这种关系上发展出来的。但是在我们有了意义和句法之后，我们得出一个新的概念，我把它叫作“意指”，它是句子和复合的意象的一个特点。就用来表达惊叹的像“起火了！”或者“杀人了！”一类的单词来说，意义与意指是一回事，但是一般来说它们却不相同。这种区别我们可以从下面这件事实明白地看出来：如果文字要达到一个目的，它们就一定要有意义，但是一串文字却不一定就有意指。意指是一切有意思的句子的一个特点，而且不限于直陈语气的句子，也包括像疑问、命令或选择语气的句子。为了目前的讨论，我们只研究直陈语气的句子。关于这些句子，我们可以说它们的意指在于描述那件由于它的存在而使句子为真的事实。我们还需要给这种描述下定义。

让我们看一个实例。杰弗逊有一个用这些文字来表示的信念：“北美洲有猛犸。”即使没有一个人看见过一只这种猛犸，这个信念也可能是真的；在他说出这个信念时，也许在落基山无人居住的地带只有两只猛犸，而这两只猛犸也许不久就让洪水顺着科罗拉多河冲入大海。在这种情况下，虽然他的信念是真理，却没有证实它的证据。实际存在的犸猛可能已是事实，而且按照上面所讲的意义，还可能已是信念的“证实者”。一个没有被经验过的证实者常常是可以描述的，如果它对某种从经验中得知的事物具有一种从经验中得知的关系的话；我们就是用这种方法来理解“亚当的父亲”这一类短语的，这个短语不描述任何事物。我们就是用这种方法来理解杰弗逊关于犸猛的信念的：我们知道那种可能使这个信念为真的事实；这就是说，我们可能有这样一种心理状态，它使我们看见犸猛之后会大声喊出："是的，这就是我心里所想的东西。"

151 一个句子的意指得自组成它的字词的意义和句法规律。虽然意义必须从经验中得来，意指却不需要这样。我从经验知道"人"的意义和"翅膀"的意义，从而知道"有一个长着翅膀的人"这个句子的意指，尽管我没有这个句子所表示的意指那种经验。一个句子的意指永远可以在某种意义上被理解为一个描述。如果这个描述所描述的是事实，这个句子就是"真"的；否则它便是"伪"的。

不夸大习俗在这方面的作用是很重要的。只要我们的讨论限于信念，而不是用来表达这些信念的句子，习俗并没有什么作用可说。假定你正预料要见到一个你所喜欢而又有一段时候没有见着的人。在你的预料里可能没有一个字出现，即使这个预料是详细而复杂的。可能你希望他将面带微笑；可能你想起了他的声调，他走路的样子，他的眼睛的表情；可能你的全部预料只有一个高明的画家用颜色而不是用文字才能表达出来。就这个实例来说，你所预料的是你自己的一种经验，而你的预料的真实或虚妄却是观念与印象之间的关系：如果发生的印象可能就是把时间顺序颠倒过来以后你以前那个观念的原型，那么你的预料就是"真"的。这就是在我们说"这就是我预料要看到的"时我们所表示的意思。只有在把信念翻译成语言，或者（如果有人告诉我们某件事）把语言翻译成信念时才涉及习俗的问题。另外，除了抽象的问题以外，通常语言与信念的对应关系也是很不明确的：在细节和出现在它前后的事物方面，信念比句子丰富，因为句子挑选的只是一些突出的特点。你说“我不久就将要见他”，但是你**想到**“我将看见他面带微笑，但是显得老了一些，态度和蔼而有些拘束，头发乱蓬蓬的，脚下穿着一双沾满污泥的鞋子”——以及其他等等，其中的细节可以多到无限，关于它们你只能约莫地意识到。

从给真理和虚妄下定义的观点来看，预料是最简单的一种情况，因为在这种情况下，借以决定真伪的事实是我们即将经验到的东西。其他的情况就比较困难。

从我们目前所谈的问题的观点来看，记忆是和预料十分类似 152
的。一次回忆是一个观念，而被忆起的事实是一个印象；如果回忆对于事实具有在一个观念与它的原型之间所存在的那种相似关系，那么这个记忆便是“真”的。

下面让我们看一下“你害牙疼”这类语句。任何一个关于别人经验的信念都可能具有在我们自己经验的预料中被我们观察到的常有的那种文字以外的丰富内容；你可能因为刚刚得过牙疼而对你想象你的朋友所受的剧烈痛苦感到同情。不管你用的想象力是丰富还是贫乏，你的信念为“真”的程度和它与你的朋友牙疼这件事实相似的程度成正比——这种相似又一次是属于那种可能潜存于观念与原型之间的相似。

但是当我谈到某种没有一个人经验到或经验过的事物，例如地球的内部，或者生命开始以前的世界时，信念和真理就都变得比在上面的情况下更为抽象。我们现在一定要看一下，在没有一个人经验到那件可以作为证实者的事实的情况下，“真理”是什么意思。

想到即将开始的讨论，我将假定我们可以认识到不依靠知觉而独立存在的物理世界与我们的知觉世界之间有着某种结构上的相似，但是我们却不能认识到它们之间有着任何性质上的相似。在我说它具有结构上的相似时，我假定用来给结构下定义的顺序关系是我们在自己经验中所知道的那种时空关系。因此，关于物理世界的某些事实——也就是那些构成时空结构的事实——是我们能够想象的东西。另一方面，关于物理现象的性质方面的事实大概不是我们所能想象的东西。

虽然我们在假定存在着不能想象的**事实**上没有什么困难，可是除了普遍信念以外，不可能有想象不出它的证实者的**信念**。这是一个重要的原理，但是如果不让它把我们引上错路，我们就需要对几个逻辑问题稍加注意。第一个问题就是我们可以知道一个普遍命题，尽管我们并不知道它的任何实例。站在一片广大覆满石子的海滩上，你可能说出："这个海滩上有的石子将永远不会有人
153 注意到"，这句话大概符合真实情况。有些有限整数是永远也不会有人想到过的，这是千真万确的。但是如果你假定这些普遍命题的成立是靠举出它们为真时的实例，那就是自相矛盾。这只是我们能够理解关于一个集合的全部或有些分子的语句而无须一一举出其中的分子这个原理的一个应用。我们对于"所有的人都有死"这个语句的理解程度正像我们能把所有的人列在一张表里那样完全，因为理解这个语句只需要我们理解"人"和"有死"这两个概念以及作为其中一个实例是什么意思就够了。

现在看这个语句："有的事实是我不能想象的。"我不是研究这个语句是否为真；我只想说明它是一个可以理解的语句。首先让我们看，如果这个语句是不可理解的，那么它的矛盾语句也不可

理解，因此它就成了不真虽然也不伪的语句。其次让我们看，要理解这个语句，并不需要我们举出实例，正像没有人注意到的石子或没有人想到过的数目一样。需要的只是理解字和句法，而这些是我们可以理解的。因此这个语句是可以理解的；它是否为真则是另外一个问题。

现在看下面这个语句："电子是存在的，但是它们不能被我们知觉到。"我也不是研究这个语句是否为真，而只是研究假定它真或相信它为真指的是什么意思。"电子"这个名词是用对于我们经验到的事件和对于其他通过我们经验过的方式与它们有关的事件的因果和时空关系来下定义的。我们对于"父母"这种关系是经验过的，因而可以理解"曾祖父母的父母的父母的父母"这种关系，尽管我们没有关于这种关系的经验。同样，我们可以理解包含"电子"这个词的句子，尽管我们在经验中没有知觉过任何一件可以用得上这个词的东西。当我说我们可以理解这类句子时，我的意思是说我们可以想象出能使它们为真的事实。

这些情况的异乎寻常之处就是我们可以想象出能证实我们的信念的普遍外界条件，但却不能想象出作为这个普遍事实的实例的特殊事实。对于"n 是一个永远不会被人想到的数目"这句话我想象不出任何特殊事实来，因为不管我给 n 以什么值，我的语句由 154
于我曾经给出那个值这件事实而变为虚妄。但是我却完全可以想象出能给予"有的数目是永远也不会被人想到的"这个语句以真实性的一般事实。理由在于普遍性的语句所说的是内包，不需要任何关于和它们相应的外延的知识我们就可以理解它们。

像我们从上面的讨论所看出来的那样，关于未曾经验过的事物的信念并不是对于未曾经验过的个体,而是对于其中未曾经验过的分子的集合来说的。一个信念一定永远可以被分析成由于经验而成为可以理解的一些元素,但是如果以逻辑的形式把一个信念写出来,它就常常会使人对它作出另一种不同的分析,这种分析看来似乎涉及不是经验所知道的成分。如果我们能避免这种在心理上引入错路的分析,我们就可以在十分普遍的意义上说:每个不只是行动的冲动的信念都具有一幅图画的性质,加上一种“是的”或“不是的”感觉;在我们遇到“是的”感觉的情况下,如果有一件事实对于那幅图画具有一个原型对于一个意象所有的那种相似,那么它便是“真的”;在我们遇到“不是的”感觉的情况下,如果没有这样的事实,那么它便是“真的”。一个不真的信念叫作一个“伪的”信念。

这就是“真理”和“虚妄”的一种定义。

D. 知识

我现在来谈一下“知识”的定义。正像我们在“信念”和“真理”上所遇到的情况一样,这个概念在一定程度上有它不可避免的含糊不清和不够准确的性质。我认为不理解这一点会在认识论上产生重大的错误。尽管这样,对于我们所要寻求的这个定义的不可避免的不够准确的性质尽可能用准确的话说清楚还是十分有益处的。

我们可以清楚地看出知识是属于正确的信念的一个次类:每一件知识都是一个正确的信念,但是反过来说就不能成立。我们可以毫不费事就举出一些不是知识的正确信念的例子。一个人去看一口停止走动的钟，他以为钟在走着，碰巧他看到的时间和真正的时间一样；这个人得到的是关于当日时间的正确信念，但是我们 155
却不能说他得到的是知识。一个人正确地相信 1906 年当时首相的名字的最后一个字是以 B 开始的，可是他之所以相信这点是由于他认为巴尔福是当时的首相，而事实上却是坎伯尔·班诺曼。有个走好运的乐观主义者买了一张彩票，坚决相信自己会赢，因为运气好，他果然赢了。这样的例子是举不胜举的，它们说明不能仅仅因为你的话说对了就算你有了知识。

一个信念除了它的正确性之外还必须具备什么性质才可以算是知识？平常人会说必须要有可靠的证据作为信念的根据。作为常识而论，这在大多数发生疑问的场合下是对的，但是如果拿它当作关于这个问题的一种完备的说法就很不够。“证据”一方面包含一些公认为无可争辩的事实，另一方面也包含一些在根据事实进行推理时所要凭借的原理。显然这个方法是不能令人满意的，除非我们不是只凭证据才认识到这些事实和这些推论原理，因为不然我们就会陷入恶性循环或者无止境的后退。因此我们必须集中力量研究这些事实和这些推论原理。我们可以说知识首先包含一些事实和一些推论原理，这两者的存在都不需要来自外界的证据，其次包含把推论原理应用到事实身上而得出的所有确实的结果。按照传统的说法来讲，事实是从知觉和记忆中得知的事实，而推论原理则是演绎和归纳逻辑中的原理。

这个传统的学说有着各种令人不能满意的特点，虽然我并不敢说我们最后一定能找到一个比它好得多的学说来代替它。第一，这个学说没有对“知识”给出一个内包的定义，或者至少没有

给出一个纯粹内包的定义；我们看不清楚知觉事实和推论原理之间的共同点是什么。第二，像我们将在第三部分中看到的那样，讲出什么是知觉事实是一件非常困难的事情。第三，演绎法已经变得不像以前人们所认为的那样有效；除了用新的说法叙述一些在某种意义上早已被人认识到的真理以外，它不能给我们什么新的知识。第四，人们一直还没有把那些在广义上可以叫作“归纳的”
156 推理方法令人满意地系统地表示出来；即使被系统地表示出来的那些推理方法完全正确，它们最多让结论具有概然性；另外，即使用最准确的形式把它们表示出来，它们也不具备不证自明的性质，如果我们相信它们，那也只是因为它们在得出我们公认的结论的过程中看来是必不可少的。

一般来说，人们提出过三种克服在给“知识”下定义上所遇到的困难的方法。第一种也是最早的一种方法是强调“不证自明”这个概念的重要性。第二种方法是打破前提与结论之间的区别，认为知识就是由信念组成的整体的一致性。第三种也是最彻底的一种方法是完全抛弃“知识”这个概念，而用“导致成功的信念”来代替它——这里“成功”一词也许可以按照生物学的意义来解释。我们可以举出笛卡尔、黑格尔和杜威作为这三种观点的代言人。

笛卡尔认为凡是我心中清楚而明确地想到的事物都是真的。他相信根据这个原理不仅可以导出逻辑与形而上学，也可以导出事实，至少在理论上是这样。经验主义使这样一种看法成了不可能的事情；我们认为即使是我们思想所能达到的最高度的清晰也不能使我们证明荷恩角的存在。但是这却不能去掉“不证自明”这个概念；我们可以说他说的话适用于概念的证据，但是另外还有知觉的证据，凭着知觉的证据我们才认识到事实。我并不认为我们能完全不用“不证自明”这个概念。如果你走路让橘子皮滑了一脚，脑袋很重地在便道上磕了一下，你就不会对那位设法说服你关于你的受伤还是一件不确定的事的哲学家抱有什么同情。不证自明还能使你承认这种论证：如果所有的人都有死并且苏格拉底是人，那么苏格拉底也有死。我不知道不证自明除了是一种不可动摇的信念之外是否还能是什么别的东西；它的最重要的特点在于我们一见到它就不由得不相信它。可是如果我们把不证自明当作真理的一个保证，这个概念就一定要和其他一些在主观方面与它相类似的概念小心地区别开。我认为我们必须牢牢记住不证自明和“知识”的定义有关，但是它本身却不是一个自足的概念。

不证自明的另外一个困难就是它是一个程度上的问题。一阵雷声固然无可置疑，但是一种非常轻微的声音却不是这样；你在晴天看见太阳固然不证自明，但是大雾中出现一个看不清的黑点却 157
可能是心中想象出来的；一个巴巴拉（Barbara）模式的三段论法是很明显的，但是一个数学论证中最难的一步可能很难“看出来”。我们认为只有最高度的不证自明才有最高度的确实性。

一致论和工具论习惯上是由提倡它们的人当作**真理**论提出来的。作为真理论来看，它们受到我在别的地方举出的一些反对理由的反驳。我现在不是作为**真理**论而是作为**认识**论来看待它们。作为认识论来看，它们还是值得我们说几句好话的。

让我们不必去管黑格尔，而是照我们自己的方式把认识上的一致论叙述出来。我们必须说有时两种信念不能同时都真，或者至少我们有时相信这点。如果我同时相信A真，B真，A与B不能同时都真，这样我就有三个不能成为一组互相一致的信念。在这种情况下，三个之中至少有一个是错的。最极端的一致论主张只可能有一组互相一致的信念，这就是全部知识和全部真理。我的意见不是这样；我宁愿同意莱布尼兹主张的可能世界的多重性。但是经过修正以后的一致论还是可以被人接受的。这种修正以后的一致论主张一切或者几乎一切被人们看作是知识的东西在大小不同程度上都是不确实的；它主张如果推论原理属于无须鉴别的知识材料，那么一件无须鉴别的知识就可以用推理方法从另一件无须鉴别的知识推论出来，这就获得了比它以前只靠本身所有的要大的可信程度。因此，可能有这种情况发生：一组命题，其中每一个命题本身所有的可信程度并不怎样高，如果集合起来却可能产生很高的可信的程度。但是这种论证要靠可能存在着不同程度的固有的可信性才能成立，因而它不是一种**纯粹**的一致论。我将在本书第五部分里更详细地来讲这个问题。

关于那种认为我们应该用“导致成功的信念”这个概念来代替“知识”的理论，我们只要指出它的全部说服力只在于它的半心
158 半意上就够了。这种理论假定我们能够认识（照旧的意义来讲）什么样的信念导致成功，因为如果我们不能认识这一点，这种理论在实用方面就不会有什么用处，而它的目的就是崇尚实用而牺牲理论。很明显，在实用方面我们很难知道什么信念会导致成功，即使我们对于“成功”有一个恰当的定义。

看来我们所要得出的结论就是知识是一个程度上的问题。知觉到的事实和非常简单的论证的说服力在程度上是最高的。具体生动的记忆在程度上就稍差一等。如果许多信念单独来看都有几

分可信性，那么它们相互一致构成一个逻辑整体时就更加可信。一般的推论原理，不管是演绎的还是归纳的，通常都不及它们的许多例证那样明显，我们可以根据对于例证的理会从心理方面把推论原理推导出来。在我们进行的探讨快要结束的时候，我还要回到"知识"的定义上来，我打算把上面提出的一些看法更确切、更充分地加以阐述。我们还要记住"'知识'是什么意思?"这个问题并不是一个具有确定和毫不含糊的答案的问题，正像"'秃'是什么意思?"那个问题一样。

第三部分　科学与知觉

161 引　论

我们即将进行一种探讨,这种探讨所采取的顺序与我们开始时做出的宇宙概观所采取的正好相反。在那个概观中我们曾经想法达到最大限度的客观和不掺进一点个人主观的因素;我们的目的是尽力做到按照世界在一位具有令人惊奇的知觉能力的人从外面观察下所呈现的面目把它描述下来。我们的研究着重在知识的**内容**而不在知识的**主体**。我们在描述世界时用过一种顺序,这种顺序暂时不管这件事实,那就是我们本身也是世界的一部分;我们对于世界所能作出的任何一种描述都决定于世界对于我们的作用,因而在这种限度内它就必然还是以人类为中心的一种描述。因此我们从银河系讲起,逐步讲到我们所在的银河,我们自己的小小的太阳系,我们自己的小小的行星,地球表面上极其微小的生命体,最后才最无关紧要地讲到那些自以为是万物之灵和整个广大宇宙的最终目的的奇怪生物的身体和精神。

但是这个概观由于把人类似乎看得非常渺小,把人类关心的事也看得微不足道,所以只构成真理的一个方面。真理还有另外一个方面,我们必须通过另外一种概观才能把它看清楚。在我们目前从事研究的第二种概观中,我们不再问世界是什么,而要问我们怎样认识到我们所有关于世界的知识。在这个概观中,人类又重新占有世界的中心地位,正像人类在托勒密天文学中所占的地位一样。我们是通过我们自己生活中的事件才认识到我们关于世界的知识的,如果不是由于思想的能力,这些事件恐怕永远只有自己知道。天文学家在感光板上看见的小点对他来说就是和他相距几十万光年的广大银河系的标记。空间之大,时间之久,都能反映 162
在他的思想之中,从某种意义上讲,他的思想是和空间时间一样广阔无边的。不管事物大到或小到什么程度,他的智力都能理解,不管事物在时间上或空间上和他相隔多远,他都能恰如其分地估量出它在宇宙结构中所应占的地位。在能力上他几乎正像他的微不足道给人的印象那样软弱无力,但是在思考上他的领域却广阔无边,他与他的全部理解对象是大小相等的。

我打算在以后各部分先讨论知觉材料然后讨论科学对于经验素材的关系。科学推理所根据的知觉材料是只有我们自己才知道的;我们所说的"看见太阳"这件事是在看见的人一生中发生的一个事件,根据这个事件,经过一种长而复杂的推理过程才能推论出天文学家所说的太阳。非常明显,如果世界乱七八糟,毫无规律可言,这种推理就是不可能的;如果没有因果上的相互关联,一个地方发生的事件将不能说明另一个地方已经发生的事件,我的经验也就不能告诉在我的整个一生以外所发生的任何事件。我们目前所要研究的就是从个人的感觉与思想到不带一点个人因素的科学所经过的那个过程。这是一条漫长而崎岖的道路,为了使路程不致让人感到厌倦,我们必须时刻想到我们的目的地。但是除非我们走完这段道路，我们就不能充分理解人类知识的范围和它的基本限度。

在这项考察中我们所依靠的未曾明言的推理过程与演绎逻辑和数学的不同在于它们不带最后结论的性质，也就是说在于它们是一些前提正确推理也对并不能保证结论正确的推理过程，虽然在某种意义上和某种程度上人们认为它们使结论具有“概然性”，关于它们的明确的逻辑形式我们将在第六部分中加以研究。除了在数学中以外，几乎所有我们实际依靠的推理过程都属于这一种。在某些情况下，这种推理的力量大到**实际**上具有必然性的程度。人们推想一页具有意义的打字稿是由一个人打字打下来的，虽然它可能像爱丁敦所指出是一只猴子偶然在打字机上走过所产生的结果，这一种仅有的可能性就把认为有一个有意打字的人的那种推论变成了不带最后结论性质的东西。为所有科学家所接受的许

163 多推理还远远达不到这样令人确信的程度，例如声音由声波传递的理论。科学的常识加给不同的推理的概然性也有着等级的差别，但是却没有一组被人公认的可以用来估量这些不同程度的概然性的原理。我很想通过对于科学程序的分析，把这类推理的规则加以系统化。我们的理想是在演绎逻辑方面已经取得的那种系统化。

人们习惯于把一切推理看作不是演绎的便是归纳的，并且把概然性的推理与归纳的推理看作是同义词。我认为要使一般所接受的科学推理具有不可动摇的根据，我们还需要用其他原理来补充归纳法，如果不是完全代替它的话。

我们可以举出三个问题作为我们所要研究的问题中的典型问

题。这三个问题是关于相信(1)昨天世界存在,(2)明天太阳将升起来,(3)有声波存在这三句话的最可靠的理由。我要问的不是这些信念是否为真,而是在假定它们为真的条件下,使得我们相信它们的最可靠的理由是什么。概括起来说就是:为什么我们应该相信科学所说的但却不能用现在的知觉证实的一些东西?如果我没弄错,这个问题的答案是并不简单的。

第一章 事实的知识和定律的知识 165

当我们考察我们关于事实的信念时,我们就发现它们有时直接来自知觉和记忆,而在其他情况下则通过推论得出。从常识来看,这种分别并没有什么困难:直接来自知觉的信念对于常识来说是无可置疑的,而推论尽管有时可能错误,人们却认为在这类情况下错误是比较容易改正的,除非问题特别让人看不清楚。我知道我的朋友琼斯先生存在,因为我经常看到他:在看见他的时候我是通过知觉知道他的,在看不见他的时候我是通过记忆知道他的。我知道拿破仑存在,因为我曾经听到别人讲过和看到书上说过他,而我有充分理由相信我的老师们讲的是真话。对于亨吉斯特和霍萨我知道得就比较不这样确实,至于佐罗亚斯德我所知道的确实程度就更差,但是这类认识上的不明确仍然属于常识的范围,初看似乎并不会引起任何哲学上的争论。

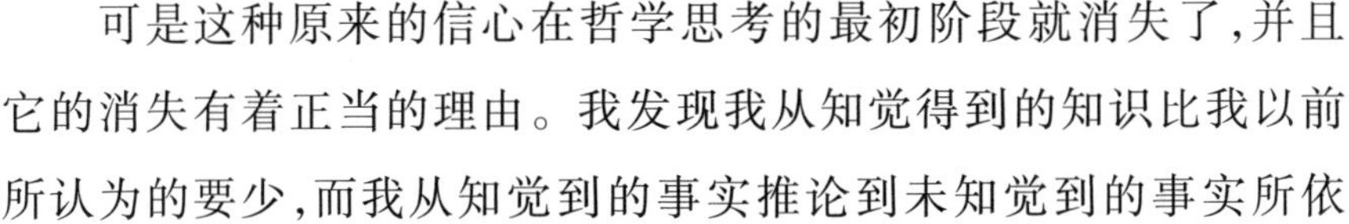

可是这种原来的信心在哲学思考的最初阶段就消失了,并且它的消失有着正当的理由。我发现我从知觉得到的知识比我以前所认为的要少,而我从知觉到的事实推论到未知觉到的事实所依

据的推论又值得怀疑。我们必须对怀疑论的这两种根源加以考察。

首先,关于什么是推论出来的知识和什么不是推论出来的知识就存在着困难。我刚刚说到我相信拿破仑存在的信念是从我听到和读到的东西推论出的知识,但是照一种重要意义来讲,这却不完全正确。一个孩子在学习历史的时候不会这样推理:“我的老师是个道德品质最高尚的人,通过教给我事实得到报酬;我的老师说有拿破仑这样一个人;所以多半有这样一个人。”如果他这样推理,他就会保留很大程度的怀疑,因为他关于这位教师的道德品质
166 的证据很可能不够充分,并且在许多时期内许多国家的教师是通过讲授与事实相反的东西而得到报酬的。除非这个孩子憎恨这位教师,事实上他是自发地相信他所听到的话的。如果有人强调并以带有权威的语气告诉我们一件事情,不相信这件事情就需要费点力气,正像人们可以在四月一日愚人节时所经受的那样。然而即使在常识的范围内,在我们所听到的东西与我们自己知道的东西之间仍然有着一种区别。如果你对这个孩子说,“你是怎样知道关于拿破仑的知识的?”这个孩子可能说,“因为我的老师告诉过我”。如果你说,“你怎样知道你的老师告诉你的?”这个孩子可能说,“当然是因为我听到他讲的”。如果你说,“你怎样知道你听到她讲的?”他可能说,“因为她的话我记得很清楚”。如果你说,“你怎样知道你记得她的话?”他要么生起气来,要么就会说,“我的确记得她的话”。在你问到这一步之前,他为他的关于事实的信念所作的辩护都是以另外一种关于事实的信念为理由的,但是最后他却遇到一种不能提出进一步理由的信念。

这样就存在一种介乎自发产生的信念与不能提出进一步理由的信念之间的区别。后一类信念对于认识论来说最为重要，因为它们是我们的事实的知识的不可缺少的最小量的前提。我们把这类信念叫作“与件”。在平常思维中，它们是其他信念的**原因**，而不是借以推论出其他信念的**前提**；但是在对于我们关于事实的信念所作的批判性的探讨中，只要可能我们就必须把原来思维的因果转变化为逻辑转变，并且只限于承认那些看来为转变的性质所肯定的引导出来的信念。关于这一点存在着一种常识上的理由，即每一种这类转变都被认为有包含某种错误的可能，因此与件比从与件引导出来的信念更接近真实。我并不是主张与件永远完全真实可靠，也不认为这种主张对于与件在认识论中的重要性有什么必要。

关于被人错误地称为“感觉的怀疑论”的学说的讨论，已经有 167
一段很长的历史。许多现象是骗人的。人们可能把镜子里看到的东西当作“实在的”东西。在某些条件下，人们把一件东西看成了两件。看来虹在某一点似乎接触到了地面，但是如果你走到那里，你是不会找到它的。在这一方面最值得注意的现象是梦：不管梦可能多么鲜明生动，我们醒后还是相信那些我们曾经认为我们看到过的物体是不真实的。但是在所有这些情况中，与件的核心并不是虚幻的东西，不真实的只是那些引导出来的信念。在我照镜子或者把东西看成双的时候，我的视觉确实就是我认为的那样。靠近虹接触地面的地方的东西看来真的显得带有颜色。在梦中我经历过我似乎经历过的那些经验；当我做梦的时候只是在我精神以外的事物不像我所认为的那样。事实上并没有感觉上的错觉，

而只是在把感觉材料解释为它们本身以外的事物的符号时才发生错误。或者更精确地说，不存在任何关于感觉上的错觉的证据。

每一次为人熟悉的感觉都带来与它联系在一起的不同的信念和预料。例如当我们看见并且听见一架飞机的时候，我们不仅有着视觉上的感觉和急速噪音的听觉；我们还自发地并且不经过有意识的思维来解释我们所看到的和听到的东西，用习惯的附加物把它充实起来。我们做到这一点的程度可以从我们弄错一件东西时明显地看出来——例如，当我们以为是一架飞机结果却是一只鸟的时候。我认得一条道路，我经常坐汽车在这条道路上经过，这条道路在某个地方转弯，正前面有一面涂着白灰的墙壁。在夜里人们很难不把这面墙壁看成一条直登山冈的道路。把它当作房子的正确解释和把它当作一条直登山冈的道路的错误解释，在一种意义上讲，都是根据感觉与件得出的推理，但是它们不是逻辑意义上的推理，因为它们的发生不靠任何有意识的精神过程。

我把对于感觉所作的自发解释的过程叫作“动物性推理”。一只狗听到有人用它熟悉的语调喊它，它就四下张望直奔声音所在的方向。它可能弄错，像广告上那只听到放送“主人之声”①就在留声机上找来找去的狗一样。但是因为这种推理是由成为习惯的反复出现的经验所产生的，它的推理就一定是一种在它的过去生活中经常正确的推理，因为否则这种习惯就不会养成。这样我
168 们在开始反省的时候，我们就会发现我们自己是在预料一切事实上发生的事情，虽然从逻辑方面讲，尽管有着那些产生这类预料的

① “主人之声”是英国胜利(Victor)唱片公司的商标名。——译者

感觉,它们如果不发生也是可能的。这样对于动物性推理所作的反省就向我们提供了许多起始阶段的科学定律,例如"狗吠"等等。这些起始阶段的定律通常并不怎样可靠,但是它们却帮助我们走上了科学的第一步。

像"狗吠"这类日常的概括性命题是在那些也许可以叫作先于文字形式的同样信念的习惯形成以后才逐渐被人明确地相信的。"狗吠"这些字所表达的是什么样的习惯?我们并没有预料狗在任何时间都要吠叫,但是我们却预料到狗如果发出声音,这种声音将是吠声或嗥叫声。从心理学方面来讲,归纳法并不是按照教科书上所说的方式进行的,教科书上假定我们已经观察了许多狗吠的场合,然后有意识地去进行概括。事实是这个概括,就它是一种预料的习惯来说,发生在比有意识的思想较低的一个等级上,所以在我们进行有意识的思考时,我们发现我们自己相信这个概括,这并不是由于我们明确地相信证据,而是由于这个概括表达了我们的预料习惯中所蕴涵的东西。这是这个信念的历史,而不是它的一种合理根据。

让我们把这种事态说得更明确一些。最初是狗吠这种反复出现的经验,然后是预料吠声的习惯,再后是通过对于这种习惯作出文字表达,才有相信"狗吠"这个概括性命题的信念。逻辑学家是最后才出现的,他问的问题不是"为什么我相信这个命题?"而是"有什么理由来假定这个命题为真?"。显然,如果存在什么理由的话,这种理由一定由两个部分组成:第一,我们曾经听到狗吠的不同场合所组成的知觉事实;第二,某些为从观察到的事例概括为定律提供合理根据的原理。但是这种逻辑过程的出现,从历史上讲,晚于而不是早于我们对于许多常识性质的概括所抱的信念。

在平常思维中,甚至在许多哲学家的思维中,把动物性推理变换为文字的概括这一过程是进行得不够充分的。在人们认为属于
169 对于外界事物的知觉中就有不少是由过去经验所产生的习惯。拿我们对于物体的永久性所抱的信念做个例子来看。当我们看到一只狗或一只猫,一把椅子或一张桌子的时候,我们并不认为我们正在看到某种只是暂时存在的东西;我们确信我们正在看到的东西具有相当长久的过去和将来。我们并不是对于我们看到的每件东西都这样想;一道闪电、一枚火箭或者一条虹都被人料到很快就要消失。但是经验已经让我们产生这种预料,那就是平常的固体,人们既可以看到也可以摸到,是一直存在的,并且在适当场合是可以再被人看到和摸到的。科学把表面的消失解释为转化成气体形态,从而加强了这种信念。但是除了例外的情况,人们对于准永久性所抱的信念早于科学上关于物质不灭的学说,它本身又晚于那种动物性预料,即认为如果我们找的地方对,我们就能再看到普通物体。

用动物性推理来补充感觉核心的过程,直到它成为一般所谓"知觉"为止,和报社里补充新闻电讯的过程相类似。采访员用电报送来"国王"一个词,报纸就登上"乔治六世陛下"。这种办法有着发生某种错误的可能,因为采访员可能述说麦根森·金(King)[①]先生所做的事情。固然从上下文通常可以看出这种错误,但是人们可以想象出不能从上下文看出错误来的一些情况。

① 英语中"国王"与作为姓氏的"金"两词字母相同。——译者

在梦中我们对于单纯的感觉消息作了错误的补充,只有在醒后我们才发现我们的错误。

这种情况非常类似缩写的电讯。比方说,假定你看见一个朋友靠近即将进站的火车上的窗口坐着,过了一会儿你看见他在月台上向你走过来。你的知觉(以及你对于它们的解释)的物理原因是某些在他与你的眼睛之间穿过的光的信号。物理学本身能让你从接到这些信号所推论出来的只是大体沿着视觉的方向,有适当颜色的光射出或反射或屈射或散开。显然那种发明电影的巧妙想法能够使你在看不到你的朋友时也产生这些感觉,因而让你在 170
这种情况下受骗。但是这类骗人的来源不能经常出现,或者至少到现在为止不能经常出现,因为,如果能够这样,你就不会养成事实上你已经养成的对于整个情况所抱的预料和信念那些习惯。在我们假定的这种情况下,你确信这是你的朋友,在从看见他靠近窗口到看见他走在月台上的这一段时间内他一直存在着,并且他在空间中从前一个位置到后一个位置走的是一条连续的路程。你毫不怀疑你所看到的是一件实实在在的东西,而不是像虹或云那样可望而不可即的事物。这样,尽管由感官接到的消息只包括(可以这样说)不多几个关键性的字眼,你的心理和身体习惯却使你自发地并且不加思考地把它扩展为一件前后一贯的和内容充实的消息。

这种把感觉核心扩展到产生一般用“知觉”这个多少有些未经证实就假定成立的名称所表示的内容的过程,显然只有在我们的联想习惯与外在世界发生的过程相符合的范围内才是可靠的。从山上往下俯视,云块可能非常像海或一片雪地,只有与此相反的

正面知识才使你不致这样解释你的视觉。如果你不常听留声机，你就会把门那边传来的声音满有信心地当成是你要走进的那间屋子里的人发出来的。发明能够欺骗不小心的人的巧妙机器看来显然没有什么止境。我们知道我们在电影银幕上所看到的人并不是实有其人，尽管他们的走动、谈话和举止的方式与人的走动、谈话和举止的方式有某些相似的地方；但是如果我们不知道这一点，我们一开始会感觉很难相信是这种情况。因此每逢环境和我们过去经验让我们预料的情况不同的时候，我们通过感官似乎知道的东西就可能带有欺骗的性质。

从上面的讨论看来，我们不能把常识不加批判地认为是知觉中的所与全都当成与件。只有感觉与记忆才真正是我们关于外在世界知识的与件。从我们的与件名单上我们一定要去掉的不仅有那些我们有意识地推论出来的东西，而且还有所有通过动物性推理得来的东西，例如一件看到但并未摸到的物体在想象中的硬度。
171 固然我们的“知觉”，就其全部内容来说，都是心理学的与件：我们事实上确实有着相信某某一种物体的经验。只是为了得到关于在我们自己精神以外存在的事物的知识才有必要只把感觉当作与件。这种必要是我们关于物理学与生理学所具有的知识的一个推论。同一种外界刺激在到达具有不同经验的两个人的大脑时，将产生不同的结果，只有这些不同经验中共同的东西可以用来推论外界的原因。如果有人提出反对的意见，认为物理学与生理学的真实性是可怀疑的，情况就变得更坏；因为如果它们是假的，那么根据我的经验对于外在世界就什么也不能推论。可是我在这本书中始终认为科学所说的大体上是对的。

如果我们把“与件”定义为“那些我们不依靠推理就有理由感到差不多接近必然的事实”，那么根据上面所说就可以得出这个结论：所有我的与件都是我所遇到的事件，并且事实上就是一般所说的在我心中所发生的事件。这是一种已经成为英国经验论特点的看法，但是它曾经遭到大多数大陆哲学家的反对，而现在不管是杜威的门徒还是大多数逻辑实证主义者都不接受这种看法。因为这个问题相当重要，所以我将列举出那些使我确信的理由，对于已经说过的理由也要简单重复一下。

首先，有着在常识范围以内的论证，这些来自幻觉、斜视、反射、屈射等等，但是主要还是来自梦境。昨夜我梦到我在德国，站在面朝一座只剩下断壁残垣的教堂的一所房子里；在梦中我首先认为这座教堂是在最近战争中炸毁的，但是后来有人告诉我说，教堂毁于十六世纪宗教战争。只要我还在睡梦之中，所有这一切都像醒时一样令人深信不疑。我的确做了这场梦，并且的确有过与醒时看到一座只剩下断壁残垣的教堂的经验实质上完全不可区分的一次经验。由此看来我叫作“看见一座教堂”的经验并不是表明有一座教堂存在的决定性证据，因为可能并不存在像我在梦中所认为的那种外界事物。人们可能说，虽然在梦中我可能**认为**我是醒着，在我醒后我才**知道**我是醒着。但是我看不出我们怎样才具有这样的确实性；我经常梦到我醒来；事实上有一次在我用了麻醉药之后，我在一场梦中就梦到我醒了一百次。事实上我们之所 172
以责备梦不真实，是因为梦不能和适当的环境相吻合，但是可以让这种论证不具有最后结论的性质，正像我们在卡尔德隆的剧本《人生如梦》(*La Vida es Sueño*)中所看到的一样。我不相信我现

在是在做梦，但是我却不能证明我不是在做梦。可是我完全确信我正在经历某些经验，不管它们是梦中还是醒时的经验。

我们现在来看另外一类论证，它们来自物理学与生理学。这类论证是由洛克引进哲学里来的。洛克用它们来证明第二性质都是属于主观方面的东西。这类论证能够被用来怀疑物理学和生理学的真实性，但是我将首先在以科学大部分为真的假设上来研究它们。

当光波到达眼球时我们就有一次视觉，而当声波到达耳朵时我们就有一次听觉。没有任何理由可以认为光波和我们叫作看见某种东西的那种经验有什么相似之处，或者声波和我们叫作听见一种声音的那种经验有什么相同之点。没有一点理由可以认为光波与声波的物理来源比光波与声波和我们的经验更相类似。如果人们以不常见的方法产生光波与声波，我们的经验就可能引导我们作出关于以后经验的推理，而事实上我们并没有这些以后的经验；这就说明即使在正常的知觉中解释所起的作用也比常识所认为的要大，并且解释有时引导我们抱有错误的预料。

另外一种困难与时间有关。我们现在看到和听到，但是（按照常识的看法）我们正在看到和听到的东西却发生在某些时候以前。当我们既看到而又听到一阵爆炸的时候，我们先看到它然后才听到它。即使我们能够认为我们室内的家具完全与它的表象一样，我们却不能认为距离我们以几百万光年计的一块星云也同它的表象一样，星云看来像一个黑点，但它比银河却小不了太多，从那里现在到达我们这里的光出发在有人类存在之前。而星云与家具之间的差别只是一种程度上的差别。

然后就是生理学的论证。失掉一条腿的人可能仍然感到他的 173
腿疼。约翰逊博士反驳贝克莱时,认为他的脚指头踢到石头上所感到的疼痛是石头存在的证据,但是看来这连作为他的脚指头存在的证据都不够,因为即使他的脚指头已经被切下来他也可能感到它的疼痛。一般说来,如果用某种特定的方法刺激一条神经,就会产生某种感觉,不管这种刺激的来源如何。在具有足够的熟练技术的情况下,通过轻轻摸触一个人的视神经,使他看到布满星体的天空应该是可能的,但是所用的工具与天文学家所研究的壮丽天体恐怕不会有什么相同之处。

像我以前所说过的那样,上面的论证可能被人作出怀疑论的解释,认为它表明没有任何理由相信我们的感觉具有外界的原因。因为这种解释承认我现在所要主张的意见——即感觉是物理学的唯一与件——我暂时将不去讨论它是否可以被推翻的问题,而要去研究一种非常类似的论证,这种论证与笛卡尔的怀疑方法有关。这种方法在于通过暂时不承认一切可能被怀疑的东西来找寻与件。

笛卡尔主张可感觉的物体的存在可能是不确实的,因为可能有个骗人的邪神蒙蔽我们。**我们**应该用彩色电影来代替骗人的邪神。当然我们可能正在做梦。但是他把我们思想的存在当作完全不容怀疑的东西。当他说“我思故我在”的时候,他可能找到的那些原始的确实可靠的事物是些具体的“思想”,这是按照他使用这个名词的广义说法来讲的。他自己的存在是从他的思想得出的一个推论,这个推论的正确性与我们现在研究的问题没有关系。在整个环境中,在他看来确实可靠的就是怀疑,但是怀疑这种经验并没有驾乎其他经验之上的特权。当我看见一道闪电时,人们认为我可能不确切知道闪电的物理性质,甚至对于是否有在我身外的事情发生也没有把握,但是我却不能让自己怀疑发生过那件叫作“看见一道闪电”的现象,尽管可能在我的视觉以外并没有什么闪电。

我并无意主张我认为我的全部经验都确实可靠;这种看法无
174 疑是错误的。许多回忆是不足置信的,许多模糊的感觉也是这样。我所说的话——在这一方面我是在述说笛卡尔论证的一部分——的意思是,有些现象是我不能让自己怀疑的,并且如果我们承认有一个非我,这些都是属于那类构成我个人生活中一部分的东西。它们并不都是感觉;它们有些是抽象的思想,有些是回忆,有些是愿望,有些是快乐或痛苦。但是它们都是我们一般应当说成是在我身上发生的心理事件。

我个人的看法认为,这种观点在它涉及作为事实的与件的范围内是正确的。超出我的经验之外的事实可能被人弄成看来可以怀疑的东西,除非有一种论证证明它们的存在是从在我经验范围之内的事实加上那些我有理由感到确信其必然性的定律得出来的结论。但是这是一个很长的问题,关于这个问题目前我只想说几句准备阶段的话。

休谟关于科学的世界所抱的怀疑论来自:(a)认为所有我的与件只有我个人才知道的学说,加上(b)认为事实不管多么繁多和严加挑选,也不能在逻辑上蕴涵任何其他事实这个发现。我看不出有什么逃避开这两个命题的方法。第一个命题是我正在设法证明的;我可以说在这一方面我从感觉的物理因果关系上对于这种论证特别加以重视。至于第二个命题,对于任何一个懂得演绎论证的性质的人来说,这显然只是一个句法的问题。肯定一件不包含在前提中的事实必须使用一个不在前提中出现的专有名称。但是在演绎论证中一个新的专有名称只有一种出现的方式,这就是在我们从一般推到特殊时所见到的情况,例如“凡人都有死,所以苏格拉底有死”。现在看来没有任何关于事实的肯定命题的总和在逻辑上等于一个普遍的肯定命题,所以如果我们的前提只涉及事实,那么这种引来一个新的专有名称的方法就不能被我们采用。因此这个命题就成立了。

如果我们不从上面两个前提演绎出休谟的怀疑论,那么看来就只有一个可能逃避开的方法,这就是主张在我们的知识的前提当中,有某些普遍命题,或者至少有一个普遍命题,这个命题从分析的意义上讲不是必要的,也就是说认为它伪的假设并不是自相
矛盾的。一个为归纳的科学应用提供合理根据的原理具有这种性 175
质。我们所需要的是用某种方法让那些从已知的事实推到一些现象的推理具有概然性(不是必然性),这些现象尚未成为并且也许永远不会成为作出推理的人的经验。如果某一个人想知道任何一件超出他自己迄今为止的经验范围的事情,他的不经推论得出的全部知识一定不仅包括事实,而且包括可以使他根据事实作出推理的普遍定律或者至少一个定律;与演绎逻辑的原理不同,这样的一个定律或一些定律一定是综合性质的。也就是说它的真不能由它的伪是自相矛盾而得到证明。不同于这个假设的唯一可能的另外选择就是对于所有科学和常识的推理,包括我所说的动物性推理在内,抱着完全怀疑的态度。

第二章　唯我主义

人们通常把叫作“唯我主义”的学说定义为那种认为只有我自己才存在的信念。除非这个学说为真，否则它就不是一个学说。如果它真，那么它就是那个肯定只有我罗素存在的命题。但是如果它伪，并且我有读者，那么对于你们这些读到这一章的人来说，它就是那个肯定只有你们才存在的命题。这是一种由于上一章得出的结论而让人想到的看法，意思是说所有我的与件，就它们是事实而论，是只有我自己才知道的，而从一件或更多件事实推到其他事实的推理永远不能在逻辑上得到证明。这些结论使人认为怀疑每一件在我自己经验范围以外的事物都是合理的，比方说别人的思想和当没有被我看见时的物体的存在。我们现在要加以考察的正是这种看法。

176 我们必须开始就给这个学说以比较确切的说法，并且把它可能表现出来的各种不同形式区别开来。我们一定不要用“只有我自己存在”这几个字来表达这个学说，因为这些字只有在这个学说为伪的情况下才具有明确的意义，那么我们就可以挑出一个人来并假定他认为他就是整个宇宙。这和哥伦布以前的人相似，那时候人相信旧大陆就是这个行星上的全部土地。但是如果别的人和事物不存在，“我自己”这个词就失去了它的意义，因为这是一个排除其他、起限制作用的词。代替“我自己是整个宇宙”这个说法，我们必须说“与件是整个宇宙”。这里“与件”可以通过列举的方法来下定义。这时我们就可以说，“这个表是完全无缺的，这就是一切”。或者我们可以说,“我们不知道还有另外的东西”。在这种形式下,这个学说不要求对于自我先下定义,它所表示的主张具有可以加以讨论的明确程度。

我们必须把两种唯我主义区别开来,我将把这两种分别叫作“独断的”和“怀疑的”唯我主义。按照上面的说法,独断的唯我主义认为,“除了与件什么东西也不存在”,而怀疑的唯我主义则认为“除了与件我们不知道有什么东西存在”。独断的唯我主义找不到任何赞成它的理由,因为如果我们所研究的对象不是与件,那么证明不存在是和证明存在同样困难的。因此我将不再谈论独断的唯我主义,而把力量完全放在怀疑的唯我主义上面。

怀疑的唯我主义是很难确切加以表述的。“除了与件我们一无所知”,我们现在所说的这个说法是不对的,因为另外一个人也许知道得多一些;这里存在着适用于独断的唯我主义的同样反对理由。如果我们把我们的说法改为“除了以下各事物(一个与件表)以外,我什么也不知道”,那么我们就又引进来了自我,而这一点正像我们所看到的那样,是我们在给我们的学说下定义时所绝不能做的。想逃避开这个反对理由是很不容易的。

我认为我们可以把唯我主义所研究的问题叙述如下:“命题 $p_1, p_2, \cdots\cdots p_n$ 不是通过推理才知道的。那么我们能不能列出这样一个表,根据它把其他表达事实的命题推论出来?”在这种形式下,我们就不必说我们的表是完全无缺的,或者说它包括某一个人所知道的全部事实。

显然如果我们的表完全由断言事实的命题所组成,那么对于我们的问题的回答就是否定的,从而怀疑的唯我主义为真。但是如果我们的表包括所有具有定律性质的命题,那么回答就可能不同。可是这些定律必须是综合性质的。任何一个事实的集合在逻辑上都可能成为全部;在纯粹逻辑里任何两个事件都可能共同存在,任何一个事件的集合都不蕴涵其他事件的存在。

但是在根据这种想法进行探讨之前,先让我们看一看各种不同形式的唯我主义。

唯我主义可能比较彻底或者比较不彻底;它越是彻底它就越合乎逻辑同时也就越发显得不能让人接受。最不彻底的唯我主义承认常识或正统心理学所承认的我的全部心理状态;这就是说,它不仅承认我直接意识到的那些事物,而且承认那些完全根据心理学的理由推论出来的事物。一般都认为我随时都有许多我不曾觉察到的微弱的感觉。如果我的房间有一只钟滴答作响,我也许觉察到它而感到讨厌,但是一般来说我是完全觉察不到它的,尽管我注意听时很容易听到它。在这种情况下,人们自然会说我没有意识到我的听觉内容。在大多数情况下,同样的说法也适用于位于我的视野边缘的物体。如果它们是些重要的物体,比方说一个拿着装上子弹的手枪的敌人,我就会立刻觉察到它们,把它们放到我的视野中心;但是如果它们不引人注意并且静止不动,我就仍然不会觉察到它们。可是认为我在某种意义上看见它们的看法看来也是合情合理的。

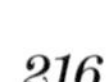

同样的看法也适用于记忆的失误。如果我翻一下旧的日记,我看到记在上面的已经完全忘记的赴宴约会,但是我却很难对于常识叫作赴宴的经验加以怀疑。我相信我曾经是个婴儿,尽管那个时期在我明确的记忆中没有留下什么痕迹。

最不彻底的唯我主义承认这类推论出来的心理状态。它所不承认的仅仅是涉及我自己和我的心理状态以外的任何事物的推理。

可是这却是不合逻辑的。用来作为从我意识到的心理状态推论到我意识不到的心理状态的合理根据的原理与那些用来作为推
论到物体和其他心灵的原理是完全相同的。所以如果我们打算得 178
到唯我主义所寻求的那种逻辑上的安全,我们就必须把自己限制在我们现在所意识到的心理状态范围之内。佛在老虎围着他吼叫的时候还能沉思默想,因而得到人们的敬仰;但是如果他是个一贯的唯我主义者,他一定会认为吼声随着他不注意到它而立即消失。

这样我们就接触到第二种唯我主义,这种唯我主义认为宇宙仅仅或者也许仅仅由下列各项事物组成;然后我们就列举我们在说话时刻所知觉到或记忆到的一切事物。而这将必须限制在我真正觉察到的事物范围之内,因为我**可以**觉察到的事物是推论出来的。就在现在这个时刻,我觉察到我的狗在睡觉,作为一个常人我确信在过去这一小时之内我随时都可能觉察到它,因为它一直(我是这样相信的)在我的视野之内,但是事实上我却完全没有注意到它。彻底的唯我主义者将要说,在过去这一小时之内,当我的眼光心不在焉地落到狗身上的时候,在我身上并没有引起任何后果;因为主张我有未被我觉察到的感觉就是允许作出一种不许可的推理。

就记忆来讲,这个学说的结果是十分奇怪的。我在某一时刻所回想起来的事物和我在另一时刻所回想起来的事物是十分不同的,但是彻底的唯我主义者只会承认我现在所回忆的事物。这样

他的世界将是一个由随时完全改变的各不相关的片断组成的世界——我所说的改变的意思不是对于现在存在的事物，而是对于过去存在的事物来讲的。

但是我们还没有处理唯我主义者为了感到安全而对逻辑作出的牺牲。十分明显，我可能有一次回忆，而所回忆的事物却不一定发生过；作为一种逻辑上的可能，我也许可能是五分钟以前开始生存的，带有我当时所有的全部记忆。因此我们应当去掉回忆起的事件，把唯我主义者的宇宙限制在目前的知觉范围内，这些知觉包括作为回忆的属于现在心理状态的知觉。就目前的知觉来说，这种最严格的唯我主义者（如果存在的话）在某种解释下承认笛卡尔的“我思故我在”的前提。他所承认的事物只能用这种形式正
179 确地表述出来：“A，B，C，……发生”。把 A，B，C，……叫作“思想”除了对于那些不承认唯我主义的人以外并没有增添什么东西。一贯的唯我主义者的特点在于这件事实，即如果“发生了 A”这个命题在他的表内，这个命题永远不是推论出来的。他认为所有从一个或更多具有“发生了 A”这种形式的命题推论出其他断言某种被叫出名字或加以描述的事物发生的命题的推理都不能成立。他认为这类推理的结论可能或可能不为真，但却永远不能被人认识到为真。

现在我们既然已经讲明白唯我主义者的立场，我们就必须探讨赞成和反对它的理由。

主张怀疑的唯我主义的论证如下：从一组具有“发生了 A”这种形式的命题不可能用演绎逻辑推论出任何其他断言某种事物发生的命题。如果要使这类推理有效，那就必须凭借某种像因果关

系或归纳等非演绎的原因。根据一组具有“发生了 A”这种形式的命题用演绎论证是连证明这类原理具有概然性这一点都做不到的。(我将在后面一章里来讲这种断言的证明。)比方说,归纳的正确有效除了假定归纳或某种同样成问题的公设以外是不能从事件的进程推论出来的。所以如果像经验主义者所主张的那样,我们的全部知识都建立在经验的基础之上,那么它就不仅是建立在经验的基础之上而且还限于经验的范围之内;因为只有通过假定某种或某些甚至不能由经验证明具有概然性的原理,我们才能用经验来证明除了经验本身以外的一切事物。

我认为这种论证证明我们必须在两个立场当中进行选择。要么我们必须承认那种最严格的怀疑的唯我主义,要么我们就必须承认我们不靠经验就知道某种或某些原理,通过这种或这些原理我们可以至少带有概然性地从事件推论出其他事件。如果我们采取第一种立场,那么我们所不承认的事物就必然远远超过一般认为唯我主义所不承认的事物的范围;我们不能知道我们自己的过去或未来的存在,也没有任何对于我们自己的未来作出预料的理由,如果这种未来发生的话。如果我们采取第二种立场,我们就必须部分地不承认经验主义;我们必须承认我们对于自然的进程的某些一般特点是有所认识的,而这种知识尽管可能由经验产生,它却不能用逻辑方法从经验推论出来。我们还必须承认,如果我们
180
具有这类知识,这类知识还不是十分明确;因果性与归纳,就它们的传统形式来讲,不能完全为真,而关于用什么去代替它们这一点我们并无所知。这样看来不管在两者之间采取哪一种立场都有很大的困难。

就我个人来讲,在两者之中我不承认唯我主义的立场而采取另一种立场。我承认问题的实质在于唯我主义的立场不能用归纳论证驳倒,如果我们承认那种我将叫作"经验主义假设"的原理的话;这个假设认为我们不靠推理所得到的知识仅由我们经验过的事物(或者更严格一点说,我们正在经验着的事物)加上演绎逻辑的原理组成。但是我们不能知道经验主义的假设为真,因为如果经验主义的假设为真,那就是一种为这个假设本身所否认的知识。这并不证明这个假设为伪,但是它却证明我们没有权利肯定它的正确。经验主义可能是一种真的哲学,但是如果它为真,人们却不能认识到它为真;那些断言他们知道它为真的人是自相矛盾的。因此我们在不承认经验主义的假设上从一开始就遇不到什么障碍。

就反对唯我主义的理由来讲,首先我们可以说它从心理方面来看是不能让人相信的,而且事实上连那些自认为真心承认它的人也不承认它。有一次我从一位有名的逻辑学家克里斯丁·莱德·弗兰克林夫人那里接到一封信,信中说她是个唯我主义者,由于看不到别的唯我主义者而感到奇怪。我不能相信某种事物这件事实并不证明这种事物为伪,但是如果我假装相信某种事物却证明我不诚实和轻率。笛卡尔的怀疑在用来表达我们的知识和显示事物的依存关系上是有它的价值的,但是走得太远它就变成一种纯学术的游戏而使哲学失去了它的重要性。不管有什么人,连我自己也算在内,可能出来主张相反的意见,我将仍然相信我不是整个宇宙,而在这一点上每个人事实上都会同意我的看法,如果我在确信别人存在这一点上正确的话。

关于唯我主义的争论的最重要的部分就是唯我主义只有在其最彻底的形式下才是可以让人维护的。有许多并非不能言之成理的中间立场,这些立场事实上曾被许多哲学家所接受。其中最不 181
彻底的一种看法是认为没有可靠理由来断言某种没有人经验过的事物的存在;根据这种看法我们可以与贝克莱一道,得出物质的不真实性而保留精神的真实性这个推论。但是这种看法由于它承认我自己以外别人的经验,并且由于我只是靠推理才知道这些经验,所以它认为从某些现象的存在可以正确有效地推论出其他现象的存在;如果我们承认这一点,我们就将发现推论出来的事件并没有任何理由应该让我们经验到。完全相似的看法也适用于那种相信一个人自己具有一个过去和一个大概会有的未来的唯我主义;这种信念只能从承认导致否认任何种类的唯我主义的推论原理中找到合理的根据。

这样一来摆在我们面前的就只有两种在逻辑上站得住的极端的假设。从一方面来看,要么我们知道非演绎的推论原理,这些原理是我们不仅相信别人存在,而且相信整个物理世界存在的合理根据,这个物理世界包括那些从未被人知觉过而仅仅根据它们产生的结果推论出来的部分;从另一方面来看,要么我们就局限在那种可以叫作“即时的唯我主义”的看法之内,按照这种看法,我的全部知识只限于我现在正注意到的事物,不包括我的过去和大概会有的未来,也不包括那些在这一时刻不曾为我注意到的全部感觉。当我们清楚看出这种在两者之间进行选择的情势之后,我不认为还会有什么人真诚和由衷地选择第二种假设。

如果即时的唯我主义不成立,我们就必须设法发现什么是那些综合性的推论原理，靠着关于这些综合性的推论原理的知识，我们的科学和常识的信念在其基本轮廓上才能找到合理的证据。我们将在第六部分中从事这项工作。但是首先最好我们还是一方面对于与件，另一方面对于得到最明确解释的科学信念作出一个概观。通过对这一概观所得的结果进行分析，我们可望发现那些在科学推理中为我们自觉或不自觉假定的前提。

182 # 第三章　常识的推理

“概然性”的推理（重复我们已经说过的话）是在前提为真和推理过程正确的情况下，结论仍然不带必然性而只带或多或少概然性的一种推理。在科学实践中有两种推理：纯粹数学的推理和可以叫作“实质性”的推理。从开普勒定律推论到应用于行星的引力定律的推理是数学的推理，但是从记录下来的行星的视运动推论到开普勒定律就是实质性的推理，因为开普勒定律并不是在逻辑上与观察到的事实相一致的唯一假设。人们在过去半个世纪中曾经对于数学推理充分加以研究。我所要讨论的是非数学的推理，这种推理永远只带有概然性。

广义来讲，我将认为任何属于已经被人承认的科学理论体系的推理都是正确的，除非它包含某一特种性质的谬误。我将不讨论人们对于科学所抱的怀疑主义的论证，而是在假定科学大体上正确这个假设的基础上去分析科学推理。

在本章内我的目的主要是考察体现于常识中的先于科学的知识。

我们必须记住逻辑上所说的推理与可以叫作“动物性推理”的那种推理之间的区别。我所说的“动物性推理”是指一个现象A引起一个信念B,而中间并不经过任何意识上的媒介。狗嗅到狐狸的气味就兴奋起来,但是我们认为狗并没有对自己说,“这种气味过去经常和狐狸所在的地方联系在一起,所以附近可能有一只狐狸”。狗的行动诚然跟它真的经过这种推理过程一样,但是这种推理过程是靠着习惯,或者像人们所说的“条件反射”由身体 183
来完成的。只要A在动物的过去经验中经常与B联系在一起,这里B是某种激起情绪上的兴趣的东西,那么A的出现就容易引起适合于B的行为。这里A和B并没有任何**意识上**的关联;我们可以说有知觉A和行为B。用旧式的语言来说,我们可以说A的“印象”引起了B的“观念”。但是通过身体行为和可以观察的习惯来说明的新的说法却更为精确,并且应用的范围也较广。

与纯粹数学推理相对的科学中大多数实质性的推理,首先是从动物性推理的分析中产生的。但是在发展我们的主题的这一方面之前,先让我们看一看动物性推理在人类行为中所占的范围。

对于语言的实用的(与理论的相对而言)理解包括在动物性推理的范畴之内。对于一个词的理解实际上包含:(a)听见它的结果和(b)说出它的原因。你理解“狐狸”这个词,如果当你听见它时就有一种要作出适合于狐狸出现时的行为冲动,并且当你看见一只狐狸时就有一种要说出“狐狸”来的冲动。但是你并不需要意识到狐狸与“狐狸”这个词之间的这种关联;从这个词到狐狸或者从狐狸到这个词的推理都是动物性推理。一些像十二面体这类学问是十足的字眼就不是这样。我们是通过文字的定义才懂得这类字眼的意思的,在这种情况下,文字与意思的关联是从有意识的推理开始,然后才成为习惯。

文字是**符号**的一种特例。我们可以说,对于一个有机体O来说,一类刺激A中的一个分子叫作一类物体B中的某个分子的**符号**①,如果O遇到A类刺激产生一个适合于B类物体的反应。但这并不是十分确切的说法。在没有把说法讲得更为确切之前,让我们先看一个具体的例子,比方说“无火不生烟”。

我们要经过各个不同的阶段才能说明这句谚语。首先,人们一定要有关于烟和火的反复多次的经验,不是两者同时出现就是时间相隔很近。原来烟和火都产生各自的反应,比方说烟让人吸
184 进鼻子去闻,而火则让人跑开。但是后来人们形成了一种习惯,于是烟就产生了让人跑开的反应。(我在假定一个经常发生森林火灾的环境。)这个习惯形成以后,过了很久又形成了两个新的习惯:烟让人想起“烟”这个字,而火则让人想起“火”这个字。在有了这三个习惯之后——烟引起适合于火的一种反应,烟引起“烟”这个字,火引起“火”这个字——就存在着形成第四个习惯的材料,即“烟”这个字引起“火”这个字。如果这个习惯存在于一个喜好沉思的哲学家的身上,它就可能引起“无火不生烟”这个句子来。至少这是关于一个非常复杂的过程的一个大略的概括。

在上面这个例子中,当所有这些习惯存在的时候,烟是火的符号,“烟”这个字是烟的符号,“火”这个字是火的符号。也许我们可以假定符号关系常常是传递的;这就是说,如果A是B的符号

① 或者更正确地说,一个“主观上的符号”。

并且B是C的符号，那么A是C的符号。实际情况并不总是这样，但是如果A和B，B和C的符号关系在动物的有机体中巩固建立起来，这种情况就容易发生。如果这样的话，当“烟”这个字是烟的符号，烟是火的符号的时候，“烟”这个字就将辗转成为火的符号。如果火引起“火”这个字，“烟”这个字就将以这样的方式辗转成为“火”这个字的原因。

让我们立下一个定义：一个有机体O有着关于一种物体B的“观念”，如果它的行动适合于B，尽管在感觉上没有B这种物体出现。可是这个说法需要加以某种限制。一个“观念”并不一定产生这个物体所会引起的*全部*反应；这就是我们所说的一个观念可能模糊，或者不是在生动想象下的情况。可能只有“B”这个字。这样我们就将说O有关于B的观念，只要O表现出*某种*适合于B而不是适合于其他任何事物的反应。

我们现在可以说，如果A引起关于B的“观念”，A就是B的符号。

我们已经使用了“适合”这个字眼，这个字眼需要我们另外下定义。我们一定不要按照目的论的说法来下定义，比方说“对有机体有用”或类似的说法。“适合”于B的反应首先是B在感觉上出现时所引起的那种反应，这种反应并不依靠获得的习惯。人们接触到一件很热的东西而发出一声痛苦的喊叫，就是在这种意义上所说的适当的反应。但是我们不能从我们的适当的反应的定义中完全排除获得的习惯。你看见狐狸时说出“狐狸”是适当的。185
我们可以定下一种区别：离开了获得的习惯，就不存在我们对之作出说声“狐狸”的反应的那种情况。因此我们可以决定“适当的”

反应也包括这类反应:它们由于习惯的原因,随着物体 B 的出现而发生,但却不对 B 以外的任何物体作出自发反应;并且除非由于几种习惯结合起来的原因,不对 B 以外的任何物体作出习惯反应。

上面的讨论为那种可以叫作“主观的”符号下了定义,如果 A 引起关于 B 的观念。我们可以说 A 是 B 的“客观的”符号,如果 A 在事实上由 B 接续或伴随,而不仅是引起关于 B 的观念。我们可以大体上说如果一个主观的符号同时不是一个客观的符号,那么有机体这一方面就发生了谬误;但是这种说法只有加以限制才是正确的。

我们需要作出限制,因为我们必须把伴有信念的观念和仅仅想到的观念区别开来。如果你有两个叫作 Box 和 Cox 的朋友,那么你看见 Box 就很可能想起 Cox,但并不相信 Cox 的出现。我认为不带信念想到一个观念比带有信念想到一个观念更为复杂。一个观念是或者包括(我将不细究是哪一种情况)一种要作出某种行动的冲动。当冲动没有受到抑制时,我们就“相信”这个观念;当冲动受到抑制时,我们就只是“想到”这个观念。在前一种情况下我们可以把观念叫作“行动的”,在后一种情况下我们可以把观念叫作“悬而未决的”。谬误只能和**行动的**观念联系在一起。这样在主观符号产生一个行动的观念时就发生谬误,虽然在这个观念的符号和这个观念所表示的物体之间并没有这样的连续关系。

按照这种看法,谬误是先于理智的东西;它只需要身体的习惯。鸟飞的时候撞在它看不见的玻璃窗上就发生了谬误。我们也都像鸟一样,心里会想到一些一旦发生谬误就可能造成痛苦震动的轻率信念。我认为科学方法主要在于消除那些有正面理由认为是造成心理震动原因的信念,同时保留那些对之不能提出确定的反面论证的信念。

我在刚刚说过的话里一直假定“A 引起 B”这种形式的因果律,这里 A 和 B 是现象组成的类。这类定律从来不是完全正确
的。正确的定律只能用微分方程来表示。但是要它们完全正确并 186
不是必要的。我们所需要的只是:“在有 A 出现的远远超过半数的实例中,B 在同时或者紧跟着出现。”这就使得 B 在 A 出现的时候带有**概然性**,而我们所要求的也不过就是这一点。我已经假定在一个特定有机体的历史中,如果在 A 之后经常有 B 出现,那么 A 的出现将伴有或紧跟着有关于 B 的“观念”的出现;这就是说,将引起一种由 B 所引起的行为冲动。这个定律的意思不可避免是模糊不清的。如果 A 和 B 让有机体在情感上感兴趣,它们一起出现的一个实例可能就足以建立一种习惯;如果不是这样,可能就需要许多个实例。54 与 6 乘以 9 一起出现对于大多数儿童来说并没有什么情感上的兴趣;这就是学会乘法表所以困难的原因。另一方面,“吃一堑,长一智”说明如果有强烈的情感上的兴趣,习惯就很容易养成。

从我们刚刚说过的话里可以看出,科学从而且必须从只是近似正确的初步概括出发,其中许多概括在用文字把它们表示出来之前是作为动物性推理而存在的。这种过程有如下述:B 有若干次跟随着 A 发生;然后 A 总伴有对于 B 的预料;然后(可能晚得多)出现了“A 是 B 的符号”这种明确的判断;只有到了这时,当这类判断已经大量存在的时候,科学才能开始。后来休谟对于我们

是否有理由认为 A 是 B 的客观符号，甚至是否有理由认为我们将继续把 A 当作 B 的符号，表示了怀疑。这是关于这个题目的心理学方面的一个梗概；这对于它的逻辑并没有任何直接的关系。

让我重复一遍，动物性推理与科学的推理之间的区别在于：在动物性推理中，知觉结果 A 引起关于 B 的观念，但是并不存在任何有意识的关联；在科学的推理中（不管正确或不正确）存在着一种把 A 和 B 都包括在内的信念，这种信念我已经用“A 是 B 的符号”来表示过。把一般所说的推理和我所说的动物性推理区别开来的正是表示 A 和 B 的关联的一个单独信念的出现。但是注意到下面这一点是很重要的：在所有最基本的实例中，在表示这种关联的信念之前总要先有动物性推理的习惯。

187 让我们拿对于多少具有永久性的物体所抱的信念作例。一只狗在不同场合看见主人所作出的反应具有某些不变的特点；这就是我们通过说出狗“认识”主人所表示的那件可以观察的事实。在狗寻找不在的主人时，就涉及超过认识范围的东西。看来描述这样一个实例的情况难免要使用理智气味过重的语言。人们可能想说，有一种要用一个物体的印象来代替关于它的观念的欲望，但这是看来说了很多而实际并未说出什么的一种说法。关于动物的欲望，最简单的可以观察的事实是平静不下来的行为，直到某种局面出现，然后才有相对的平静。还有像巴甫洛夫使用过的腺的分泌的生理学的事实。我并不是在否认狗有大体类似我们在感到有欲望时所有的那些经验，但这是从狗的行为得出的一个推理，而不是一个与件。我们所观察到的现象可以总结如下：狗的某一部分行为由于主人而被统一起来，正像行星的行为由于太阳而被统一起来一样。就行星的情况来讲，我们并没有作出行星“想到”太阳的推论；就狗的情况来讲，我们大多数人的确作出了相应的推论。但这种不同现在还不需要我们加以考察。

当我们处理语言的时候，只用一个字眼来表示环境中一些特点是很自然的，这些特点是按照狗把主人外表连接起来的方法而连接起来的。语言有着表示与我们关系最密切的物体的专有名称，以及表示其他物体的一般名称。专有名称体现一种常识的形而上学，这种形而上学与动物性推理一样，存在于语言之前。让我们看一看像“妈妈在哪儿?”“我的球在哪儿?”这类孩子们的问题。这些问题意味着妈妈和球在感觉上看不见的时候仍然存在于某个地方，并且大概通过适当的行动就可以在感觉上看得见。这种对于永久性的或准永久性的物体所抱的信念是建立在识别的基础之上的，并且因而在某种意义上蕴涵着记忆。不管情况怎样，当小孩开始说话的时候，他显然对于某一类刺激有着作出相似反应的习惯，这种习惯经过反省就成了对于常识中的永存的物体所抱的信
念。人类发展语言的情况大体上一定也是如此。那种认为有着多 188
少具有永久性的物体存在的形而上学形成了每一种语言的语汇和句法的基础，也是实体概念的基础。现在我对这一点唯一想谈的就是它是识别过程所包含的动物性推理经过理智化而产生的。

我现在谈一下记忆。关于记忆我想说的就是记忆的尽管不是不变的一般可信性是科学知识的一个前提，如果我们可以认为科学大体正确，这种可信性就是必要的，但是如果凭借不假定记忆的论证，那么科学就连概然性也不具备。更精确一点来说：如果我想起某件事情，那么我回想起的事情很可能发生过，并且我能通过我

的记忆的生动性来作出概然性程度的估计。

让我们首先弄清楚说记忆是科学的一个前提在逻辑上是什么意思。提出一个具有下面形式的概括性叙述是一个错误:“回想起来的事情很可能发生过。”我们不如说作为前提的是记忆的每一个实例。这就是说,我们具有不是从其他信念推论出来的关于过去发生的事情的信念,但是我们并不应该抛弃这些信念,除非有着非常有力的理由。(这里我所说的“我们”是指那些熟悉科学方法和认真对待他们的信念的人。)这些有力的理由一定包含着一个或更多的科学定律,以及一些可能不是知觉到就是回想起来的事实。当麦克白①的女巫消失之后,麦克白就怀疑他是否看见过她们,因为他相信物体的永存。但是尽管任何记忆都可能被人认为是错误的,它却总带有某些分量,这就使得我们在没有相反证据的时候相信记忆。

在这个地方关于与特殊事实相对待而言的科学定律我们必须讲几句话。只有通过假定定律是正确的,一件事实才能使另一件事实具有概然性或不具概然性。如果我记得昨天中午我在美国,但是中午前五分钟我却在堪察加,那么我将认为我的记忆当中一定有一个是错误的,因为我确信这段旅行不可能在五分钟内完成。但是为什么我这样想?作为一个经验主义者,我认为自然律应该
189 用归纳的方法从特殊事实推论得来。但是我怎样确定有关一次旅行所需时间的特殊事实呢?显然我必须部分地依靠记忆,因为否则我将不知道我已经完成一次旅行。任何科学定律的最后证据都

① 莎士比亚的悲剧《麦克白》中的主角。——译者

是特殊的事实，加上那些我所要探讨的科学推论的原理。当我说记忆是一个前提时，我的意思是说，在作为科学定律的基础的那些事实当中，有些事实得到我们的承认完全是因为我们记得它们。可是我们只承认它们具有概然性，并且它们当中任何一个到后来都可能被否认，如果我们发现的科学定律使得这个特殊记忆不大可能发生的话。但是这种不大可能只有通过假定大部分记忆可靠才能得到。

记忆作为一个前提的必要性可以从提出这个问题看出来：我们有什么理由否认世界在五分钟以前开始存在这个假设？如果世界当时开始的情况正像当时事实上那样，人们也具有人们当时事实上所有的习惯与记忆，那就没有方法可以确定他们从那时才开始存在。然而这个假设在逻辑上讲并不是不可能的。现在发生的事情在逻辑上不能蕴涵任何在其他时间发生的事情。我们借以推论过去的自然律，像我们已经看到的那样，本身依靠对于有利于这些自然律的证据所作的回忆。因此我们一定要把回想起来的事实和被知觉到的事实一起作为我们的与件的一部分，尽管我们对于前者相信的程度一般要小于我们对于后者相信的程度。

这里我们要弄清一种区别，这种区别还是相当重要的。一次记忆是一个现在的事实：我现在记得我昨天做过的事。当我说记忆是一个前提时，我的意思并不是说我能从我现在的回忆推论出回忆起来的过去的事件。在某种意义上讲这可能是事实，但是在这里却不是重要的事实。重要的事实是过去发生的这件事本身是我的知识的一个前提。我们不能从我回忆起它这个现在的事实把它推论出来，除非我们假定记忆一般是可信的，即被回忆起来的事件很可能都是发生过的。这就是知识的记忆前提。

我们必须弄明白在我说这个或那个是一个前提时，我的意思并不是说它必然真；我的意思只是说它是在到达真理的过程中所
190 要考虑到的事情，而它本身并不是从我们相信为真的某种事物推论得来的。这种情况和刑事审讯中证人的说法互相矛盾的情况一样。每个证人的话初看都有一定的分量；我们必须找到一个容纳最多证词而又前后一致的体系。

现在让我看一看知识的另外一个来源，即证词。我认为证词的一般可信性并没有作为科学知识最后完成的结构的一个前提的必要，但是它却是早期阶段的一个前提，动物性推理还使得我们容易相信它。另外我认为我们将发现在科学最后完成的结构中有一个前提存在，我们需要它来保证证词以及某些其他事物的概然程度的可信性。

让我们首先研究一下常识的论证，比方说那些在法庭上会显示出分量的论证。如果十二个人当中每一个人说假话和说真话的次数一样多，他们各自为某一事件作证，那么他们提供真实证词的比率是 4095 比 1。我们可以认为这种情况带有实际上的必然性，除非这十二个人各自都有说谎的动机。这样的情况也可能发生。如果两只船在海上相撞，一只船上所有水手发的是一种誓，而另一只船上所有水手发的誓正好相反。如果其中有一只船已经带着全部船员下沉，那就会出现完全一致的证词，可是熟悉这类案件的律师仍然会感到怀疑。但是我们不需要进一步研究这类论证，因为这类论证是律师而不是哲学家所关心的事。

常识的做法是相信证词，除非关于所研究的特殊事例出现了

不利于这样做的正面理由。这种做法的原因,虽然不算是它的合理根据,在于那种从一个字或句子推论到它所指的事物的动物性推理。如果有人在你猎取老虎时喊声“老虎!”,那么除非你抑止住你的冲动,你的身体就会进入一种与你真的看见一只老虎时一样的状态。这样一种状态**就是**认为附近有老虎的信念,因而你就在相信那个说出“老虎”的人所提供的证词。这类习惯的养成有一半要靠学会英语,另外一半要靠你养成看到一只老虎就说出“老虎!”的习惯。(我并没有去管语法和句法上的细节。)当然你能学会抑止你的相信的冲动;你可能终于知道你的同伴是个拿别人开心的人。但是一个被抑止的冲动仍然存在,如果它不存在,你 191
也就不再能理解“老虎”这个词的意思了。这种说法甚至也适用于像“印度和东亚产虎”这类不带感情的叙述中。你可能认为你听见这个陈述时并没有任何适合于对老虎所采取的情感,然而它却可能在当天夜间让你做一个噩梦,让你吓得出了一身冷汗才醒过来,这就表明适合于对“老虎”这个词所采取的那些冲动在下意识中仍然存在。

正是对于证词的这种原始的轻信才使广告获得成功。除非你是一个非常练达的人,如果有人经常对你强调说某某家的肥皂或政治最好,你最后终于会相信这种说法,结果是某某人成了百万富翁或独裁者。可是我并不想过问政治,所以我对人们对于证词所抱的信念中这一方面不想再去讨论。

证词必须与关于字的意义的知识区别开来,虽然这种区别并不总是那样容易。你的父母在你注视着猫的时候就说声“猫”,因而你学会了“猫”这个字的正确用法。如果他们说的话不够真实——如果他们在你看见猫的时候有时说“狗”，有时说“母牛”，有时说“鳄鱼”——那么你就永远学不会正确地说话。我们确实学会了正确地说话这件事实就是父母习惯说真话的证据。从父母的观点来看，说出“猫”这个字是一个陈述，而从孩子的观点来看，它却只是获得语言习惯的一个步骤。只有等到孩子知道“猫”这个字的意义之后，你说出这个字对他以及对你才能成为一个叙述。

证词在某一方面非常重要，即它有助于建立介乎比较具有公共性质的感觉世界与个人的思想世界之间的区别，这种区别在科学思想刚一开始时就已建立。有一次我正在给广大听众讲演，突然一只猫溜了进来，蹲在我的脚下。听众的行为使我相信这并不是我的幻觉。从别人的行为（包括证词在内）来看，我们经验中有一些，但并不是全部，是所有那些在某一区域内使用正常感官的人

192 所共有的。梦却没有这种公共的性质，大多数“思想”也没有。我们必须注意到比方说一声雷鸣的公共性质是一个推理，起初还是一个动物性推理。我听到了雷声，一个站在我身边的人说了声“雷”。我推论他听到了雷声，并且除非我已经成了哲学家，我是用我的身体来完成这个推理的；这就是说，我的心无须经过一个“心理”过程就相信他听到雷声。当我成了哲学家以后，我就必须研究身体的推理倾向，包括对于一个公共的世界所抱的信念，这种信念是身体通过观察与它本身相似的行为（特别是语言行为）而推论出来的。

从哲学家的观点来看，有趣的问题不只是你听到的证词从意图上看是否真实，而且涉及它是否有传达知识的意图。这里存在着逐渐趋近无意义的各个不同阶段。如果你听见一个演员在舞台

上说:“我已经饱尝恐怖”,你不会认为他在抱怨定量供应口粮,你也知道他说的话并无意让人相信。如果你听见留声机中女高音用痛苦的语调唱到她的情人的背信,你知道留声机中并没有一位女士,并且给唱片录音的那位女士也不是表达她自己的情感,而只是想让你从想象的悲伤观照中得到愉快。另外还有十八世纪传说中的苏格兰幽灵,他一直在重复说着:“过去我很快——快——乐,但是现在我多可怜。”人们后来才发现这个幽灵原来是根长了锈的铁叉。最后,那些在梦中出现的人会说出在我们醒时相信任何人都不会说出来的一些话。

由于所有这些理由,我们就不能按照字面意义来相信证词。这里发生的问题是:为什么我们还要承认证词?

在这个问题上,就像我们相信声波和光波的存在一样,我们依靠一种超出我们经验范围的推理。为什么一切我们看来是证词的东西并不都是生锈的铁叉发生的轧轧声和梦中人的谈话?我们不能凭着经验来反驳这个假设,因为不管这个假设是真还是伪,我们的经验可能完全一样。并且在任何超出未来以及过去经验的推理
中我们不能依靠归纳法。归纳法认为,如果我们*发现*在 A 以后通
常有 B 发生,那么下一次我们也很可能*发现*有 B。这是一个完全 193
没有超出实际或可能的经验范围的原理。

就证词来讲,我们依靠*类推*。别人身体的行为——特别是他们的语言行为——和我们自己的行为显然是相似的,而我们自己的行为显然和“心理的”现象有关。(我们所说的“心理的”是什么意思目前是无关紧要的。)因此我们认为别人的行为也和“心理的”现象有关。或者这样说,我们起初把这种信念当作动物性推

理接受下来,后来才想出了类推的论证给这种早已存在的信念找出合理的根据。

类推与归纳的不同——至少就我现在所用的这些字眼的意思来说——在于属于类推的推理超出了经验范围以外就不能加以证实这件事实。我们不能进到别人的心中观察我们从他们的行为推论出来的思想和感情。因此我们必须把类推——就它超过经验范围这种意义来说——作为科学知识的一个独立的前提,不然我们就必须找出某种同样有效的其他原理。

类推的推论原理大体和下面所说相差不远:已知一类 A 由 B 伴随或跟随发生的实例,以及另外一类我们不能肯定 B 是否出现的实例,那么在这些实例中存在着 B 也出现的概率(这种概率的大小要由外界条件来决定)。

这并不是这个原理的精确说法,后者需要作出各种限制。但是说法上必要的进一步的改进对于我们所谈的问题不会产生大的不同。

对于像声波和光波这类东西所进行的推理离开我们的经验就更远了一步。让我们专看声波。假定你在一个道路交叉的地点 O 放置一包火药,并在一定时刻使它爆炸。沿着这些道路每隔一百码就站着一个手举旗子的观察者。有一个人从系定气球上观察所有的观察者,他们受命在听到爆炸声音时挥动旗子。人们发现那些与 O 点等距离的人在同一时刻挥动旗子,而那些距离 O 点远的人挥动旗子就晚于那些距离 O 点近的人;另外,从看见爆炸到某
194 一特定观察者挥动旗子当中所用的时间与他到 O 点的距离成正比。我们通过科学(常识得到的结果也是一样)推论出某种过程

在从 O 向外扩散，而某种与声音相关联的事物不仅在有观察者的地方，而且也在没有观察者的地方发生着。在这个推论中我们超出了一切经验的范围，不只是超出了我们个人经验的范围，像关于证词的那种情况一样。因此我们不能完全靠经验来解释科学，即使我们把一切经验都包括在内。

上面推论所用的原理可以暂时叫作因果律中的时空连续性原理。这和否定超距作用是一回事。除非某种东西经过介乎其中的那部分空间，我们是不能相信声音陆续到达前后接连的观察者的。如果我们否认这一点，我们的世界就变得过于急促而不能令人相信。我们的信念的基础也许就是一切观察到的运动的连续性；这样我们也许可以把类推扩大到能把这种推论包括进去的程度。可是我们要弄清楚支配这类推论的原理还需要进行不少讨论。因此我把关于这个题目的进一步讨论留给后面一章。

到现在为止，我一直是在收集基本的科学推理的比较粗浅的例子。我们还需要对于我们初步研究的结果作出精确的叙述。

我将用我们目前的讨论结果的概要来结束本章。

当我们开始反省的时候，我们发现我们自己具有许多可以叫作“动物性推理”的习惯。这些习惯就是在有 A 出现的时候，我们的行动多少和有 B 出现的时候一样，并且这些习惯的形成是由于在我们的过去经验中 A 和 B 曾在一起出现。在我们意识到这些习惯之后，它们就产生“A 总是（或通常）有 B 跟随出现”这一类的信念。这是我们开始进行科学思考时所具有的许多信念的主要来源之一，特别是它还包括对于语言的理解。

另外一种在科学中保留下来的先于科学的信念是对于多少带

有永久性的物体所抱的信念,例如人和东西。科学的进步使得这种信念得到进一步的洗练,在量子论中这种信念留下来的已经不多,但是没有它科学就不大可能创造出来。

195 记忆的一般的,虽然并不是普遍的可信性是一个独立的公设。它对于我们的大部分知识来说是必要的,根据任何不假定它的存在的语句不能把它推论出来。

像记忆一样,证词也是我们原始信念的一部分来源。但是我们并不需要把它本身作为一个前提,因为它可以归到类推这个范围较大的前提中去。

最后,为了推论出像声波和光波这类东西,我们需要一个可以叫作时空的因果连续性的原理,或者超距作用的否定。但是这个原理是复杂的,需要我们进一步加以讨论。

第四章　物理学与经验

本章讨论的问题是一个我认为过少受到考虑的问题。这个问题就是:假定物理学从广义上讲是正确的,那么我们能否知道它是正确的?并且如果回答是肯定的,那么这是否涉及关于物理学的真理以外的其他真理的知识?我们也许可以发现,如果世界像物理学所说的那样,并没有一个有机体能够知道它是这样;或者如果有一个有机体能够知道它是这样,这个有机体还必须知道物理学以外的某些事物,特别是概然性推理的某些原理。

这个问题由于知觉问题而变得突出。从远古时代起就有两种关于知觉的学说,一种是经验论的,另一种是唯心论的。按照经验论的说法，某些连续的因果连锁从物体传到知觉者，而人们所说的“知觉”到这个物体就是这个连锁中最后一个环节，或者不如说是这个连锁开始不再进入而是知觉者从身体出来以前的最后一个环节。按照唯心论的说法，当知觉者处在物体附近的时候，神的光照 196
使得知觉者的灵魂发生一种类似这个物体的经验。

这两个学说都各有其困难。

唯心论的学说导源于柏拉图，但是到了莱布尼兹手中才达到了它的逻辑的顶峰，莱布尼兹认为世界由彼此不发生作用但都经过类似发展的单子构成，所以我在任一瞬间的情况都与你在同一瞬间的情况相似。当你认为你移动胳臂时，我认为我看见你在移动胳臂；这样我们两人都受了蒙蔽，在莱布尼兹之前没有一个人头脑锐利到能揭露这种假象，他认为这种假象是上帝的善意的最好证明。这个学说非常奇怪，很少有人相信它，但是即使那些自认为最不接近唯心论的人在不太严格的形式下也还保有这种唯心论的知觉说的若干部分。

哲学是神学的后裔，大多数哲学家都像马伏里奥一样，“把灵魂看成珍贵的东西”。所以他们总愿意赋给灵魂以神奇的能力，并且认为知觉与被知觉的对象之间的关系一定是某种与物理上的因果关系完全不同的关系。这种看法受到了下面这种信念的支持：即认为心与物是完全不同的，并且认为作为心理现象的知觉一定完全不同于大脑中发生的事件，后者是完全可以由物理上的因果关系说明的。

认为知觉依靠物理上的因果连锁的学说很容易受到那种认为大脑的每一种状态都有一种心理状态与之“对应”，并且反之亦然的信念的补充,所以一个充分理解这种对应关系的人可以从已知的大脑状态或心的状态推论出其他一种状态。如果人们认为心理与大脑之间没有什么因果上的相互关系,这只是先在的和谐的一种新的形式。但是如果人们把因果关系看作——像经验论者通常所认为的那样——只是不变的前后连续或相伴关系,那么人们假定的大脑与心的对应关系在重言式的形式下就包含着因果上的相互关系。整个心对于身或身对于心的依靠问题由于涉及人的情感,一直陷在十分不必要的含混不清的境地。事实是相当清楚的。一般把某些可以观察的现象叫作“物理的”,把某些别的现象叫作“心理的”;有时“物理的”现象作为“心理的”现象的原因而出现,
197 有时则相反。一次打击使我感到痛苦;一个意愿使我移动我的胳臂。没有什么理由可以怀疑这两个因果关联,或者至少没有什么不能同样适用于一切因果关联的理由。

这些考虑把妨碍我们接受知觉的物理说的一系列困难给消除了。

赞成知觉的物理因果关系的常识论证是很有力的,只有带着强烈的偏见才能怀疑它们。我们闭上眼睛就看不见;我们塞上耳朵就听不见;我们受了麻醉就不能知觉。一件东西所显现的样子随着黄疸病、近视、显微镜、雾气等条件而有所不同。我们听到声音的时间要看我们距离声音的物理来源的远近来确定。关于我们所看到的东西,情况也是一样,尽管光速快到就地球表面的物体来讲,从一个现象的发生到我们看到这个现象,中间所用的时间短到不能估计的程度。如果我们的知觉是靠神的光照,那就必须承认这种光照适应于物理条件。

可是对于知觉的物理上的因果关系却有两种反对的理由。一个理由是这种关系使得我们不能或者至少很难认为外界物体就像它们所显示的样子;另一个理由是这种关系使得我们怀疑那些我们叫作“知觉”的现象是否真能作为关于物理世界的一个知识来源。因为第一个理由只与偏见有关,我们可以不去管它,但是第二个理由却比较重要。

这个问题是:每个经验论者都认为我们关于事实的知识是从知觉得来的,但是如果物理学正确,那么在我们的知觉结果与其外界原因之间必然没有多少相似之点,以致我们很难看出我们怎样能够从知觉结果获得关于外界物体的知识。物理学是从知觉推论出来的这件事实使问题变得更为复杂。从历史上讲,物理学家都从素朴的实在论出发,也就是从那种认为外界物体完全和它们显示的样子一样的信念出发。根据这个假定,他们发展了一种学说,使得物质变得完全不像我们所知觉的样子。这样他们的结论就和他们的前提矛盾,尽管只有少数哲学家注意到这一点。因此我们必须决定,如果物理学是正确的,那么素朴的实在论的假设是否可以经过修改而得出一种从知觉结果推论到物理学的正确推理。简 198
单一句话,如果物理学是正确的,那么我们有可能认识到这一点吗?

让我们首先明确我们所说的物理学是正确的这个假定是什么意思。我只是因为这个假定迎合受过教育的人的常识才采用它的。我们知道物理学家的学说经常受到修改,所以慎重的科学家都不会认为今后一百年内物理学说完全不发生变化。但在学说改变之后,这种改变就可以观察的现象来讲通常却只具有微小的影响。爱因斯坦的引力学说与牛顿的引力学说在**实用**上的差别是很微小的，尽管理论上的差别很大。另外，在每个新的学说中都包含一些看来似乎十分确定的部分，而另外一些部分却仍然带有很大的臆测成分。爱因斯坦用时空代替了时间与空间，因而带来了语言上的改变，这和哥白尼所作的语言上的改变有着同样的趋于简单化的理由。人们可以相当有把握地接受爱因斯坦学说的这一部分。但是认为宇宙是一个具有有限直径的三度球体的看法仍然带有臆测的成分；如果人们找到使天文学家放弃这种说法的证据，这也不足令人惊奇。

或者再拿光的物理学说来看。没有人怀疑光的速度是大约每秒 300,000 公里，但是光到底是由光波还是由叫作光子的粒子组成却是一个一直有着争论的问题。另一方面，就声音来说，人们却可以把波动说当作已经完全成立的理论。

每一种保留下来的物理学说都经过三个阶段。在第一阶段，它是专家们争论的题目；在第二阶段，专家们一致认为它是最符合已知证据的学说，尽管可能出现与它不相符合的证据；在第三阶段，人们认为任何新的证据最多也只能稍稍修改一下这个学说。

当我说我将假定物理学是正确的时候，我的意思是说我将承认物理学中那些已经到达第三阶段的部分。我并不是把它们看成
199 带有必然性的东西，而是把它们看成比任何哲学臆测具有更大的概然性，从而适合于哲学家在论证中作为前提。

现在让我们看一下物理学中最确定的那些部分在有关我们现在所谈的问题上所要说的话。

十七世纪的物理学的伟大发现是通过两个工作假定取得的。

其中一个假定是物理世界中的因果律只需要研究物质与运动，这里物质是由在时间中永存但却连续改变空间位置的粒子组成。人们假定，只就物理学而论，关于粒子我们只需要研究它在不同时间的空间位置；这就是说，我们可以假定粒子只有位置上的不同，而没有性质上的不同。最初，这只不过是“物理学”这个词的定义；当我们有必要研究性质上的不同时，我们就是在研究一个叫作“化学”的不同的学科。可是在二十世纪，现代原子理论已经从理论上把化学还原为物理学。这就大大扩大了不同的物质粒子的不同只是位置上的不同这个假定的范围。

这个假定是否也适用于生理学，还是支配有生命的物质的行为的定律不同于支配无生命的物质的定律？生机论者主张后一种看法，但是我认为前一种看法具有更大的令人信服的力量。我们可以确定的是：凡是已经被人理解的生理过程都受物理学与化学定律的支配，并且看来没有任何生理过程不可以用这些定律来说明。所以生理学可以还原为物理学与化学不失为最好的假定。但是这个假定还不具有像化学还原为物理学那样的确定程度。

从现在起我将认为十七世纪的第一个工作假定适用于整个物理世界，有生命的和无生命的物质都包括在内，这个假定可以叫作物质的同质假定：我将不再经常反复地说这个学说并不是必然正确；这一点可以认为只说一次就够了。我假定这个学说是对的，因为在我看来，证据对这个学说十分有利，尽管还不具有使之完全确定下来的分量。

十七世纪的第二个工作假定可以叫作原因的独立性的假定；
这个假定体现在平行四边形定律上。它的最简单的说法是：如果 200

你在一只运动中的轮船甲板上步行一分钟，那么相对于水来说，你所到达的地点与你在轮船运动时站立一分钟不动，然后在轮船停下一分钟时在甲板上步行所到达的地点一样。说得更概括一些，当一个物体受几种力的作用时，它们在一定时间内同时作用的结果与每个力量在一定时间内依次作用的结果相同——或者不如说，如果该项时间很短，结果就接近正确，并且时间越短结果就会越正确。比方说，月亮受到地球和太阳的吸力；在一秒钟以内，月亮的运动就很接近于这种情况：月亮经过一秒钟时间不受两者的吸力，而是和以前那样继续运动，然后经过另一秒钟月亮运动就像（从静止状态开始）只受地球的吸力，然后又经过另一秒钟月亮运动就像（从静止状态开始）只受太阳的吸力那样。如果我们取的时间短于一秒钟，结果将更接近正确，随着所用时间的无限缩短而接近完全正确。

这个原理在技术上具有极大的重要性。这个原理使我们在研究了许多不同的单独作用的力的结果之后，能够计算出它们共同作用的结果。这个原理是传统物理学中所用的数学方法的基础。但是我们一定要指出它并不是不证自明的原理，除了那些例如人在轮船甲板上行走的简单情况以外。在其他情况下，如果这个原理有效，我们就可以相信它，但是如果我们发现这个原理有时无效，我们也不应该感到惊讶。在关于原子的量子论中，人们已经不得不抛弃这个原理，尽管这还不是定论。不管怎样，这第二个工作假定远不及第一个工作假定那样具有巩固的基础。这个假定，至少就大体来讲，支配着一个很广泛的领域，但却没有什么可靠的理由相信它具有普遍的正确性。

二十世纪以来物理学的假定已经受到一些修改。第一,由事件组成的一个四度簇代替了空间簇与时间簇;第二,因果律不足以确定个别的事件,而只表示统计上的分布;第三,变化看来很可能是不连续的。这些修改如果不是由于下面的事实,对于我们就会比现在更为重要:第二种和第三种修改只能有效地应用在微观现 201
象上,而像说话这类与“心理的”事件联系在一起的物理现象则是宏观的。因此如果人体完全按照物理学的定律来活动,那么应用古典物理学的定律来确定一个人所说的话,以及一般说来确定他的身体的大规模运动就仍然是正确的。

这就把我们引到心与物的关系这个问题上来,因为一般把知觉看成是“心理的”,而把知觉对象和产生知觉的刺激看成是“物质的”。我自己认为关于这个问题并不存在任何困难。那些所谓的困难来自坏的形而上学和坏的伦理学。人们告诉我们说心与物是两种实体,并且绝不相同。精神高尚而物质卑下。罪恶在于精神受物质的支配。知识既然是最高尚的精神活动之一,就不能依靠感官,因为感官表现为受物质支配的一种形式,从而也就成了坏的东西。因此柏拉图反对把知识与知觉等同起来。你可能认为这一切都是已经过了时的东西,但是它却在人的心目中留下了难以克服的偏见。

然而心与物的区别的产生也有它的基础。因此我们必须找出和心与物之间的区别大体类似的一种或更多种区别。我想把“心理的”现象定义为一种无须经过推理就可以知道的现象。但是还是让我们看一下一些比较习见的定义。

如果我们只凭莱布尼兹提出的理由,认为外延意味着多数性,因而不能是单独实体的一种属性,我们就不能应用笛卡尔关于思维与外延所作的区别。但是我们可以作出与它比较类似的一种区别。我们可以说物质的事物具有空间关系,而心理的事物却不如此。大脑在头部之内,但是思想却不是这样——至少哲学家是这样告诉我们的。这个观点是由于“空间”这个字眼的不同意义的混淆而产生的。我在一定时刻所看见的那些东西当中,有着属于我的知觉结果的空间关系;如果知觉结果像我所主张的那样是
202 “心理的”,那么作为知觉结果的组成部分的空间关系也就成了“心理的”。素朴的实在论把我的知觉结果与物理上的东西等同起来;它认为天文学家所说的太阳就是我所看见的太阳。这样就会把我的知觉结果的空间关系与物体的空间关系等同起来。许多人尽管已经不承认素朴的实在论的其他方面,却仍然保留着它的这一方面。

但是这种等同是站不住脚的。物理学的空间关系存在于我们知觉不到的电子、质子、中子等等之间;视觉结果的空间关系存在于我们知觉到的东西之间,并且最后说来存在于带色的物片之间。在物理学的空间与视觉的空间之间有一种大体上的相互关联,但是这种关联很不紧密。第一,在深度大时它们就不可区分。第二,定时不同;太阳现在看来所在的地点相当于八分钟以前物理上的太阳所在的地点。第三,知觉结果受物理学家认为不是物体内部变化的一些变化所支配;例如,由于云、望远镜、斜视或闭目而产生的那些变化。因此,知觉结果与物体之间的对应只是近似的,并且就空间关系来说也并不比其他方面来得精确。物理学家所说的太阳和我知觉中的太阳并不是一回事,它和月亮中间长达

93,000,000 英里的距离也不就是我同时看见视觉中的太阳和视觉中的月亮时,两者之间的空间关系。

当我说某种东西在我“外面”的时候,我的话可能有两种不同的意思。我可能指在知觉空间中我有一个知觉结果在关于我的身体的知觉结果之外,或者我可能指在物理学的空间中有一个物体在作为物体来看的我的身体之外。一般来说,两者之间有着大体上的对应。在知觉空间中我所看见的桌子在我所看见的我的身体的外面,在物理空间中物理上的桌子在我的身体的外面。但是有时这种对应却不存在。比方说我做梦遇到一次火车事故:我看见列车从堤岸上翻了下来,我还听见受伤的人的喊叫声。在我自己的知觉空间中,这些梦中的物体真正并且确实在我梦中身体的“外面”。但是醒后我才明白整个梦都是由于我耳朵中的声音而引起的。当我说声音在我的耳朵中时,我的意思是说,在物理空间 203
中我所经验的那种声音的物理来源是在作为物体来看的我的耳朵的“里面”。就另外一种意思来说,我们也许可以说一切声音都在耳朵之内,但是如果我们把这两种意思混淆起来,就会带来不可解决的麻烦。

概括说来,我们可以说在知觉空间中我对于任何在我的身体外面的东西的知觉结果都在对于我的身体的知觉结果的“外面”,并且如果知觉不是把我们引入歧途,在物理空间中这个物体就在我的身体的“外面”。由此并不能得出这个结论:我的知觉结果在我的身体的外面。实际上这样一个假设一看就知道是没有意义的,虽然,像我们将要看到的那样,我们可以为它找出一种意义,而在这种情况下它却是假的。

我们现在可以着手解决我们的中心问题，即我们所说的“知觉结果”是什么意思，以及它怎样可以成为关于它本身以外的某种东西的知识来源？

什么是“知觉结果”？按照我所使用的这个词的意思来说，这就是常识所说的当我看见或听到某种事物或者通过其他感官确信自己意识到某种事物的存在时所发生的那种情况。我们相信太阳永远存在，但是我只能有时候才看见它：我在夜间、阴天或者精神集中在别的事物上时就看不见太阳。可是另外一些时候我却能看见太阳。我看见太阳的全部场合彼此之间有着一种相似，这种相似使我从婴儿时期就学会了在适当的场合下使用“太阳”这个词。存在于在我看见太阳的不同场合之间的某些相似之点显然在我自己身上；例如：我一定要睁开眼睛，并且看的方向还要对头。因此我们不把这些当作太阳的属性。但是还存在其他相似之点，就常识所能见到的范围来讲，这些相似之点并不依靠我们而存在；当我们见到太阳时，太阳几乎总是圆的、明亮和炽热的。少数与此不同的场合可以很容易解释为是由雾或日食造成的。因此，常识的说法是：有一个圆的、明亮和炽热的物体；所谓“看见太阳”这个事件乃是介乎我和这个物体两者之间的一种关系，在发生这种关系时，我就正在“知觉”到太阳。

但是就在这个地方，物理学进行了令人难以理解的干涉。物理学明确告诉我们说，太阳并不是“明亮的”，如果按照我们通常理解的那种意思的话；太阳是对于眼睛、神经和大脑具有某种效果的光线的来源，但是在由于光线不接触活的有机体因而产生不了
204 这种效果时，就不存在什么可以确实叫作“明亮”的东西。完全同

样的看法也适用于“热的”和“圆的”等字眼——至少在我们把“圆”理解为一种可以知觉到的性质时是这样。另外,尽管你现在看见太阳,根据你看见而推论出来的那个物体却存在于八分钟之前;如果太阳在这几分钟内消失的话,你仍然会一点不差地看见你现在正在看见的东西。因此我们不能把物理学上的太阳和我们看见的太阳等同起来;然而我们看见的太阳仍然是我们相信物理学上的太阳的主要理由。

假定物理学完全正确,那么物理学定律中有哪些东西可以作为从知觉结果推论到物体的合理根据?为了能够充分讨论这个问题,我们必须首先确定知觉结果在物理学的世界中所占的地位。这里存在着一个奇怪的现象:物理学除了为物理定律找寻经验界的证实之外,从来也不谈论知觉结果;但是如果物理定律不讲知觉结果,那么知觉结果又怎能证实这些定律?我们在下面的讨论中应该把这个问题记在心上。

知觉结果在物理学的因果连锁中所占的地位问题与知觉结果在认识上所占的地位问题并不相同,尽管两者互相关联在一起。目前我要研究的是知觉结果在因果连锁中所占的位置。一个知觉结果——比方说听见一种声音——有着一系列的先件,这些先件在时空中运动,从声音的物理来源经过空气到达耳和大脑。我们叫作“听见声音”的那种经验几乎可以确定是和物理学的因果连锁中大脑这个环节同时的。如果这种声音是要求作出身体运动的,那么运动在刚刚“听到声音”之后几乎立刻就会发生。因此,如果我们想把“听到声音”纳入物理学的因果连锁中去,我们就必须把它和跟它同时发生的大脑中的事件所占的时空领域联系起来。把声音作为某种被知觉到的事物来看,这一点也是适用的。唯一与这种声音有直接关系的时空领域是听者现在的大脑状态;它与声音的物理来源的关系则是间接的。完全同样的论证也适用于被看见的东西。

205 我很想把这里所要作出的形而上学假定缩小到最小限度。你可能认为心与物是互相影响的;或者像笛卡尔学派的人所主张的那样,认为心与物是平行发展的;或者像唯物主义者所相信的那样,认为心理现象只不过是伴随某些物理现象发生的事件,前者受后者的决定但却不能反过来影响后者。在这些问题上你的意见和我所要谈的论点并没有什么关系。我现在所谈的乃是受过教育的人都具有的常识看法所容易接受的东西,这就是说,不管我们研究知觉结果还是与它同时的大脑状态,这两者在因果连锁中的位置都介乎构成刺激的内传神经现象与构成反应的外传神经现象之间。

这种看法不仅适用于我们很自然地划入"心理"方面的知觉过程,而且适用于我们在知觉时所经验到的东西。这就是说,它不仅适用于"看见太阳",而且也适用于太阳,如果我们所说的"太阳"是指一个人可以经验到的某种东西的话。天文学家所说的太阳是通过推理推论出来的,它既不热也不明亮,它存在于所谓"看见"它八分钟之前。如果我看见太阳,并且因而使我眨一下眼,这时我所看见的并不存在于93,000,000英里之外和八分钟之前,而是照因果关系来讲(因而也是照时空关系来讲)介乎射在眼上的光波与随后发生的眨眼两者之间的东西。

作为主体对于客体的关系,关于知觉的二元论的看法,在威廉·詹姆士的影响下,现在已经大部分被经验主义者所抛弃。介乎作为心理事件来看的“看见太阳”与我看见的直接对象两者之间的区别，现在一般都认为是没有根据的，我也同意这个看法。但是许多和我在这个问题上抱有同样看法的人却前后矛盾地坚持某种形式的素朴的实在论。如果我对于太阳的视觉就是我所看见的太阳，那么我所看见的太阳就不会是天文学家所说的太阳。根据完全相同的原因，如果我所看见的桌椅就是我对于桌椅的视觉，这些桌椅的位置就不会在物理学所讲的位置上，而是在我看见桌椅的地方。你可能说我的视觉既然属于心理的范围，就不会在空间之内；如果你这样讲，我将不争论这一点。但是我仍然认为有一个而且只有一个和我的视觉在因果上永远结合在一起的时空领域，而这就是在我看见东西时的大脑。完全相同的看法适用于一切感官知觉的对象。

现在我们已经能够研究一个物理现象和那个一般叫作看见的 206
随后发生的现象之间的关系。比方说，黑夜中出现了一道闪电。从物理学家的观点来看，闪电是一种放电现象，这种现象使得电磁波从它发生的领域向外运动。如果这种波动遇不到不透光体，它们就越走越远；但是如果它们遇到不透光体，它们的能量就转化为新的形式。如果它们碰上通向大脑的人眼，各种复杂的事情都可以发生，这些现象是生理学家研究的对象。这个因果过程一旦到达大脑，那个大脑的所有人就“看见”闪电。如果这个人不熟悉物理学，他就会认为闪电**就是**在他“看见”闪电时所发生的现象；或者不如说，他认为所发生的现象乃是他本人与闪电两者之间的一种叫作“知觉”到闪电的关系。如果他熟悉物理学，他就不会这样认为，但是他仍然认为当他“看见”闪电时所发生的那种现象为物

理世界的知识提供了充分的基础。

我们现在终于能够着手解决这个问题了:知觉结果怎样和在什么程度上可以作为关于物体的知识来源?我们已经论证过,知觉结果是以物体作为起点的因果连锁的终点。(当然因果连锁实际上并没有什么起点和终点。从另外一种观点看,知觉结果是一个起点;从它那里开始作出对于刺激的反应。)如果知觉结果可以当作关于物体的知识的来源,那就一定能够从结果推论出原因,或者至少推论出原因的某些特点。在这种从结果逆推到原因的推论中,我将暂时假定物理学的定律的正确性。

如果从知觉结果可以推论到物体,那么物理世界必然包含着多少可以分开的一些因果连锁。我此刻能够看见一些不同的东西——纸张、书籍、树木、墙壁和云块。如果这些东西在我的视力范围内的分离状态相当于物理上的分离状态,那么它们当中任何一件东西必然向我发出它自己的因果连锁,不受其他连锁的干扰而到达我的眼睛。光学理论告诉我们这是实际的情况。从光源发出的光波在适当的外界条件下实际上不受同一领域中其他光波的
207 干扰而向前行进。但是当光波遇到反射或折射的物体时,这种媒介的独立性就消失了。

这一点在决定**什么**是我们以为看见的物体这个问题上十分重要。在白天,实际上所有到达眼睛的光线最后都来自太阳,但是我们并不认为我们只是看见太阳。我们正在看见的乃是光线从中经过以后实际未受阻碍就到达眼睛的那个领域。我们一般认为,当光线受到反射或散射的时候,光线使我们看到使光受到反射或散射的那个物体;当光受到折射的时候,我们认为我们仍在看到以前

的光源，尽管不够准确。可是人们并不认为反射过来的光线总能为我们提供关于反射体的知觉；在出现正确映象的情况下，正如镜中所见的那样，人们就不抱这样的看法。我认为在我刮脸时所看见的就是我自己的脸。但是当阳光反射在户外景色上时，阳光给我关于景色中事物的知识比关于太阳的知识要多得多，因此我认为我是在知觉到景色中的事物。

同样的看法在较差的程度上也适用于声音。我们把听见声音与听见声音的回响区别开来。如果太阳除了明亮以外还发出声音，并且地面上的东西只对于太阳发出的某些声音作出反响，那么在这些东西作出特有的声音反响时，我们会说我们听到的是这些东西，而不是太阳。

其他感官并不给我们提供关于因果连锁中远的物体或中间环节的知觉，因为这些感官并不和那些带有波动所特有的独立性的物理过程打交道。

从我们刚刚说过的话里可以清楚地看出：知觉结果与我们认为是被知觉的物体之间的关系是模糊不清的、近似而不精确的和比较不确定的。说我们知觉到物体并没有什么**确切**的含义。

把知觉作为知识的一个来源，这个问题可以放在一个范围更大的问题之内：物理过程中的一个阶段在什么程度上和在什么外界条件下能够作为推论出前一个阶段的基础？显然这只有在所讨论的过程独立于其他过程的情况下才能发生。而过程可以这样互
不依赖也许令人感到惊异。我们之所以看到个别的星星是因为光 208
从每颗星出发后经过充满其他光路的区域仍然保持着独立性。如果失去了这种独立性，我们就只能看到一片模糊，像银河那样。就

银河的情况来讲,独立性是到了生理学的阶段才消失的;这就是望远镜可以把银河中不同恒星区别开来的原因。但是从一颗星上各个不同部分发出的光所具有的独立性并不能由于使用望远镜而恢复;这就是恒星没有可测定的视光度的原因。

在某种程度上讲,物理学家可以不去管生理学家所研究的人类知觉机构,因为我们可以认为知觉机构大体上是不改变的。当然知觉机构不是真的不发生变化。通过斜视我可以看见两个太阳,但是我不会想象我已经完成了一件天文学上的奇迹。如果我闭上眼睛,让脸朝向太阳,我会看见一团模糊的红光;我把太阳外形的这种改变的原因归之于我自己而不归之于太阳。我用眼角一瞥或者集中视力去看东西,东西的外形就会显得不同。近视的人和远视的人所看到的东西的外形也不一样。还有其他等等情况。但是常识懂得把这些知觉结果上产生差别的主体方面的原因与那些由于物体方面的差别而造成知觉结果差别的原因区别开来。在我们学会画图以前,我们总是认为一个长方形的物体看起来永远是长方形;就动物性推理使得我们把它判断为长方形那种意义来讲,我们并没有弄错。

科学在研究这些问题时假定有一个正常的观察者,在某种程度上讲这个人是个虚构,像经济人一样,但却不是到了完全无用程度的纯粹虚构。当一个正常的观察者看到两个物体之间的不同时——例如,一个看来是黄的而另一个看来是蓝的——人们认为这种不同的来源在于物体而不在于作为主体的观察者的知觉机构。如果在某一特定实例上,这个假定错了,人们就会认为通过许多观察者多次的观察可以得到纠正。通过这类方法,物理学家能够把我们的知觉机构当作一个**不变的**谬误来源，正因为这种谬误是**不变的**，所以在许多方面可以略而不计。

有些原理为那种从知觉结果推论出物体的推理提供了合理根据，我们对于这些原理还不曾进行过充分的研究。比方说，在许多人看见太阳的时候，为什么我们相信在他们的知觉结果之外有一个太阳，而不只是相信有一些定律确定一些外界条件，在这些条件下我们将会遇到叫作“看见太阳”的经验？ 209

这里我们遇到了科学和常识都使用的一个原理，意思是说当相互分开的时空部分中许多现象显然具有因果上的相互联系时，在介乎这些现象之间的领域内一定有着某种把它们联系在一起的连续过程。在我们考察了怎样从知觉的空间推论到物理学的空间之后，我们还要对这个时空连续性原理重新加以研究。然而我们至少可以把它作为根据知觉中的物体取得推论形式的第一步。

最后我将概括一下本章的要点。

我们的主要问题是：如果物理学是正确的，那么我们是怎样知道这一点的，并且除了物理学之外，我们还需要知道什么才能把物理学推论出来？这个问题的产生是由于知觉的物理上的因果关系，这种关系使得物体与知觉结果之间很可能有着较大的不同；但是如果这样的话，我们又怎能从知觉结果推论出物体来？另外，因为人们把知觉当作“心理的”，而把它的原因当作“物理的”现象，我们就面临心物关系的老问题。我个人的看法是：“心理的”和“物理的”现象并不像一般所认为的那样截然不同。我想把“心理的”现象定义为某人不经过推理就认识到的一种现象；因而“心理的”与“物质的”两者之间的区别属于认识论，而不属于形而上学的范围。

导致混乱的困难之一是人们不能区别知觉的和物理的空间。知觉的空间由知觉结果各部分之间可知觉的关系构成，而物理的空间则由推论出来的物体之间的推论出来的关系构成。我所看见的东西可能在我对于我的身体的知觉结果之外，但却不能出乎作为物体来看的我的身体之外。

从因果关系来看，知觉结果的位置介乎内传神经中发生的事件（刺激）与外传神经中发生的事件（反应）两者之间；它们在因果连锁中所占的位置正和大脑中某些事件所占的位置相同。作为物体知识的一个来源，知觉结果只有在物理世界中存在着分开的、多少各自独立的因果连锁的情况下才能起到这个作用。实际情况只

210 是近似如此，所以从知觉结果推论到物体就不能精确无误。我们假定知觉给我们提供了接近客观的初步近似真理，而科学的主要组成部分就是一些为了克服这种初步的不精确而想出来的方法。

第五章　经验中的时间

本章的目的是研究原始经验中作为时间观念的素材的那些特点，这种时间观念的素材要经过一段很长的整理过程才能适合物理学或历史的要求。我们相信时间的存在，这有两个来源：第一个来源是在一段表面属于现在的时间[①]内关于变化的知觉，第二个

① 表面的现在，即心理的现在，指精神上包括某一暂时经验的时间延续，与作为过去与未来的理想界限的物理的现在形成对比。——译者

来源就是记忆。在你看表的时候，你可以看见秒针走动，但是分针和时针的走动就全凭记忆告诉你了。莎士比亚的时钟没有秒针，从下面的诗句可以看出：

> 啊！不过美也会迈着看不见的步子，
> 像钟面的指针瞒着人离开字码。①

“看得见的步子”只有在运动很快、时间很短的情况下才有可能，在这种情况下我们虽然分得出运动的开头与结尾，但时间之快却使两者成了一个感觉的组成部分。任何感觉，连一次闪电也算在内，严格说都不是发生在一个片刻之内的事。生理上的波动是逐渐平息下去的，而我们看到一次闪电时所经历的时间比一次闪电这种物理现象要长得多。

“先于”或“先后”的关系是知觉到变化的经验中的一个因素，也是回忆的经验中的一个因素。严格来说，我们应该把直接预料也给加上，但是它却没有以上两者那么重要。当我看见一次快速运动，比方说一次陨星下落，或者田野中云影移动，尽管整个运动是在一段表面属于现在的时间内发生的，我却知道这个运动的一
部分发生在另一部分之前；假如我不知道这点，那么我就不会知道 211
运动是从 A 到 B 还是从 B 到 A，甚至不知道变化的发生。如果运动十分快速，我们就不会知觉到变化的发生：如果你很快旋转一个便士的铜币，看来就像出现一个透明的球体。可以知觉到的运动一定是不太快又不太慢的运动。如果运动满足这个条件，那么它就向我们提供一些经验，我们可以用它们来给那些表示时间关系

---

① 见莎士比亚《十四行诗》第 104 首。——译者

的词作出实指的定义:“先于”,“后于”,“在前”,“在后”,“早于”,“晚于”。如果我们弄清楚这些词的意思,我们就能够理解“A 发生在 B 之前”这类句子的意思,即使 A 和 B 不属于表面的现在时间之内,我们只要知道“A”和“B”所表示的意思就行。

但是一段表面属于现在的时间在人的一生中只是很小的一部分,关于我们经验中一些较长的时间我们就要依靠记忆。事实上除了记忆之外,当然我们还要依靠很多别的东西。对于那些记在我的日记里的过去的约会,我可以按照记录的日期推出它们的时间顺序和它们与现在距离多久。不过这个办法要先假定相当多的知识,而我现在要研究的却是我们关于时间的知识所根据的与件。在一定限度之内,并且冒着相当大的陷于错误的危险,我们可以按照记忆给人的“感觉”按照时间顺序把记忆排列好。假定我们刚刚进行了一次谈话,开始时谈得很投机,最后却以激烈的争吵而告结束,并且假定跟我们谈话的那个人怒气冲冲走了出去。我们可以把整个谈话从头到尾回想一遍,想到“我在这地方说错了”,或者“他在这地方说的话是不能原谅的”。事实上我们所记忆的并不是一堆事件,而是一**系列**事件,并且关于我们的记忆所提供的时间顺序的正确性这一点常常是不容置疑的。

然而这里却出现了一种常常被人忽略的复杂情况。我的一切回忆都发生于**现在**,而不是发生于被忆起的事件发生的时刻。过去事件的时间顺序,就其通过我的记忆可以被我知道来说,一定与我的回忆中一种性质有关:有些回忆给人一种新近的**感觉**,另外一些回忆则给人一种久远的**感觉**。我所以能够完全依靠记忆把被忆
212 起的事件排成一个系列,必然是由于新近和久远这种被人感到的

性质。在我们从知觉结果走向“黑暗的后方和时间的深渊”时，我现在的心理内容具有一种我认为至少大体上与我的回忆所想起的那些事件的客观时间顺序互相关联的顺序。我现在的心理内容的这种顺序可以通过预料而扩展到未来，这种顺序可以叫作“主观的”时间。主观的时间与客观的时间之间的关系是个困难的问题，需要加以讨论。

圣奥古斯丁由于对罪恶的意义的专注而使他带有过分的主观性，他乐于用主观的时间去代替历史的和物理学的时间。按照他的说法，记忆、知觉和预料就是时间的全部内容。但是显然这是说不通的。他的一切记忆和一切预料大约发生在罗马衰微的时期，而我的一切记忆和一切预料却大约发生在工业文明衰微的时期，这一点并不是这位希波的主教当时所能预料得到的。对于只相信现在这个片刻的唯我主义者来说，主观的时间也许可以够用，但是对于一个相信真实的过去和未来，哪怕只是他个人的过去和未来的人来说，就不是这样。我的暂时的经验包括一个不是物理空间的知觉空间和一个不是物理学与历史的时间的知觉与记忆的时间。就实际发生的情况来说，我的过去不能和我对于它的回忆完全一样，而存在于客观时间内的我的客观的历史不同于在我现在记忆中的主观的历史，从客观上讲，这种主观的历史完全是**现在**发生的事情。

我认为，记忆大体是可靠的这一点是知识的前提之一。广义来说，这个前提所断言或蕴涵的就是一个现在的回忆通常与一个过去的事件相互关联着。显然这个前提在逻辑上并不是必要的。我可能刚刚出生不久，只有当时我所有的那些回忆。如果整个世界在那时开始存在，并且和它当时的情况一样，那么我们不会找到任何证据可以证明世界不是在更早以前就存在；事实上，我们现在所有的认为世界在更早以前就存在的证据在当时我们就应该有了。这就具体说明了我所说的记忆是一个前提的意思，因为我们当中没有一个人肯于哪怕是暂时接受世界开始于五分钟以前这个
213 假定。我们不肯接受这个假定，因为我们相信，在我们回忆时，某件与我们现在的回忆相似的事情通常发生在客观上已经过去的一个时刻。

刚才我说过记忆的一般可靠性是人类知识的一个前提。以后我们可以看到这个前提可以包括在一个更大的前提之下，但在目前我们却可以不去管这种可能。目前我们需要考虑的问题是对于个别记忆的信赖与认为通常或者在某些特殊情况下记忆是可靠的这个公设之间的关系。

在我想起某件事的时候，我并不是先注意到我现在的心理状态，然后想到记忆通常是可靠的，最后推论出过去发生过某件类似我现在回忆内容的事情。正好相反，在我回忆时实际发生的是相信过去发生过某件事情的信念。我在本章里要谈的是(a)对于这些信念的分析，和(b)说出如果说这样一种信念为真，那么它的意思是什么。这两个问题都不像一般所认为的那样简单。

记忆常常只像意象一样从我们心中掠过，并不带有信念，但是我要谈的只是那些被人相信的记忆。让我们举一个具体的例证。假定我看见我的小孩差一点被汽车从身上碾过去，而事实上并没有受伤，并假定当天夜里我做了一场噩梦，梦见小孩死了。在我醒来以后，我才松了一大口气想道："这不是真事；那才是真事呢。"

我们必须先做一番澄清的工作，然后才能看到这个例证所提出来的问题的核心。首先，当我们说“这并没有发生”时，我们并没有否认做过噩梦；就我们想起作为一次个人经验的噩梦来说，我们的记忆是完全正确的。然而这场噩梦并不具有醒时的经验所有的那种前后情境：它在这个小孩，或者除了我自己和那些只能听我讲这场噩梦的人之外任何人的生活中都没有前后情境，在我自己的生活中它的前后情境也随着我醒来就立即消失，不会变成成年累月的伤心。这就是我们说这场噩梦只是一场梦的意思。

但是所有这一切和我们要谈的记忆问题并没有什么相干，我 214
提一提它只是为了弄清楚什么与它有关，什么与它无关。在我想起那场噩梦的时候，我的记忆是可靠的；只有在我假定这场噩梦具有一次类似的醒时经验所有的那种前后情境时，我才会迷失方向。一次记忆上的错误只有在下面的情况下才能发生，那就是我们相信我们过去有过某件我们事实上不曾有过的经验，并且我们还以那种叫作“想起”的特殊方式去相信它，这种想起是和我们阅读往事的记载或听姑姨们讲我们孩童时期做过的了不起的事情有所不同的。这类记忆上的错误无疑是会发生的。我并不坚持认为乔治第四记得他参加过滑铁卢之战；在我快走到家的时候我才知道当我在事情过后想到一个巧妙的反驳时，我就有一种把它回忆成我真的做过这个反驳的倾向，我费了好大精神上的努力才抑制住这种倾向。当两个人各自报告一次不愉快的谈话时，每人通常都要为了自尊心而歪曲事实的真相。甚至不带什么情感意味的记忆也常常可以被记录证明它们不确实。

但是错误的记忆最令人信服的例子还要从梦里去找，虽然并

不要从我刚才提过的那个噩梦里去找。让我们把那个噩梦改变一下:我现在不是梦到我看见小孩子死,而是在看见以后,感到有责任把这件事告诉小孩的母亲。这仍然是一场噩梦,但是现在在我的梦里错误的信念不仅关系到我的经验中的前后情境,而且关系到我本身的过去经验。当我梦见我看见小孩给撞倒的时候,我确实有这种经验,尽管附带的环境条件不同;但是当我梦见我看见过小孩给撞倒的时候,我却从来没有这种我在梦中正在回忆起来的经验。这是错误的记忆的一个真正的实例,它说明只凭记忆不能确定回忆起来的事情曾经真的发生过,不管我们怎样削减回忆起来的事情,哪怕只剩下它那只属于个人经验的核心。

我希望这个例子可以说清楚我所说的"主观的"时间是什么意思,以及它与客观的时间的关系是什么问题。在梦中和在醒时一样,知觉与回忆之间是有区别的。梦里确实有知觉与回忆,如果只就知觉来说,我们不必一定要假定梦在我们自己的经验上欺骗
215 了我们:我们在梦里所看见的和听到的确实是我们实际所看见和听到的,虽然由于不平常的前后情境使得我们所看见的和听到的事物引起错误的信念。同样,我们在梦里所回忆起来的事情也是我们真正回忆到的;这就是说,我们确实有着那种叫作"回忆"的经验。在梦中,这种回忆具有不同于梦的知觉性质的一种性质,凭着这种性质回忆才能指向过去。但是这种性质并不是真正过去的性质,后者属于历史的事件;这是主观的过去的性质,凭着这种性质人们(错误地)断定现在的回忆指向某件客观上属于过去的事物。

主观的过去的这种性质属于梦中的记忆,也属于醒时的记忆,

它是从主观上把记忆和知觉分别开来的一种性质。它是可以具有不同程度的一种性质：我们的记忆给人以比较久远或不那么久远的*感觉*，它们可以借着这种性质上的区别排列成一个系列。但是因为从历史的观点看我们的所有记忆都是*现在的*事情，所以这种主观的时间顺序与客观的时间顺序完全不同，尽管我们希望两者之间有着某种程度的对应。

我能知觉到一次回忆，但是我却不能知觉到回忆起来的事物。回忆就是回忆起“某件事情”。我现在想分析一下回忆的过程，特别要研究回忆起“某件事情”这种关系。简单说：当我们想到某件过去发生的事情，而断定“发生过*那件*事情”时，“发生过*那件*事情”是什么意思？“那件事情”又可能指什么？

困难在于，为了知道我们所说的“发生过那件事情”所指的意思，“那”这个词指的一定是某件现在的心理内容，可是如果“发生过”这个词用得合理的话，“那件事情”指的一定是某件过去的事情。这样看来，“那”这个词指的一定是某件既属于过去又属于现在的事物。但是我们的思想习惯认为过去就是死去的东西，过去的事情不能同时属于现在。那么，当我们断定“发生过那件事情”时，这句话到底是什么意思呢？

对此有着两种不同的可能的答案，它们和我们在前面一章谈论过的关于专有名称的两种不同的理论是有联系的。在描述世界结构时，如果我们认为那些至少必须给予名称的名词必须包括“事件”在内，这些事件由于它们的时空位置而被唯一确定下来，
并且从逻辑上讲不能再度出现，那么我们就必然要说“发生过那 216
件事情”这句话不够正确，应该用“发生过很像那件事情的某件事

情”这种说法来代替它。另一方面，如果我们认为一个“事件”可以定义为一组性质的集合，其中每个性质和全部性质都可能再度出现，那么“发生过那件事情”这句话就可能是完全正确的。举例说，如果我有两次看见了虹，一次看见靠近中间有一种颜色上的浓淡，那么另一次我大概也会看见同样的颜色上的浓淡。所以，如果我一边想起以前看见的那道虹，一边看着现在这道虹，同时对于我现在正看着的某种颜色上的浓淡这样说：“上一次也出现过这种现象”，那么我所说的话就可能完全正确。

这两个答案当中不管哪一个都会解决我们目前所要处理的那种特殊困难，现在我并不打算在两者之间作出取舍。这两个答案没有解决“发生过”这个词是什么意思的问题；我将在讨论公共的时间时来研究这个问题。

应该注意到我们理解我们所说的历史意义上的“过去”的意思是借着在表面上属于现在的这段时间内的关于连续的经验。由于这种经验才使得我们理解“发生在前”这个词的意思。我们也就可以这样理解：“如果 y 在表面属于现在的这段时间内，那么 x 发生在 y 之前。”我们因此就能理解说 x 发生在表面属于现在的这段时间内的每一件事情之前是什么意思；这句话也就是说 x 是在过去的时间之内。最关键的地方在于发生在表面属于现在的这段时间以内的时间是客观的时间，而不是主观的时间。

我们现在可以总结一下本章的讨论。

我们对于时间的知识有两个来源。一个来源是在表面属于现在的一段时间内关于连续的知觉，另一个来源就是记忆。回忆是可以被知觉到的，人们还发现它具有一种较远或较近的性质，由于这种性质，所有我现在的记忆才可能排在一个时间顺序之内。但是这种时间是主观的时间，必须与历史的时间区别开来。历史的时间对于现在有着“发生在前”的关系，这种关系是我在表面属于现在的一段时间内从关于变化的经验中知道的。在历史的时间内，所有我现在的记忆都是属于现在的，但是就它们的可靠性来说，它们都表示在历史的过去发生过的事情。关于为什么一切记忆都应该是可靠的这一点并没有什么逻辑上的理由；逻辑所能表明的只是：如果从来没有历史的过去，那么所有我现在的记忆也许可能不会有什么变化。因此我们对于过去的知识还要依靠某个不 217
能只凭分析我们现在的回忆就可发现的公设。

第六章　心理学的空间

心理学不是把空间当作物体之间的关系体系，而是当作我们知觉的一个特点来研究它。如果我们能够接受素朴的实在论的看法，那么这种区别就没有什么重要：我们会知觉到物体和它们的空间关系，而作为我们知觉特点的空间就会与物理学的空间等同起来。但是事实上我们不能接受素朴的实在论的看法，知觉对象与物体并不等同，知觉空间与物理空间的关系也不是等同关系。我现在就要谈一下这是一种什么关系；首先，我所讨论的只限于心理学中的空间，不涉及任何物理学的问题。

很明显，我们相信空间关系的存在是由于经验。心理学要研究的是什么经验与此有关，我们通过什么推理或构思过程从这样一些经验过渡到常识所说的空间。因为这个过程有一大部分是发生在最早的婴儿时期,而在以后被忘记的,所以要想发现那些产生被成人的常识认为理所当然的一些习惯的原始经验的性质,在观察和推理上都是一种比较困难的事。仅就最明显的一个例子来说:我们认为被我们摸到的和看到的东西存在于一个空间之内,这是自然而然无须加以任何思索的事,但是三个月左右的婴儿似乎没有这种能力。这就是说,他们不知道怎样去摸他们看到并且近到可以摸着的东西。他们完全靠着多次偶然的接触才逐渐学会了
218 一有视觉发生就知道怎样动作才能产生触觉。另一方面,小鸡却生来就能这样。

我们必须把感觉的素材与它从经验和习惯中所获得的补充分别开来。比方说你看见一个橘子,这时你不只有视觉的经验,同时还有在触觉、嗅觉、味觉上的一些预料。如果你摸到它像一团灰泥,闻起来气味像坏了的鸡蛋,或者一尝口味像牛排,你就会大吃一惊。如果它像麦克白的匕首一样,完全不能让你摸到,那么你会更加惊讶。这些惊讶说明对于非视觉的感觉的预料是在你有一次常见的视觉时你所自然想到的事情的一部分。就小鸡来说,显然这些预料有一部分来自它的天生的身体构造。这种情况在人类身上即使有也少得多;看来我们的预料即使不是全部至少大部分也是由经验产生的。一次视觉最早似乎还保有一定的纯粹性,只是逐渐由于经常与其他感觉同时出现,才在成人生活中获得一个由关于其他感觉的预料所构成的半影。这对其他感觉来说也是同样正确的。

由此可见,常识中的统一的空间是一个结构,尽管不是一个人类有意构成的结构。心理学的一部分任务就是让我们弄明白产生

这个结构所需要的步骤。

如果我们研究我们的暂时的视阈，尽可能把它从经验方面得来的附属的东西剥掉，我们就会发现它是一个复杂的整体，其中各个部分以不同的方式互相联系在一起。有左右和上下的关系，也有我们学会解释为深度的关系。这些关系都属于感觉材料。想认清关于深度的视知觉中的感觉因素，最好的方法是使用体视镜。预备放到体视镜下一起观察的两张不同的相片，你看起来都是平面的，和平常一样；但是当你在体视镜下看到它们合在一起的时候，你就得到东西都“凸出来”的印象，看来其中一些东西比另外一些要近一些。作为判断来说，这当然是错误的；相片仍然是平面的，和它们先前一样。但这是视觉材料中一种真正的性质，很能帮助说明我们怎样通过视觉估量深度。

凭着左右、上下、感到远近这三种关系，你的暂时视阈就能被 219

安排在一个三度簇里。但是根据视觉估量来区别远近是不行的，除非这些距离当中有一个特别短；我们不能“看见”太阳比月亮远，甚至看不到比不曾把它遮起来的云彩更远。

视觉以外的其他感觉也提供了有助于构成常识的空间的其他因素。如果我们身体的一部分被触到，我们能够在一定限度内说出它是哪一部分，而不需要去看。（对于舌头或指尖我们可以说得很准确，对于背部我们只能说个大概。）这就表示一部分触觉所有的性质不属于其他一部分，而不同部分所有的各别性质又具有使我们能够把它们安排在一个两度次序内的一些关系。经验教会我们把触觉和看见身体各个不同部分的视觉联系在一起。

构成常识的空间不仅涉及像我们刚谈过的静的感觉，还涉及运动的感觉。运动的感觉有两种：主动的和被动的——如果我们有一种肌肉努力的感觉，那便是主动的感觉；如果被观察的变化看来不依靠我们而独立存在，那便是被动的感觉。如果我们转动我们身体的一部分并看到它在动，那么我们就同时具有主动的和被动的两种感觉。我所谓的被动感觉只是在相对意义上说才是被动的；除了遇到非常剧烈的感觉外，一般总有注意力的活动，并涉及感官的调整。你如果不提防把头撞在一道矮门上，你的感觉就几乎完全是被动的，但是如果你很小心地去听一种很轻微的声音，那么你的感觉就有着不少的主动性因素。（我是把主动性和被动性当作感觉中的因素来说的，我并不是在探究它们的因果情况。）

对于扩大我们的空间观念，使它不局限于直接与我们邻近的区域，运动是非常重要的。我们可以把我们所在的地点到某个地点的距离估计为步行一小时，乘火车三小时，或者乘飞机十二小时。所有这些估计都需要假定固定的地点。你可以说出从伦敦到爱丁堡需要多少时间，因为两个地方在地球表面上都有着它们的固定位置，但是你却不能说去琼斯先生那里需要多少时间，因为琼
220 斯先生可能在你登上路程的时候走到别的地方去。所有超过一个很小的最低限度的距离都要依靠一种固定不动的假定；使狭义相对论成为必要的一部分理由就是由于这件事实，那就是这种假定从来也不能完全正确，在狭义相对论中距离是事件之间的距离，不是物体之间的距离，是时空的距离，不是纯粹空间的距离。但是这些想法使我们离开了常识的范围。

我们可以注意到从感觉中得到的空间关系永远是同一种感觉材料之间的空间关系。在同一个视阈的两个部分之间，或者同时

发生在手上的不同部分的两下针刺之间，存在着一种空间关系；这类空间关系没有超出感觉的领域，不是从经验中学来的。但是在受到一下针刺的触觉和看到针的视觉之间并没有直接的感觉上的空间关系，而只有人类从经验中学来的一种相互关联的关系。如果你既看到又觉到针触到你的手，你是全靠经验才把看到的接触点和触觉感到的接触点等同起来的。说它们是同一个地点只是为了方便，在心理学中这样说是不够精确的；精确地说它们是视觉和触觉两种不同空间中相互关联的地点。不错，在**物理学的**空间中只涉及一个地点，但是这个地点却超出了我们的直接经验范围之外，它既不属于视觉也不属于触觉。

构成一个能容纳我们所有的知觉经验的空间是先于科学的常识的一个胜利。它的好处在于它的方便，而不在于它可能具有的最后真理。常识在给予它一种超过实际程度的非约定的真理这一方面是错了，这个错误如不纠正，就大大增加了一种合理的空间哲学的困难。

不仅在常识中，连很多哲学家都不免要犯的一个更为严重的错误是假定那个容纳各种知觉经验的空间可以和物理学推论出来的空间等同起来，而在后一种空间里主要是些不能被知觉到的东西。在我观看一张桌子时所看到的有颜色的表面在我的视阈空间里占有一个空间位置；只有在眼睛、神经和脑存在，使光子的能受
到一定变化的地方它才存在。（这个句子里的“地方”是物理空间 221
里的“地方”。）作为一个物体来说，桌子是由电子、正子和中子组成的，它是在我的经验范围以外的东西，如果有一个空间把它和我的知觉空间都包括进去，那么在这个空间里那张物理上的桌子一

定完全在我的知觉空间之外。如果我们承认心理学所加给我们的,我们在前面一章也讨论过的关于感觉的物理原因,那么这个结论就是不可避免的。

认为有一个统一的空间——康德的“无限存在整体”——存在的看法是一种必须抛弃的看法。那些形成经验界的结构的素材包括着好几种关系——特别是一个视阈各部分之间或者一个触域各部分之间的那些关系——其中每一种关系都把它的领域安排在一个具有纯粹数学家用来建立一种几何的那些性质的簇里面。借着相互关联的关系——特别是在我同时看到和触到的一个物体的视觉与触觉地点之间的关系——单一的感觉区域各部分之间的关系所产生的各种不同的空间就可以合成一种空间。关于相互关联关系的经验在构成这种空间上是必要的;只凭单一的经验中的各种关系是不够的。

构成常识的世界还依靠另外一种相互关联的关系,加上一种认识上不合理的等同。在未被知觉到的物体的空间关系与视觉或其他感觉材料的空间关系之间有着一种相互关联的关系,人们还把这些材料与某些物体等同起来。举例来说:我坐在室内看见——至少常识认为我看见——室内各件家具之间的空间关系。我知道门外边有门厅和楼梯。我相信在门外边的东西之间的空间关系——例如“在它左边”这种关系——与我看到的家具之间的空间关系没有什么两样;并且我还把我所看到的和那些没有看到而能存在的物体等同起来,所以如果我满足于常识的看法,那么在我看见的家具和门外没有看见的门厅之间并没有什么鸿沟存在。结果人们认为两者属于一个空间,其中一部分是知觉到的,而剩下的一部分则是推论出来的。

但是在事实上，如果物理学和心理学可以相信的话，那么除了就匹克威克意义上来说①以外，我是“看”不见我房间里的家具的。在别人说我“看见”一张桌子时，真正发生的事情是我有一种复合的感觉，这种感觉在某些方面与物理学上的桌子有着结构上的相 222
似。由电子、正子和中子组成的物理学上的桌子是推论出来的；同样，它所在的空间也是推论出来的。物理学上的桌子并没有感觉界的桌子所具有的性质，这早已成了哲学中的常谈：物理学上的桌子没有颜色，它没有我们从经验中知道的那种冷或热，它没有我们在触觉中所得到的那种“硬”和“软”的性质，以及其他等等。所有这一切早已成了人所共知的事，但是由此得出的结论却没有被人充分认识到，这就是物理学上的桌子所在的空间也一定不同于我们从经验中认识的空间。

我们说桌子在我的“外面”，这和说我自己的身体不在我的“外面”的意思是一致的。但是这样说时我们一定要提防由于必须区别物理学的和心理学的空间而产生的意义上的含混。如果把“我的身体”解释为我所看见的，而不是物理学所理解的我的身体，那么在视觉空间内视觉上的桌子就在我的“身外”。如果我的身体像物理学所理解的那样，那么物理学上的桌子就在我的“身外”，但是它与作为我经验的视觉对象来说的我的身体却没有直接或明显的空间关系。在我们讲到我看不到的门外边的门厅时，

① 就匹克威克意义上来说，指就一种深奥或纯属想象出来的意义来讲。——译者

我们所谈的完全局限在物理学的意义上：在物理学的空间中门厅在我的物理意义的身体以外，但是因为不存在感觉上的门厅，从而在心理学的空间中门厅不占有任何位置，所以就任何明显的意义来说，在心理学的空间中门厅不在我的感觉界的身体之外。所以桌子在我“身外”有两种意义，而门厅在我“身外”却只有一种意义。

另外还有一种造成混乱的来源，这是由于这件事实造成的，那就是存在着两种截然不同的把心理学的和物理学的空间相互关联起来的方法。比较明显的方法是把心理学的空间中的感觉界的桌子所在的地点和物理学的空间中的物理意义上的桌子所在的地点相互关联起来，这种方法就完成大多数目的来说还是最重要的相互关联的方法。但是在这两种空间之间还有一种完全不同的关系，为了避免混乱，我们必须弄明白另外这一种关系。物理学的空间完全是从推理推出来的，它是靠因果律构成的。物理学是以事件簇作为它的起点的，这些事件当中有一些可以用物理学的定律
223 组成一些系列；举例说，构成光线到达连续地点的连续事件就是由光的扩散定律连接在一起的。在这样一些情况下，我们不是把距离抵消作用当作一个物理学的原理，而是把它当作一个**确定**时空顺序的办法。这就是说，如果一个因果律把两个事件联系在一起，其中一个事件是另一个事件的结果，那么作为其中一个事件的原因并作为其中另外一个事件的结果的任何第三个事件就要按照时空顺序而排在它们两者之间。

现在让我们看一个单独的因果序列，它开始于一个比方说对于眼睛的外界刺激，沿着内传神经继续传达到脑，先产生感觉，然

后产生意愿，接着是沿着外传神经走动的神经流，最后是肌肉运动。当作一个因果序列来看的这一整个系列在物理学的时空中一定占有连续一系列的位置，因为这个系列的生理学上的两端是在脑中开始并结束的，所以它的“心理的”两端一定也是在脑中开始并结束的。这就是说，当作在时空中按照因果关系排列起来的事件簇来看，感觉与意愿必然在脑中占有它们的位置。按照我们将在以后一章里发展的理论，一个时空中的点是一个事件的集合，我们并没有理由认为这些事件中有一些不应该是“心理的”。我们的相反的感觉完全是固执地保留着心物二元论的结果。

现在我们可以对以上的讨论作出一个总结。如果我有着叫作“看见一张桌子”的经验，那么视觉中的桌子首先在我的暂时视阈中占有一个位置。后来，由于经验中的相互关联，它才在那个包括我全部知觉的空间中占有一个位置。再往后，物理学的定律把它和物理学上的时空中的一个地点相互关联起来，这个地点就是物理学上的桌子所占的地点。最后，心理物理学的定律把它和物理学上的时空中的另外一个地点联系起来，这个地点就是我的脑子作为一个物体所占的地点。如果关于空间的哲学想避免无法解脱的混乱，我们就必须小心地把这些相互关联的关系分别清楚。

最后，我们应该注意到占有两重空间位置的知觉结果和记忆中的两重时间非常类似。在主观的时间中，记忆是在过去；在客观的时间中，记忆是在现在。同样，在主观的空间中我对于一张桌子的知觉结果是在桌子那边，但是在物理学的空间中它却在这里。

224 # 第七章　精神与物质

常识认为我们对于精神知道一点,对于物质也知道一点;常识还认为我们对于两者的知识足以证明它们是完全不同的东西。我的看法却和常识相反,我认为凡是我们不经过推理就认识的都属于精神的范围,对于物质世界我们所能认识的只限于它的时空结构的某些抽象特点——这些特点的抽象性不足以证明物质世界与精神世界在内在性质上是不同还是相同。

鉴于常识的观点本身带有的那些混乱,我想一开始就把常识的观点尽可能讲清楚。

精神——常识可能这样讲——是由做出或遇到各种不同事情的人们身上表现出来的。从认识或知觉方面来讲,他们有知觉、回忆、想象、抽象和推理的活动;从心理情绪方面来讲,他们有快乐的感觉和痛苦的感觉,他们还有情意、激情和欲望;从意愿方面来讲,他们可照自己的意愿去做一件事或者照自己的意愿不做一件事。所有这些现象都可以被发生这些现象的人知觉到,所有这些现象都可以划入"精神的"事件范围之内。每个精神的事件都是"对于"某个人发生的,成为他一生中的一个事件。

但是除了我们知觉到"思想"——这是常识的看法——以外,我们还能知觉到"东西"和我们身外发生的事件。我们看见并且摸到物体;我们听见的声音,别人也能听见,所以它是我们身外发生的事件;在我们鼻子闻到下水道难闻的气味的时候,别人也闻得到,除非他们是修下水道的工人。如果我们知觉到的东西在我们身外，我们就把它叫作“物质的”；这个名词的意思既包括那些“物质”的“东西”，又包括声音或闪电这一类的事件。

常识也允许我们对于至少不能由我们知觉到的事物作出推 225
理，例如：地球的中心，月球的背面，朋友的思想，以及创造历史记载的精神事件。一个经过推理才知道的精神事件，对于发生这个事件的人来说，却无须经过推理才知道它。一个经过推理才知道的物质的东西或事件可能或者也许不可能被某一个人知觉到；某些物质的东西，比方说地球的中心，被认为从来也没有人知觉过。

这种常识的看法虽然大体上适用于精神事件，在应用到物质事件时却需要做一番根本性质的改变。当我经历那种叫作“看见太阳”的经验时，我不用推理就知道的并不是太阳而是我自己的一次精神事件。我并不是直接认识到桌子和椅子的存在，我认识到的只是它们对我产生的某些作用。被我认为是“外界的”知觉对象，像我看到的有色表面那样，只有在我个人的空间里才是“外界的”，这个空间在我死后也就跟着消失——事实上只要我在黑暗处或者闭上眼睛，我个人的视觉空间就会消失。如果“我”指的是我的精神事件的总和，那么它们对我来说就不是“外界的”，相反，它们是构成“我”的精神事件中的一部分。只有对于我的一些其他知觉对象，也就是那些常识认为的我的身体的知觉对象，它们才是“外界的”；甚至对于这些其他知觉对象来说，它们也只是在心理学上而不是在物理学上才是“外界的”，因为它们所在的那个空间正是心理学上个人的空间。

在研究常识所认为的对外界物体的知觉上，有两个相反的问题需要加以考虑：第一，为什么一定要把知觉材料看作是属于个人

的？第二，有什么理由使我们把知觉材料看作是某种不依靠我和我的知觉器官而独立存在的事物的符号？

认为知觉材料——比方说在视觉或触觉中的知觉材料——属于个人这种看法有着两方面的理由。一方面从旨在为素朴的实在论效劳的物理学得到了一种关于物理世界情况的理论，这种理论证明除了某些抽象结构方面以外，我们没有任何理由假定物理世界中的桌椅与我们知觉到的桌椅有什么相似之处。另一方面我们
226 对于不同的人按常识讲知觉到同一件事物时的经验也作过比较。如果我们只限于谈视觉，那么在人们说两个人看见同一张桌子时，就存在着观点上的差别，视大小的差别，光反射的差别等等。所以桌子的投影性质最多只能对于一定数目的知觉者是相同的，甚至连这些在遇有光的折射媒介时也不完全相同，例如遇到冒气的水壶或是我们大家都熟悉的手杖在水中弯折的现象。如果我们像常识那样认为可以通过视觉和触觉去知觉“同一个”物体的话，而这个物体真的还要成为同一个物体，那么它和知觉材料的距离一定会越来越大，因为一件复合的视觉材料与一件复合的触觉材料有着内在性质上的不同，除了结构以外不能有任何相似之处。

我们的第二个问题比第一个问题更加困难。如果我的知觉材料永远只属于我个人的话，那么为什么我还把它当作一个符号，借它来推知一件物质的“东西”或事件呢？这个“东西”或事件是我在身体位置适当时得到知觉的原因，但是除了一些不完全的例外情况，它并不能构成我的直接经验中的一部分。

在我们开始反省的时候，我们有一种不可动摇的信念，认为产生某些感觉的原因在于我们身体的外面。我们都会承认头痛、牙

痛和胃痛的原因在身体内部，但是当我们的脚趾碰到什么东西，我们在黑暗中走路撞上一根柱子或者看到一次闪电的时候，我们便不容易对于我们的经验是由于外因产生这一点抱有怀疑。固然我们有时会认为这个信念是错误的，例如梦中发生的经验，或者在我们耳鸣时听到类似打电报的声音。但是这些都是例外的情况，常识已经发现处理它们的方法。

使我们确信大多数感觉都有物质上的原因的主要来源一方面是许多感觉所具有的那种表面上的共同性，另一方面是由于这件事实，即如果我们把感觉看作自然发生的事物，它们就会变得毫无规律而不能加以解释。

关于感觉在表面上的共同性，这是一种与证明知觉材料是完全属于个人的论证恰好相反的论证：虽然两个离得很近的人的视觉材料不能完全一样，他们的视觉材料还是很接近的；虽然视觉和触觉的**性质**并不相同，一个物体的结构性质在看到的时候和同一个物体的结构性质在摸到的时候还是大体一样的。如果你有一些正立方体的模型，那么一个受过教育的盲人在摸过一个你能看见 227
是十二面体的模型之后也能正确地说出它的名称。除了不同的知觉者所有的那种共同性以外，还有可以叫作一个人的经验中的时间上的共同性。我知道通过适当的办法我可以随时看见圣保罗教堂；我知道日月星辰会在我的视觉世界中再现，我的朋友、我的住宅和我的家具也是这样。我知道在我看见这些物体的时候与我看不见这些物体的时候所存在的不同可以容易地解释为由于我或我的环境有了不同，而这些不同并不表示物体起了什么变化。这类说法证实了常识所相信的看法：除了精神事件以外，还存在着一些

事物,后者乃是不同观察者在同一时间内,并且常常也是同一个观察者在不同时间内得到相似知觉的来源。

关于完全由知觉材料构成的世界的无规律性,这是一种难以确切地加以表述的论证。大体上说来,许多感觉的发生在我们自己的经验中并没有任何一定的先例,而且发生的方式不可抗拒地向我们表明,如果它们有发生的原因,这些原因有一部分存在于我们经验的范围之外。如果你正在下面走路,屋顶上掉下一块瓦,打在你的头上,你会经验到突然一阵剧痛,这种疼痛是不能用这次意外发生以前你所知道的任何一件事来解释明白其原因的。固然有一些偏激的心理分析学家认为遭到意外的人都是些由于反省自己犯过的罪而对生活感到厌倦的人,但是我却不相信这种看法会有很多人赞成。试想一下原子弹爆炸时的广岛居民:他们不可能在心理发展上同时到达要求下一步就是灾难的阶段。要想说明发生这类事件的原因,我们必须承认纯属物质的原因;如果不承认这些原因,我们就得承认因果上的混乱。

我们在讲唯我主义的一章里提出过的一些意见可以用来加强上面这类论证的力量,这些论证表明我们在两种可能中必须选择一个:不是(a)从知觉材料推到其他事件的任何推理都不能认为是正确无误的,这样一来我们的知识就比大多数唯我主义者所想的要少得多,事实上远远少于我们自己所能承认的最小限度的知
228 识;就是(b)有一些推论原理,根据它们我们可以推论出我们自己经验范围以外的事物。

下面的事实使得相信感觉有着物质原因的看法显得更加有力,那就是如果我们不相信这一点,我们也就没有理由承认科学的基本轮廓，而不承认科学的基本轮廓看来并不是什么合理的事情。

以上这些是一些大体上的想法，这些想法引导我们为我们常识中那种喜好从感觉推论到感觉的物质原因的倾向找出一条系统化和合理化的道路。

我认为根据经验对于物质世界所作的推理都可以因为下面的假定而被认为有其合理根据，那就是因果连锁的存在，其中每一分子都是按照共现(或邻近)的时空关系排好的一个复合结构；这样一个因果连锁的所有分子在结构上都是相似的；每个分子和每个其他分子之间由一系列相邻的结构联系起来；当一些这类相似的结构被发现围绕一个比它们当中任何一个在时间上都早的中心集合起来的时候，那就很可能是这种情况：它们的产生根源是位于该中心并且结构与被观察的事件的结构相似的一个复合事件。以后我还要更加确切地叙述这个假定，并提出要接受这个假定的理由。现在为了节省笔墨，我将把这个假定的正确性看作是不容怀疑的，并在这个基础上回到精神的和物质的事件的关系上来。

当人们根据常识谈到存在于精神和物质之间的鸿沟时，他们心里真正想到的是一次视觉或触觉与一种“思想”——例如一次记忆、一种快乐或一种意愿——之间的鸿沟。但是，我们已经看到，这是精神世界中的一种区分；知觉结果和“思想”同样是精神的事件。思想稍微复杂一点的人会把物质当作感觉的未知原因，当作实际上绝对没有第二性质，也许连第一性质也没有的“物自体”。但是不管他们怎样强调物自身的未知性，他们仍然认为他们自己对它所知道的足够让他们相信它和精神非常不同。我认为这是由于他们没有从他们的想象中抛弃把物质界的事物看作能够

229 撞上的硬东西的想法而造成的。你能撞上你的朋友的身体，但却不能撞上他的精神；所以他的身体和他的精神是有区别的。许多已经在理智上抛弃了这种论证的人，在他们的想象中还保存着它。

此外还有关于脑与精神的论证。生理学家在观察脑子时是看不见思想的；所以脑是一件东西而会思想的精神又是一件东西。这个论证的谬误在于它假定人可以看见物质。这件事连最有能力的生理学家也做不到。他在观察脑子时所知觉到的是在他个人的精神中发生的一个事件，这与他以为他正在观看的脑子之间只有一种因果上的关联。如果他从威力很大的望远镜里看见一个很小的发光点，把它解释为一块一百万年以前存在的星云，这时他会认识到他所看见的东西与他推论出来的东西是有所不同的。从显微镜底下看到的脑子与从望远镜里看到的星云只有程度上的不同：两者在根据物理学的定律从视觉材料推论出它的物质原因上所需要的推理是完全一样的。没有人认为星云和一个发光点有什么真正相似之处，同样也没有人认为脑子和生理学家所看到的有什么相同之点。

既然这样，我们关于物质世界到底还知道些什么呢？首先让我们对我们所说的“物理的”事件下一个比较精确的定义。我把它定义为经过推理才知道它发生，同时知道它不是属于精神的事件。我把“精神的”事件定义为（重说一遍）人们不经过推理就知道的事件。这样看来，我们对于“物理的”事件不是毫无所知，就是有所知，也只是通过推理才知道的——或者我们也许应该说，我们不知道人们除了经过推理还有什么方法能够知道“物理的”事件。

如果把物理的事件作为物理学的唯一基础，并且真的如果我们有什么理由相信它们真实存在的话，那么它们就一定不是完全不能被我们认识的、像康德所说的物自体那样的东西。事实上，按照我们所假定的原理，只就物理事件的时空结构而论，我们是认识它们的，尽管也许认识得很不完全，因为这种结构一定和它们对于知觉者产生效果的时空结构相似。比方说根据在知觉空间中太阳是圆形这件事实，我们有理由推论出在物理空间中太阳也是圆形。对于太阳的明亮我们就没有理由作出类似的推理，因为明亮不是 230
一种属于结构方面的性质。

可是我们却不能推出太阳不是明亮的结论——如果我们把“明亮”理解为我们在知觉中所认识的那种性质的话。我们对于物理上的太阳所能作出的合理推论只能限于结构方面；关于像明亮这类不属于结构方面的性质，我们必须保持一种完全存疑的态度。我们也许可以说，物理上的太阳是明亮的是不大可能的事，因为我们对于不是我们知觉对象的事物的性质是毫无所知的，而这就出现了一个对于可能的性质无限制进行选择的范围。但是这样一种论证太偏于理论方面，也许我们不该对它过分重视。

这就把我们引到这个问题上来：有没有任何理由，如果有的话，是什么理由让我们假定物理的事件与精神的事件有着性质上的不同？

首先我们一定要区别开在活的脑子里发生的事件与在任何其他地方发生的事件。我要先讲在活的脑子里发生的事件。

根据将在本书第四部分说出的理由，我假定一个小的时空区域就是一个由许多共同出现的事件组成的集合，还假定这类时空区域的顺序是按因果关系来确定的。前一个假定的结论是没有理由认为构成脑子的那些事件不包括思想在内，后一个假定则引导出在物理空间中思想是在脑子里发生的结论。或者更确切地说，脑子的每一个区域都是一个事件的集合，并且那些构成一个区域的事件包括思想在内。当我们说思想在脑子里发生的时候，我们要注意到我们用的是一个省略的说法。正确的说法是：那些构成脑子里的一个区域的事件，作为一个集合来讲，是包括思想在内的。这就是说，一次发生过的思想是一个集合中的分子，而这个集合构成脑子里的一个区域。从这种意义上说，当我们谈到脑子里发生的事件的时候，我们没有任何理由假定它们不是思想，相反，我们却有很有力的理由假定它们当中至少有一些是思想。我现在是把“思想”这个词当作精神事件的类名来使用的。

当我们研究在物理的时空中除了脑子以外的各部分所发生的事件时，我们还没有正面的论证可以证明它们不是思想，只有那些根据对于有生命的物质和没有生命的物质的不同所作的观察，再
231 加上根据相似点或是没有相似点作出的推理可以知道的事件不在此内。比方说，我们可以认为习惯主要是有生命的物质才有的，而且由于记忆是一种习惯，所以除了有生命的物质以外，记忆是不大可能存在的。把这个论证推广开来，我们可以说有生命的物质，特别是其中那些高级类型的有生命的物质的行为，比起没有生命的物质特别多地决定于它过去的历史，并且我们的精神生活中由习惯决定的整个那一大部分恐怕只有有生命的物质才能据有。但是这样一些论证还不足以得出定论，并且适用的范围也很有限。正像我们不能完全肯定太阳不是明亮的一样，我们也不能完全肯定

它没有理性[①]。认为两者都不大可能也许是对的，但是如果我们说它们绝不可能那便是十足的错误了。

我的结论是：我们不经过推理就可以知道精神事件及其性质，而我们关于物质事件所知道的只限于其时空结构这一方面。我们不知道构成这类事件的那些性质，这方面的毫无所知使得我们既不能说它们与那些我们知道属于精神事件的性质不同，也不能说相同。

① 我并不希望读者过于重视这种可能。这是属于克劳舍－威廉斯在《非理性的享受》一书中所讲的“猪也许能飞”那一类的东西。

第四部分　科学概念

235 第一章　解释

到现在为止，在所有关于科学世界的讨论中，每句话我们都是按照其字面意义来讲的。我不仅是说我们所采取的态度是相信科学家所说的话，因为在一定限度之内这种态度是任何一个对于谈到的某种问题不具备专门知识的人可以采取的唯一合理的态度。说这种态度合理，我的意思并不是说我们确信别人的话是真理，因为很可能在适当的时候有必要加以修正。我的意思是说目前最好的科学意见比起一个外行所提出的任何不同假设来得到真理或接近真理的机会更大。这种情况类似打靶。如果你射技不好，你就不容易打中靶心，但是你打中靶心的机会却比打中任何其他同样大的面积的机会要大。所以科学家的假设虽然不容易完全正确，但其正确的可能性还是超过不懂科学的人所提出的任何不同意见。可是这一点并不是我们在本章所要讨论的问题。

我们现在所要讨论的问题不是真理而是**解释**。情况常常是，我们有着看来似乎充足的理由相信某个用数学符号表示的公式所包含的真理，尽管我们不能给这些符号下明确的定义。在其他情况下，我们可以给这些符号许多不同的意义，所有这些意义都能使这个公式为真。在前一种情况下,我们对于公式连一种确定解释也没有,而在后一种情况下,我们的解释却有许多种。这种看来似乎奇怪的情形发生在纯粹数学和数理物理学中;这种情形甚至发生在对于“我房间里有三张桌子和四把椅子”这类常识性叙述所作的解释中。所以看来有一大类叙述,在某种意义上说,我们对于 236
其中每一个叙述的真实性比对它的意义知道得更为确切。“解释”就是对于这类叙述来说的;它的作用在于给一个属于这类的叙述找出尽可能确切的意义,有时则给它一整组可能出现的意义。

让我们先从纯粹数学中找个实例。人类很久以来就相信 2 + 2 = 4;他们对此确信的程度使它成了表示完全确定的事物的最常用的例子。但是如果人们被问起“2”“4”“ + ”和“ = ”是什么意思,他们就会作出含糊和不同的回答,这就足以说明他们并不知道这些符号所表示的意思。有人认为我们是通过直观认识每个数的,因而没有给它们下定义的必要。如果我们所谈的是较小的数,这种说法似乎还有些可信,但是有谁能对 3,478,921 有直观的认识呢?所以他们说我们对于“1”和“ + ”有直观的认识;这样我们就能把“2”定义为“1 + 1”,把“3”定义为“2 + 1”,把“4”定义为“3 + 1”,照此类推。但是这个办法并不是很成功的。它使我们能够说 $2+2=(1+1)+(1+1)$ 和 $4=\{(1+1)+1\}+1$,然后我们还需要一种新的直观告诉我们可以重新安排一下括号,事实上也就是让我们相信如果 l,m,n 是三个数,那么 $(l+m)+n=l+(m+n)$。有些哲学家在必要时能够得出这种直观,但是大多数人对这些哲学家所说的话仍然有些怀疑,觉得有必要找寻某种另外的方法。

对于我们的解释问题更有直接关系的一个新的发展是由皮阿诺创始的。皮阿诺从三个未下定义的名词“0”、“有限整数（或数）”和“后继”出发，对于这三个名词他作了下面五个假定：

1. 0 是一个数；

2. 如果 a 是一个数，那么 a 的后继（即 $a+1$）是一个数；

3. 如果两个数有相同的后继，那么这两个数等同；

4. 0 不是任何数的后继；

5. 如果 s 是一个集合，0 属于 s，并且每个属于 s 的数的后继也属于 s，那么每个数属于 s。

这些假定中最后一个就是数学归纳法原理。

237 皮阿诺表明他能用这五个假定证明算术中的每个公式。

但是现在又出了一种新困难。一般认为，我们无须知道“0”、“数”和“后继”的意义，只要我们认为它们能满足这五个假定就行。但是这样就出现了无限多可能的解释。比方说，让“0”表示我们平常所说的“1”，让“数”表示我们平常所说的“0 以外的数”；那么这五个假定仍然是真的，全部算术也可以得到证明，虽然每个公式将得到出人意料的意义。“2”的意义就是我们通常所说的“3”，但是“2 + 2”的意义却不是“3 + 3”；它的意义将是“3 + 2”，而“2 + 2 = 4”的意义将是我们通常用“3 + 2 = 5”所表示的意义。同样，我们可以在假定“0”的意义是“100”，而“数”的意义是“大于 99 的数”的基础上来解释算术。还有其他等等。

只要我们不越过算术公式的范围，所有这些对于“数”的不同解释都同样令人满意。只有在我们列举数目、涉及数在经验界的用途时，我们才有理由选择一种解释而舍弃所有另外的解释。如果我们去一家商店买东西，店员告诉我们说“三先令”，他所说的“三”就不是一个单纯的数学符号，表示“某一系列开头以后的第三项”；他所说的“三”事实上是不能由它的**算术**性质来下定义的。显然，在算术范围以外，他对于“三”的解释比起皮阿诺系统所允许的一切解释都要好。像“人有 10 个手指”，“狗有 4 条腿”，“纽约有 10,000,000 个居民”这类叙述，它们所需要的数的定义是不能只从这些数能满足算术公式这件事实得出来的。所以这样一种定义是对数字符号的最令人满意的“解释”。

只要数学应用到经验材料方面，同样的情况就会发生。拿几何学来说，我们不是把它当作从任意假定的公理通过演绎得出结论的一种逻辑练习，而是把它当作在测地、制图、工程或天文学上的一种帮助。几何学的这些实际用途必然会产生一种困难，这种困难虽然人们有时表面也承认，但却从来没有给予应有的重视。238
数学家在他们所提出的几何学中使用了点、线、平面和圆，但是自然界中找不到这类东西早就成了一句俗话。在我们通过把面积分为若干三角形的办法进行测量的时候，一般承认我们的三角形的边既不是精确的直线，顶点也不是精确的点，但是这一点却被三角形的边**近似**直线，顶点**近似**点这种说法给掩盖过去了。这句话的意思一点也不清楚，只要人们认为我们的粗糙的直线和点所近似的那种精确的直线或点并不存在的话。我们的意思可能是说可以感知的直线和点具有近似欧几里得的定义和公理所说的那些性质；但是除非我们能够说出，在一定限度之内，这种近似达到什么程度，这样一种看法就将把计算弄得意义含混不清和不能令人满意。

这个数学上的精确性和感觉上的不精确性的问题是一个很老的问题，柏拉图曾经用奇怪的回忆说来解决它。到了近代，同一些其他没有解决的问题一样，人们由于熟悉而忘记了它，正像入鲍鱼之肆久而不闻其臭一样。显然如果我们能够把几何学应用到感觉世界上来，我们必须能够通过感觉材料来给点、线、面等下定义，否则我们就必须能够从感觉材料推论出具有几何学所需要的那些性质的未曾被人知觉过的实体的存在。找出多种或一种方法，来完成这些目的当中任一个目的就是对于几何学作出经验性质的解释的问题。

另外还有一种非经验性质的解释，这种解释把几何学留在纯粹数学的范围之内。所有按顺序排定的三个实数组成的集合构成一个三度的欧几里得空间。通过这种解释，全部欧几里得几何都能由算术演绎出来。人们可以证明欧几里得几何以及每一种非欧几里得几何都可以应用到具有与实数项数相同的每一种集合上去；关于几度以及得出的几何学是欧几里得几何还是非欧几里得几何的问题要由我们所选择的顺序关系来决定；（从逻辑意义上讲）存在着无限多的顺序关系，只是由于经验上的方便才使我们选择其中一种特别加以注意。一位工程师或物理学家在考虑最好
239 采取纯粹几何的什么样的解释时，所有这些都是有点宏旨的。它表明就一种经验性质的解释来说，不仅是按顺序排定的项目，就是顺序关系也必须通过经验界的事物给出定义。

非常类似的说法也适用于时间，而就我们目前所讨论的问题来说，时间并不是像空间那样困难的问题。在数理物理学中，时间被认为是由瞬间组成的，尽管人们告诉弄得困惑不解的学生，可以

把瞬间当作数学上的虚构。从来没人告诉他为什么虚构有用，或者虚构怎样与非虚构的东西互相关联。他发觉通过使用这些童话故事可以计算实际发生的情况，以后大概他也就不再追究所以然的原因了。

人们并不总是把瞬间看成虚构的东西；牛顿认为瞬间是和日月同样"真实"的东西。在人们抛弃了这种看法之后，很容易走到另一个相反的极端，忘记了有用的虚构不大可能只是一种虚构。有不同程度的虚构。现在让我们把一个单独的个人看成完全不是虚构的东西；那么我们将怎样看待他所属的那些不同的人的集合呢？大多数人恐怕不会把家庭看成一个虚构的单位，但是人们怎样去看待一个政党或是一个板球俱乐部呢？对于我们假定那个单独的个人所属的叫作"斯密士"的人的集合，我们将怎样看待呢？如果你相信占星学，你就会特别重视在某一个星辰下降生的人的集合；如果你不相信占星学，你就会把这样一种集合看成一种虚构。这些区别并不是逻辑上的区别；从逻辑的观点来看，一切由个体组成的集合都是同样真实或同样属于虚构的东西。这些区别的重要性在于实际方面，而不在于逻辑方面：有一些集合我们可以对它们说出许多有用的话，而另外一些集合却不是这样。

如果我们说瞬间是有用的虚构，那么人们必然认为我们的意思是说，我们愿意对有些实体就像对于个体的人一样给予高度的"真实性"（不管它的意思怎样解释），并且认为和它们比较起来，瞬间具有板球俱乐部对于其成员所有的那较小程度的"真实性"；但是我们也愿意说对于瞬间，也和对于与"人为的"人的集合相对而言的家庭一样，有许多实际上重要的话可讲。

所有这些在意义上都非常含混，而解释的问题就是用精确的
240 东西加以代替的问题，永远记住不管我们给“瞬间”下什么定义，它必须具备数理物理学所要求的那些性质。如果两种解释都能满足这个要求，那么在它们当中进行选择就取决于我们的喜好和方便；并不存在一种解释是“对的”而其他各种解释是“错的”这个问题。

在古典物理学中，技术上的一套工具是由点、瞬间和质点组成的。人们假定存在着一种三项关系，那就是在某一瞬间占有某一点，而在某一瞬间占有某一点的东西叫作一个“质点”。在技术方面人们还假定质粒是不能毁掉的，所以凡是在一定瞬间占有一点的东西总会在每个另外的瞬间占有某一点。在我说这是人们假定的这句话时，我的意思并不是说人们肯定这是事实，而是说这种技术是建立在那种认为把它看成事实不会有什么害处的假定的基础之上。这种看法在宏观物理学中仍然成立，但是在微观物理学中“质粒”已经在逐渐消失。旧意义的“物质”已经成了不必要的东西；人们所需要的是“能”的概念，这个概念的意义全靠它的定律和它的分布变化对于我们感觉的关系，特别是频率对于颜色知觉的关系来确定。

从广义上来说，我们可以说近代物理学的基本技术工具乃是一个由按时空关系顺序排列的“事件”组成的四度簇，这个四度簇可以用许多不同的方法分解为空间或时间的组成部分，至于采取哪一种方法则是可以由人随意决定的。因为我们仍然在使用微积分来计算，所以在技术上人们仍然假定时空是连续的，但是这个假定除了作为一种数学上的方便办法之外，还有多少用处人们就不

清楚了。人们也不清楚“事件”是否具有一般认为质点在一瞬间所占有的时空中的确定的位置。所有这一切使得近代物理学的解释问题变得非常困难,但是除非靠着**某种**解释,我们是弄不清楚量子物理学家所主张的看法的。

就“解释”的逻辑方面来说,它与我们在本章开始所说的那种比较含糊和困难的概念有些不同。在本章开始时我们讲的是一些用符号表示的叙述,人们知道它们与可以观察的现象具有一种关联,并且可以得出为观察证实的结果,但是它们的比较不确定的意 241
义却只有靠它们与观察的关联才能确定。就这种情况来说,我们可以像在本章开始时所说的那样,认为我们十分清楚知道我们的公式是真的,但是却一点也不清楚知道它们所表示的意义。可是在逻辑的范围内,我们的办法却不是这样。我们不把公式看成“真”或“伪”,而是把它们看成含有变项的假设。一组使得假设为真的变项的值就是一种“解释”。在几何学上“点”这个词的意义可以解释为“三个一组按顺序排列的实数”,或者和我们将要看到的那样,可以解释为那种我们将把它叫作“完全的共现复合”的东西;它还可以有无限多的另外的解释方法。这一切方法的共同点就是它们都能满足几何学公理的要求。

在纯粹数学和应用数学中,我们都常遇到全部能从少数可以叫作“公理”的基本公式用逻辑方法演绎出来的许多公式。我们可以把这些公理当作整个系统的抵押品,我们可以把注意力完全放在它们上面。这些公理有一部分是已下定义的名词,有一部分是在任何解释下都是变项的名词,还有一部分是些虽然还没有下过定义,却能在公理得到“解释”时取得定义。解释的过程在于为这类名词找出一种固定的意义。这种意义可以用文字的定义，也可以用实指的定义来确定。但是经过这种解释之后，人们一定要使公理为真。（在解释之前，这些公理既不真也不伪。）因而从公理推出的全部结论也是真的。

比方说假定我们想解释算术的公式。在（上面列出的）皮阿诺的五个公理中第一是逻辑名词，例如“是一个”和“相等同”，它们的意义是人们假定已经知道的；第二是变项，例如 a 和 s，它们在经过解释之后仍然是变项；第三是“0”、“数”和“后继”，对于它们的解释就是找出一个使这五个公理为真的不变的意义。像我们所见到的那样，存在着无限多的满足这些条件的解释，但是其中只有一种能够同时满足计算上的经验性质的叙述，例如“我有 10 个

242 手指”。所以就这个实例来说，有一种比其他任何一种都方便得多的解释。

正像我们在几何学中所遇到的情况一样，一组已知的公理可以有两种解释，一种是逻辑的，另一种是经验的。一切文字的定义，如果推溯上去，最后必然只剩下仅有实指的定义的名词，而在一门经验科学中，带有经验性质的名词一定要依靠那些在知觉中得到实指的定义的名词。比方说，天文学家的太阳和我们所见的太阳就很不相同，但它却必须具有从我们幼时就知道的“太阳”这个词的实指的定义得出来的一种定义。所以对一组公理作出经验性质的解释，如果完整无缺，就总要使用那些从感觉经验中得到实指的定义的名词。这种解释当然不会只包含这类名词，因为总会有逻辑名词出现；但是由于得自经验方面的名词的出现才使得一种解释带有经验的性质。

解释的问题曾经受到不应有的忽视。只要我们还停留在数学公式的领域之内，一切看来就都是准确的，但是如果我们要去解释它们，那么就会发现这种准确性有一部分是骗人的。除非把这个问题澄清，我们是不能准确地说出一门科学所说的内容的。

第二章 最小量用语

我们将在本章讨论在分析科学概念上很有用的一种语言方面的技术。一般说来，用一门科学所使用的少数字眼来给这门科学所使用的字眼下定义可以有许多方法。这些少数字眼可能有实指的定义，或者可能有用不属于这门科学的字眼所下的文字的定义，或者——只要这门科学不是照上一章所讲的意义来“解释”——它们可能既没有实指的定义又没有文字的定义，而只被当作一组 243
名词，这些名词具有这门科学给予其基本名词的那些性质。我把这样一组基本用语叫作这门科学的“最小量用语”，如果(a)所有这门科学中的其他用语都可以由这些用语给出文字的定义，和(b)每个基本用语都不能由其他基本用语得出它的文字的定义。

一门科学中每一句话都可以用属于最小量用语的字词表达出来。因为只要有一个带有文字定义的字眼出现，我们都可以换上它的定义；如果这里还有带有文字定义的字眼出现，那么我们仍然可以换上它的定义，以此类推，直到剩下的字眼不带有文字的定义为止。事实上可以下定义的名词总是多余的，只有不下定义的名词才是不可缺少的。但是对于哪些名词不下定义的问题一部分是由人随意决定的。例如命题演算，这是一种最简单的和最完整的形式系统的实例。我们可以把“或”和“不”或者把“而且”和“不”当作不下定义的名词；我们也可以不用这样两个不下定义的名词，而用一个名词，这个名词可以是“非此或非彼”或者“非此而且非彼”。所以一般我们不能说某个**字眼一定**属于某一门科学的最小量用语，最多只能说这个字眼所属的最小量用语有一种或多种。

让我们举地理学为例。我将假定几何学的用语是早已建立起来的；那么我们第一件纯粹属于地理范围的需要就是一种确定经纬度的方法。为了这个目的，我们只需要把“格林尼治”、“北极”和“在西边”放在我们的最小量用语之内；但是显然任何其他地点都会像格林尼治一样有用，南极也可以代替北极。“在西边”这种关系并不是真正必要的，因为每一圈纬线都是垂直穿过北极的直径的平面与地球表面相交而成的圆。其他用在自然地理里的字眼，像“陆地”和“水”，“山”和“平原”等现在都可以用化学、物理学和几何学的说法来给出定义。看来“格林尼治”和“北极”是使地理学成为研究地球而不是其他扁球体的表面的一门科学所必需
244 的两个字眼。由于这两个字眼（或者其他两个具有同样作用的字眼）才使得地理学能够记下旅行家的发现。我们可以注意到只要提到经纬度就总离不开这两个字眼。

这个例子表明，一门科学越是变得系统化，它的最小量用语就越少。古代人在获得了许多地理事实之后才发现测定经纬度的方法，但是为了表达这些事实他们需要比我们更多的不下定义的字眼。由于地球是扁球体而不是球体，所以“北极”不必是不下定义的字眼：我们可以把两极定义为地球最短直径的两端，而把北极定义为靠近格林尼治的极。这样我们就可以把“格林尼治”作为地

理学仅有的一个不下定义的字眼。我们可以把地球定义为“表面有水陆，周围有空气，上面还有格林尼治的一个扁球体”。但是我们在这里似乎已经走到减少我们的最小量用语的尽头。如果我们要弄清楚我们所谈的是地球，那么我们就必须提到位于它表面上的某个地方或者对于地球表面具有一定几何关系的某个地方，而这个地方一定是我们所认识的一个地方。因此尽管“纽约”或“莫斯科”或“提姆巴克图”和“格林尼治”起着同样的作用，任何地理学上的最小量用语还是必须把**某一个**地方包含在内。

我们关于格林尼治的讨论还表明另外一点，这就是一门科学不正式下定义的名词未必就是对某一个人来说不下定义的名词。如果你没有到过格林尼治，那么“格林尼治”这个字眼对于你就不能有实指的定义；所以除非这个字眼有文字的定义，你就不能理解它。事实上如果你位于一个名叫“P”的地方，那么“P”对于你就起着格林尼治的作用。而对你来说，你的正式经度确定了格林尼治的子午线而不是P的经度。可是这些都是先于科学的想法，通常在分析科学概念时是不去考虑它们的。为了某些目的，我们却不能不去考虑它们，特别是在我们研究科学对于感觉经验的关系时不能忽略它们；但是在一般情况下不去管它们是没有什么危险的。

其次让我们研究一下天文学的最小量用语的问题。天文学由两部分组成，一部分是宇宙地理学，另一部分是物理学的应用。有 245
关行星大小和轨道的叙述属于宇宙地理学，而牛顿和爱因斯坦的引力学说则属于物理学。其中的不同在于我们在地理部分中所研究的是什么天体位于什么地方的事实叙述，而我们在物理部分中所研究的则是定律。因为我很快就要专门讨论物理学，所以让我

们先谈一下天文学的地理部分。在这一部分里，只要它还处在初级阶段，对于太阳、月亮、行星以及所有的恒星和星云我们都需要用专有名称来表示。但是随着天文学的进步，专有名称的数目可以逐渐减少下来。我们可以把“水星”定义为“离太阳最近的行星”，把“金星”定义为“第二个行星”，把“地球”定义为“第三个行星”等等。我们用坐标来定义星座，照星体的光亮程度的顺序来定义一个星座里的各个星体。

按照这个系统，“太阳”仍将属于我们的最小量用语，而我们还需要规定天体坐标所必需的条件。“北极星”将不再是必要的词，因为我们可以把它定义为“白昼不自转的星体”，但是我们将需要一些其他天体来完成格林尼治在地面地理上所完成的作用。这样正式的天文学就只需要(看来是这样)两个专有名称，“太阳”和(例如)“天狼星”。举例说，我们可以把“月亮”定义为“在某某日期具有某某坐标的天体”。就某种意义来说，我们可以用这一组用语来表达天文学家所想表达的一切，正如我们可以用皮阿诺的三个不下定义的名词叙述全部算术一样。

但是正像我们发现皮阿诺的系统不适于数目计算一样，我们的正式天文学也不适于把它与观察联系起来。它没有能把两个很重要的命题包括进去，那就是“这是太阳”和“这是天狼星”。看来我们对于抽象的天文学已经有了一组用语，但是对于作为观察纪录的天文学却没有能做到这一点。

柏拉图本人对天文学的兴趣在于把它只当成一组定律，他想让天文学完全与感觉分家；那些对于偶然存在的实际天体感兴趣的人将得到下世化生鸟类的报应。现在研究科学的人已经不再抱有这种观点，但是在卡尔纳普和其他一些逻辑实证主义者的著作里我们却可以找到这种观点或者与它很相近的观点。我认为他 246
们并没有意识到抱有这种看法，而且他们会强烈反对这种看法；但是对于文字本身而不是文字的意义的过分重视使他们容易犯柏拉图的错误，并使他们走上歧途或者经验主义者眼中的歧途。天文学不只是字句的集合；天文学的字句有别于从语言角度上看同样有效的其他字句的集合，因为它们叙述的是一个与感觉经验有关的世界。只要抛开感觉经验，那就没有任何理由使得我们去研究一个具有离它正好这样远和正好这样多的行星的巨大天体。把感觉经验引进来的句子就是“这是太阳”这一类句子。

每门先进的经验科学都有两个方面：一方面它是一组在许多方面互相联系的命题，这些命题经常包含一小组命题，从它们身上可以演绎出所有其他命题；另一方面它又是对于宇宙某一部分或方面试图加以叙述的努力。就前一个方面来说，重要的不是各个不同命题的真、伪，而是它们之间的相互关联。例如，如果引力与距离成正比，那么行星（如果有行星的话）会绕着太阳（如果太阳存在的话）按椭圆形轨道旋转，在这些椭圆形中太阳占的位置不是一个焦点而是中心。这个命题不属于描述天文学的范围。还有一个类似的叙述也不属于描述天文学的范围，这个叙述说，如果引力与距离的平方成反比，行星（如果有行星的话）就会绕着太阳（如果有太阳的话）按椭圆形轨道运行，在这些椭圆形里太阳占的位置将是一个焦点。这和下面两句话是不相同的：引力与距离的平分成反比，行星按照椭圆形的轨道围绕太阳旋转，在这些椭圆形里太阳占的位置是一个焦点。前面的叙述是一个假言命题；后面两句话却肯定了前面假言命题的前件和结论。依靠观察才使得后面两句话能够做到这一点。

从“这是太阳”这类叙述可以看出人们对于观察的依赖，因而这类叙述对于天文学的真实性是必要的。这类叙述从来不会出现在一个天文学说的最后确定下来的表述中，但是它们却的确出现在一个学说正在建立的阶段。举例说，在1919年日食观察以后，人们说从某些星球的照片上看出它们对于太阳有某种程度的位
247 移。这是一个关于天文学家在某一日期所观察的一张感光板上的某些黑点的位置作出的叙述；这是一句主要不属于天文学而属于传记的叙述，可是它却为一个天文学说提供了证据。

这样看来，天文学的用语在我们把天文学看作一组靠观察得出真实性或者至少概然性的命题的情况下，比起我们把它当作真、伪与我们完全无关的一个纯属假言性质的系统的情况下，范围要大。在前一种情况下我们一定要能够说“这是太阳”或这一类句子；在后一种情况下就没有这种必要。

物理学——这是我们下面必须谈论的题目——与地理学和天文学的情况不同，因为它的目的不是要说明什么地方有什么东西，而只是建立普遍的定律。“铜传电”是物理学的一个定律，但是“康瓦尔有铜”却是一件地理上的事实。作为一个物理学家来说，只要他的实验室里不缺少铜，他是不会关心什么地方有铜的。

“铜”这个词在物理学发展的前期是必要的，但是现在它已经可以从别的词得出它的定义。“铜”是“原子序为29的元素”，这个定义使得我们能够对铜原子得出许多推论。所有元素都能由电子和质子，或者至少由电子、正子、中子和质子得出定义。（也许

质子是由一个中子和一个正子构成。）这些单位本身又可以由它们的质量和电荷得出定义。最后看来，既然质量是能的一种形式，那么物理学所需要的似乎只有能、电荷和时空坐标；另外由于不存在地理上的因素，坐标也就能够保持完全假定的性质，也就是说没有必要规定一个类似格林尼治那样的东西。因此作为“纯粹”科学的物理学——即离开证实方法的物理学——看来只需要一个分布着不同数量的能与电的四度连续体。任何一个四度连续体都可以完成这个任务，而“能”与“电”也只不过是一些受某些有关定律支配其分布变化的量而已。

达到这样抽象程度的物理学已经成了纯粹数学的一个分支，
人们研究它的时候可以不涉及现实世界，也不需要纯粹数学以外 248
的用语。可是这种数学却还不是纯粹数学家能够自己想象出来的。举例来说，它的方程式里就包含着普朗克常数 h，它的大小大约是每秒 6.55×10^{-27} 尔格。如果不是因为有实验上的根据；恐怕没有人会单单把这个量引进来，而只要我们一旦提出实验上的根据，整个面貌就会改观。这个四度的连续体不再只是一种数学上的假说，而是经过对于我们经验所熟悉的空间和时间所作的不断改进而得出的时空连续体。电不再是一种量，而是通过我们的电学仪器上可以观察到的现象来测度的那种东西。虽然能是高度抽象的东西，它却是从类似焦耳所做的那些完全具体的实验中得出来的一种概括。因此，作为可以证实的物理学，除了使用“纯粹”物理学所需要的完全抽象的概念以外，还使用了许多经验界的概念。

让我们进一步研究一下像“能”这样一个名词的定义。关于

能最重要的是它的守恒性，而要证明它的守恒性，第一步就是测定热的机械能。这是通过例如温度计的观察来完成的。这样一来，如果我们所说的“物理学”不仅是一组物理定律，而是这些定律加上证实它们的证据，那么我们就必须把焦耳观察温度计时的知觉包括在“物理学”之内。而我们所说的“热”又是什么意思？一般人认为热是某一种感觉，或者它的（对他来说）没有找到的原因；物理学家把热当作物体的微小部分的快速撞动。但是物理学家根据什么事实下出这个定义？只有这件事实，那就是在我们感觉到热的时候有理由认为这种撞动正在发生。或者看看摩擦生热这件事实：我们对于这件事实的最重要的证据是我们看到摩擦之后才能感觉到热。作为一门实验科学的物理学所用的每个非数学的名词都是从我们的感觉经验中得来的，而且正是由于这种理由感觉经验才能够证明物理学定律的正确或错误。

看来如果我们把物理学当作一门建立在观察上的科学，而不
249 把它当作纯粹数学的一个分支，并且把证实物理学定律的证据也算在物理学范围之内，那么任何一种物理学的最小量用语都一定能使我们叙述那些产生我们对于物理世界的信念的经验。我们需要类似“热”、“红”、“硬”这样的字眼，不仅是为了叙述物理学认为给我们造成这些感觉的物体状态，也是为了叙述这些感觉本身。例如假定我说：“我所说的‘红光’就是某种长度内的波长所产生的光。”就这种情况讲，这种波长所产生的光使我看见红光这句话就是一个重言式，并且因为在十九世纪以前人们还没有发现波长与颜色感觉之间的相互关系，他们说血是红的就成了没有意义的废话。这是没有道理的。显然“红”有一种不依赖物理学的意义，

并且这种意义在为物理的颜色学说收集数据上所起的作用正像“热”的先于科学的意义在建立物理的热学上所起的作用一样。

以上关于最小量用语的讨论的主要结论是：每门经验科学，不管它怎样抽象，一定要把叙述我们经验的字眼保存在其任何一种最小量用语之内。甚至像“能”这样最严格的名词的意义，在我们通过一系列定义，最后遇到只有实指定义的名词时，也一定依靠直接叙述经验的名词；在那些可以叫作“地理的”科学当中，甚至依靠作为个别经验名称的名词。如果这个结论正确，那么它将是很重要的，因为它将在解释科学学说上提供很大的帮助。

第三章　结构 250

在本章内我们将进行一个完全属于逻辑范围的讨论。这个讨论对于进一步解释科学是一个必要的预备条件。我现在要加以说明的逻辑概念就是“结构”这个概念。

表明一件事物的结构就是说出它的各个部分以及各个部分之间的相互关系。如果你正在学解剖学，那么你可能首先学习各根骨头的名称和形状，然后学习每根骨头在整个骨骼中所占的位置。这时你就会知道解剖学所能告诉你的有关骨骼结构的知识。但是你却不会知道全部有关骨骼结构的知识。骨骼由细胞组成，细胞由分子组成，而每个分子又有一种原子结构，研究这种结构是化学的任务。原子又具有一种由物理学来研究的结构。正统的科学到了这一点就停下来不再作进一步的分析，但是我们却没有理由认为不可能这样做。我们将有机会提出把物理的实体分析为事件的结构，并且像我所要表明的那样，事件也可以有理由被认为具有一种结构。

下面再让我们看一下另外一种稍有不同的结构，也就是句子。一个句子是一系列的字，字的排列在说出这个句子时按照前后的顺序，而在写出这个句子时则按照从左到右的顺序。但是这些关系实际上并不是字与字之间的关系；它们是字的实例之间的关系。一个字是一个由相似声音组成的集合，这些声音具有相同或几乎相同的意义。（为了简便，我将只谈与写的文字相对而言的说的语言。）一句话也是一个由声音组成的集合，因为许多人都能说同
251 样的句子。这样我们就一定不要说一个句子是一系列按时间顺序排列的字，而要说一个句子是一个由声音组成的集合，每一个声音又由一系列按时间顺序很快衔接起来的声音组成，每一个后面所说的这种声音是字的一个实例。（这是句子的一个必要的但却不是充分的特点，因为某些字组成的系列是没有意指的。）我将不在区别不同词类上花费时间，而要进行下一阶段的分析，这种分析不再属于句法而是属于语音学的范围。字的每一个实例是一种复杂的声音，其中各部分是些各别的字母（假定有一种发音字母）。在进行语音分析之后还有一个阶段：分析在发出或听到单独一个字母时的复杂的生理过程。在生理分析之后还要进行物理学的分析，并且从这里开始一步步往下分析，就像对骨头所进行的分析一样。

在上面的说明中有两点需要讲清楚，由于匆忙没有来得及谈到它们，那就是字有意义而句子则有意指。“Rain”（雨）是一个字，而“raim”却不是一个字，尽管两者都是由类似的声音组成的集

合。“在下雨”是一个句子，而“雨雪大象”却不是一个句子，尽管两者都是由字组成的系列。给“意义”和“意指”下定义并不是一件容易的事，正像我们在讨论语言理论时所见到的那样。只要我们把问题完全局限在结构问题范围之内，这种努力就不是必要的。一个字要通过一种外界关系才能获得意义，正像一个人要通过一种外界关系才能获得当叔叔的性质一样。死后检验再彻底也不能查明一个人是不是叔叔，对于一组声音的分析也不能（只要排除在它们以外的一切事物）表明这组声音有没有意义，或者在这组声音由一系列看来似乎是字的东西组成时有没有意指。

上面的例子具体说明了不管结构分析作得多么完全，它也不会告诉你关于这件事物你想知道的全部知识。它只告诉你这件事物的各个部分以及各个部分之间的相互关系；至于这件事物与那些不是它的部分或组成部分的事物之间的关系它却什么也没有说。

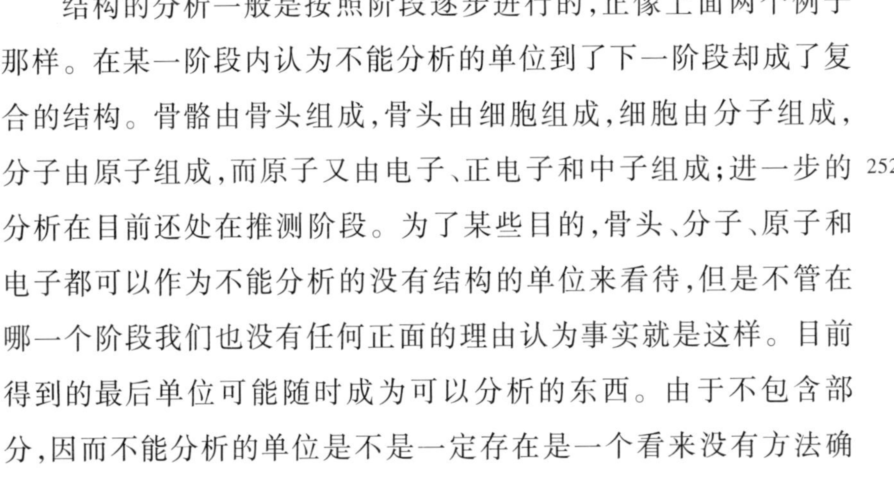

结构的分析一般是按照阶段逐步进行的，正像上面两个例子那样。在某一阶段内认为不能分析的单位到了下一阶段却成了复合的结构。骨骼由骨头组成，骨头由细胞组成，细胞由分子组成，
分子由原子组成，而原子又由电子、正电子和中子组成；进一步的 252
分析在目前还处在推测阶段。为了某些目的，骨头、分子、原子和电子都可以作为不能分析的没有结构的单位来看待，但是不管在哪一个阶段我们也没有任何正面的理由认为事实就是这样。目前得到的最后单位可能随时成为可以分析的东西。由于不包含部分，因而不能分析的单位是不是一定存在是一个看来没有方法确定的问题。而且这并不是一个重要的问题，因为从后来发现本身

具有复合结构的单位出发来说明结构是没有什么错误的。例如,我们可以把点定义为由事件组成的集合,但是这却一点也不能降低传统几何学的正确性,而在传统几何学中点是作为简单的单位来处理的。每一种关于结构的说明都是相对于某些单位来讲的,这些单位暂时被当作没有结构的东西来看待,但是我们一定不要认为这些结构在另外的场合就不会具有一种值得认识的结构。

有一个"结构上的相同"的概念,这个概念对于很多问题都具有很大的重要性。在我没有给这个概念下出确切的定义之前,我将先举几个具体实例。

让我们从语言实例下手。设想你把别的字代换进一个现成的句子里,但是仍然要让这个句子不失掉意指;这样新的句子就具有与原句相同的结构。例如假定你从"柏拉图爱戴苏格拉底"这个句子出发;你把"柏拉图"换成"布鲁塔斯",把"爱戴"换成"杀死",把"苏格拉底"换成"恺撒"。这样你就得出"布鲁塔斯杀死恺撒"这个句子,它和"柏拉图爱戴苏格拉底"具有相同的结构。一切具有这种结构的句子都叫作"两项关系句"。同样,你可以从"苏格拉底是希腊人"出发得出"布鲁塔斯是罗马人",结构仍然相同;具有这种结构的句子叫作"主—谓"句。句子可以这样按照它们的结构分类;从理论上讲,句子可以有无限多种结构。

逻辑所研究的是由于结构而真的句子,这些句子在换上别的字之后仍然永远为真,只要这种代换不致把句子变得失去意指。比方说"如果凡人都有死,并且苏格拉底是人,那么苏格拉底是有
253 死的"这个句子。这里我们可以把"苏格拉底"、"人"和"有死的"换上别的字,句子的真实性仍然不变。固然句子里还有别的字,也

就是“如果—那么”(我们一定要把它看成一个词)、“所有的”、“是”、“和”和“一个”。这些字是一定不能改变的。但是这些字是些“逻辑的”字眼,它们的用处就在于表示结构;改变了它们也就改变了结构。(所有这些都产生一些问题,但是我们目前却没有必要去细究它们。)一个除掉那些表示结构的字眼以外无须知道句子中任何一个字的意义就可以确定它为真(或伪)的句子是一个属于逻辑的句子。这就是为什么使用变项的原因。代替上面关于苏格拉底和人和有死的这个句子,我们可以说:“如果所有的 α 都是 β,并且 $\varkappa$ 是一个 α,那么 $\varkappa$ 是一个 β。”不管 $\varkappa$、α 和 β 是什么,这个句子永远为真;它的真实性全靠它的结构。正是为了表明这一点,我们才使用“$\varkappa$”、“α”和“β”而不使用一般的字。

下面让我们看一下一个地区与这个地区的地图的关系。如果这个地区面积较小,因而地面的弯曲度可以不计,那么道理就很简单:东西由右左表示,南北由下上表示,所有距离都按同样比例缩小。因此你就可以从每句关于这张地图的话推论出一句关于这个地区的话,反过来也是一样。如果有 A 和 B 两个城镇,地图上的比例尺是一英寸表示一英里,那么根据“A”点到“B”点有十英寸这件事实,你就可以推论出 A 到 B 有十英里远,也可以反过来推论;根据从“A”点到“B”点之间的直线的方向,你就可以推论出从 A 到 B 之间的直线的方向。这些推论之所以可能是由于这张地图与这个地区有着相同的结构。

现在让我们看一个比较复杂的实例:一张唱片与它所演奏的音乐的关系。显然除非在唱片与音乐之间有着某种结构上的相同,唱片是不会放出这种音乐的,这种结构上的相同可以通过把声音关系转化为空间关系或者把空间关系转化为声音关系而显示出来；例如，离唱片中心近的地方相当于音乐中时间靠后的部分。正是靠着结构上的相同唱片才能放出这种音乐。非常类似的说法也适用于电话、广播等等。

我们可以把这些例子普遍化，这样就可以处理我们的知觉经验与外在世界的关系。收音机把电磁波转化为声波，人体又把声
254 波转化为听觉。电磁波与声波在结构上有着某种相似关系，同样（我们可以假定）声波与听觉在结构上也有着这种关系。只要一种复合结构产生另外一种复合结构，在原因和结果两方面就一定有着几乎完全相同的结构，就像唱片与它放出的音乐这个实例所表明的那样。如果我们承认“同样的原因产生同样的结果”这句格言及其推论“不同的结果产生于不同的原因”，那么上面这种说法就显得很有道理。如果认为这个原则正确，那么我们就可以从一个复合的感觉或一系列感觉推论出其物理原因的结构，但是推论也就到此为止，另外相邻关系一定要保留下来，也就是说相邻的原因有着相邻的结果。这个论点还需要加以发展；目前我不过是先提一下，为的是表明这是结构概念的重要应用之一。

我们现在开始考虑“结构”的正式定义。我们可以看到结构总是涉及关系：一个集合，只作为一个集合来看，是没有什么结构的。用一个已知集合的项可以构成许多种结构，正像用一堆砖可以构成许多样式不同的房子一样。每一种关系都有一个叫作“域”的东西，域是由对于某种事物具有某种关系或某种事物对它具有这种关系的所有项目组成的。这样，“父母”的域就是父母与子女的集合，而“丈夫”的域就是夫妻的集合。这类关系有两个项

目,叫作“两项的”关系。也有三项的关系,例如妒忌和“介乎……之间”;这些叫作“三项的”关系。在我说“A 从 C 那里用 D 镑钱买了 B”的时候,我用的是一种“四项的”关系。在我说“A 对于 B 对 C 的爱比对于 D 对 E 的恨更为介意”的时候,我用的是一种“五项的”关系。由各种关系组成的这个系列从理论上讲是不存在什么限制的。

让我们首先只谈一下两项关系。我们说一个按 R 关系构成顺序的 α 集合同一个按 S 关系构成顺序的 β 集合具有相同的结构,如果对于 α 的每一项都有 β 的某一项跟它对应,反过来对于 β 的每一项也都有 α 的某一项跟它对应,并且如果 α 的两项之间有着 R 关系,那么在 β 中与它们对应的两项之间就有着 S 关系,反过来如果 β 的两项之间有着 S 关系,那么在 α 中与它们对应的两项之间就有着 R 关系。我们可以举说的句子与写的句子之间的相似来说明这一点。这里句子里说的字组成的集合叫作 α,句子里写的字组成的集合叫作 β,如果一个说的字在另一个说的字的 255
前面,那么与前一个字相对应的写的字就在与后一个说的字相对应的写的字的左面(如果是希伯来文就在右边)。由于这种结构上的相同,说的与写的句子才能互相转化。学习读写的过程就是学习和一个写出来的字相对应的是哪一个说的字,并且反过来和一个说出来的字相对应的是哪一个写的字的过程。

我们可以用几种不同的关系来给结构下定义。例如拿一篇音乐作品来看。一个音符可能在另一个音符前面或后面或者同时。一个音符可能比另一个音符响,或者音调较高,或者由于和声的多寡而有不同。所有这类与音乐有关的关系在唱片上一定也会有类似的关系出现，如果我们想让唱片成为好的复制品的话。我们说唱片与音乐一定要有相同的结构，我们指的不是音乐的音符之间只有一种 R 关系和唱片上与它们相对应的那些点之间只有一种与 R 相对应的 S 关系，而是音乐有类似 R 的许多关系和唱片上有与它们相对应的类似 S 的许多关系。有些地图用不同的颜色表示不同的高度；在这种情况下，地图上不同的位置相当于不同的经纬度，而不同的颜色则相当于不同的高度；因此这样的地图能够给人更多的知识。

相同结构的定义适用于高次关系完全和适用于两项关系一样。例如，已知 R 与 S 两个三项关系，还知道 α 与 β 两个集合，其中 α 包含在 R 域内，而 β 则包含在 S 域内，如果有一种方法使 α 的一个分子与 β 的一个分子对应起来，并且反过来使 β 的一个分子与 α 的一个分子对应起来，这样就使得如果 a_1, a_2, a_3 各自与 b_1, b_2, b_3 相对应，并且如果 a_1, a_2, a_3（按这个顺序）之间的关系是 R，那么 b_1, b_2, b_3（按这个顺序）之间的关系就是 S，并且反过来说也成立，那么我们就说按 R 关系做出顺序的 α 与按 S 关系做出顺序的 β 具有相同的结构。这里又可能有几种类似 R 的关系和几种类似 S 的关系出现；在这种情况下，结构上的相同将出现在许多不同的方面。

如果两个复合结构在结构上相同，那么对于其中一个结构所
256 说的每一句话，只要不出结构的范围，一定对应着一句对于另一个结构所说的话，第一句话真它也真，第一句话伪它也伪。这样就产生了编字典的可能性，由于这种可能性对于一个复合结构所说的话就可以翻译成对另一个复合结构所说的话。或者不谈字典，我

们仍然可以使用同样的字，但却按照与它们相关的复合结构给予它们不同的意义。这类事情发生在解释一段神圣的经典文字或物理学的定律的时候。《圣经》里关于世界创始所说的"天"就可以认为是表示"时代"的意思，这样《创世记》就可以和地质学的说法相一致。在物理学上，假定我们对于物理世界的知识只限于由经验中已知的拓扑学意义上的"邻域"关系所产生的结构的话，我们在解释我们的符号上就有很大的自由。每一种把方程式和对于我们知觉经验的联系保留下来的解释都有同样理由被认为**可能**是唯一正确的解释，并且有同等权利被物理学家用来给他的数学骨架穿上外衣。

举光是由光波还是质粒构成的问题作例。直到最近以前，人们认为这是一个很重要的问题：光一定不是由光波便是由叫作光子的小包裹组成。物质是由粒子组成这一点曾被认为是没有疑问的。但是最后人们却发现把物质和光不管看作都由波动组成还是都由粒子组成，结果方程式还是一样。不仅方程式一样，一切可以证实的结果也都一样。所以两种假设同样合理，其中哪一个也不比另一个有更大的真实性。道理就在于不管按照哪个假设，物理世界仍然具有相同的结构，并且对于经验仍然具有相同的关系。

从结构的重要性上得出的论断表明我们的知识，特别是物理学的知识，比人们一直认为的要抽象得多而且受着更多的逻辑方面的影响。但是把物理学变为逻辑和数学的过程却有一个非常确定的限度；这个限度决定于物理学是一门经验科学，它的可信性全靠它对于我们知觉经验的关系这件事实。对于这个题目作出进一步的探讨一定要等到我们研究科学推论的理论时再开始。

257 第四章 结构与最小量用语

读者还会记得,对于一门知识来说,一套最小量用语被定义为具有下面两种性质:(1)这门知识中每个命题都可以用属于最小量用语的词来表示,(2)最小量用语中任何一个词都不能由其中别的词来下定义。在本章内我想说明这个定义与结构之间的关联。

第一件让我们注意到的事就是一套最小量用语不能包含我们已经知道其结构的复合结构的名称。让我们看"法国"这个名称。这个名称指的是某个地理上的区域,可以被定义为"在某些边界以内的所有地方"。但是我们却不能反过来用"法国"给这些边界下定义。我们希望能够说出"这个地方位于法国边界",而这就需要说出一个表示这个地方或这个地方的组成部分的名称。"法国"的定义包含着"这个地方",但是"这个地方"的定义却不包含"法国"。

从这里我们可以看出每一个结构上的发现都能够使我们缩小一门特定学科所需要的最小量用语。化学一向需要各元素的名称,但是现在各元素却可以通过使用"电子"和"质子"这两个词(也许是"电子"、"正子"和"中子"这三个词)按照原子结构得出它们的定义。任何一个时空区域都可以用它的部分来下定义,但是它的部分却不能用它来下定义。我们可以按照正确的时间顺序,通过列举一个人所遇到的所有事件来给这个人下定义,但却不
258 能用他来给这些事件下定义。如果你既想谈论复合结构又想谈论

事实上是构成这些结构的组成部分，那么只要你知道它们的结构，你无须用这些复合结构的名称就可以做到这一点。分析就这样把你原来那一套东西加以简化、系统化，并且使它缩小。

一门经验科学需要的词有三种。首先是专有名称，它们通常表示时空中一个连续部分；像“苏格拉底”、“威尔斯”、“太阳”都属于这一类。再有就是表示性质或关系的词；表示性质的词有“红”、“热”、“响”，表示关系的词有“在上”、“在前”、“介乎……之间”。然后就是一些逻辑字眼，例如“或”、“不”、“某些”、“所有的”。我们目前可以不去管逻辑字眼，而把注意力集中到另外两种词身上。

通常人们都认为分析一件具有专有名称的事物就是把它分为组成它的时空部分。威尔斯由郡组成，各郡由教区组成，教区又由教堂、学校等组成。教堂本身也有它的各个部分，这样我们可以一直（人们认为）分析到点为止。奇怪的是，我们总也到达不了点，而那座大家熟悉的建筑看来似乎包含着无限多不能达到的和完全属于概念方面的组成部分。我认为人们对于时空分析所抱的这种看法是错误的。

性质与关系有时可以分析，有时却不可分析。我不相信在我们经验中所认识的“在前”是可以分析的；至少我不知道有什么我愿意接受的关于它的分析。但是在某些情况一种关系可以分析却是很明显的。“祖父母”的意思就是“父母”的“父母”，“兄弟”的意思是“父母的儿子”，以及其他等等。所有家庭关系都可以通过“配偶”、“男性”和“父母”这三个词来表示；这就是这一方面的最小量用语。形容词（也就是表示性质的词）常常有着复杂的意义。

米尔顿把忍冬说成“打扮漂亮的”，而这是一个意义非常复杂的词。像“著名的”这个词也是这样。像“红”这类意义比较近乎单纯的词并没有达到这一点；红有许多不同的浓淡。

只要知道一种性质或关系的分析结果，表示这种性质或关系的词在我们的“基本英语”里就变得不必要了。

259 如果我们对于每一种不能分析的事物、性质和关系都有词来表示，那么我们无须借助其他的词就可以表达我们的全部知识。实际做起来这会弄得非常冗长，但是从理论上讲文字的定义是不必要的。

如果世界是由简单的东西——即没有结构的事物、性质和关系——所组成，那么不仅我们的全部知识，就连全知全能的上帝的知识恐怕都可以用表示这些简单的东西的词来表示。我们将能把世界分为材料（用威廉·詹姆士的说法）和结构。其中材料将由所有用名称表示的简单的东西组成，而结构则将依靠由我们最小量用语中的词所表示的性质与关系。

这个观念的应用可以无须假定绝对简单的东西的存在。我们可以把我们不知道是复合结构的东西定义为“相对简单”的东西。如果以后发现了复合结构，通过应用“相对简单”这个概念得到的结果将仍然是正确的，只要我们不对绝对简单作出任何肯定。

如果我们承认有与结构性质的定义相对而言的指示性质的定义，那么我们至少在表面上可以满足于一套少得多的名称。所有时空内的地点都可以由其坐标表示出来，所有的颜色都可以由它们的波长表示出来，还有其他等等。我们已经看到规定时空的坐标需要少数几个专有名称，例如“格林尼治”、“北极星”和“大时钟”。但是这比起宇宙中所有各个地点的名称来就是一套数量很少的名称了。这种确定时空地点的方法是否能让我们说出我们对于这些地点的全部知识是一个困难的问题,很快我就回过头来讨论这个问题。在讨论这个问题之前,我们不妨比较仔细地研究一下由于涉及性质而引起的问题。

让我们看一看“红”这个词的定义。我们可以把它定义为(1)在光谱上介乎两个特定的极端之间的任何一种颜色的浓淡,或者(2)位于特定的极端之间的波长所产生的任何一种颜色的浓淡,或者(3)(在物理学上)具有介乎这些极端之间的波长的光波。这三种定义各有不同的情况需要说明,但是我们所要说的有一点却是这三者共有的特点。

我们所要说的这三者共有的特点就是它们的准确性都带有一种人为的、不真实的和一部分是假象的成分。像“秃”这个词一样,“红”这个词是一个在边缘上意义含混的词。大多数人都会承认如果一个人不是秃子,掉一根头发并不能使他成为秃子;用数学 260
归纳法可以得出头发掉光也不会使他成为秃子的结论,而这个结论却是荒谬的。同理,如果一种颜色的浓淡是红色,那么一种非常微小的变化并不能使它变成别的颜色,而从这里就可以得出一切颜色的浓淡都是红色的结论。如果我们用波长下定义,也会出现同样的情况,因为长度是不能精确测定的。在最小心的测量下看来是一米的长度,稍微加长或缩短一点看来仍然是一米;因此任何长度看来都是一米,而这又是荒谬的。

从这些方面看来,任何自命为准确的关于“红”的定义都是自负和欺人的。

我们必须采用类似下面这种方法来给“红”或任何其他含糊的性质下定义。在光谱上的颜色展开在我们眼前之后，有一些颜色任何人都会承认是红色，另外有一些颜色任何人都会承认不是红色，但是介乎光谱上这两个区域之间却有一个不太确定的区域。在我们观看这个区域时，我们将以“我几乎可以肯定这是红色”这句话开始，并以“我几乎可以肯定这不是红色”这句话结束，而在中间部分将有一个区域让我们既不想*肯定*也不想*否定*它是红色。一切经验界的概念都有这种特点——它们不只包括像“响”或“热”这样意义显然很含糊的概念，而且包括像“厘米”和“秒”那些我们非常想把它们的意义弄得非常准确的概念。

也许有人会认为把“红”这个名词专用来表示那些我们确切知道属于红的颜色的浓淡就可以使它得到准确的意义。这样做虽然把不确定的范围缩小了，却没有能把它去掉。在光谱上并没有一个能让你确切知道你不能作出肯定或否定判断的确定的地点。还会有三个区域：一个是你确切知道你可以肯定它是红的颜色的浓淡的区域，另一个是你确切知道你现在不能作出肯定判断的区域，还有一个是你不能确切知道你到底是肯定还是不肯定的中间区域。像上面所说的三种情况一样，这三个区域并没有明显的界限。你只是采用了缩小意义含糊的区域的不胜枚举的方法之一，而没有完全去掉这个区域。

上面的讨论是按照连续性的假定来进行的。如果所有的变化
261 是不连续的——我们还不知道它不是这样——那么完全准确在理论上就是可能的。但是如果不连续性是存在的，那么目前它还远远处在不能由感觉辨认的阶段，所以即使不连续性是存在的，它也

不能帮助我们给经验中已知的性质下定义。

让我们现在先不去管意义含糊的问题,而回到我们的三个定义上来。但是我们现在将把它们改为一种特定颜色浓淡的定义。这将不会带来新的困难,因为正像我们所看到的那样,把“红”定义为由颜色组成的带子需要对于作为它的界限的特定颜色浓淡下定义。

让我们假定我正在看见一块颜色,而我把这块颜色上的浓淡叫作“C”。物理学告诉我这种颜色上的浓淡是由波长 λ 造成的。然后我就可以把“C”定义为:(1)在颜色上与我目前正在看到的这块颜色无法分辨的任何一块颜色;或者(2)由波长为 λ 的电磁波所产生的任何视觉中颜色上的浓淡;或者(3)波长为 λ 的电磁波。如果我们所谈的只限于物理学而不去管用来证实物理学定律的方法,那么(3)是最方便的定义。在我们谈到紫外线的时候,在我们说从火星上来的光是红色的时候,以及在日落时我们说太阳光不是真红,而是由于中间出现的湿气而显得发红的时候,我们使用的就是这种定义。物理学本身是不谈感觉的,如果它使用“颜色”这个词(它并不需要这样做),它也愿意用一种在逻辑上并不依靠感觉的方法来给颜色下定义。

尽管作为一个自足的逻辑系统来看的物理学无须谈到感觉,可是物理学的证实却完全依靠感觉。某种一定波长的光造成某种一定的视觉,这是一个经验界的定律,而物理学的定律只有加上这类定律才能成为一个可以证实的系统。定义(2)的缺点是不能显示出这个把波长与感觉联系起来的经验界的定律的力量。在光的波动说发明以前,人们使用各种颜色的名称已经有几千年之久,而在光谱上波长沿着从红到紫的方向变得越来越短却是一个真正的发现。如果我们用波长来给一种颜色上的浓淡下定义,那么我们就必须补充说,相同波长的光所产生的感觉都带有一种认得出来
262 的相似,而在波长不同的情况下,相似的程度就稍有减少。这样如果我们不谈到不靠任何关于光波的物理学说而是直接从视觉中认识的颜色上的浓淡,我们就无法表达我们对于这个题目所知道的全部知识。

因此看来如果我们想清楚展示出那种使得我们相信物理学的经验材料,我们最好还是采取我们对于一种颜色上的浓淡所下的第一个定义,因为我们对于这个定义所定义的东西的确需要某种谈论的方法,而不必走那种要讲波长的物理学的弯路。

可是我们对于颜色所下的各种定义中的素材应该是一种特定的颜色上的浓淡(不管它在哪里出现)还是一块特定的颜色(这种东西只出现一次),仍然是个没有解决的问题。让我们发展一下这两个假设。

假定我想对我在某一整天内我自己的视野作一个叙述。因为我们只谈颜色,所以可以不去管深度。因此我在每一时刻都有一个二度的颜色簇。我将假定我的视野可以分为具有有限大小的若干面积,每块面积内的颜色在感觉上是均匀一致的。(这个假定并不是非有不可的,但是它却节省了很多话。)按照这个假定,我的视野将由有限数目的大小不同的颜色块组成。我可以从给每一块颜色取一个名字,或者从给每种颜色上的浓淡取一个名字来开始。我们必须研究有没有选用这些方法当中的一个而不选用另一个的理由。

如果我从给每块颜色一个名字来开始，那么我将通过各块颜色之间颜色上的相似关系来给一种颜色上的浓淡下定义。这种相似在程度上可能大也可能小；我们假定相似有一个可以叫作“完全相似”的极度。这种关系的特点是一种传递的关系，而较小程度的相似就没有这种传递的关系。由于已经谈到的各种原因，我们从来也不能确实知道在任何已知情况下，两块颜色之间存在着完全相似，正像我们不能确实知道一个已知长度准准确确是一米一样。可是我们却能想出一些办法，使得我们得到越来越接近于为了证明完全相似所需要的结果。

我们把一块特定的颜色上的浓淡定义为与它在颜色上完全相似的每块颜色的集合。每一种颜色上的浓淡都是通过与一个“这个”的关系而得到它的定义；它是“这块颜色上的浓淡”。在我们 263
注意到每一个“这个”之后，我们对于它就取一个比方说叫“P”的名字；这样“P 的颜色浓淡”就被定义为“与 P 在颜色上完全相似的所有各块颜色”。

现在就出现了这个问题：如果有两块颜色相似到不能分辨的程度，什么理由让我们把它们看成两件东西？答案很明显：这是由于它们所占的不同的时空位置。虽然这个答案很明显，但是它却没有能把这个问题完全解决。为了简单起见，让我们假定这两块颜色是一个视野里的不同部分，但彼此在视觉上却不发生接触。空间关系在片刻的视野中是一种性质，按照与视野中心的距离远近，还按照所说的区域位于中心的上或下，左或右而有所不同。视野中的各小部分所可能有的各种不同的性质是由上和下，左和右的关系而发生关联的。我们移动一下眼睛，那些与一件特定的物体联系在一起的性质就会发生改变，但是如果不同的物体没有移动，那么在两种情况共有的视野部分就不会发生任何**拓扑学上的**变化。这一点就使得我们在常识中不去管视觉位置的主观性。

正像颜色上的浓淡一样，关于这些视觉的位置上的性质我们也有两种可能的处理方法。要么我们可以给每种性质取一个名称，每种性质在不同场合下被认为是不变的；要么我们可以给这种性质的每个实例取一个名称，并把它与同一性质的其他实例通过完全相似的关系联系起来。让我们集中注意力看一看作为视野中心特点的那种性质，让我们叫这个性质为“中心性”。结果按照一种看法就只有一种中心性，这种性质是反复出现的，而按照另一种看法却有许多在位置上完全相似的特例，代替这种中心性的是由这些特例构成的集合。

对于作为中心性的实例的特体来说，如果我们重复一下如何在这些特体中找出彼此的区别的问题，那么答案又是很明显的：我们通过它们在时间上所占的位置来区别它们。（在一个人的经验中不可能有两个同时的中心性实例。）因此我们现在必须开始分析时间上位置的不同。

像对于空间一样，我们对于时间也必须区别开客观的时间与
264 主观的时间。客观的空间是物理世界的空间，而主观的空间则是我们从某个地点观察世界时显现在我们知觉中的东西。同样，客观时间是物理学与历史的时间，而主观时间则是显现在我们对于世界的片刻观察中的东西。在我目前的精神状态中不仅有知觉，而且还有回忆和期待；我把我所回忆的事情划入过去，而把我所期待的事情划入未来。但是从历史的全面观点来看，我的回忆和期

待正和我的知觉一样,都属于现在。当我记起某件事的时候,如果我记得没有错误,那么这时在我身上就有某个与以前某时所发生的事情具有一定关系的事件发生,但是在那时所发生的事情本身现在并不存在于我的心中。我的回忆是按照一种时间顺序排好的,正像我的视觉是按照一种空间顺序排好的一样,这是由于一些可以叫作“遥远度”的固有属性所决定的。但是不管一次回忆所具有的遥远度有多大,从客观的历史观点来看,它仍然是一个目前正在发生的事件。

我刚才说过,一个人的经验中不可能有两个同时发生的中心性的实例,但是从某种意义上讲这却可能是错的。在我眼睛睁开的时候,如果我记起某件以前发生过的视觉经验,那么在我的知觉和我的记忆中就会各有一个中心性的实例,而这两个实例现在都存在于历史时间之内。但是它们现在并不都存在于我目前主观经验中的时间之内。所以正确的说法是:如果中心性的两个实例是一个人的经验中的知觉部分,那么它们在历史时间内不能同时发生;并且它们在任何情况下也不能在由知觉、回忆和期待所构成的一次单独经验中的主观时间内同时出现。

一种在某种意义上完全属于现在的时间,和一种在某种意义上完全属于这里的空间,在概念上是有一定的困难的。从物理学的观点看,我的全部心理空间就是这里;而从历史的观点看,我的全部心理时间就是现在。像莱布尼兹的单子一样,我们都跟镜子一样反映着宇宙,尽管反映得很不全面很不精确;在我暂时的反映中有一个反映出来的空间和一个反映出来的时间,它们和物理学和历史的不带个人因素的空间和时间有着一种尽管不够准确的对

265 应。从客观的观点来看,我现在的经验中的空间和时间完全局限于一个很小的物理的时空区域之内。

现在我们必须从这段讨论回到下面这个问题上来,即我们是假定有能够在不同时间存在的一种中心性,还是假定有许多中心性的实例,其中每个实例只存在一次。逐渐明显的是后一种假设将给我们带来大量不必要的复杂情况,而第一种假设却可以避免这种情况。我们可以通过提出“这个”可能表示什么意思来解决这个问题。让我们假定“这个”就是某种暂时的视觉材料。就一种意义来说,“我以前看见过这个”可能为真,而就另一种意义来说它却不能为真。如果我用“这个”来指某种颜色上的浓淡,或者某种形状上的细微区别,那么我以前可能看见过它。但是如果我心中指的是某种带有日期的事物,例如那种可以叫作“事件”的东西,那么显然我以前是不能看见过它的。同样的结论也适用于“你在别的地方看见了这件东西吗?”这个问题上。我可能正在别的地方看到同样浓淡的颜色,但是如果我认为“这个”的意思包括视觉空间中的位置,那么我就不可能正在别的地方看到它。这样我们所要研究的问题就成了时空特殊性的问题。

如果我们采取认为像颜色上的浓淡这样一种已知性质可能存在于不同的地点和时间这种看法的话,我认为这是较好的看法,那么那些在其他情况下会成为这种性质的实例的东西就成了它与别的性质结合起来的复合结构。与一种位置上的已知性质结合起来的一种颜色上的浓淡不能存在于一个视野中的两部分内,因为这个视野中的各个部分是通过它们位置上的性质来确定的。在主观时间上也有一种类似的区别:由一种颜色上的浓淡与一种遥远度结合起来组成的复合结构不能等同于由同样的颜色上的浓淡与另一种遥远度结合起来组成的复合结构。这样我们就可以用复合结构来代换“实例”，而通过这种代换我们可以得到很大程度的简化。

从上面的讨论可以看出，用来描述我的经验世界的一个可能的最小量用语可以按下面的方法来构成。对于经验的所有性质，包括我们刚刚讨论过的像视觉空间与记忆中的时间那类性质在内，我们都给它们一个名称。我们还要用词来表示经验到的关系， 266
例如同一视野中的左右关系和一个表面的现在中的前后关系。对于“苏格拉底”或“法国”这一类时空区域，我们并不需要给它们名称，因为每一个时空区域被我们定义为一个由性质组成的复合结构，或者一个由这类复合结构组成的系统。“事件”是带有日期并且不能再度出现的，人们可以把它们看作总是具有复合结构的东西；凡是我们不知道怎样去分析的事物都是可能在时空的不同部分重复出现的。

当我们跨出我们自己的经验范围之后，正如我们在物理学中所遇到的那种情况一样，我们就不再需要新词。没有经验过的事物的定义一定是指示性质的。没有经验过的性质和关系一定要通过用指示经验过的事物的常项作出的描述才能被人认识。由此可以看出，表示我们经验到的事物所需要的最小量用语就是表示我们全部知识所需要的最小量用语。根据对于实指的定义的方法所作的研究，我们可以很明显地看出实际情况一定就是这样。

第五章　公共的时间和个人的时间

本书这一部分的目的是用可能的最小量用语对于科学概念提供各种可能的解释。我们将不否定其他可能的解释，但是我们希望所有可以被我们接受的解释所具有的某些共同的特点将在讨论的过程中显示出来。在本章内我们将解释一下“时间”这个词。

大多数人将会同意圣奥古斯丁的话：“那么什么是时间呢？如果没人问我，我还明白；如果我想给问我的人讲清楚，我反而不明白了。”当然哲学家们对于讨论时间已经学得很会油腔滑调，可
267 是所有其他的人觉得尽管这是个大家熟悉的题目，却清楚地知道只要提几个问题就可以把哲学家们弄得瞠目不知所对。“过去存在吗？不存在。将来存在吗？不存在。那么只有现在存在吗？对，只有现在存在。但是在现在范围之内没有时间的延续吗？没有。那么时间是不存在的吗？哎呀，我希望你不要这样唠叨个没完。”任何一个哲学家都可以挑选一个适当的交谈者来引出这段对话。

伊萨克·牛顿爵士很熟悉《但尼尔书》，他对于时间的知识也是巨细无遗。让我们听一听他在《数学原理》最初几个定义后面的注释上所说的关于这个题目的意见：

“我并不给时间、空间、地点和运动下定义，因为大家早已都很熟悉它们。我只想提一点，俗人只是从这些量与可以感觉的事物之间的关系上来理解它们。因而就产生了一些偏见，为了摆脱这些偏见，一种方便的方法是把它们分为绝对的和相对的，真正的

和表面的,数学的和普通的。绝对的、真正的和数学的时间由于本身原来的性质,不借助任何外物,独自均匀地前进着,它的另外一个名称就是延续;相对的、表面的和普通的时间是某种用可以感觉到的外界的(不管是精确的还是不均匀的)通过运动来度量延续的手段,一般就用这种时间来代替真正的时间;例如一小时、一天、一月和一年。"

他接下去说日子的长短并不完全一样,也许自然界并不存在真正均匀的运动,但是我们在天文学中通过改正"庸俗的"时间而得到绝对的时间。

伊萨克·牛顿爵士的"绝对"时间虽然在古典物理学的方法中一直保持着它的深远影响,却没有得到普遍的承认。相对论已经提供了在物理学范围内不承认它的理由,尽管这些理由还没有能否定绝对时空的可能性。但是在相对性出现之前牛顿的绝对时间早就受到广泛的反对,虽然这些理由和物理学毫不相干。在相对性出现之前,这些理由有没有什么确实可靠的根据是一个我认为我们将会发现值得加以探讨的问题。

尽管牛顿说由于人们都很清楚什么是时间,所以他不想对时间下定义,可是他却指明只有"庸俗的"时间才是人所共知的,而数学的时间却是一种推论。如果按照现代的说法,我们应该把它叫作调整而不叫作推论。得出"数学的"时间的方法大体如下:有 268
许多周期运动——地球与行星的自转与公转,潮汐,音叉的振动,健康的人休息时的心跳——这些周期运动的特点是,如果我们假定其中一种运动是均匀的,那么所有其他运动也是近似均匀的。如果我们把其中一种运动,例如地球的自转,定义为均匀运动,那

么我们就能得出一些物理定律——特别是引力定律——这些定律说明这些现象并且指出其他周期运动为什么近似均匀的原因。但是不幸这样建立起来的定律只是近似的,另外它们还说明地球的自转由于潮汐的摩擦而变慢。如果我们把地球的自转作为度量时间的手段,那么这就自相矛盾;所以我们要找寻另外的度量手段,这种手段还将使我们的物理定律更加接近绝对正确的真理。人们发现不拿任何一种具体的运动来**规定**时间的量度,而采用一种使物理学定律尽可能精确的折中的度量手段是比较方便的。正是这种折中的度量手段替我们完成了牛顿想求助于“绝对”时间来达到的目的。可是我们并没有理由来假定它代表一种物理上的真实存在,因为时间量度的选择是一种大家公认的习惯,正像选择基督纪元或回教纪元一样。事实上我们选择的是那种能够最简单地表示物理定律的度量手段。可是我们这样做是为了方便而不是因为我们认为这种度量手段比任何别的度量手段更接近“真理”。

常见的一种反对牛顿的“绝对”时间的理由是说这种时间无法观察。从表面看来,这种反对理由可巧来自那些让我们相信电子、质子和中子,原子中的量子转变等等存在的人,而这些东西哪一种也无法观察。我不认为物理学可以不依靠超出观察范围之外的推论。绝对时间无法观察这件事实本身还不是那种拥护绝对时间的看法的致命伤;致命的地方在于物理学无须靠假定它的存在也能得到解释这件事实。只要一组有理由相信的、用符号表示的命题无须靠推论出某些没有观察到的实体才能得到解释,那么从该组命题推论出这些假定存在的实体便没有正当理由,因为这组
269 命题即使在这些实体不存在的情况下也可能成立。正是由于这种

原因，而不仅是因为“绝对”时间无法观察，才使牛顿陷入根据物理定律推论出“绝对”时间的错误。

尽管反对牛顿看法的理由已经成了老生常谈，可是看来却很少有人理解它所提出的那些问题。物理学中有一个自变量t，人们把它的值假定为一个连续系列，每个值被认为就是通常所谓的一个“瞬间”。牛顿把一个瞬间看作是一种物理上的真实存在，但是现代物理学家却不这样看。可是因为现代物理学家还在使用变量t，他就必须为它的值找到某种解释，这种解释必须完成牛顿的“绝对”时间所完成的各种技术上的任务。对于“t”的解释问题是我们在本章所要谈论的问题。为了把研究它的方法简化，我们开始将先不管相对性而只研究古典物理学中的时间。

我们将仍用“瞬间”这个名称来表示变量t的一个值，但是我们将通过物理上的数据来给“瞬间”这个词作出解释；这就是说，我们期待这个词有一个定义，而不属于物理上的最小量用语。我们对于这个定义所要求的只是具有这种定义的“瞬间”应当具有数理物理学所要求它们的形式上的性质。

在设法给“瞬间”或“点”下定义的过程中，使用的材料要看我们对于“特体”或专有名称所采取的理论而定。我们可以采取这种看法：比方说在有一种特定的颜色上的浓淡于两个彼此分开的地点出现时，那么就会有两种彼此分开的“特体”，其中每个“特体”都是这种颜色上的浓淡的一个“实例”，而且是一种可以推测其性质的主体，但是它却不能由它的性质来下定义，因为别的地方可能存在着一个完完全全相似的特体。要么我们就得采取这种看法：一个“特体”是一组共存的性质。上一章的讨论，还有以前关于专有名称的讨论，使我们容易接受后一种看法。可是我将在本章和下两章先以假设的态度采取前一种看法，而在第八章里我将说明怎样解释采用后一种看法得出的结果。所以我暂时把“事
270 件”当作素材，其中每个事件将被想象为占有时空的一个有限连续部分。我们假定两个事件可以彼此有重合的部分，并且没有一个事件出现两次。

很明显，时间涉及的是较早和较晚的关系；一般认为在我们经验过的事物里没有一种只有瞬间的存在。凡是比另外一件事物早或晚的事物我将都叫它为一个“事件”。我们将要求我们对“瞬间”所下的定义可以使得我们说一个“事件”存在“于”某些瞬间而不存在于另外一些瞬间。因为我们已经一致认为，就我们认识的范围而论，事件并非只有瞬间的存在，所以我们就想让“瞬间”的定义能够使得每个事件存在于由瞬间组成的系列中的一段连续时间内。瞬间必定形成一个由较早和较晚的关系来定义的系列是我们的定义必须满足的要求之一。因为我们已经抛弃牛顿的学说，我们就一定不要把瞬间当作独立于事件以外的东西，事件占有这些瞬间正像帽子挂在帽钉上一样。这样我们就不得不找寻一种定义，这种定义把瞬间当作由一组适当选择出来的事件组成的结构。每个事件将是许多这样的结构的一个分子，而这些结构将是这个事件所存在的那些瞬间：这个事件“存在于”一个以这个事件为它的一个分子的结构所组成的每个瞬间。

如果我们对于世界上每个事件都知道完全发生在一个日期之前，或者将完全发生在它之后，或者与它同时存在，那么这个日期就可以完全精确地确定下来。对于这种说法有人可能提出这样的

反对理由，那就是如果世界比方说有五分钟停下来不发生变化，按照上面的说法在这五分钟内就无法确定日期，因为每个完全发生在这五分钟内一部分之前的事件也会完全发生在任何其他部分之前，每个完全发生在这五分钟内一部分之后的事件也会完全发生在任何其他部分之后，并且每个与这五分钟内任何一部分同时存在的事件也会与整个这段时间同时存在。然而这却不能成为反对我们的说法的一种理由，而只能成为反对那种假定时间可以在一个没有变化的世界中前进的看法的一种理由。照牛顿的学说来看，这是可能的；但是照时间的关系学说来看，这就是自相矛盾。如果我们用事件来给时间下定义，那么宇宙就不可能超过一个瞬间而不发生变化。我所说的“不可能”指的是逻辑上的不可能。

虽然我们不能同意牛顿无须给“时间”下定义的说法，可是有 271
关时间的陈述却明显要求某些不下定义的名词。我选择较早和较晚或者完全发生在前的关系。在 a 和 b 两个事件之间可能存在三种时间上的关系：a 可能完全在 b 之前，或者 b 可能完全在 a 之前，或者 a 与 b 可能有重合的部分。假定你想在 a 的延续时间内尽可能精确地确定某个日期。如果你说你的日期也在 b 的延续时间内，那么你所确定的日期将比你只说它在 a 的延续时间内要更加精确，除非碰巧 a 和 b 同时开始和结束。假定现在有第三个事件 c，它与 a，b 都有重合的部分；用平常的话（我们一直还没有正式用这种语言）来讲，就是说 a，b 和 c 有一段共同存在的时间。一般来说，这段时间比 a，b 共同存在的时间要短。我们现在寻找第四个事件 d，它和 a，b，c 都有重合的部分——用平常的话来讲，也就是说 a，b，c 和 d 有一段共同存在的时间；一般来说，a，b，c 和 d

共同存在的这段时间比其中任何三个共同存在的时间要短。这样我们就一步一步地越来越接近一个完全精确的日期。

让我们假定尽可能持续实行这个方法,也就是说直到不剩下一个事件与所有已经归入我们的集合内的事件有互相重合的部分为止。我认为到了这个阶段,就可以把已经构成的事件集合定义为一个“瞬间”。为了证明这句话的合理,我只需说明在这种定义下的“瞬间”具有物理学所要求的数学性质。我无须说明这就是人们一般所说的“瞬间”意义,虽然我们不妨用说明他们一般所说的“瞬间”并没有任何意义的办法来完成这个论证。

按照我想给“瞬间”这个名词所下的定义,一个瞬间就是一个具有下面两种性质的事件的集合:(1)所有集合内的事件都有彼此重合的部分;(2)集合外没有任何事件与集合内每个分子有彼此重合的部分。像我将表明的那样,这个事件的集合不能延续一段有限的时间。

照时间的关系看法来说,说一个事件延续一段有限的时间只能是说在事件存在的这段时间内有变化发生,也就是说在这段时间内存在的事件在这段时间结束时和开始时并不完全等同。这就
272 等于说有和已知事件部分重合而彼此却不重合的事件。这就是说:“a 延续一段有限的时间”的意思是“有 b,c 两个事件,它们各自与 a 部分重合,但是 b 却完全发生在 c 之前”。

我们可以把同样的定义用在一个由事件组成的集合上。如果这个集合的分子并不都有重合部分,那么这个集合作为一个整体来看就没有时间上的延续,但是如果它们都有重合部分,那么我们将说如果至少有两个事件与集合内每个分子都有重合部分,虽然

其中一个事件完全发生在另一个事件之前,那么这个集合作为一个整体来看就会延续一段有限的时间。如果这是事实,那么在这个集合存在的时间内就有变化发生;如果这不是事实,那么在这个集合存在的时间内就没有变化发生。现在如果一个集合构成一个照上面定义所说的"瞬间",那么在这个集合外的任何一个事件与这个集合的分子都没有重合部分,而这个集合内的任何一个事件都不会完全发生在也属于这个集合的任何其他事件之前。所以这个集合作为一个整体来看不会延续一段有限的时间。因此它可以适当地被定义为一个"瞬间"。

瞬间将形成一个按着一种用事件之间的"完全发生在前"的关系所定义的关系顺序排列起来的系列。如果第一个瞬间的一个分子完全发生在第二个瞬间的一个分子之前,也就是说某个发生"于"第一个瞬间的事件完全发生在某个发生"于"第二个瞬间的事件之前,那么其中一个瞬间就发生在另一个瞬间之前。我们可以看到发生"于"一个瞬间和作为构成这个瞬间的那个集合的一个分子是同样一个意思。

按照上面所说的定义,世界在一段有限时间内保持不变从逻辑上讲是不可能的。如果两个瞬间不同,那么它们就是由(至少有一部分)不同分子组成的,而这就是说某个存在于一个瞬间的事件不会存在于另一个瞬间。

我们的理论对于有没有只存在于一瞬间的事件并不作任何假定。如果有这类事件存在,那么它们就会具有这个特点:任何与它们有重合部分的两个事件彼此也会有重合部分。一般来说,一个事件的"延续时间"就是"由那些该事件也作为其中一个分子的瞬间所构成的集合”。一般都假定一个事件占有由一系列瞬间构成的一个连续部分；从形式上看，这个假定体现在任何事物都不会完全发生在它自身之前这个“公理”上。但是这个公理并不是必要的。

关于用数量来度量时间我们已经谈过一些，但是重提一下物理学指给我们的看法可能还是必要的。用数量来度量时间的方法
273 在不到下面的限度内一直具有习惯上沿用的性质，这个限度就是对于整体比对部分一定要用较大的度量单位。我们度量一年所用的度量单位一定要比度量这年的一个月所用的度量单位大，但是在方便的时候我们也可以用比度量另外一年的一个月所用的度量单位小的度量单位去度量这一年。可是后来人们却发现这种办法并不方便。从历史上看，天文学家开始就假定一天和一年的长短是固定不变的；后来才发现如果按星球测定的一天的长短固定不变，那么太阳日就不是这样，但年的长短却固定不变。如果按星球测定的一天的长短从定义上就确定它的长短固定不变，那么许许多多其他周期现象也是近似固定不变的；这就让我们得出动力学的定律，这些定律向我们提示由于潮汐的摩擦不把按星球测定的一天的长短看作**完全**固定不变更为方便。这些定律**能够**用**任何**时间度量单位来表示，但是天文学家与物理学家自然要选用那种能使定律的说法变得最为简单的度量单位。因为这与年日的“自然”度量单位非常接近，所以人们并没有发觉它的习惯沿用的性质，我们还可以假定被定义的是牛顿的“真实的”或“数学的”时间，人们相信这种时间具有物理上的真实性。

到现在为止，在我所说的话里好像有一种一般也这样想的看

法，那就是整个宇宙只有一种宇宙时间。自从爱因斯坦以来，我们才知道事实不是这样。每一块物质都有它的地方时间。一块物质的地方时间与另一块物质的地方时间的差别是很小的，除非它们的相对速度达到光速的一个可以观察到的分数，一块已知物质的地方时间就是一个和它一起走动的完全精确的计时器所表示出来的时间。β 粒子的走动速度比光速慢不太多。如果我们能把一个计时器放在一个 β 粒子上面，并且让 β 粒子走完一段周而复始的路程，那么我们就会发现当它回到出发点的时候，计时器所表示的时间不会和另一个一直放在实验室里不动的计时器所表示的时间一致。一个更有意思的实例（这是莱新巴哈教授举出的）关系到去星球旅行的可能性。假定我们发明了一种能以光速的十一分之一的速度向天狼星发射弹头的火箭装置。从地球上的观察者的观点看，这次旅行将用大约 55 年，因此人们可能认为如果弹头带有旅客，那么这些出发时还年轻的旅客在到达时都将成为老人。但是从旅客的观点看，这次旅行只要用大约 11 年。这不仅是他们的
时钟所表示的用去的时间，也是他们的生理变化——牙的衰退，头 274
发的脱落等等——所表示的用去的时间。如果他们在出发时看来并感到像 20 岁的人，那么他们在到达时将看来并感到像 31 岁的人。只是因为我们平素不曾遇到以接近光速的速度旅行的人，所以除了科学家之外，一般人都不曾注意到这类看来有些稀奇的事实。

如果两块物质（例如地球与一个彗星）相遇，分开，再相遇，并且如果这段时间内它们的相对速度很大，那么住在这两块物质上面的物理学家（如果有的话）对于两次相遇中间所经的时间就会

得出不同的估量,但是他们对于哪一次是前一次相遇和哪一次是后一次相遇的意见将是一致的。所以用在一块物质所遇到的两个事件上的“早”和“晚”是明确而没有疑义的:如果几块不同的物质遇到这两个事件,那么其中一个事件对于所有这几块物质来说都发生得较早,而另一个事件对于它们来说都发生得较晚。

如上面所说,把“瞬间”看作是由事件的集合所组成的结构,这点在目前将被认为只限于用在一块物质所遇到的事件——首先是观察者的身体上。把它推广到宇宙时间——做到这一点有许多同样合理的方法——不是我现在预备去谈的一个问题。

我们可以把我们的结构建筑在一个特定的心智所遇到的,或者形成一个特定经验的一部分的那些事件的基础之上,而不把它建筑在一个特定的身体所遇到的那些事件的基础之上。如果这个心智是我的心智,那么我就能经验到用“A 完全发生在 B 之前”这句话所表示的那类现象,例如在我听着时钟连续打点报时的时候。如果 A 是一件我经验到的事件,那么每件与 A 部分重合或者完全发生在 A 之前或者完全发生在 A 之后的事件将构成“我的”时间,并且只有属于“我的”时间的事件才会用于构成属于“我的”时间的“瞬间”上。[①] 这样我的时间和你的时间的衔接仍然是一个有待研究的问题。

我们可以把“传记”定义为由事件组成的一个集合,其中任何两个事件不是部分重合就是一个完全发生在另一个之前。目前我

① 读者不要把上面所说的那种意义下的“我的”时间与第三部分第五章中所说的主观时间混淆起来。

将假定如果说传记有它的心理上的定义，那么它也有物理上的定 275
义——这就是说，由我经验到的事件所构成的时间系列和我的头脑或头脑的一部分所遇到的事件所构成的时间系列是相同的。结果我将谈到一块物质的“传记”，而不仅仅是与某人经验有关的“传记”。

我们迄今为止所说的话现在可以总结为一系列定义。

一个“事件”是发生在某件事之前或之后或者与它部分重合的一件事。

一个事件所属的“传记”是所有发生在它之后或之前或者与它部分重合的事件。

一个“瞬间”是一个由属于同一个传记的事件组成的集合，这些事件具有下面两种性质：(a)集合内任意两个事件都有重合部分，(b)集合外任意一个事件都不与集合的*所有*分子有重合部分。

如果一个事件是一个瞬间的分子，那么我们说它“存在于”这个瞬间。

如果有一个存在于一个瞬间的事件完全发生在某个存在于另一个瞬间的事件之前，那么我们说一个瞬间“早于”另一个瞬间。

“一个特定瞬间的一个时间系列”是一系列瞬间，这个特定瞬间是其中的一个，这个系列还具有在任意两个瞬间中一个瞬间早于另一个瞬间的性质。

一个“时间系列”是某个瞬间的一个时间系列。

我们并不假定一个瞬间只属于一个时间系列，也不假定一个事件只属于一个传记。但是我们却假定如果 a 完全发生在 b 之前，那么 a 与 b 就不会等同。这是一个我们必须加以研究，或许在后一阶段要加以修改的假定。

由于上面这种构成时间系列的方法是一种将要经常应用的方法的最简单的例子，我将费点时间讲一讲采用它的理由。

我们从这件事实出发：虽然物理学家不承认牛顿的绝对时间，他们却继续使用自变量 t，人们把它的值叫作“瞬间”。t 的值被认
276 为用来形成一个按照一种叫作“较早和较晚”的关系来排列的系列。人们还认为有叫作“事件”的现象，所有我们能够观察的事物都是属于这些事件的一个次类。在事件当中有两种可以观察到的时间关系：它们可能有重合部分，例如我一边听到时钟打点一边看到它的两个针都指着十二点；不然就是一个事件发生在另一个事件之前，例如我心中还没忘记刚才打过的钟响，却又在听着此刻的钟响。这些就是我们的问题的与件。

现在如果我们想使用变量 t 而不假定牛顿的绝对时间的存在，我们就必须想出一种方法给 t 的值所组成的集合**下定义**；这就是说，“瞬间”一定不能成为我们的最小量用语的一部分，而只要这套最小量用语不仅是逻辑的最小量用语，它就必须由通过经验才认识其意义的字词组成。

定义有两种，我们可以把它们分别叫作“指示性”的和“结构性”的定义。“美国最高的人”是指示性的定义的一个例子。的确这是一个定义，因为一定有一个并且只有一个它所定义的人，但是它完全是从这个人的关系来给他下定义。一般来说，一个“指示性”的定义是这样一个定义，它把一个实体定义为对于一个或更多的已知实体具有某种一定关系或某些一定关系的唯一实体。另外一方面，如果我们所要下定义的事物是一个由已知元素组成的

结构，我们就可以通过说出这些元素和借以构成这个结构的那些关系来给它下定义；这就是我所说的“结构性”的定义。如果我在给它下定义的事物是一个集合，那么也可能只需要说出它的结构，因为那些元素可能无关宏旨。例如，我能够把“八边形”定义为“具有八条边的平面图形”；这是一个结构性的定义。但是我也许可以把它定义为“在下面这些地方的各个已知实例所表示的一种多边形”，接着列出一张表来。这将会是一个“指示性”的定义。

一个指示性的定义必须有关于所指事物的存在的证明才算完全。从逻辑形式上看，“身高 10 英尺以上的人”和“美国最高的人”是一样的，但是前者大概什么人也不能指。“2 的平方根”是一个指示性的定义，但是直到我们这个时代以前还不能证明它指示什么东西；现在我们知道它和“平方小于 2 的有理数的集合”这个结构性的定义是等价的，因而解决了“存在”（照它的逻辑意义 277
来说）问题。由于在“存在”上可能出现怀疑，指示性的定义常常是不能令人满意的。

对于我们的变量 t 的这个特例来说，由于我们不承认绝对时间，也就没有可能给它下指示性的定义。因此我们必须设法给它下一个结构性的定义。这就是说瞬间一定有一种结构，并且这种结构一定是由已知元素构成的。作为经验的材料，我们有“部分重合”和“发生在前”这些关系，我们还发现依靠这些关系我们能够建立具有数理物理学家对于“瞬间”所要求的形式性质的结构。因此，这类结构满足一切要求的目的，而无须求助于任何单为这个目的而设的假定。这就是提出我们的定义的根据。

第六章　古典物理学的空间

在本章内我们将研究一下古典物理学的空间。换句话说，我们将为物理学中所用的几何名词找出一种“解释”（不一定就是唯一可能的解释）。有关空间产生的问题比有关时间产生的问题要复杂困难得多。部分原因是由相对性带来的一些问题。但是目前我们将不去管相对性，而是按照爱因斯坦以前的物理学的看法，把空间作为可以与时间分开的东西来处理。

在牛顿看来，同时间一样，空间也是“绝对的”；这就是说，它是一组点的集合，每个点都不能再有结构，每个点都是物理世界的最后组成部分。每个点都是永久存在而不发生变化的；变化只在于有时它被一块物质所“占有”，有时被另一块物质所“占有”，有时不被任何东西所“占有”。与这种看法相反，莱布尼兹主张空间
278 只是一个由关系组成的体系，这些关系中的项是物质的点而不是仅仅属于几何学上的点。虽然物理学家和哲学家越来越倾向于采用莱布尼兹的看法而不是牛顿的看法，数理物理学的方法却仍然是牛顿式的。在数学的体系内，空间仍然是由“点”组成的集合，其中每个点都由三个坐标来确定，而“物质”则是由“质粒”组成的集合，其中每个质粒在不同时间占有不同的点。如果我们不想同意牛顿的看法，而认为点具有物质的真实性，那么我们对于这个体系就需要作出某种解释，好让“点”具有结构的定义。

我用了“物质的真实性”这个词，人们可能认为它形而上学味道太重。我的意思可以用更合乎现代人口味的形式，即通过最小

量用语的方法来表示。如果我们有一组名称，那么就可能有一些被命名的事物具有借其他事物而得到的结构性定义；在这种情况下，将出现一组不包括可以用定义代替的名称的最小量用语。例如，每个法国人有一个专有名称，而"法国民族"也可以被认为是一个专有名称，但是它却是一个不必要的专有名称，因为我们可以说："法国民族"的定义是"由下面各个个体（接着列出名单）组成的集合"。这样一种方法只适用于有限集合，但是有一些别的方法却不受这种限制。我们可以用地理上的边界来给"法国"下定义，然后再用"生在法国的人"来给"法国人"下定义。

这种用结构性定义来代替名称的方法在实际应用上显然是有限度的，或许（虽然我们可以怀疑这一点）在理论上也有它的限度。为了简便起见，假定了物质是由电子和质子所构成，在理论上我们就能够给每个电子和质子一个专有名称；然后我们就能通过说出在不同时间内构成一个个体的人的身体的电子和质子给这个人下定义；这样，个体的人的名称在理论上就成了多余的了。一般说来，凡是具有可以发现的结构的事物都不需要名称，因为我们可以用它的组成部分和表示组成部分之间关系的词来给它下定义。另一方面，凡是没有已知结构的事物都需要名称，如果我们想做到能够表达我们的全部与它有关的知识的话。

我们可以看出指示性定义并不能使名称变成多余的东西。例
如"亚历山大王的父亲"是一个指示性定义，但是它却不能让我们 279
表示出当时的人用"这是亚历山大王的父亲"所表示的那件事实，这里"这"字起的就是一个名称的作用。

如果我们一方面不承认牛顿的绝对空间的学说，一方面在数理物理学中又继续使用我们所谓的“点”,我们这样做的唯一理由就是“点”和(理论上)特殊的点具有结构性定义。得出这类定义的方法一定和我们在给“瞬间”下定义时所使用的方法相似。可是它却受两个条件的限制:第一,我们的点簇将是三度的;第二,我们必须给在一个瞬间的点下定义。说在一个时间的P点和在另一个时间的Q点相同,除了表示一种由实轴的选择所决定的约定习惯之外,等于没有说出什么具有确定意义的东西。因为这个问题与相对性有关,所以我现在不再去谈它,而将注意力完全放在一定瞬间的点的定义上,同时不去管那些与同时性的定义有关的困难。

下面我将不强调我所采用的那种构成点的特殊方法。其他方法也是可能的,其中有一些还可以采用。重要的只在于人们可以设计这些方法。在给瞬间下定义时,我们使用过时间意义上的“部分重合”关系——一种两个事件在(用普通的话来说)一段时间内共同存在所具有的关系。在给点下定义时,我们使用空间意义上的“部分重合”关系,这种关系存在于两个同时发生的事件之间,而这两个事件(用普通的话来说)全部或有一部分占有同一个空间领域。我们可以看到事件不像物质,我们不能把它们看作互不渗透的东西。物质的不可渗透性是从它的定义以重言式的方式推导出来的一种属性。而“事件”却只被定义为假定不再具有结构,并且有着类似那些属于有限体积和有限时间段落的空间和时间关系的项目。在我说“类似”时,我所说的是“逻辑性质上的类似”。但是“部分重合”本身却不能从逻辑上给它下定义;它是一种从经验中得知的关系,在我主张的这种结构中它只有实指的定义。

在一度以上的簇内，我们不能通过“部分重合”这种两项关系来构成任何具有“点”所应当有的那些性质的东西。作为一个最 280
简单的实例，让我们在一个平面上划定几块面积。一个平面上的A、B、C三块面积可能每块都与其他两块部分重合，而三块面积之间却没有一个共同的领域。在附图中圆A与长方形B和三角形C部分重合，并且B与C部分重合，但是A、B、C却没有一个共同的领域。我们的结构的基础将必须是三块面积之间的关系，而不是两块面积之间的关系。我们将说如果三块面积有一个共同的领域，那么它们“共点”。（这是一个说明，不是一个定义。）

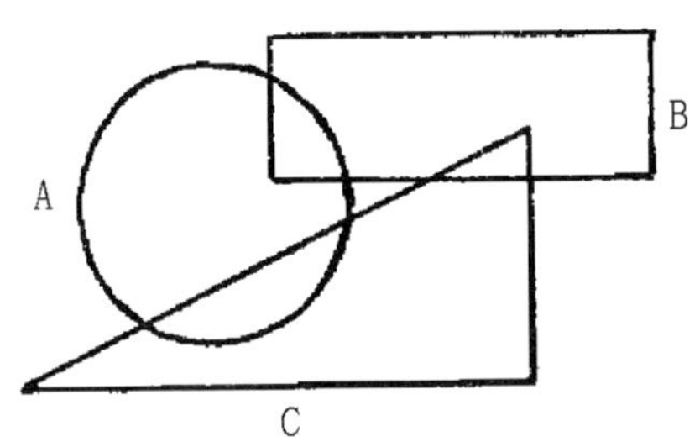

我们将假定我们所谈的面积都不是圆就是把圆加以伸展或压缩而得到的扁圆形。在这种情况下，如果已知三块共点的面积A、B、C，另外有这样一个第四块面积D，则A、B、D共点，A、C、D和B、C、D也共点，那么A、B、C、D四者之间具有一个共同的领域。

我们现在把一组任何数目的面积定义为共点，如果从这一组中选出的任何三块面积都共点。一组共点的面积是一个“点”，如果扩大它就不能使它保持共点关系，换句话说，如果已知X为这组面积以外的任何一块面积，在这组里就有着A、B两块面积，使得A、B、X不是共点关系。

这个定义只能应用在两度空间。在三度空间内，我们必须从四个体积之间的共点关系来着手，而所谈的这些体积都一定不是球体就是那些通过对球体不断在某些方向进行伸展而在另外一些方向进行压缩所得出的扁圆的体积。然后跟以前一样，一组共点的体积就是一组其中每四个体积都是共点关系，并且一组共点的体积是一个“点”，如果扩大它就不能使它保持共点关系。

在几度空间内，定义仍然相同，除了最初的共点关系一定是在 $n+1$ 个领域之间。

281 通过上面的方法，“点”被定义为事件的集合，每个事件被默认为“占有”一个大体扁圆的领域。

在目前的讨论中，我们可以把“事件”当作可以推导出几何定义的不下定义的素材。在别的地方我们可能要探讨“事件”是什么意思，并从而作出进一步的分析[①]，但是目前我们却把“事件”簇以及事件的空间和时间关系当作经验的材料。

从我们的假定得出空间顺序的方法是比较复杂的。这里我将不去讲它，因为我在《物的分析》中讨论过这个问题，在该书中关于“点”的定义的讨论也比较充分。

我们必须谈一下空间的测量性质。天文学家在通俗著作里首先告诉我们说，许多星云距离我们多么遥远，然后又告诉我们说宇宙毕竟是有限的，因为它是与球面相似的三度体积。但是天文学家在不太通俗的著作里告诉我们说测量只是一种约定习惯，只要我们愿意，我们就能够采取一种会使北半球的已知最远的星云变得比两极距离我们还近的办法。如果这样的话，宇宙的广大就不是一种事实而是一种方便。我认为这有一部分正确，但是把测量

① 参看第二部分第三章及第四部分第四章。

中的约定因素剔开并不是什么容易的事。我们必须先谈一下测量的基本形式,然后进行这项工作。

测量,包括对于遥远的星云的测量,都是根据对于地球表面上距离的测量来进行的,而地面测量的最初假定就是可以把某些物体看成近似刚体。在你测量你的房间大小的时候,你假定所用的英尺在测量过程中不会有看得出来的长短上的增损。英格兰的官方陆地测量大多数都是通过分面积为若干三角形的办法来确定距离的,但是这种方法要求至少有一个距离要直接测量。事实上,我们选择萨利斯柏里平原上一条基线,用我们测量房间的基本方法来进行仔细的测量。我们拿一条定义为单位长度的链尺沿着一条 282
无可再直的直线反复在地球表面上使用。等到我们把这一段长度直接确定下来,剩下的就通过角的测量和计算来进行:地球的直径,太阳和月亮的距离,甚至连较近的恒星的距离都可以不通过直接测量来确定。

但是如果我们仔细考察一下这种方法,我们就会发现充满了困难。除非我们已经建立一种测量标准,使得我们能够对于某一时间的长度和角与另一时间的长度和角进行比较,认为一个物体是“刚硬的”那种假定就没有明确的意思,因为一个“刚”体是不改变它的形状和大小的。然后我们还要对“直线”下定义,因为如果萨利斯柏里平原上那条基线和在划分三角形的方法中使用过的直线不直,那么我们的全部结果就都不会正确。所以看来测量要先假定几何学(使我们能给“直线”下定义)和足够的物理学来为把某些物体看成近似刚体和对于某一时间的距离与另一时间的距离进行比较提供理由根据。所涉及的这些困难是巨大的,但却被从常识接收过来的假定所掩盖住了。

一般说来,常识假定一个物体如果**看来**刚硬,那么它**就是**刚体。鳗鱼看来并不刚硬,但是钢条看来却是这样。另一方面,水波微动的溪底的石卵看来像鲤鱼一样蠕动,但是常识仍然把它看成刚体,因为常识认为触觉比视觉更为可靠,如果你赤脚过河你会**感到**石卵是刚硬的。在这种想法下,常识是合乎牛顿的学说的:常识确信在每个时刻一个物体**本身**具有一定的形状和大小,这种形状和大小与它在另一时刻的形状和大小不是相同便是不相同。如果我们有绝对空间,这种确信就具有一种意义,但是如果没有绝对空间,这种确信就是一眼就看出来的没有意义的东西。可是对于从常识的假定所得到的非常重大的成功一定有一种可以说明它的物理学的解释。

像时间的量度一样,这里涉及三个因素:第一,一个可以修改的假定;第二,根据这个假定,证明近似正确的物理学定律;第三,
283 对于这个假定作出改动,使这些物理定律更接近精确。如果你假定一条看来和觉到刚硬的钢棒会保持它的长度不变,那么你就会发现从伦敦到爱丁堡的距离,地球的直径和天狼星的距离几乎都是固定不变的,但是在热的天气比在冷的天气下稍差。这样你就会想到这样说更为简单:钢棒因热而扩张,特别是当你发现这样说能够使你把上面所说的距离看成几乎完全固定不变,并且发现你可以看到温度计里的水银在热的天气占有更多的空间的时候。因此你假定表面看来刚硬的物体因热而扩张,而你这样做是为了使物理学定律的叙述简单化。

让我们弄清楚在这个方法中哪是约定的和哪是物理的事实。

下面是一件物理的事实:如果两条感觉既不热又不冷的钢棒看来具有相同的长度,并且如果你对一条加热而把另一条放在雪里,那么当你第一次再来比较它们的时候加热的那一条看来比放在雪里的那一条稍微长些,但是当恢复你的房间的温度时它们这种区别又会消失。在这里我是假定先于科学的估计温度的方法:一个热的物体是一个令人感觉到热的物体,而一个冷的物体是一个令人感觉到冷的物体。作为这类粗略的先于科学的观察的结果,我们的结论是温度计把某种可以由我们的冷热感觉大概测量出来的事物精确地测量出来;这样作为物理学家,我们就能不去管这些感觉而把注意力集中在温度计上。于是*我的*温度计随着温度的增加而上升就是一个重言式,但是所有其他温度计都是这样却是一件实实在在的事实。这件事实说出我的温度计的行为与其他物体的行为之间的一个相似点。

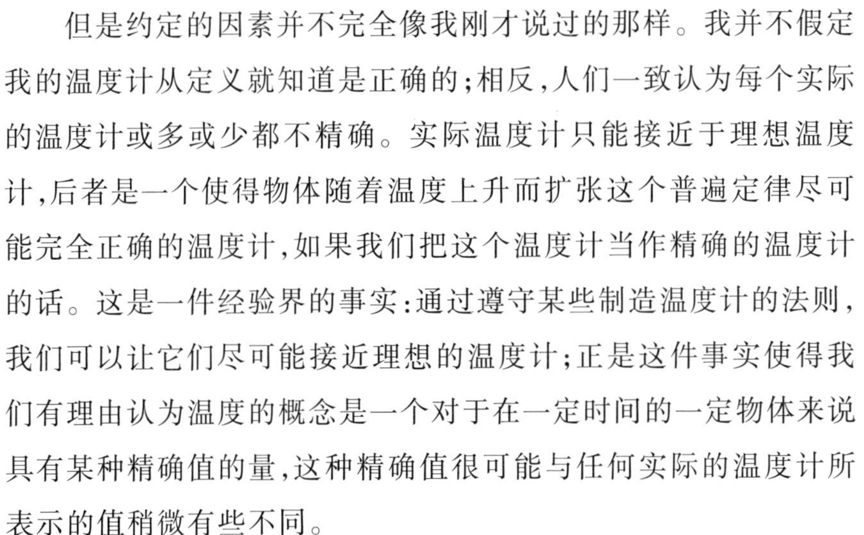

但是约定的因素并不完全像我刚才说过的那样。我并不假定我的温度计从定义就知道是正确的;相反,人们一致认为每个实际的温度计或多或少都不精确。实际温度计只能接近于理想温度计,后者是一个使得物体随着温度上升而扩张这个普遍定律尽可能完全正确的温度计,如果我们把这个温度计当作精确的温度计的话。这是一件经验界的事实:通过遵守某些制造温度计的法则,我们可以让它们尽可能接近理想的温度计;正是这件事实使得我 284
们有理由认为温度的概念是一个对于在一定时间的一定物体来说具有某种精确值的量,这种精确值很可能与任何实际的温度计所表示的值稍微有些不同。

这种方法在一切物理测量中都是相同的。粗略的测量得出近似的定律;测量仪器的变化(受一切测量仪器在度量相同的量时一定得出尽可能相同的结果这个法则的支配)证明能够使定律更接近精确。人们认为最好的仪器是使得定律最接近精确的仪器,人们还假定理想的仪器会使定律十分精确。

这个说法虽然可能看来复杂,事实上却还不够复杂。我们很少只涉及一个定律,并且很常见的情况是定律本身只是近似的。不同种类的量的测量是互相依赖的,正像我们在长度与温度的情况下所看到的那样,所以测量一种量的方法上的改变会变更另一种量的测量。定律、约定和观察在实际的科学手续中几乎是不可分开地交织在一起的。观察的结果通常用一种带有某些定律和某些约定的形式表示出来;如果结果与一直被承认的定律和约定的总和相矛盾,那么人们就可以有充分的自由来选择哪一个应该加以修改。现成的例子是迈克耳逊-莫雷实验,在这个实验中人们发现最简单的解释要求在时间和空间的测量上作出根本的改变。

现在让我们回到距离的测量上来。有许多粗略的先于科学的观察,这些观察提示给我们实际采取的测量方法。如果你以类似不变的用力状态沿着一条平路步行或骑自行车前进,你会用相同的时间走完前后各英里。如果道路铺上柏油,那么一英里所需的物质数量将大体等于另一英里所需的物质数量。如果你乘汽车沿路前进,那么每英里所用的时间将和你根据你的速度计所作的预料大体一样。如果你把三角学的计算建立在前后各英里相等的假定之上,那么所得的结果将和直接测量所得的结果十分符合。所
285 有这一切都表明用通常的测量方法所得到的数字具有充分的物理上的重要性,为许多物理的和生理的定律提供了一个基础。但是

这些定律在系统表示出来之后，又为改进测量方法提供了基础，也为人们把修改后的方法所得的结果看作更为“精确”这一点提供了根据，尽管事实上它们只不过更为方便而已。

可是在“精确性”这个概念中却有一种不仅是方便的因素。我们习惯上都接受等于同一事物的各个事物都相等这个公理。这个公理看来似乎显然合理并且容易使人相信，尽管经验方面的证据与它抵触也是事实。通过你能设置的最精细的实验，你可能发现 A 等于 B，B 等于 C，但 A 看得出来不等于 C。在这种情况下，我们说 A 不真正等于 B，或 B 不真正等于 C。相当奇怪，这种情况在测量技术的改进下得到了证实。但是我们对于这个公理的信念的真正根据并不在于经验方面。我们相信相等就是具有一种共同性质。如果两个长度具有同样的大小，那么它们就相等；我们测量时想表示的正是这种大小。如果我们这个信念是对的，这个公理在逻辑上就是必然的。如果 A 和 B 具有相同的大小，并且 B 和 C 具有相同的大小，那么 A 和 C 必然具有相同的大小，只要任何事物不能具有一个以上的大小。

虽然这种把一种大小当作几个可测量的事物可能共有的一种性质的信念暗中影响了常识对于明显现象的看法，可是除非我们在所讨论的题材上具有使它为真的证据，它并不是我们应该接受的一种信念。那种认为一组项目中每一项都具有这种性质的信念在逻辑上的意义等于那种认为在该组每两项之间都具有一种传递的对称关系的信念。（这种意义上的相等关系就是从前我叫作“抽象原理”的那种关系。）这样，在主张有着叫作“距离”的一组大小时，我们所主张的是：在任何一对点与另一对点之间，它们的关

系不是对称的传递关系便是不对称的传递关系。在前一种情况
286 下,我们说一对点之间的距离等于另一对点之间的距离;在后一种情况下,我们说第一个距离小于或大于第二个距离,要看这种关系的意义而定。两点之间的距离可以定义为与它有等距离的关系的成对的点的集合。

这是我们在不涉及直线定义的问题的情况下关于距离的测量这个问题所能作出的最彻底的讨论,关于直线的定义我们必须现在就进行考察。

就直线的常识来源来看,它是一个视觉上的概念。有些线看来是直的。如果把一条直棒的一头放在眼下,那么最靠近眼睛的那一部分会遮住所有其他部分;如果棒是弯的,那么有一部分会在眼角下出现。当然关于直线的概念还有其他常识上的理由。如果物体自转,那么就会出现一条直线,这就是保持不动的自转轴。如果你在地下火车里站着,你会通过你感到朝这边或那边失去平衡而知道火车在沿着曲线行走。在某种程度内,我们也可以通过触觉来判断曲直;盲人判断形状的能力几乎和正常人一样。

在初等几何学中直线被定义为整体;它们的主要特点就是已知直线上的两点,那么这条直线就被确定下来。把距离当作两点之间的直接关系的可能性依靠那种认为有直线存在的假定。但是在为了适应物理学的需要而发展起来的近代几何学中却没有欧几里得意义下的直线,而"距离"也只有在所谈的两点彼此非常接近的情况下才是确定的。如果这两点距离较远,我们就必须决定我们将通过什么路线从一个点走到另一个点,然后把路线上许多小的距离加起来。这两点之间"最直的"直线就是那条使这个总和

数量最小的直线。我们只好抛弃直线，而用“短程线”，这是从一点到另一点比与它稍有些不同的任何路线都短的路线。这就破坏了距离测量的简单性，这种测量变得要依赖物理学的定律。我们只有进一步仔细考察物理学的定律与物理空间的几何学之间的相互关联才能研究在几何测量理论上所产生的复杂情况。

第七章　时空 287

人们都知道爱因斯坦用时空代替了空间和时间，但是不熟悉数理物理学的人对于这个变化的性质一般只有一种非常模糊的概念。由于它在我们对于理解世界的结构所作的努力上是一个重大的变化，所以我将在本章内对它所包含的具有哲学意义的部分加以说明。

也许最好的出发点是发现“同时性”的意义在应用于不同地点的事件时是含混的。实验，特别是迈克耳逊－莫雷实验，引导我们得出光速对于一切观察者都相同的结论，不管它们怎样运动。乍看这似乎是一种逻辑上的不可能。如果你坐在一列每小时走30英里的火车里，另外有一列每小时走60英里的火车从你旁边经过，那么它相对于你的速度将是每小时30英里。但是如果它以光的速度来运动，那么它相对于你的速度将等于它相对于地面上固定点的速度。β粒子运动速度有时达到光速的百分之九十，但是如果一位物理学家能以这样的粒子速度运动，并且光线从他旁边经过，那么他仍然会认为光相对于他的速度与他相对于地球来说处于静止状态时光的速度一样。这种悖论可以由这件事实得到说明:都带有完全准确时计的观察者对于时间会得出不同的估计,对于在不同地点的同时性也会作出不同的判断。

一旦有人指出造成这类差别的必然性,我们就不难看出这一点来。假定天文学家观察到太阳上发生的一个事件,并记录下观察的时间;他将推论出事件大约发生在他观察前八分钟,因为这正
288 是光从太阳到达地球所需的那段时间。但是现在假定地球正在很快地走近或离开太阳。除非你早已知道按照地球上的时间,太阳上发生的事件是在什么时刻发生的,你就不会知道光需要走多远的路程,因而你的观察不能使你知道太阳上的事件是在什么时间发生的。这就是说,对于下面的问题不会有确定的答案:地球上什么事件与你观察到的太阳上的事件同时发生?

从同时性的意义上的含混就得出关于距离的概念的类似的意义上的含混。如果两个物体处在相对运动状态,它们之间的距离就不断发生变化,而在相对论出现以前的物理学中人们假定有一种作为它们"在某一瞬间的距离"的量。但是如果关于两个物体的同一瞬间有着意义上的含混,那么"在某一瞬间的距离"也存在着意义上的含混。一个观察者得出一种估计,另外一个观察者又得出另一种估计,我们没有任何理由选取其中任何一个。事实上,时间间隔与空间距离都不是独立于观察者身体运动的东西。关于时间与空间分别测量上存在着一种主观性——不是心理上的而是物理上的主观性,因为它不仅影响有心理作用的观察者还影响到仪器。它就像照相机的主观性一样,照相机是采取某一观点来进行摄影的。采取其他观点摄影得出的照片看来会不相同,而其中没有一张照片有理由被认为格外正确。

可是在两个事件之间却有着对于所有观察者都相同的一种关系。以前有两种关系,即空间的距离与时间的长短,但是现在只有一种关系,那就是“间隔”。由于只有这一种间隔关系,而不是距离与时间的长短,所以我们必须用时空一个概念来代替空间与时间两个概念。但是尽管我们不能再把空间和时间分开,却仍然存在着两种间隔,一种和空间相似而另一种和时间相似。如果光的信号从发生一个事件的物体传到另一个事件发生后发生这另一个事件的物体上,那么这种间隔和空间相似。(可以注意到在某个特定物体上发生的事件的时间顺序是没有意义上的含混的。)如果光的信号从一个事件传到另一个事件发生前发生这另一个事件
的物体上,那么这种间隔和时间相似。因为光的速度最快,所以我 289
们可以说在一个事件对于另外一个事件,或者对于与这另外一个事件在同一时空领域内的某个事件产生影响时,这种间隔就和时间相似;如果这种情况不可能,那么这种间隔就和空间相似。

在狭义相对论中“间隔”的定义是简单的;在广义相对论中“间隔”的定义却比较复杂。

在狭义相对论中,假定有一个观察者把自己看成静止不动,把两个事件之间的距离估计为 r,把它们之间时间的长短估计为 t。那么让 c 代表光速,如果间隔和时间相似,间隔的平方就是:

$$c^2t^2-r^2$$

如果间隔和空间相似,间隔的平方就是:

$$r^2-c^2t^2$$

把间隔看成两者当中任何一个在实用上一般就比较简单,在这种情况下另一种间隔的平方是负数,而这种间隔是虚数。

在不涉及引力和电磁力的情况下,我们发现上面这种定义规定的间隔对于所有观察者都是相同的,所以可以把它看作一种介乎两个事件之间的真正的物理关系。

广义相对论通过引入一种给“间隔”所下的修改过的定义把上面这种限制取消了。

在广义相对论中不再存在介乎较远的事件之间,而仅存在介乎彼此非常接近的事件之间的“间隔”。当离物质有很远的距离时,这个计算间隔的公式近似狭义相对论中的间隔,但是在其他地方这个公式就随着物质的接近而有不同。人们发现可以调整公式,使它能说明引力,只要假定自由运动的物质必定在短程线内运动;这就是说,从任何一点到邻近一点之间选择最短的或最长的路途。

人们假定时空点有着不依靠间隔的顺序,所以在任何路途上一个点可能介乎两个与它相接近的点之间。举例来说,在一条光线上的两个不同点之间的间隔为零,但是这些点仍然具有时间上
290 的顺序:如果一条光线从太阳向外行进,那么它接近太阳的部分就比它远离太阳的部分时间靠前。人们在规定坐标时就先假定了事件的时空顺序,因为尽管这在很大程度上是一种约定,它却永远必须使得邻近的点具有相差不大的坐标,这些点的坐标之间的差别以零为极限。

如果我们把物理世界看成一个四度的事件簇,而不是一个永存的运动的质粒簇,那就必须找出一种方法来确定我们说两个事件属于同一块物质的历史这句话时指的是什么意思。除非我们有这样一种定义,“运动”就没有确定的意义,因为运动就是一件东西在不同时间位于不同的地点。我们必须把“质粒”或物质的点定义为一系列彼此有着不与其他时空点共有的一种因果关系的时空点。关于这种方法从原则上说并没有什么困难。人们习惯上都把动力学的定律的叙述建立在有着永存的质粒的假定之上，并用这些定律来确定 A 和 B 两个事件是否属于一个质粒。我们只是把这些定律保留下来，而把 A 和 B 属于相同的传记这个说法改变为“传记”的定义；在以前这个说法看来似乎却是一个确确实实的肯定。

也许这一点需要进一步加以说明。从认为有着永存的物质个体的假定出发，我们得出把在一个时间的一块物质的情况与它在另一时间的情况联系起来的物理定律。（这类定律中最明显的一个就是惯性定律。）我们现在用另外一种方式说出这些定律：我们说已知在某一小的时空领域中有一个某一种类的事件，那么在邻近领域中就有与该已知事件在某些特定方面相关的邻近的事件。我们说一系列在某些特定方面彼此相关的事件可以叫作在不同时间的同一块物质。这样，物质与运动就不再是属于物理学的基本机构的东西了。基本概念是四度的事件簇，以及各种因果关系。将有一些关系使得我们把所讨论的事件看作属于同一块物质，另外有一些关系使得我们把它们当作属于不同的但却互相作用的物质个体，还有一些关系把一块物质与它的“空的”环境（例如光的 291
发散）关联起来，最后还有一些关系把共同在空的空间中的事件关联起来，比方说一条光线上的各部分。

把事件集合起来成为系列，用以保证物质永存，这种可能性只能是部分的和近似的。如果把原子描绘成一个周围有电子运行的

核，我们就不能说某某新状态下的电子经过量子转变之后与某某旧状态下的电子是同一个电子。我们甚至不能确切地知道宇宙中电子的数目是固定不变的。质量只是能的一种形式，我们找不出任何理由认为物质不能分解为能的其他形式。物理学中基本的概念是能而不是物质。我们不给能下定义：我们只是发现关于能的分布的变化的定律。这些定律不再是一些处理原子现象时确定唯一结果的定律，尽管从统计数字上看宏观现象仍然保持着概率很高的确定性。

物理学技术上所假定的时空的连续性，除了技术上的方便之外，并没有什么证实它存在的根据。情况可能是这样：时空点的数目是有限的，并且时空具有细粒状的结构，像一堆沙土。如果这种结构足够细微的话，那就没有可以观察到的现象表明连续性不存在。从理论上讲，可能会有不利于连续性的证据，但是从来不可能有有利于它的起决定性作用的证据。

相对论并没有影响到知觉的空间与时间。我从知觉认识到的空间和时间与物理学中专属于随着我的身体运动的轴的空间和时间是互相关联的。相对于与某一块物质相连的轴来说，旧的把空间和时间分开的看法仍然成立；只有在我们比较两组正在快速相对运动中的轴的时候，才出现相对论所解决的那些问题。因为没有两个人具有接近光速的相对速度，所以对他们的经验进行比较不会显示出飞机具有 β 粒子那样快速运动时所产生的那些差别。因此，在空间和时间的心理学研究中，我们可以不必把相对论考虑在内。

第八章　个体化原理 292

在本章内我将讨论一个非常古老的问题的现代提法，这个问题曾经被经院哲学家广泛讨论过，但在今天却仍然远远没有完全解决。这个问题用最扼要最简单的方式来说就是：“我们将怎样给那种使我们在人口调查中把对象数作两个的多样性来下定义？”我们可以用看来不同的文字来叙述同一个问题；例如，“一个‘特体’的意思是什么？”或者“什么种类的客体有专有名称？”

人们曾经提出过三种有影响的看法。

第一，一个特体是由性质构成的；如果把它的全部性质列举出来，它就有了完全的定义。这是莱布尼兹的看法。

第二，一个特体是由它的空间和时间的位置得到定义的。这是托马斯·阿奎那关于物的实体的看法。

第三，数目上的多样性是不能分析的和不能下定义的。我认为这是大多数近代经验主义者在经过一番澄清努力之后所要采取的一种看法。

在上面这三种理论当中，第二种可以按照它的解释方式归结为不是第一种就是第三种。如果我们采取牛顿的看法，认为实际上存在着点，那么两个不同的点就其一切性质来讲都完全相似，而它们的多样性一定就是第三种理论所想象的那种单纯的数目上的多样性。另一方面，如果我们采取——像现在每个人所做的那样——一种空间的关系看法，那么第二种理论所说的就只能是：“如果 A 和 B 在空间和时间的位置不同，那么 A 和 B 就是两件东西。”但是这里存在着困难。假定 A 是一种颜色上的浓淡:它可能在许多地点出现而仍然只是一件东西。所以我们的 A 和 B 一定不是性质,或者如果它们是性质的话,它们一定是些从不再现的性质。如果它们不是性质或性质束,它们就一定是第三种理论所想象的那种特体;如果它们是性质或性质束,那么我们的三种理论当
293 中的第一种理论就是我们现在采取的理论。因此,我们可以不去管第二种理论。

在我们以上三章里所讲的点和瞬间的构成是以“事件”作为它的素材的。许多理由,其中以相对论最有势力,使得这种方法比起一种以“点”、“瞬间”和“粒子”为素材的方法,例如牛顿的方法,变得更为可取。人们假定在我们的构造中一个单独的事件可能占有一个有限大小的时空,两个事件可能在空间和时间内都有部分重合,并且任何事件都不重现。这就是说,如果 A 完全在 B 之前,A 和 B 就不等同。我们也假定如果 A 完全在 B 之前,B 完全在 C 之前,那么 A 完全在 C 之前。“事件”被人暂时当作按照我们的第三种理论的意思来讲的“特体”。事实表明如果承认这种素材,那么时空点和时空顺序就可以构成。

但是现在我们在采取第一种理论之后就面对着构成时空点与时空顺序的问题。现在我们的素材将不包括不能再现的东西,因为一种性质可以在任何数目的不同地点出现。所以我们必须构成某种不再现的东西,除非我们做到这一点,否则我们就不能解释时空顺序。

我们必须问一下自己:一个“瞬间”表示什么意思?取某种确定的颜色上的浓淡,让我们把它叫作“C”。让我们假定它是虹的

颜色当中一种色的浓淡，所以它在有虹和太阳光谱时一定出现。在它每次出现的场合，我们说 C 有一个“实例”。每个实例是一个 C 是其中一种性质的不可分析的特体吗？还是每个实例是一个 C 是其中一种性质的由性质组成的复合？前者是上面理论中的第三种理论；后者是第一种理论。

这两种看法当中每一种都有它的困难。先看一下那种认为 C 的一个实例是一个不可分析的特体的看法，我们发现我们遇到与传统的“实体”概念连在一起的所有各种常见的困难。特体是不能下定义、被识别或认识的；它是某种只能在一个像“这是红的”一类主—谓语句中起充当主语这种语法作用的东西。而让语法支配我们的形而上学在现在已经被公认为一件危险的事情。

我们很难看出在解释经验界的知识上竟然需要某种像特体这 294
样一种不可知的事物。把实体当作一个用来悬挂谓语的钉子这个概念是令人讨厌的，但是我们刚刚讨论的这种理论却不能避免它的可以令人反对的特点。所以我的结论是：如果可能的话，我们必须找出另外某种给时空顺序下定义的方法。

但是当我们抛弃在我们已经决定不要的那种意义下的特体时，如同上面所看到的那样，我们就面对着找出某种不会重复的事物的困难。像颜色上的浓淡 C 这样的简单性质人们是不能期待它只出现一次的。我们将通过考虑性质的“复合”来摆脱这种困难。我所说的意思如果采用心理学的说法将最易于被人理解。如果我看见某种东西并且同时听到另外某种声音，那么我的视觉与听觉经验就有一种被我叫作“共现”的关系。如果在同一时刻我正记起某件昨天发生的事情并且带着害怕的心情预料到将到牙科医生那里去，那么我的回忆和预料与我的看和听也都是“共现”的关系。我们可以一直做下去把我现在的全部经验以及每件与我现在的全部经验共同出现的事物全部列举出来。这就是说，已知任何一组全部共同出现的经验，如果我能找出其他任何与它们全部都共同出现的事物，我就把它加进这一组，我一直做下去直到再也没有任何与这组的每个和全部分子都共同出现的事物为止。这样我就得具有两种性质的一个组：(a)该组中的所有分子共同出现，(b)组外没有与该组每个分子共同出现的事物。我将把这样一个组叫作一个“完全的共现复合”。

我假定这样一个复合是由一些在事件的自然进程中大多数可以被人料到是许多其他复合的分子作为组成部分而构成的。我们假定颜色上的浓淡 C 在有人清楚地看见虹时就重新出现。我的回忆可能与我昨天有过的回忆在性质上无法区别。我对于牙痛的害怕心情可能正是我上次要去牙科医生那里之前所感觉过的。所有这些共现复合的项目可能经常出现，在本质上并没有日期的标
295 记。这就是说，如果 A 是其中之一，并且 A 在 B 之前(或其后)，那么我们就没有任何理由认为 A 和 B 不是等同的东西。

我们有没有任何逻辑的或是经验的理由来相信作为一个整体来看的一个完全的共现复合是不能重现的东西？首先让我们只限于谈一个人的经验。我的视阈是很复杂的，尽管很可能不是无限复杂的。我的眼睛每移动一次，与某一仍然可见的特定客体相连的视觉性质也就随着发生变化：我从我的眼角看到的东西与我在我的视阈中心所看到的东西在样子上是不相同的。像有些人所主张的那样，如果我的记忆真的带有我的全部过去经验的色彩，那么

它的逻辑结论就是我的全部回忆在两个不同场合下是不能完全相似的；即使我们不承认这种主张，这类完全相似看来也很不可能出现。

根据这些考察，我认为我们应该得出这样的结论：目前我叫作一个“完全的共现复合”的我的全部暂时经验的完全重复在逻辑上并非不可能，但是从经验上看它的不可能的程度却大到可以使我们假定它不会出现。在这种情况下，一个完全的共现复合，如果只就一个人的经验来说，具有我们要求“事件”所具有的形式性质；这就是说，如果 A，B，C 是一些完全的共现复合，那么如果 A 完全在 B 之前，A 和 B 就不是等同的东西；并且如果 B 也完全在 C 之前，那么 A 完全在 C 之前。这样我们就有了给一个人经验中的时间顺序下定义所需要的那些条件。

可是这仅仅是我们所要完成的任务当中的一部分，并且还不是它最困难的部分。我们必须让时空顺序超越个人经验的范围，把它扩展到不同的人的经验和物理世界中去。在有关物理世界方面，这样做尤其困难。

只要我们限于处理一个人的经验，我们就只需要考虑时间。但是现在我们必须把空间也考虑在内。这就是说，我们必须找出“事件”的定义，用它来保证每个事件不只具有一个唯一的时间位置并且具有一个唯一的时空位置。

只要我们限于处理经验，就不存在真正的新的困难。我们可以根据经验上的理由，有把握地认为只要睁开我的眼睛，我的视阈 296
是不会和另外任何一个人的视阈完全相似的。如果 A 和 B 同时观看同一景色，这就存在着观点上的不同；如果他们交换地点，A

所看到的将不会与 B 所看到的完全一样，这是由于视力的差别，当时照明的改变，以及其他原因。简单说，认为 A 与 B 的全部暂时感觉不会完全相似的理由和认为 A 的两次全部暂时感觉不会完全相似的理由属于同一性质。

承认了这一点，我们就能通过透视律在知觉者之间建立一种空间顺序，只要有一个物体为所有有关的知觉者知觉到就可以。如果没有这个物体，那么通过一些中间的联系也可以得出同样的结果。复杂情况和困难当然存在，但是它们与我们所关心的题目并没有很密切的关系，因而我们可以放心不去考虑它们。

我们关于纯粹物理世界所能说的话是假设性质的，因为物理学除了结构之外并没有告诉我们任何知识。但是我们却有理由假定，在物理的时空中每一个地点上，每一时刻都存在一种现象上的多样性，正像在心中所发生的那样。我认为只有实指定义的“共现”在心理学中就是“在一次经验中的同时性”，但在物理学中则是“在时空中的部分重合”。像我所主张的那样，如果我的思想是在我的头脑中，那么很明显这些是一种关系的不同方面。可是这种识别对于我现在的论证来说并不重要。

当我在晴朗的夜晚观看星星的时候，我所看到的每一颗星对于我都产生一种效果，它对眼睛所产生的效果要早于它对精神所产生的效果。由此可以看出，在眼球的表面发生着某种与每颗可以看到的星有着因果联系的事情。同样的看法也适用于白天看到的一般物体。此刻我能看见带有文字的纸页，几本书，一张圆桌，数不清的烟囱，绿树，云彩和蓝天。我能看见这些东西，因为从它们到我的眼睛，然后再到我的脑子有一条物理上的因果连锁。由此可以看出,在我的眼球表面上所发生的事情与我的视阈是同样复杂的,事实上和我所能看见的一切同样复杂。这种复杂性一定是物理的,而不仅是生理的或心理的;视神经除非在同样复杂的刺 297
激下不能作出它所作出的复杂反应。我们必须认为,某一颗星的光线每到达一个地方,就发生某种与这颗星相关联的事情。所以在一个被望远镜摄下若干以百万计的星星的地点,一定发生着若干以百万计的事情,其中每件事情都与它自己的星象关联。这些事情只有在存在着会记录的神经系统的地点才被"经验"到,但是照相机和录音机能够表明这些事情也发生在其他地点。所以在没有知觉者的情况下,靠我们在处理暂时经验所使用的同样原理来构成"共现复合"并没有什么原则上的困难。

放下对于我们所知非常有限的物理世界所作的纯理论性的探讨,让我们回到经验的世界上来。我要提出的胜过那种认为存在着空间的点或物质粒子那样完全不带生气的特体的假定的看法可以表示如下:

有着一种我叫作"共现"的关系,这种关系存在于一个人同时经验到的两种或更多种性质之间——例如,当你听到高音 C 和看见银朱色时介乎两者之间的关系。我们可以构成具有下面两种属性的性质集合:(a)集合中的所有分子都同时出现;(b)已知任何一个不是该集合的分子的事物,那么该集合中至少有一个分子与它不同时出现。任何一个这样的完全共现的性质集合构成一个单独的复合整体,当已知它的组成部分时它就被确定,但它本身却是一个单位,而不是一个类。这就是说,它是某种不仅由于它的组成部分存在才存在,而且由于它们通过共现构成一个单独结构才存在的事物。一种这样的结构，如果是由心理的组成部分构成的话，就可以叫作一个“全部的暂时经验”。

与性质相对而言的全部暂时经验有着具备那些所需特点的时间关系。昨天我能看见蓝色，今天能看见红色，明天又能看见蓝色。所以仅就性质而论，蓝色在红色之前并且红色在蓝色之前，而因为蓝色在昨天和明天都出现，所以它在它本身之前。因此我们不能只凭性质构成一种可以产生一个系列的关系。但是靠全部暂时经验我们就能够做到这一点，只要任何全部暂时经验都不完全
298 精确地再现。这种现象不曾发生是一个经验命题，但是在我们的经验范围之内，它却是一个很有根据的命题。我认为它摆脱了那种否则就会成为综合先验知识的东西是上面这个理论的一个优点。如果 A 在 B 之前，那么 B 就不在 A 之前；并且如果 A 在 B 之前，B 在 C 之前，那么 A 在 C 之前。这些都是综合命题；另外，像我们刚刚看到的那样，它在 A，B，C 是一些性质时不真。通过使这类陈述（只就它们为真时来说）成为经验性的概括，我们就会克服在认识论中不然就会遇到的一个很严重的困难。

我现在回到“实例”这个概念上来。一种性质的一个“实例”，就我想用这个词所表示的意思来说，是一个共现的性质复合，而我们所谈的性质就是其中的一个性质。这种看法在某些情况下看来似乎是很自然的。一个“人”的实例除了人性以外还有其他性质：他是白人或黑人，法国人或英国人，聪明或愚笨，以及其他等等。他的护照列举了他的一些特点，足以使他与其余人类区别开来。这些特点当中每一个都被人假定存在于许多其他实例身上。有些幼小的长颈鹿具有它的护照上所说的那种身高，并且有些鹦鹉和

它的生日相同。只是性质的集合才使这个实例具有唯一性。每个人事实上都是由这样一个性质集合来确定的,在这些性质中人性仅是其中之一。

但是当我们考察空间的点、时间的瞬间、物质的粒子,以及抽象科学中这类常见的货色时,我们就感到好像一个特体可以“只”是一个实例,与其他实例的区别在于关系而不在于性质。在某种程度上讲,我们对于比较不太抽象的客体抱有这种看法:我们说“像得跟两个豌豆一样”,这意味着在两个豌豆之间不存在任何性质上的不同。我们也认为两块颜色可能只是**两块**而已,可能只有数字上的差别。我认为这种思想方法是一个错误。我认为同一种颜色上的浓淡同时在两个地点存在的时候,是一而不是二;可是却存在两个复合体,其中颜色上的浓淡与那些确定视阈中位置的性质结合在一起。人们对于物理学中空间位置的相对性已经变得念念不忘,结果使得他们忘记了视阈中空间位置的绝对性。在每一时刻,位于我的视阈中心的东西有一种可以叫作“中心性”的性质;靠右边的是“右方”,靠左边的是“左方”,靠上面的是“上方”, 299
靠下面是“下方”。这些是视觉与件的**性质**,而不是关系。由这样一种性质与一种颜色上的浓淡相结合而组成的复合与由其他地方的同样的颜色上的浓淡所组成的复合是有区别的。简单说,一种已知的颜色上的浓淡的实例的多样性的形成正和人类的实例的多样性的形成完全一样,即通过增加其他性质的办法。

对于点、瞬间和质点,就它们不是逻辑上的虚构这点来讲,同样的看法也是适用的。让我们先看瞬间。我们将发现被我叫作“暂时的全部经验”的东西具有我的传记中一个“瞬间”所需要的一切形式上的性质。我们还将发现在只存在物质的地方，我们可以用“完全的共现复合”来给爱因斯坦的地方时间的一个瞬间，或者给宇宙时空的一个“瞬间点”来下定义。给知觉空间的点下定义并没有什么困难，因为上下、左右的性质在不同程度上早已具备我们要求“点”所具备的一切性质。确实正是由于这件事实，另外加上对于深度的知觉，才使得我们这样重视世界的空间特点。

我不认为“质点”可以完全用上面的方法来处理。在任何情况下，质点也不再属于物理学的基本机构。我认为质点是由惯性定律联系起来的一连串事件。质点不再是不可摧毁的，而只是方便的近似结果。

我现在要谈到人们对于上面的理论可能抱有的一种反对理由，这是阿尔诺尔德为了反驳莱布尼兹而提出的。如果一个“特体”真是一个性质复合，那么某某一个特体具有某某一种性质这种说法在它为真时一定是分析性质的；至少看来是这样。莱布尼兹认为(1)每个命题都有一个主语和谓语，(2)一种实体是由它的全部谓语来下定义的，(3)灵魂是一种实体。由此可以看出，凡是对于每个特定的灵魂可以真正说的话都是述说构成这个特定灵魂的那些谓语当中的某一个谓语。例如，“恺撒”是一个谓语的集
300 合，其中有一个是“渡过鲁比孔河”。所以逻辑迫使他渡过鲁比孔河，因而并没有偶然性或自由意志这类东西。在这一点上莱布尼兹应该同意斯宾诺莎的意见，但是由于一些不能与他的理智或道德品质相称的理由，他却没有这样做。问题是：我能避免同意斯宾诺莎的意见而不遭受同样的声誉损失吗？

我们必须研究的问题是表达知觉判断的像“这是红的”一类

的主—谓语命题。“这”是什么？显然这不是我的全部暂时经验；我不是在说“我在目前所经验的那些性质当中有一个性质是红色”。“这”这个词可能同时伴有一个手势，表明我所说的东西是在某一方向，例如我的视阈中心。在这种情况下，我说的话的真正核心可以用“中心性和红色在我现在的视阈中通过空间关系部分重合”表达出来。可以看出在我的全部暂时经验的大复合内，有着一些由知觉空间中的空间共现关系所构成的较小的复合。我在某一方向所看见的任何性质与构成该方向的视觉性质都具有知觉空间中的共现关系。看来伴有手势的“这”这个词和一个描述是等价的；比方说，“占有我的视阈中心的东西”。说这种描述适用于红色就是说出某种显然不是分析性质的话。但是因为它使用描述而不是名称，所以不是我们所要考察的东西。

我们正在考察什么样的事物能够具有时空顺序所需要的那些形式上的性质。这样的事物只能在一个时间与地点发生；它一定不能再现，不管在另一个场合还是在另一个地点。只就时间与物理空间来说，这些条件由“完全的共现复合”来满足，不管这是由我的暂时经验还是由部分重合的物理性质的充分集合来构成。(我把这样的集合叫作“充分的”，如果加上任何分子，这些分子就不再都是共现的关系。)但是当我们去考察知觉空间的时候，我们并不需要一种类似的方法。如果我同时看见两块一种特定的颜色上的浓淡，它们在上下、左右这些性质上有着差别，正是这些性质使得两块颜色获得了特殊性。

有了这些预备知识，让我们考察一下专有名称的问题。

主张“恺撒渡过鲁比孔河”是一个分析命题看来似乎有些违

反常理。但是如果它不是,那么我们所说的“恺撒”表示什么意思?

301 如果摆脱开我们的无知造成的限制,并照恺撒的本来面目去看他,我们可以说他是一系列事件,其中每个事件都是一个暂时的全部经验。如果我们通过列举这些事件来给“恺撒”下定义,那么“渡过鲁比孔河”一定出现在我们所列举的表内,而“恺撒渡过鲁比孔河”就成了分析命题。但事实上我们并不是这样来给“恺撒”下定义的,并且我们不能这样做,因为我们不知道他的全部经验。事实上情况大概是这样:某些经验系列具有使我们把这样一个系列叫作一个“人”的某些特点。每个人具有许多只属于他的特点,例如恺撒有“朱里阿斯·恺撒”这个名字。假定P是某种只属于一个人的属性;那么我们就可以说,“我用‘A’这个名字来叫那个具有属性P的人”。在这种情况下,“A”这个名字就是“那个具有性质P的人”的缩写。显然如果这个人还有属性Q,那么“A具有属性Q”这个陈述就不是分析命题,除非从分析上看Q是P的一个结论。

对于一个历史人物来讲,这种说法固然很好,但是对于一个我了解得更清楚的人,例如我自己来讲,情况又是怎样呢?对于像“我感觉热”这一类陈述情况又是怎样呢?按照我们以前的分析,这个陈述可以翻译成“热是构成现在的我的性质之一”。这里“现在的我”可以被认为同“我的全部现在的暂时经验”所表示的是同一个复合。但是这个问题仍然存在:我怎样知道“现在的我”所表示的事物?它所表示的事物是不断改变着的;它所表示的事物在任何两个场合下都不可能相同。但是显然“现在的我”这几个字从某种意义上讲具有一种固定的意义；它们是语言中的固定因素。就普通意义来讲，我们不能说“现在的我”是一个和“朱里阿斯·恺撒”一样的名字，因为要认识它所表示的东西，我们必须知道它在什么时候和被什么人使用。它也没有任何可以下定义的概念内容，因为这种概念内容同样不会随着使用这个词组的每个场合而发生变化。完全相同的问题也发生在有关“这”这个词的身上。

但是，虽然“现在的我”和“这”不是照普通意义所说的名称，我还是认为有一种把它们一定当作名称来看的意义。一个与隐蔽的描述相对而言的专有名称可以用来表示说话人当时正在经验着的事物的全部或其中任何一部分。当我们的文字创造性失败的时 302
候，我们就求助于“这”这个词，用它表示我们的全部暂时经验中为我们特别注意的那一部分经验，并且求助于“现在的我”上面来，用它来表示全部暂时经验。我认为我能知觉到一个同时存在的性质的复合，而无须一定知觉到所有作为它的组成部分的那些性质。我可以用“这”这个名称来叫这个复合，然后通过注意，观察到比方说红是作为它的组成部分的那些性质之一。我把最后得到的知识用“这是红的”这个句子来表示，这个句子因而就是一个对于分析所作的判断，但却不是照逻辑意义所说的分析判断。我们可以知觉到一个复合而不一定认识到所有它的各个部分；但是当我通过注意知道它有某某部分时，这就是一个分析整体的知觉判断，但却不是分析性质的，因为这个整体被定义为“这”，但却没有被定义为由已知各部分组成的复合。

我所想到的东西就是格式心理学家所强调的那种东西。假定我有一个钟，钟面不仅表示出时分，而且还表示出年、月、日，并且

假定这个钟将在我一生的时间中走动不停。这样它在我的一生中将不会出现同样的钟面。我可能知觉到两次钟面有着不同,而不能立刻说出差别在什么地方。通过注意我可能说:“在这一次钟面上分针在上方;在那一次钟面上它在下方。”这里“这”和“那”只不过是名称,因而对它们所说的任何话都不能是照逻辑意义讲的分析命题。

避开当事实上判断显然是经验性质的时候把它们当成分析性质的那种结论,还有另外一种方法。让我们再看一下我们那个永不重复的钟。我们可以用这个钟完全精确地给一个日期下定义。假定当钟指示 1947 年 6 月 15 日 10 点 47 分的时候,我说:“我感觉热。”这句话可以翻译成:“热与被描述为 1947 年 6 月 15 日 10 点 47 分的钟面共同出现。”这的确不是一个分析命题。

弄清楚我们的讨论的范围和目的的一种方法是用“最小量用语”把它表示出来。我们可能问:“从原则上讲,什么是描述我的
303 感觉经验的世界的最小量用语?”我们必须问我们自己:我能满足于性质的名称和表示共同出现以及空间和时间关系的字眼吗?或者我还需要专有名称吗?在后一种情况下,需要专有名称的又是什么样的事物?

我已经提出过像“苏格拉底”、“法国”或“太阳”这类通常的专有名称被用来表示我们感兴趣的时空中的连续部分;并且时空是由“完全的共现复合”所构成,而这些复合本身又由性质构成。按照这种理论,一个比方说像颜色上的浓淡的“实例”是一个以这种浓淡为组成部分的复合。凡是(正像我们一般所说的那样)有某种具有这种颜色的东西的地方就存在这种颜色本身。我们可以把任何一个共现的性质集合叫作一个“共现复合”，但是它只有在一经扩大就不成其为共现复合时才是一个“完全的复合一”。一个完全的复合常常可以通过说出它的某些组成部分就可以确定下来；例如，就上面所说的钟的情况来看，在我们知道了属于复合的是什么样的钟面之后，这个复合就确定下来。这就是确定日期所以方便的原因。

表示知觉判断的主—谓语命题以两种方式出现。第一，如果只说出某些作为复合的组成部分的性质这个复合就确定下来，那么我们就可以说这个复合也有某某其他性质；这一点我们已经有“在钟面上 10 点 47 分的时候我感觉热”这个陈述作为说明的实例。

第二，我可能知觉到一个复合而没有注意到它的所有部分；在这种情况下，我可以通过注意而得到具有“P 是 W 的一部分”这种形式的一个知觉判断，这里“W”是被知觉到的复合的专有名称。如果我们承认这类判断不能改变为其他形式，那么我们就需要有表示复合的专有名称。但是看来只是由于无知我们才需要这类判断，并且在得到更多的知识之后，我们的整个 W 总是能够用它的组成部分来描述的。因此，尽管还是带点犹豫，我认为与表示性质和关系的名称相对而言的专有名称在理论上并没有必要。凡是有日期和地点的事物都是复合的，简单的“特体”的概念是一种错误。

因为本章讨论的题目比较困难，所以把上面讨论中的要点比
较扼要和不带论辩的口气加以复述可能有助于把问题说清楚和避 304
免误解。让我们从“共现”开始讲起。

“共现”,就我所理解的意思来说,除了适用于精神世界以外,也适用于物理世界。在物理世界中,它的意思等于说“在时空中部分重合”,但是我们不能把它当作“共现”的定义,因为在给空间和时间的位置下定义时需要共现。我愿意强调指出这种关系在物理学中与在心理学中完全一样。正像在我心中同时发生的许多事情一样,我们也必须假定在时空中每一个地点有许多事情同时发生。当我们观看夜空的时候,我们所能看见的每一颗星产生着它的个别效果,而这只有在眼球表面正在发生的事情与每颗看得见的星相关联的情况下才是可能的。这些不同的事情都是“共同出现”。

凡是几件事物共同出现,它们就形成我所说的一个“共现复合”。如果有别的事物与它们全体共同出现,那么我们就可以把它们添上以构成更大的复合。如果不可能再找出任何事物与这个复合的所有组成部分同时出现,那么我就说这个复合是“完全的”。这样,一个“完全的共现复合”就是一个其组成部分具有两种属性的复合:(a)它们全体都共同出现,(b)集合外面没有与该集合的每个分子都共同出现的事物。

“现在的我”表示包含我现在的心理内容的那个完全的共现复合。“这”表示这个复合中我所特别注意的任何一个部分。

完全的共现复合是物理的时空中时空关系的主体。由于经验上而不是逻辑上的理由,说它们当中没有一个可以重现具有很大的可信性,这就是说,它们当中没有一个出现在本身之前,或者在本身以北,或者本身以西,或者在本身的上方。

我们把一个完全的共现复合当作一个时空的瞬间点。

一个不完全的复合一般说来将成为不同的完全的复合的一部分;一个单独的性质也将是这样。比方说,一个特定的颜色上的浓淡是每个作为存在着这种浓淡的时空点的完全复合的一部分。说一种性质或一个不完全的复合“存在于”某某一个时空点就是说 305
它是构成那个点的完全的复合的一部分。

一个不完全的复合占有时空中的一个连续领域,如果已知它所从属的两个时空点,就有一条从其中一个点通往另一个点的连续路途,而这条路途又完全由这个不完全的复合所从属的点来构成的话。

我们可以把这样一个复合叫作一个“事件”。它具有不重现的属性,但是却不具有只占有一个时空点的属性。

一个特定的不完全的复合对于一个连续领域的占有可以定义如下:一个完全的复合B叫作“介乎”两个相距不太远的完全复合A和C之间,如果A和C共有的部分也属于B的话。一组完全的复合的集合是“连续的”(就我们的目的来说),如果介乎它的任何两个分子之间有着这个集合的其他分子存在。可是这只是一个粗略大概的定义;精确的定义只有通过拓扑学才能得出。

我们永远不能知道一个特定的共现复合是完全的,因为总可能有我们意识不到的某种另外的事物,而这种事物与这个特定的复合的每一部分都共同出现。这是表示我们实际上不能精确地给一个地点或日期下定义的另一种说法。

从确定日期的观点来看,某些不完全的复合具有一些优点。例如今天报纸上的日期加上走动着的24小时的钟。这两种东西加起来就构成一种永不再现的复合,而它的时间长短小到在大多数事情上我们无须注意到它比一个瞬间长的程度。正是通过这类不完全的复合我们才能在事实上确定日期。

在确定空间位置上,中心性、上下、左右这些视觉上的性质具有类似的优点。对于那种可以叫作“个人的共现”关系来说,这些性质是互相排斥的,而“个人的共现”乃是一个全部暂时经验的元素之间的一种关系。比方说中心性与占有我的视阈中心的颜色就有“属于个人的共现”关系。我的个人空间中的地点与物理空间中的地点之间的相互关联是靠下面这个假定来建立的:如果视觉
306 对象之间没有属于个人的共现关系,那么与它们相对应的物体之间就没有公共的共现关系,但是如果视觉对象之间有属于个人的共现关系,那么与它们相对应的物体之间可能与知觉者距离不等,尽管它们在方向上大体相合。这样看来,知觉对象之间的属于个人的共现关系是和与它们相对应的物体之间的公共的共现关系的一个必要而不是充分的条件。

人们可以看出,一般说来在一个共现复合内结合的性质数目每增加一次,它所占有的时空量就减少一些。一个完全的共现复合将占有一部分时空,这一部分时空不具有可以作为时空部分的部分;如果我们假定连续性,这样一个部分就将具有我们期待一个瞬间点所有的那些性质。但是我们并没有经验的或先验的理由来假定时空是连续的或者不是连续的;我们所知道的全部知识用这两种假定都同样解释得通。如果时空不是连续的,有限数目的共现复合将占有一个有限的时空体积,而时空的结构将是细粒状的,像一堆子弹的形状一样。

我所理解的共现复合在知道了构成它的那些性质之后就确定

下来。这就是说，如果 q_1、q_2……q_n 彼此都共同出现，那么就只有一个比方说叫作 C 的共现的复合，而 C 是由这些性质结合起来构成的。从逻辑上讲，C 总是可能出现一次以上，但是我假定如果 C 足够复杂的话，那么事实上它将不会再现。我们有必要解释一下“再现”在逻辑上是什么意思。为了简单起见，让我们只限于讨论一个传记中的时间，并让我们从考察完全的复合开始。

我假定介乎任何两个属于同一个传记的完全复合之间存在着一种早晚的关系。假定一个完全的复合能够再现就是假定一个完全的复合能够与它本身具有早晚的关系。我假定这是不会发生的，或者至少不会在任何平常的一段时间内发生。我并不想武断地否认历史可能循环，像斯多葛学派的一些哲学家所主张的那样，但是这种可能性过于遥远，无须加以考虑。

因为我们永远不能知道一个特定的共现复合是完全的——因为事实上我们可以比较有把握地认为它不是——所以在实际应用方面，在年表和地理上我们使用着一些不是根本不会再现就是不 307
会相当合乎规律地再现的不完全的复合。日历上的日期在二十四小时之内一直不变，然后就突然改变。一些时钟有着每到一分钟就移动一下的分针；这样的时钟的钟面在一分钟之内一直不变，每十二小时就再现一次。如果我们把六十个这样的时钟摆成一圈，并且每个时钟在它左边的时钟之后每秒钟移动一下，那么由所有这六十个时钟的钟面组成的复合就会确定一秒以内的时间。通过这类方法，日期的精确性可以无限增加。完全类似的说法也适用于确定经纬度的方法上。

虽然一个共现复合在已知所有构成它的性质后就确定下来，

它却不能被理解为和类一样的纯逻辑结构，而是可以当作某种无须知道所有构成它的性质就可以认识和命名的东西。我们可以把所涉及的逻辑问题讲明如下：早晚的关系主要存在于两个完全的共现复合之间，只有在推导出来和可以下定义的意义下才存在部分复合之间。就一个纯逻辑结构来说，一个关于结构的陈述可以变换为关于它的组成部分的陈述，但是就时间顺序来说，按照本章所采用的“特体”的理论这却是不可能的。所以我们可以用一个不能变换为一个关于它的任何一个或所有组成部分的陈述的说法来述说一个复合。事实上，这就是叫作“这”的那种客体，而它是可以有一个专有名称的。一个特定的性质集合只有在这些性质彼此都共同出现时才形成一个共现复合；当它们彼此共同出现时，这个复合就是某种新的东西，高于这些性质，尽管在已知这些性质之后它就必然是唯一确定的东西。

按照上面这种理论，一个不再现的共现复合代替了传统上的“特体”；一个单独的这类复合，或者一连串以某种方式在因果上互相连接起来的这类复合是习惯上常用专有名称来叫的那类对象。但是一个共现复合与一个单独性质属于同一个逻辑类型；这就是说，任何一个关于其中一个的陈述对于另外一个也有意义，尽管多半不真。

我们可以在这种程度内同意莱布尼兹的看法，那就是由于我
308 们的无知，表示复合的名称才变得必要。从理论上讲，每个共现复合都可以通过列举构成它的那些性质而确定下来。但是事实上我们可以知觉到一个复合而无须知觉到所有构成它的性质；在这种情况下，如果我们发现某一种性质是它的一个组成部分，我们就需

要给这个复合一个名称来表示我们所发现的东西是什么。所以对于专有名称的需要是和我们获得知识的方法分不开的，如果我们的知识达到无所不包的境界，这种需要就不存在了。

第九章　因果律

科学的实际效用全靠它预知未来的能力。在投下原子弹的时候，人们料到将有许多日本人死亡，事实果然如此。在我们这个时代，这类极其令人满意的结果让人对科学感到赞赏，这种赞赏是从我们满足了我们的权力欲望而得到的快乐产生的。最强有力的社会乃是科学水平最高的社会，尽管科学家们并不掌管他们的知识所产生的力量。恰好相反，现在的科学家们很快降到了国家囚犯的地位，在残暴的主人命令下从事奴役劳动，像《天方夜谭》里听话的妖怪一样。但是我们一定不要在这类令人感到愉快的话题上多费时间。科学的力量在于它对因果律的发现，在本章内我们所要研究的就是因果律。

一个“因果律”，就我所指的意义来说，可以定义为一个普遍原理，在已知关于某些时空领域的充分数据的条件下，凭借这个原理我们可以推论出关于某些其他时空领域的某种情况。这种推论可能只具有概然的性质，但是只有在概率超过一半的时候，我们所谈的那个原理才能被人认为称得上一个“因果律”。

我有意把上面的定义下得很宽。第一，我们推论到的领域不 309
一定晚于我们据以推论的领域。固然有些定律——特别是热力学第二定律——使得推论一般不是向后而是向前进行，但这并不是因果律的一个普遍特点。比方说地质学的推论就几乎都是向后进行的。第二，我们不能规定在叙述一个定律时关于所涉及的数据的数目的法则。如果胚胎学的定律竟然变得可以用物理学的说法来叙述，那就需要极其复杂的数据。第三，推论可能只涉及被推论到的事件的某种多少带有普遍性的特点。在伽利略以前的年代，人们知道不受外物支持的重的物体坠落，这是一个因果律；但是人们并不知道坠落的速度，所以在一个有重量的物体坠落的时候，人们不能精确地说出经过一定时间之后物体在什么地方。第四，如果定律只表示一种很大程度的概然性，那么这和它表示一种必然性几乎可以同样令人满意。我所想到的并不是这个定律为真的概然性；像我们的其他知识一样，因果律也可能是错误的。我所想到的是某些定律表示概然性，例如量子论的统计定律。假定这类定律完全为真，它们只能使被推论到的事件带有概然性，但这并不妨碍我们把它们当作按照上面定义所说的那种因果律。

承认只带概然性的定律的一个好处是这样做能使我们把一些作为常识的基础的类似“火烧伤人”、“面包有营养”、“狗吠”或“狮子凶残”等粗略的概括包括到科学范围里去。所有这些都是因果律，它们也都可能有例外，所以在一个特定的情况下它们只有概然性。葡萄干布丁上的火不会烧伤你，坏面包没有营养，有些狗懒得不愿意吠叫，有些狮子由于喜欢看管它们的人而变得不凶残。但是在绝大多数情况下，上面那些概括不失为行动的可靠指南。在我们日常行为中我们假定有很多这类近似的规律现象，因果律的概念就是从它们那里得来的。诚然，科学定律并不这样简单；它们由于人们试图给它们一种不至于发生例外的形式而变得复杂起

来。但是如果把旧的比较简单的定律当作只是表示概然性的东 310
西,那么它们就仍然是有效的。

因果律有两种:一种是关于不变的现象,另一种是关于变化的现象。前一种往往不被人当作因果律,但这是一种错误。一个关于不变现象的定律的适当的例子是运动第一定律。另一个例子是物质不灭。在人们发现了氧,从而理解燃烧作用之后,就可能认为物质是不可毁灭的。这个定律是否完全真实现在已经变得令人怀疑,但是就大多数实用目的来说,它仍然是有效的。看来更为精确真实的是能的不灭。表示不灭的定律的逐渐发展是从根据先于科学的经验而得到的这种常识信念开始的:即大多数固体除非由于年久破碎或被火烧掉总是继续存在的,并且在发生这种情况时人们还可能假定它们的一些小部分会在一种新的安排中保留下来。正是这种先于科学的观点才使人们产生认为物质实体存在的信念。

有关变化的因果律是伽利略和牛顿发现的,目的在于要用加速度的说法作出陈述,也就是说要用速度在大小或方向上或者两者同时发生的变化来表示。这种观点的最大胜利就是引力定律,按照这个定律,每个物质粒子对于每个其他粒子产生的加速度与起作用的粒子的质量成正比而与它们之间的距离的平方成反比。但是爱因斯坦的引力定律使它更加类似惯性定律,在某种意义上成了一种关于不变的定律而不是关于变化的定律。按照爱因斯坦的说法,时空中充满了我们可以叫作小山的东西;每座小山越往上就越陡,在山顶还有一块物质。结果是各地点之间最容易走的路途就是盘绕各小山的那个路途。引力定律存在于这个事实之上:

物体总是走最容易走的路途,这就是那种叫作“短程线”的东西。有一种叫作“最小作用原理”的宇宙惰性定律,这个定律表示一个物体从一个地点移动到另外一个地点要选择需要做出最小的功的路途。通过这个原理,引力才被时空的几何学包括进去。

现代物理学中关于变化的主要定律是量子论中一些定律,这
311 些定律支配着从能的一种形式到能的另一种形式的变化。一个原子可以通过光的形式来放出热,在遇上另外一个原子之前光一直不变地运动着,这另外一个原子可能吸收这种光能。这类互相交替是受某些规则支配的,这些规则不足以说出在某一特定情况下将要发生的事态,但却能够以很高程度的概率来预测在很大数量的互相交替当中可能发生的事态的统计上的分布。这是目前物理学关于因果律的终极性质所能探讨的最大限度。

凡是我们认为我们自己关于物理世界所知道的知识全都建立在认为有因果律存在的假定之上。感觉,以及我们乐观地叫作“知觉”的东西,是发生在我们身内的事情。我们实际上看不见物理上的物体,正像我们听无线电时听不到电磁波一样。我们直接经验到的东西也许就是全部存在的事物,如果我们没有理由相信我们的感觉有着外界原因的话。所以探讨我们相信因果关系的信念是很重要的。这种信念只是一种迷信还是有其坚实的基础?

为我们相信因果性找出合理根据的问题属于认识论的范围,所以我将暂时不去谈它。在本书的这一部分,我的目的是对于科学作出解释,而不是探讨认为科学正确的各种理由。科学假定某种意义上的因果性,而我们目前的问题是:在什么意义上科学涉及

因果性?[①]

广义来说，科学方法在于发明适合数据的假设，这些假设简单到这种需要所许可的程度，并且使得人们可能得出以后被观察证实的推论。概率论表明这种方法的正确性依靠一种假定，这种假定可以大体说成是一个认为存在着某些种类的普遍定律的公设。这个公设在适当的形式下可以使科学定律带有概然性，但是如果没有它，科学定律就连概然性都不能具备。因此我们必须考察一下这种假定，以便发现它的既有效果又可能为真的最令人信服的形式。

如果可能的定律的复杂性没有限度，那么每个可以想象的事件的进程都将受定律的支配，因而认为有定律存在的假定就成了 312
一个重言式。举例来说，我一生中所有雇用过的出租汽车的号码和我雇用它们的时间。这里我们有一个有限的整数集合和一个有限数目的对应时间。如果 n 是我在时间 t 雇用的出租汽车的号码，那就必然可能在无限数目的方式中找到一个函数 f，使得公式

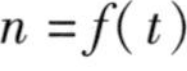

$$n = f(t)$$

对于迄今为止的所有 n 和 t 的值为真。无限数目的这类公式将不适用于我下次雇用的出租汽车，但是仍然会有无限数目的公式为真。到我死去的时候，人们就可能给这笔账作个结束，并且仍然存在着无限数目的可能的公式，其中每一个公式都可以认为自己是一个把出租汽车号码与我雇用它的时间连接起来的定律。

这个实例对于我目前讨论的问题的好处在于它的明显的荒谬

① 下面几页简短地预先说出了第五、六两部分中更为详细的讨论。

性。就我们相信自然律的意义来说，我们应该说不存在任何连接上面公式中 n 和 t 的定律，并且如果碰巧有任何被提出来的公式可以成立，那也只是一件偶然的事情。如果我们发现了一个适用于一切迄今为止的事例的公式，我们不应该期望它对下一个例子也适用。只有一个掺进自己情感的迷信的人才会相信这种归纳；没有一个科学家会赞成蒙特卡洛的赌徒所作的归纳。但是把迷信的赌徒所作的归纳与小心谨慎的科学家所作的归纳之间的区别说出来却不大容易。显然这里有着区别，但是区别究竟在什么地方？这种区别是影响到逻辑正确性的区别还是只在于它对情感产生作用的明显性上？对于科学方法的信仰只是科学家所抱的适合于他这种赌博的迷信吗？可是这些问题属于认识论的范围。目前我想发现的不是在我们相信自然律时我们为什么相信而是我们相信什么。

人们习惯把*归纳*说成是使科学定律具有概然性真理所需要的根据。我不认为单纯的归纳是带有根本性质的东西。上面所举的出租汽车的号码的例子具体说明了这一点。关于这些号码的所有以前的观察和许多具有 $n=f(t)$ 这种形式的定律是不相冲突的，一般来说这些还给下一个 n 规定不同的值。因此我们不能全部使用
313 它们来进行预测，事实上我们对于它们当中任何一个都不愿相信。我们可以概括地说：每一个由观察组成的有限集合和许多互相不一致的定律是不相冲突的，这些定律有着支持它们的完全相同的归纳证据。所以纯粹归纳不是正确可靠的，并且也不是我们事实上相信的东西。

只要在我们看来归纳的证据使得一个被提出的定律带有很大

的概然性，这个定律就是一个多少不依靠这种证据而被人提出，并且在我们看来在某个方面很可能为真的定律。遇到这种情况，以后发现的证实性的证据就让人感到特别具有说服力。

可是这却只有一部分为真。如果有人提出一个定律，定律的结论与我们所预料的差别很大，而后来却被观察证实，那么我们比起在它的结论毫无新奇之处的情况下更容易相信它。但是在这种情况下，定律本身可能看来非常合理，尽管定律的结论在说出之后令人感到惊奇。科学教育的最重要效果之一也许就是修改那些一看就带概然性的假设。正是这种原因，而不是直接的反面证据，才使得人们对于巫术所抱的信仰衰微下来。如果你有许多外表相似的盒子，其中一些盒子里放有环动仪，你一边拿它们给一个野蛮人看，一边说通过念出咒语就能使其中任何一个盒子不再转动，那么归纳的证据会很快使他相信你的话是对的，但是一个受过科学洗礼的人却会找寻某种另外的原因，尽管你的“定律”表面上得到多次反复出现的证实。

另外，归纳并不能使科学感到最有把握的许多推论带有正确性。我们都确信在许多人同时听到一种声音时，它们的共同经验具有一种外界的来源，这种来源是由声波通过中间的媒质而散播开的。关于某种超乎人类经验范围的东西，例如声波，是不可能有归纳的证据的（除非就某种推广的意义来说）。不管声波是否真的存在，或者虽然没有声波而听觉的发生仍然和在有声波的情况下一样，我们的经验会是同样一回事；没有任何归纳的证据能够对这些假设当中的一个有所偏袒。然而事实上每个人在两者之间都作了实在论的选择——甚至唯心论的哲学家在他的业务时间以外 314

也是这样。我们这样做的理由是和归纳毫不相干的——部分是因为我们认为定律越简单越好，部分是因为我们相信因果律一定具有时空的连续性，即一定不包括超距作用。

在科学定律的建立上经验起着两重作用。一方面通过观察根据假设计算出来的结果是否发生来明显地证实或否定它，另一方面则有那种先前的经验确定我们认为什么样的假设事先就具有概然性。但是在经验的这些影响后面，有着某些模糊的一般性的预料，除非这些预料给予某些种类的假设一种先验的有限的概然性，科学推论就不是正确有效的。在澄清科学方法上，有必要把这些预料尽可能确切地说出来，并且有必要研究科学的成功是否在某种程度上证实它们的正确性。当然，在把这些预料确切说出来之后，它们已经不完全是它们仍然处在模糊说不清楚的状态时的预料了，但是只要它们仍然处在模糊说不清楚的状态，那么它们是真还是伪的问题也就是模糊的。

在我看来，那种可以叫作对于科学所抱的“信仰”的东西大体属于下面这个种类：有着把知觉到的和未知觉到的事件联结起来的一些公式（因果律）；这些公式表现出时空的连续性；这就是说不包含介乎彼此有着有限距离的事件之间的直接无间的关系。一个被提出来的具有上面所说的特点的公式具有很大的概率，如果除了符合一切先前的观察之外，它还能使我们预测到其他后来被证实并且如果公式为伪就非常不可能出现的一些观察的话。

如果这种“信仰”也有什么理由根据的话，这种理由根据属于认识论的范围。在说出这种“信仰”之后，我们目前的任务就完成了。但是关于这种“信仰”的起源和成长仍然有必要进行一些讨论。

有各种可以作为科学方法的基础可能提出的公设，但是以必要的精确性把它们说出来却有困难。有因果律；有自然的齐一性；有定律的统辖一切；有认为自然种类存在的信念，以及凯恩斯的有限变异原理；还有带有时空连续性的结构上的不变。我们应该有
可能从所有这些说法比较模糊的假定中提取出某个或某些确定的 315
公理，这种公理如果为真将使科学推论具备应有程度的概然性。

因果性原理以一种基本形式出现在几乎所有哲学家的著作里。他们认为科学假定如果已知任何一类事件 A，那就永远有某种其他一类事件 B，使得每个 A 都是一个 B 所“引起”的结果；另外每一个事件都属于某种这样的类。

大多数哲学家曾经主张“原因”表示的意思与“不变的前件”有些不同。这种不同可以用古林克斯的双钟来说明，双钟走得都很准；其中一个总在另一个指着整点时打点，但是我们并不认为一个是“引起”另一个打点的原因。我的学院有一位不是研究科学的学员近来失望地谈道：“气压表已经失去了对于天气的影响。”我们觉得这是一个笑话，但是如果“原因”表示的意思是“不变的前件”，那就不是笑话。人们假定当 B 引起 A 时，这个序列不仅是一件事实，而且从某种意义上说也具有必然性。这个概念与关于自由意志与决定论的争论是分不开的，这种争论被诗人用下面的诗句总结出来：

有个年轻人说过：去它的！
我深感遗憾地知道，我是
一个按照早已预定的

路线走动的生物，
一句话，不是乘坐公共汽车而是乘坐电车。

与这种看法相反，大多数经验主义者认为“原因”只是“不变的先件”。这种看法以及任何认为科学定律具有“A 引起 B”形式的提法的困难在于这类序列很少是不变的，并且即使它们在事实上是不变的，人们可以很容易地想象出让它们改变的外界条件。一般来说，如果你对一个人说他是个傻瓜，他一定会生气的，但是他可能是位圣人或者碰巧还来不及发脾气就死于中风。如果你在火柴盒上划一根火柴，通常是会点着的，但是也有火柴折断或受潮点不着的时候。如果你往空中扔一块石头，通常它会掉下来，但是它也可能被鹰当成一只鸟而吞咽下去。如果你想让胳臂移动一
316 下，通常胳臂会这样做，但是你患了瘫痪胳臂就不能这样做。在这些情况下，一切具有“A 引起 B”形式的定律都可能有例外，因为某种事情可能插进来使预期的结果不能发生。

然而我们仍然有一些理由承认具有“A 引起 B”这种形式的定律，只要我们在适当小心和限制下这样做就可以；这些理由的力量我们将在本书第六部分中看到。大体上带有永久性的物体的概念，就它的常识形式来说，涉及“实体”，而在人们抛弃“实体”以后，我们就只得去找某种其他确定不同时间内物体的同一性的方法。我认为这一点必须通过“因果线”的概念才能解决。我把一系列事件叫作一个“因果线”，如果已知其中某些事件我们无须知道任何有关环境的知识就能推论出关于其他事件的一些情况的话。举例来说，如果我的门窗都关着，并且我不时注意到我的狗睡在炉前地毯上面，我就推论出在我不注意我的狗的时候，它还是睡

在那里,或者至少在屋子里某个地方。从一颗星到达我的眼睛的一个光子是一系列遵守一个内在定律但在到达我的眼睛时就不再遵守这个定律的事件。当两个事件属于一条因果线时,我们可以说较早发生的那个事件“引起”较晚发生的那个事件。在这种情况下,具有“A 引起 B”这种形式的定律可能保留下某种正确性。这些定律在关于知觉以及物体的永存方面都是重要的。

使物理学用微分方程的形式来表示它的定律的原因就是存在某种事物进行干预的可能性,这些方程式可以被人当作表示可能即将发生的事情。像我们已经解释过的那样,古典物理学在遇到几个同时发生作用的原因时,把结果作为一个矢量和来表示,所以从一种意义上讲,每个原因引起它的结果就像没有其他原因发生作用一样。但是事实上整个“原因”的概念已经融合在“定律”的概念之中。就古典物理学中出现的定律来说,它们所表示的是瞬间的倾向。实际发生的情况可以通过得出瞬间内所有倾向的矢量,然后再通过用积分得出一段有限时间后的结果而推论出来。

所有经验性质的定律都是根据有限数目的观察加上内插法与外插法推论出来的。内插法所起的作用并不总是被人充分理解的。例如行星的视运动。我们假定行星在白天走的是一段平稳的路程,这和行星在以前和以后的夜晚被观察到的路程很容易符合 317
一致。认为行星只有在被观察到的时候才存在也许是一个可能的假设,但是这会把天文学的定律弄得非常复杂。如果人们提出反对的理由,认为行星可以相当连续地被拍摄下来,那么关于照片也会发生同样的问题:这些照片在没有人观察的时候也存在吗?这又是一个内插法的问题,而这种内插法由于它提供与观察到的现

象不相冲突的最简单的定律这件事实而得到了合理的存在根据。

完全相同的原理也适用于外插法。天文学作出的断言不仅是关于有了天文学家以后行星在所有时间的情况,而且是关于行星将来和在有任何人观察它们之前的情况。这种外插法常常被人说成好像包含着某种不为内插法所包含的原理,但是事实上原理是完全相同的:选择与已知事实相符合的最简单的定律。

可是作为一个公设来说,这却可以引起严重的反对。“简单”是一个含混的概念。另外常常发生这种情况:过了一段时候一个简单的定律变得过于简单了,而正确的定律却比较复杂。但是在这类情况下简单的定律往往是近似正确的。所以如果我们仅仅断言一个定律近似正确,那么我们在发现另外某个定律更加接近正确时就可以免于受到说我们犯了错误的指责。

自然的齐一性,这是一个有时被人祈求的原理,除了与自然律联系在一起之外,并没有确定的意义。如果人们早就承认有自然律存在,那么自然的齐一性原理就断言时间与地点在定律的表示形式中一定不能直接出现:定律在时空的一部分与在另一部分一定相同。这个原理可能真也可能不真,但是不管怎样作为公设是不够的,因为它预先假定了定律的存在。

自然种类的存在是大多数类似“狗吠”或“木头浮动在水面上”等先于科学的概括的基础。一个“自然种类”的本质在于它是一类物体,而所有这些物体都具有人们不知道在逻辑上互相关联的许多性质。狗会吠叫、嗥叫和摇摆尾巴,而猫则会咪咪呜呜地叫
318 和舔自己。我们不知道为什么一种动物的所有分子具有这么多的共同性质,但是我们观察到它们的确这样,并且我们根据观察到的

现象作出预料。如果猫开始吠叫,那就会让我们吃惊。

自然种类不仅具有生物学上的重要性。原子和分子是自然种类,电子、正子和中子也是自然种类。量子论已经引进了一种新形式的存在于能的不同等级的分立系列的自然种类。人们现在可能把物理世界的终极结构理解为不像传统的流体力学所认为的那样,是一种连续不断的流体;而是更像毕达哥拉斯学派所认为的那样,理解为一些类似一堆子弹的模式。达尔文时代被认为是“从先例慢慢扩展到先例”的演化现在采取了通过变种或畸形生物而取得革命性的跃进。也许战争和革命使得我们对于逐步改变感到不耐烦;不管怎样,近代科学理论比起维多利亚时代的人所想象的那种顺利前进、有条不紊的进步的宇宙之流来要显得坎坷不平得多。

所有这些对于归纳产生的影响是相当重要的。如果你研究的是一种很可能就是一个自然种类的特点的性质,那么你通过很少几个实例就可以相当有把握地进行概括。海豹吠叫吗?在你听过六七只海豹吠叫之后,你就会有把握地回答说“对”,因为你事先就相信要么海豹都吠叫要么海豹都不吠叫。当你发现几块铜都容易传电之后,你就会毫不迟疑地假定所有的铜都是这样。在这类情况下,一个概括具有一种有限的先验的概率,因此使用归纳法比在其他问题上所冒的风险要少。

凯恩斯有一个他认为可以为归纳论证提供正当理由的公设;他把它叫作有限变异的原理。它是自然种类的假定的一种形式。这是用来代替一个如果为真便会证实科学的正确性的普遍假定的办法之一。我在后一阶段还要详细谈到它。我们在本章所谈到的东西只算是个预先的准备。

319 第十章　时空与因果性

物理学把物理事件安排在一个叫作时空的四度簇里。这个簇是对于那种较旧的由安排在不同时间的不同空间模式里的“东西”所组成的簇的一种改进；而后一种簇又是对于那种从假定在知觉结果与“东西”之间存在着精确的对应关系而构成的簇的一种改进。物理学无疑愿意忘记它的早期历史，这段历史和许多早已建立的习俗的历史一样，是不像人们所希冀的那样值得赞扬的。但是不幸它要求我们尊重它的理由很难与它早期和素朴的实在论的联系分开；甚至就它最成熟的形式来说，它仍然像是一种以素朴的实在论为原文的校正本。

知觉空间是常识的一个构造，是由不同的素材组成的。有着视觉的空间关系：上和下，左和右，以某一距离为限的深度（过了这种距离以后深度的差别就变得不能被知觉到）。有着触觉上的差别，这种差别使我们能够区别开身体一部分上的触觉与身体另一部分上的触觉。有着估计声音方向的比较难以捉摸的能力。还有经验中的相互关联，其中最重要的是视觉与触觉之间的相互关联；以及对于运动的观察，和对于我们自己身体的运动中的各部分的感觉经验。

根据这类素材（上面的表并不是完全的），常识构成了一个包含知觉到的和未知觉到的物体的单独的空间，而按照素朴的实在论的原理，知觉到的物体与知觉结果是一回事。未知觉到的物体，照常识来看，是那些在我们处于适当位置和具有适当调整过的感官的情况下所应该知觉到的物体，加上只被别人知觉过的物体，以及像地球内部这类谁也知觉不到但却可以从常识推论出来的 320
物体。

在从常识的世界过渡到物理学的世界时，某些常识的假定被保留下来，尽管它们已经作过修改。例如，我们假定我们房间里的家具在我们看不见它们的时候继续存在。常识认为继续存在的东西就是我们观看时看见的东西，但是物理学却说继续存在的东西是我们看见的东西的外界原因，即一大堆经常经受量子转变的原子。这些原子在这些转变过程中放射出能，这种能与人体接触时会产生各种不同的效果，其中有些效果叫作“知觉”。一个知觉结果的两个同时存在的部分有着某一种视觉的空间关系，这种关系是整个知觉结果的一个组成部分；与我的整个知觉结果中这些部分相对应的物体具有一种大体上与这个视觉空间关系相对应的关系。当我说这种关系“对应”时，我的意思是说它属于一个在某种程度上具有与视觉结果的几何学相同的几何学的关系体系，并且物理空间中的物体的位置对于知觉空间中的知觉物体的位置具有可以发现的关系。

但是这种对应绝不是精确的对应。为了简化我们的问题，让我们看一下实际的天体和视觉中的天体。就视觉看到的情况来说，天体并不明显显示出它们与我们的距离的不同；看来它们就像天球上光亮的点或地方一样。这就是说，它们在视觉空间中的位置只由两种坐标来确定。但是日月食和天体隐蔽很快就让人们看出事实上它们与地球并不是等距离的，虽然恒星之间距离上的差别过了很久的时候才得到承认。为了确定天体相对于我们本身的位置,我们需要 r,θ,φ 三种极坐标。人们假定就物理上的星和被知觉到的星来说,θ 和 φ 可能是相同的,但是 r 却必须计算出来;事实上天文学的一大部分都是研究 r 的。那种认为 θ 和 φ 在视觉空间与物理空间中相同的假定与那种认为光沿直线运动的假定意义相同。经过一段时间之后,人们逐渐把这个假定看成不是完全精确的东西,但是作为最初的近似结果它仍然是足够正确的。

尽管天文学空间中的 θ 和 φ 与视觉空间中的 θ 和 φ 在大小上
321 具有大体相同的数字,它们却不是一回事。如果它们是一回事,那么光不完全按照直线运动的假设就会变得没有意义。这就具体说明了我们观看夜空时所见到的视觉空间与天文学家所构成的天文学的空间之间的关联与差别。人们把这种关联尽可能紧密地保留下来,但是过了一定限度我们就得把它抛弃,如果我们仍要相信那些支配天体的实际运动和视运动的比较简单的定律的话。

离我们本身较小的距离不是由天文学所需要的那些精心制订的方法来计算的。我们能够粗略地“看出”较小的距离,尽管体视镜产生的这种效果带有欺骗性。我们判断接触我们身体的东西与它们所接触的身体部分接近。当东西不接触我们的时候,我们有时可以移动到与它们相接触的地方;从所需的运动量可以大概度量出它与我们原来的距离。这样我们就有三种常识中估计地球表面上的视觉物体的距离的方法。科学中估计距离的方法就以这些方法为基础,但却通过由于假定它们而推论出来的物理定律来校正这些方法。整个方法是一种修修补补的方法。如果常识中关于距离和大小的估计大体上正确的话,那么某些物理定律也是大体上正确。如果这些定律完全正确,那么常识中的估计就得稍稍修正一下。如果各个不同的定律不能彼此完全一致,它们就必须调整到使那些不一致的地方消失为止。因此观察和理论是互相作用的;科学的物理学所说的观察通常是某种包含相当多的理论成分的东西。

让我们现在不去考察到达理论物理学所要经过的各个阶段,而去比较一下最后形成的物理世界与常识的世界。让我们假定,我看见了一株金凤花和一株野风信子;常识说金凤花是黄的,而野风信子是蓝的。物理学说许多不同频率的电磁波从太阳出发到达这两株花上;当电磁波到达它们身上的时候,金凤花散布那些频率产生黄的感觉的电磁波,而野风信子则散布那些频率产生蓝的感觉的电磁波。人们假定这两株花在效果上的不同是由于它们结构上的某种不同。这样虽然黄和蓝只有在有眼睛的地方才存在,它 322
们之间的不同却使我们推论出在我们分别看见黄色和蓝色的各个方向内的物体之间的不同。

常识构成一个包含“东西”的单独的空间,这些“东西”把像热、硬和光亮这类由不同感官所发现的属性合并起来。常识把这些“东西”放进一个三度的空间,在这个空间内距离除非较小是不能用常识的方法来估计的。直到最近以前物理学还保留着某种类似“东西”的东西,但却把它叫作“物质”,并且除了空间的位置之外把它所有的属性都给去掉了。一块物质在空间所占的位置大体上就是与它对应的那件“东西”所占的位置,除了在距离大的时候必须用比较复杂细致的科学方法计算以外。

物理学在精心挑选常识的信念上并没有明确说出来的原则,

但却仍然按照一种我们必须设法讲清楚的下意识的方法行事。这种方法的一部分就是在不至于弄得过分复杂的情况下总是把常识的世界尽可能多地保留下来,另一部分就是制订那些可以成为简单的因果律的不可反驳的假定。这后一种方法早就蕴涵在常识对于“东西”所抱的信念之中:我们相信在我们闭上眼睛的时候这个可见的世界并不因而消失,我们还认为猫在偷吃奶糕和因此受到我们惩罚的时候是同样存在的。所有这一切都是“概然的”推论:认为世界只是由我的知觉结果组成的看法从逻辑上讲是可能的,并且推论出常识世界,正像推论出物理世界一样,并没有什么充分的证明根据。但是我现在并不想进一步探讨常识的问题;我只打算考察一下常识怎样过渡到物理学。

现代物理学比起十九世纪的物理学离开常识更远。物理学已经抛弃了物质,而用成系列的事件来代替它;它已经抛弃了微观现象中的连续性;它已经用统计平均数代替影响每个个别现象的严格的决定论的因果性。但是它却仍然保留着大量的来自常识的东西。并且就宏观现象来说,仍然保留着连续性和决定关系,在处理大多数问题上也仍然保留着物质。

物理学的世界的内容多于知觉世界的内容,在某些方面也多
323 于常识世界的内容。但是虽然它在数量上超过后两种,它在已经被人认识的性质的多样性上却不及后两种。常识和物理学用认为事物在不被知觉到的时候并未消失这个假定,以及认为从来不会被知觉到的事物常常可以被推论出来这个另外的假定来补充知觉结果。物理学用关于微观现象的全部理论来补充常识的世界;它对于原子以及原子的历史所断言的东西远远超过了常识许可推论

的程度。

有两种特别重要的事件连锁：第一种是那些构成特定的某一块物质的历史的事件连锁；第二种是那些把一个物体和对它的知觉联结起来的事件连锁。举例来说，太阳有一个由在它占有的那一部分时空所发生的全部事件所组成的传记；我们可以把这个传记说成**就是**太阳。太阳还发出辐射线，其中有些辐射线由于到达眼睛和大脑而产生那种叫作“看见太阳”的现象。广义来说，前一类事件由量子转变构成；后一类事件由辐射能构成。与它们相对应的也有两类因果律：一类联结属于同一块物质的事件，另一类联结同一条辐射线中的各个部分。还有第三类定律，它们是关于从原子内部的能转变为辐射能或者从辐射能转变为原子内部的能的定律。

知觉，根据我们从内省得出的认识来看，和物理学所研究的那些事件好像很不相同。所以如果一定要从知觉结果推论到物理现象，或者从物理现象推论到知觉结果，我们就需要一些一下就可以看出不属于物理学的定律。我总认为我们可以对物理学作出**可以**把这些定律包括进去的解释，但是目前我将不去讨论这种可能。因此我们的问题是：如果我们确认我们在经验中所认识的知觉结果和物理学所说的物理现象，那么我们知道什么定律把这两者联结起来并许可我们从其中一个推论到另外一个？

常识早就部分地看出这个问题的答案。光到达眼睛我们就看见东西，声音进到耳朵我们就听见声音，身体接触到另外的东西我们就有触觉，还有其他等等。这些定律并不是物理学或生理学的定律，除非我们对物理学作出非常不同的重新解释。它们是叙述 324

知觉的物理先件的定律。这些先件有一部分在知觉者的身体(除了他在知觉他自己身体内部的某种东西)之外,有一部分在他的感官和神经之内,还有一部分在他的大脑之内。这些先件缺少其中任何一个都不能产生知觉。但是反过来说,如果我们用异常的方法使后两种先件当中的一个发生,那么知觉结果会和在通常的因果关系下应该发生的情况一样,而知觉者就可能受到欺骗——例如在镜中看见或在收音机中听到某种事物,如果他不常用镜子和收音机的话。

因此从知觉到物体的每次单独的推论都可能在引起不能实现的预料的意义上成为错误的东西。通常它并不在这种意义上成为错误的东西,因为作出这类推论的习惯一定产生于许多证实这种推论合理的场合。但是这里我们还需要把说法弄得稍许严密一些。从实用的观点看,一次根据知觉结果所作的推论如果能产生证实了的预料就证明它是合理的。可是这却完全没出知觉结果的范围。由此得出的严格结论只能是关于物体所作的推论是和经验相一致的,但是也可能有其他一些假设同样和经验相一致。

我们作出的从知觉到物体的推论的合理根据在于整个系统的一致性。首先,我们从一些平常的知觉推论到一种初级形式的物理学;这就足以使我们把梦、海市蜃楼等与我们的初级物理学相矛盾的东西放进另外一个范畴之内。然后我们就开始改进我们的初级物理学,使它把例外的现象包括进去;例如有一个十分完备的关于海市蜃楼的物理学说。通过这种方法我们就学会了采取批判的态度,我们也形成了“训练有素的观察者”的概念。我们代表定律对于知觉结果采取批判的态度,又代表知觉结果对于定律采取批判的态度;随着物理学的进步,知觉结果与定律之间逐步建立了越来越密切的协调关系。

但是当我说我们对于知觉结果采取批判态度时,我必须预防一种误解。知觉结果确实在发生,因而一个否认任何一种知觉结果存在的学说是错误的;但是某些用异常方法造成的知觉结果却把常识带进了谬误的推论中去。关于这一点,海市蜃楼是一个很好的例子。如果我看见一片只是幻境的湖水,我看见我所看见的东西就像真正看见一片物理上的湖水一样;我的错误不在于知觉 325
结果而在于知觉结果所蕴涵的结论。知觉结果使我认为如果我沿着某一方向行走,我将遇到能饮的水,而在这一点上我受到了现象的欺骗;但是我的视觉结果可能和真正有水的时候所产生的视觉结果一样。如果我的物理学够用的话,它一定不仅说明没有水而且还说明为什么看来似乎有水。一个错误的知觉不是错在知觉结果本身上,而是错在它的因果相关物、先件和后件上;错误经常发生在动物性推理中。动物性推理可能错误这件事实是把它们划入推理的一个理由。

物理定律对于经验的关系完全不是一件简单的事情。广义来说,定律可以被经验驳倒,但却不能从经验得到证明。这就是说,定律所断言的超过了单凭经验所能保证的范围。就海市蜃楼这种情况来说,如果我已经相信它是真实的,并且还已经假定一大片湖水不会在几小时内干涸,我就可以发现这个幻境使我产生了一种虚妄的信念。但是这种虚妄的信念也许就是那种认为这片湖水不会干涸得这样快的信念。相信物体在两次被观察的场合中间那段时间一直存在的信念是一个从逻辑上讲不能由观察来证明的信念。假定我要提出这个假设:桌子在没有人观看的时候就变成了大袋鼠;这会把物理学的定律变得非常复杂;但是任何观察也不能驳倒这个假设。物理学的定律,就我们所承认的那种形式来讲,一定不仅与观察相一致,而且就未观察到的现象来讲,一定要具有某些不能用经验方法证明的简单性和连续性的特点。一般来说,我们认为物理现象不受观察的影响,尽管就作为量子论的基础的细微现象来看人们并不认为这种看法完全正确。

假定物理学已经臻于完备,它就会有两个特点。第一,它将能够预言知觉结果;任何知觉也不能与物理学让我们相信的东西相矛盾。第二,它将假定未观察到的物理现象受着和那些我们从连续观察的实例中推论出来的因果律尽可能相似的因果律的支配。例如,如果我观察一个运动着的物体,那么我所看见的运动在感觉
326 上就是连续的;因此我假定一切运动,不管是观察到的还是未观察到的,都是近似连续的。

这种看法把我们引到因果律和物理学的时空的问题上来。像我们已经看到的那样,物理学的时空是根据知觉的时间和空间得出的一个推论;它包括一切观察到的现象,以及一切未观察到的现象。但是因为时空是推论出来的,所以发生在时空内的一次现象的地点也是推论出来的。确定物理学的时空中的事件的地点由两个方法来完成。第一,在知觉的时间和空间和物理学的时空之间有着一种相互关联的关系,尽管这种相互关联只是大体的和近似的。第二,物理学的因果律给了被研究的事件一个顺序,正是部分地通过这些定律我们才确定了未观察到的事件在时空中所占的地点。

照我所使用的意思来讲，一个因果律是任何一个在它为真时可以从已知的某些数目的事件推论出有关一个或更多的其他事件的某种情况的定律。举例来说，“行星按椭圆轨道运动”就是一个因果律。如果这个定律为真，那么由于五个点确定一个椭圆，根据五个数据（从理论上来讲）我们就可以计算出行星的轨道来。可是大多数定律并不这样简单；它们通常是用微分方程来表示的。在它们被这样表示之后，它们就假定了一种顺序：每个事件都必须有四个坐标，而相邻的事件就是那些坐标非常接近相同的事件。但是这个问题产生了：我们怎样来给物理学的时空中的事件指定坐标呢？我认为这样做时我们就使用了因果律。这就是说，因果律对于时空顺序的关系是一种相互的关系。正确的说法是：事件可以安排在一个四度的顺序之内，使得它们在照这个顺序安排之后可以由那些近似连续的因果律把它们联结起来，这就是说坐标差别很小的事件彼此差别也很小。或者不妨这样说：如果已知任何一个事件，那么就存在着一系列非常相似的事件，在这个系列中时间坐标从大体上小于该已知事件的时间坐标连续变化到大体上大于该已知事件的时间坐标，并且在这个系列中空间坐标也围绕该已知事件的空间坐标而连续变化。显然这个原理不适用于量子转变，但是它却适用于宏观事件，并且适用于一切没有物质存在的事件（例如光波）。

物理学的时空与知觉的时空之间存在的只是近似的相互关
联，是照下面的方式得来的：在视觉空间中，如果物体接近到可以 327
知觉出厚度的差别，那么每个视觉结果就都有三个极坐标，我们可以把它们叫作距离、上下、左右。所有这些都是知觉结果的性质，并且全都可以度量。我们可以给据说我们正在看见的物体以相同数值的坐标，但是这些坐标并不具有它们在视觉空间中所具有的那种意义。正是因为它们没有相同的意义才使得相互关联只能是大体上的——比方说在物体通过一种折射媒介来看的情况下。但是尽管相互关联是大体上的，它在确定物理学的时空中事件的坐标的初次近似值上还是很有用的。以后的修正是由因果律来完成的，这里光的折射还可以再一次作为说明的实例。

为什么应该有这样的因果律，或者说在事件中建立起这样一个四度的顺序的已知关系，这是没有逻辑上的理由的。在接受物理学的定律这一点上人们通常提出的理由是：它们是迄今为止所想到的与可能进行观察时得出的观察结果相一致的最简单的假设。可是它们并不是唯一与观察结果相一致的假设。另外我们也不清楚我们有什么权利把我们对于简单定律的偏爱变成客观的事实。

物理学关于世界所讲的话比起它表面上给人的印象来要抽象得多，这是因为我们把物理学的空间想象成我们从自己的经验中所认识的那个空间，而且把物理学的物质想象成我们一摸它就感到硬的那种东西。事实上，即使假定物理学为真，我们关于物理世界的知识也是很少的。让我们先从抽象方面看一下理论物理学，然后再把它和经验联系起来加以考察。

现在，作为一个抽象系统的物理学说出类似这样的话：有一个簇，叫作事件簇，这个簇在它的各个项之间有着一种关系系统，它借此获得了某种四度几何学。有一种叫作“能”的超出几何学范围的量，这种能量不均匀地遍布在这个簇内，但是在每个有限体积中却存在着某种某些有限的能量。能的总量是一个常数。物理学的定律就是关于能的分布的变化的定律。为了叙述这些定律,我们必须区别两类领域——那些叫作“空的”领域和那些据说包含“物质”的领域。有一些叫作“原子”的很小的物质系统;每个原子 328
可能包含着某一种分立的不可数的能量系列当中的任何一个。有时它突然离开一部分有限的能量而到非物质的环境中去,有时它突然从环境中吸收一部分有限的能量。关于这些从一种能的等级到另一种能的等级的转变的定律只是统计性质的。在不太短的一段已知时间内,在一个已知环境内就将有可以计算出来的每种可能转变的数目。其中较小的转变比起较大的转变更为常见。

在“空无一物的空间”中,这些定律就更为简单和更为确定。离开原子的能束向所有方向同样往外伸展,并以光的速度前进。不管一个能束是以波动或以小的单位或者以两者结合起来的形式前进,这是一个约定的问题。在辐射能打中一个原子之前,一切过程都是简单的,在这以后原子就可能吸收它的一部分有限能量,带着适用于原子放射能量的那种个体的不确定性和统计上的规律性。

一个原子在一次已知转变中放射能量确定最后得到的辐射能的“频率”。而这又确定了辐射能所能给予它可能遇上的任何物质的效果的种类。“频率”是一个和波动联系在一起的字眼,但是如果我们把光的波动说抛掉,我们就可以把“频率”当作一次辐射中一个可以度量但却不确定的性质。频率是通过它的效果来度量的。

就作为一个抽象的逻辑系统来看的理论物理学来说,我就讲到这里。它是怎样和经验联系在一起的,这一点还需要我们进行考察。

让我们从时空的几何学开始。我们假定时空中一个点的位置可以由叫作坐标的四个实数来确定;一般还认为对于每一组作为坐标的四个实数(如果不是太大的话)来说也对应着时空中的一个点,尽管这一点并不是必要的。采取这个假定就会使说明变得简单。如果我们这样做,时空中位置的数目就和实数的数目一样,我们把后者叫作 C。现在对于每一个由 C 个实体组成的类来说,我们可以断言每一种使得一个位置与一个有限的按顺序排好的实数(坐标)集合之间有着一一对应关系的几何学。所以明确表示出一个簇的几何学并不能让我们得到什么知识,除非已经知道顺
329 序关系。因为物理学的目的在于告诉我们经验性质的真理,所以顺序关系一定不是一种纯粹逻辑的关系,像在纯粹数学中所看到的那样,而一定是一种通过来自经验的说法来确定的关系。如果顺序关系是从经验得来的,那么认为时空具有某某一种几何学这个说法就是一个具有真正经验内容的说法,但是如果顺序关系不是这样,那么这个说法也就不是这样。

我认为顺序关系是按照我们在感觉经验中所知道的意思来讲的相邻与共同出现。关于这些我们必须讲几句话。

相邻是通过视觉和触觉而知道的一种属性。视阈中的两个部分叫相邻,如果它们的视距离和它们的角坐标(上下,左右)相差很少。我的身体的两部分叫作相邻,如果借以确定在这两部分上的一次触觉的地点的那些性质相差很少。相邻是数量方面的属性,因此可以使我们构成由知觉结果组成的系列:如果 A 和 B 和

C相邻，但是B离A和C比A与C彼此之间相距更近，那么B的位置就在A和C之间。另外还有时间上的相邻。当我们听到一个句子的时候，第一个词和第二个词比起第一个词和第三个词来就更为邻近。这样，通过空间和时间上的相邻，我们的经验就可以安排进一个有顺序的簇内。我们可以假定这个有顺序的簇是物理事件的有顺序的簇的一部分，并且由同一种关系得出安排的顺序。

就我个人来讲，我却比较喜欢那种“共现”的关系。如果我们使用这种关系，我们就假定每个事件占有时空的一个有限部分；这就是说，没有任何一个事件只局限于空间的一个点或时间的一个瞬间。两个事件叫作“共现”，如果它们在时空中有一部分重合；这是抽象物理学的定义。但是，正像我们所看到的那样，我们需要一种从经验中得来的定义。我要把下面的说法作为一个从经验中得来的实物的定义：两个事件叫作“共现”，如果它们之间的关系就是一个经验中的两个同时出现的部分之间的关系的话。在任何一个特定的时间，我正在看见某些事物，听到某些事物，触到其他一些事物，想起其他一些事物，并且预料到另外其他一些事物。所有这些结果、回想和预料都是我在这时发生的情况；我将说它们彼此之间有着“共现”的关系。我假定从我自己的经验得知的这种
关系在我没有经验过的事件之间也能成立，而且可以作为构成时 330
空顺序的那种关系。这将引出一种结论：两个事件如果在时空中部分重合就叫作共现，并且如果我们认为时空顺序早已确定，那么上面这种说法**在物理学内**就可以作为共现的定义。

共现和同时性并不是一样的东西，虽然共现蕴涵着同时性。就我所说的共现的意思来说，我们可以认为共现是从经验中得知

的东西,并且只有实指的定义。我并不想把“共现”定义为“一个人的经验中的同时性”。我反对这个定义有两个理由:第一,它不能扩展到从没有一个人经验过的物理现象上去;第二,“经验”是一个意思含混的字眼。我倒愿意说一个事件在它产生一种习惯的时候才被人“经验过”,并且广义说来这种情况只有在事件发生在有生命的物质存在的地方才能出现。如果这种说法正确,“经验”就不是一个基本的概念。

现在产生了这个问题:我们能够只凭共现来构成时空顺序,还是需要另外某种东西?让我们采用一个简化了的假设。假定有 n 个事件,a_1,a_2,……a_n,并且假定 a_1 只与 a_2 共现,a_2 与 a_1 和 a_3 共现,a_3 与 a_2 和 a_4 共同出现,以此类推。我们这时就能构成 a_1,a_2……a_n 这个顺序。我们将说一个事件“介乎”其他两个事件之间,如果它与后两者都共同出现,但后两者彼此却不共同出现;更普遍地讲,a,b,c 是三个不同的事件,我们将说 b“介乎”a 和 c 之间,如果那些与 a 和 c 都共同出现的事件是那些与 b 共同出现的事件的一个固有部分。我们可以把这种说法作为“介乎”的定义。在补充上适当的公理之后,它就将产生我们所需要的那种顺序。

应该注意到我们不能根据爱因斯坦的“间隔”关系来构成时空顺序。介乎一条光线的两个部分之间的间隔是零,然而我们还必须区分从 A 到 B 的光线和从 B 到 A 的光线。这就说明只靠“间隔”是不够的。

如果我们采取上面的观点,那么时空中的点就成了由事件组成的类。我已经在《物的分析》和本部分第六章和第八章中研究过这个题目,所以我将不再谈它。

关于用经验的说法来给时空顺序下定义就讲到这里。我们还 331
要把外面世界中的物理事件与知觉结果的关联重新叙述一下。

当物质由于量子转变而放射出的能不经过另外的量子转变而运动到人体的已知部分时，它就开始了一系列最后到达大脑的量子转变。如果我们假定“相同的原因产生相同的结果”这句格言以及它的推论“不同的结果来自不同的原因”是对的，那就会得出下面的结论：如果两系列辐射能落在身体的同一点上产生不同的知觉结果，那么在这两系列辐射能中一定有着不同，因而在产生它们的量子转变中也一定有着不同。如果我们假定因果律的存在，那么这种论证就似乎是无可非议的，并且为从知觉推论到产生知觉的物质来源的推理提供了根据。

我认为——尽管我这样说时带点犹豫——把空间的距离和时间的距离之间的不同区别开来需要我们在因果律上作出考察。这就是说，如果有一个把事件 A 和事件 B 联结起来的因果律，那么 A 和 B 在时间上就是彼此分开的，而我们是否认为 A 和 B 在空间内也是彼此分开的乃是一个约定的问题。可是这种看法却有一些困难。许多人可能同时听到或看见某种事物，在这种情况下就有一种因果关联而没有时间上的间隔。但是在这样的情况下，这种关联是间接的，像那种把兄弟或表兄弟联结起来的关联一样；这就是说，它是先从结果到原因，后来又从原因到结果的。但是在我们还没有建立起时间顺序之前，我们怎样去区分原因和结果呢？爱丁敦认为我们是通过热力学的第二定律来区分的。在球形辐射中，我们认为它来自中心，而不是到中心去。但是因为我想把物理学和经验联系起来，我比较愿意说我们是通过记忆和我们对于时间连续的直接经验而建立起时间顺序的。被回想起来的事情，从定义来讲，是属于过去的东西；而在表面的现在以内也有早晚的不同。任何一件与某种被回想起来的事物同时存在但却不和我现在的经验同时存在的事物也是属于过去的东西。我们可以从这个出发点出发，把时间顺序的定义以及过去和将来的不同一步一步扩展到一切事件上去。这样我们就能把原因与结果区分开来，并且说原因总是在结果之前。

332 按照上面这种理论，有某些因素在从感觉世界转移到物理世界时是没有经过改变的。这些因素是：共同出现的关系、早晚的关系、某些结构上的因素和某些外界条件的不同，这就是说如果我们经验到由同一种感官感受的不同感觉，我们就可以假定它们的原因也不同。这是素朴的实在论在物理学中保留下来的残余。它之所以保留下来的主要原因是：没有反对它的正面的论据，由此所得的物理学符合已知事实，并且只要素朴的实在论没有被驳倒，我们总是紧紧地把它抱住不放。除了这些原因以外，是否还有更好的承认物理学的理由仍然有待于我们的考察。

第五部分　概然性

引　言 335

一般都承认科学和常识的推论与演绎逻辑和数学的推论有一个非常重要的不同，这就是在前提为真，推理正确的情况下，前者所得的结论只具有概然的性质。我们有理由相信太阳明天会升起来，大家也都一致认为，在实际生活中，我们可以假定这些理由具有必然性，并照此行事。但是如果我们考察一下这些理由，我们就会发现它们还有让我们怀疑的余地，不管这种怀疑多么微小。确有根据的怀疑有三种。先看前两种：一方面，可能存在着我们所不知道的有关事实；另一方面，我们为了预测未来不得不先假定的那些定律可能不真实。前一种怀疑的理由与我们目前的研究没有多大关系，后一种怀疑的理由却值得仔细加以探讨。但是还有第三种怀疑，这种怀疑发生在一个定律实际告诉我们通常或者在绝大多数事例中会有某种现象发生，虽然并非在所有事例中都是如此的情况下；遇到这种情况，我们有理由期待通常发生的事情，尽管不能抱有绝对的把握。举例来说，一个人掷骰子很难在连续十次当中有六次成双，虽然这并非不可能；因此我们有理由预料他做不到这一点，但是我们这种预料应该带点怀疑的成分。所有这些种类的怀疑都涉及一种可以叫作“概然性”的问题，但是这个名词可能有着不同的意义，把这些意义分辨清楚对于我们来说是很重要的。

数学上的概率永远是由两个命题的组合而产生的，我们可能完全知道其中一个命题，而对另外一个命题毫无所知。如果我从一副纸牌里抽出一张纸牌，那么出幺点的机会有多少？我完全知
336 道一副纸牌有哪些张纸牌，我也清楚十三张牌里有一张是幺点；但是关于我要抽到的是什么牌我却毫无所知。但是如果我说：“大概有过佐罗亚斯德这个人”，那么我讲的就是关于“有过佐罗亚斯德这个人”这个命题的不确实性或可信性的程度。这是与数学上的概率完全不同的一个概念，尽管两者在许多情况下是彼此关联的。

科学的任务是根据个别的事实，经过推论而得出定律。这种推论不能是演绎的，除非在我们的前提中除了个别事实之外还有一般的定律；作为纯粹逻辑的问题来看，这是很明显的。人们有时认为个别事实虽然不能使一般定律具有**必然性**，但却可以让它们具有**概然性**。个别事实确能**让**人相信一个一般的命题；正是由于我们看到个别的人死去，我们才相信凡人都有死。但是如果我们有正当理由相信凡人都有死，那么这一定是因为：作为一个一般原则，某些种类的个别事实是一般定律的证据。既然演绎逻辑不包含这个原则，那么任何一个认为可以从个别推论到一般的原则一定是一个自然律，即一个说出现实世界具有某种并非必有的特性的语句。我将在本书第六部分研究某个或某些这样的原则；在第五部分我只想说明单纯列举的归纳法并**不**是一个这样的原则，并

且这种方法如果不受严格的限制,它的不正确是可以通过证明显示出来的。

在科学中我们不仅要推论出定律,还要推论出个别事实。如果我们在报上看到国王死去的消息,我们就推断他已经死去;如果我们发现我们要在火车上乘坐很长时间而不能进餐,我们就推断我们将感到饥饿。所有这类的推论只有在可能发现**定律**的条件下,才有成立的理由。如果没有一般的定律,每个人的知识势必只限于他亲身经验过的事物。认识定律的存在比认识定律本身更为必要。如果 B 总是发生在 A 之后,一个动物看见了 A 而预料到 B,那么我们可以说这个动物知道 B 要出现而并不认识这个一般的定律。但是关于尚未被知觉过的事实的**某些**知识,虽然可以用这种方法得到,不认识一般的定律还是谈不上得到更多的知识。一般来说,这类定律陈述的是具有概然性的现象(就概然性的一种意义来讲),而定律本身也只具有概然的性质。例如,如果你患了癌症,那么你大概(就一种意义来讲)会死,而这句话本身也只
具有概然的性质(就另一种意义来讲)。这种事态表明我们不先 337
研究不同种类的概然性,就无法理解科学的方法。

虽然这种研究是必要的,我并不认为概然性具有某些作家给予它的那样的重要性。概然性所具有的重要性来自两个方面。一方面我们在科学的前提中,不仅需要来自知觉和记忆的与件,而且需要某些综合推论的原则,这些原则的成立不能凭借演绎逻辑或来自经验的论证,因为凡是从经验到的事实推论出其他事实或者定律都要首先假定这些原则的存在。这些前提可以认为在某种程度上不具有必然性,也就是说不具有最高的“可信度”。在我们对

于这种形式的概然性所作的分析中，我们将主张与件和推论前提可能不具有必然性，尽管凯恩斯的意见与此相反。这是我们需要概率论的一个方面，但是还有另外一个方面。看来我们常常知道（就“知道”这个词的某种意义来讲）某种现象经常但是也许不是总在发生——例如闪电过去就是雷声。在这种情况下，我们有一个由实例组成的 A 类，我们有理由相信其中大多数实例属于 B 类。（在我们所举的实例中，A 是闪电刚刚过后的那些时间，而 B 是听到雷声的那些时间。）在这样的外界条件下，已知 A 类中一个我们不知是否属于 B 类的例，我们就有理由说它*大概*是 B 类中的一个分子。这里“大概”的意义不是我们谈论可信程度时所指的那种意义，而是数学概率论中所指的那种完全不同的意义。

由于这些原因，此外还因为概然逻辑比起基本逻辑来还很不完备，有的地方还有争论，所以有必要对概率论作出比较详细的论述，并对解释上的各种争论问题加以探讨。我们要记住有关概然性的全部讨论对于研究科学推论的公设都带有序言的性质。

339 第一章　概然性的种类

为了建立一种概然逻辑，人们曾经作过许多尝试，但是其中大多数都有极其严重的缺陷。产生错误理论的原因之一是不能区别——或者不如说有意混淆——本质上不同的一些概念；照一般用法来讲，这些概念都有同样被称为“概然性”的理由。我打算在本章内对这些不同的概念作出初步和比较随便的论述，留到后面几章给它们下出确切的定义。

我们必须加以考虑的第一件重要事实就是数学概率论的存在。从事研究这种理论的数学家对于一切可以用数学符号表示的东西都有比较一致的看法，但是对于数学公式的解释却各持己见。在这样的情况下，最简单的办法就是列举可以演绎出这种理论的公理，然后确定任何一个能够满足这些公理的概念从数学家的观点看都有同样被称为“概然性”的理由。如果有许多这类概念，并且如果我想从中作出选择，那么我们选择的动机一定不在数学范围之内。

有一个非常简单的、满足概率论中那些公理的概念，而这个概念从其他方面看也有它的优点。如果已知一个有 n 个分子的有限集合 B，并且已知这些分子中有 m 个分子属于另外某个集合 A，那么我们说如果任意选择 B 的一个分子，则它属于集合 A 的机会是 m/n。这个定义对于我们期待数学概率论所应发挥的用处来说是否适当，那是我们将在后一个阶段研究的问题；如果这个定义不适 340
合，我们就须为数学上的概率找寻另外的解释。

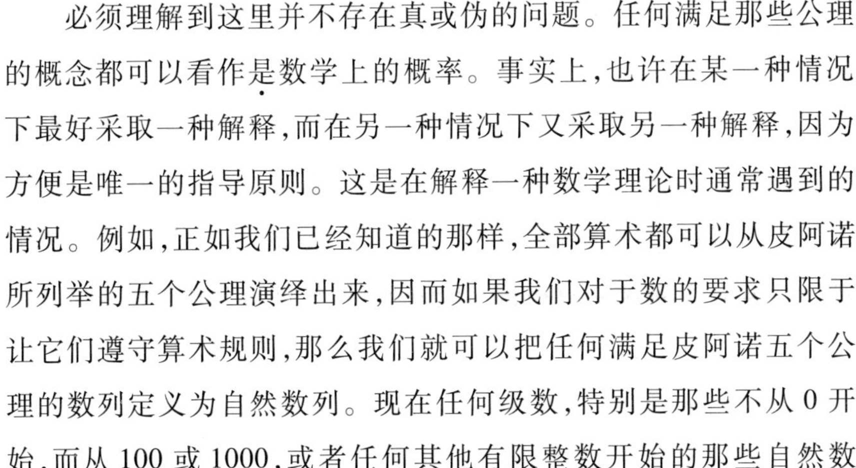

必须理解到这里并不存在真或伪的问题。任何满足那些公理的概念都可以看作是数学上的概率。事实上，也许在某一种情况下最好采取一种解释，而在另一种情况下又采取另一种解释，因为方便是唯一的指导原则。这是在解释一种数学理论时通常遇到的情况。例如，正如我们已经知道的那样，全部算术都可以从皮阿诺所列举的五个公理演绎出来，因而如果我们对于数的要求只限于让它们遵守算术规则，那么我们就可以把任何满足皮阿诺五个公理的数列定义为自然数列。现在任何级数，特别是那些不从 0 开始，而从 100 或 1000，或者任何其他有限整数开始的那些自然数列，都满足这些公理。只有当我们决定我们想让数用于不限于算术范围的列举时，我们才有理由选择以 0 开始的数列。同样，对数学的概率论来讲，要选择的那种解释可以看我们心目中的意图来定。

“概然性”这个词常常有不能，或者至少不能明显地，解释为两个有限集合的数目之间的比率的意义。我们可以说：“大概有过佐罗亚斯德这个人”，“大概爱因斯坦的引力论比牛顿的引力论好”，“大概所有的人都是有死的”①。在这些实例中，我们也许可以主张存在着某种证据，而我们知道这种证据与某种结论在绝大多数的情况下是结合在一起的；这样一来，把概然性定义为两个集合的数目之间的比率从理论上来说可能就讲得通。因此上面所举的这些实例并不包含“概然性”的新意义。

可是还有两句我们不加考查就愿意接受的名言，但是一旦接受之后，这两句话却包含着一种看来与上述定义不能调和的关于“概然性”的解释。第一句话是巴特勒主教的格言：“概然性是生
341 活的指南。”第二句话是我们所有的知识只具有概然性，这个说法是莱新巴哈所特别强调的。

按照对“概然性”所作的一种非常普通的解释，巴特勒主教的格言显然是正确的。正像通常发生的情况那样，当我不确知要发生什么事，但我又必须照一种或另一种假设行事时，我就选择那个概然性最大的假设，一般来说这样做是明智的，我在作出决定时把概然性考虑进去，这样做也永远是明智的。但是在这种概然性与

① 不要和“所有的人大概都有死”相混淆。

数学上的概率之间有着重要的逻辑上的不同，即后者所涉及的是命题函项①，而前者所涉及的则是命题。如果我说钱币出正面的机会是一半，这就是“X是抛掷一次钱币”与“X是出正面的抛掷一次钱币”两个命题函数之间的一种关系。如果我想就一个特殊的实例推断钱币出正面的机会是一半，我就必须说明我是把这个特殊的实例仅仅当作一个**例证**来看的。如果我能看到它所有的特殊性，我在理论上就能判断它将出正面还是出反面，我也就不再停留在概然性的领域中了。如果我们把概然性当作生活的指南，这是因为我们的知识不够充分；我们知道所谈的事件是B类事件中的一个事件，我们也可能知道这一类中有多大一部分属于某个我们感兴趣的A类。但是这一部分的大小要看我们对于B类的选择而有不同；这样我们就将得到不同的概然性。它们从数学观点看都是同样正确的。如果把概然性当作实际生活的指南，我们就必须有某种方法选择一种概然性作为**唯一**的概然性。如果我们不能够做到这一点，那么一切不同的概然性仍然会同样正确，我们也就得不到可以依据的指南了。

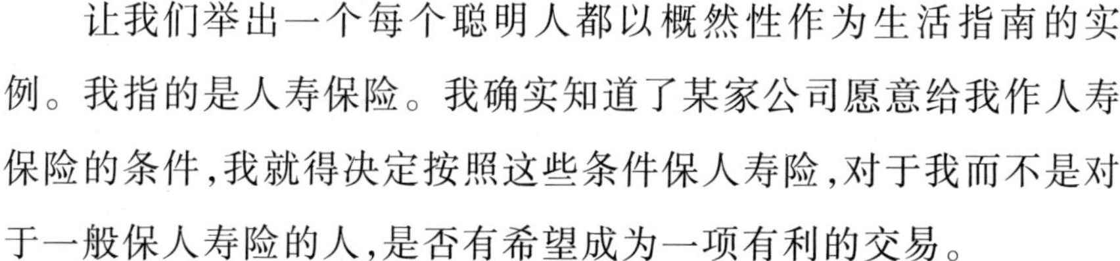

让我们举出一个每个聪明人都以概然性作为生活指南的实例。我指的是人寿保险。我确实知道了某家公司愿意给我作人寿保险的条件，我就得决定按照这些条件保人寿险，对于我而不是对于一般保人寿险的人，是否有希望成为一项有利的交易。

我的问题和保险公司的问题不同，并且比它困难得多。保险 342

① 即包含未确定的变项的句子——例如，“A是一个人”——如果我们把值给变项（在上述例子中就是A），它们就成为命题。

公司对我这个个别的实例并不感兴趣:它是对某一类中所有分子提供保险,只需要考虑到统计出来的平均数。但是我可以相信我有特别的理由可以指望活到很高的年龄,或者我和作了人寿保险第二天就死去的那个苏格兰人一样,临死还说:“我永远是个幸运的人。”我的每一项健康条件和我的生活方式都是与此有关的,但是其中有些条件可能很不常见,所以我无法从统计上得到可靠的帮助。最后我决定征求一位医生的意见,他问了几个问题之后就和蔼地对我说:“我想你可以活到九十岁。”我不仅痛苦地感到他的判断的仓促和不科学,而且知道他是有意让我听了高兴。因而我最后得到的那种概然性就是一种十分含糊和完全不能用数字度量的东西;但是作为巴特勒的学生,我却必须按照这种含混的概然性去行事。

那种作为生活指南的概然性不是数学上的概率,这不仅因为它与随意挑选的与件无关,而与所有和被讨论的那个问题有关的与件有关,而且因为它必须考虑到某种完全超出数学上概率范围以外的东西,这种东西可以叫作“固有的可疑性”。这就是当有人说我们所有的知识都只具有概然性时有关本题之处。例如,让我们考察一下已经变得模糊到不再有把握相信的遥远的记忆,暗淡到让我们怀疑是否真实存在的星体,或者轻微到使我们以为也许只是想象出来的声音。这些都是些极端的例子,但是在较小的程度内,同样的可疑性是很普遍的。如果我们像莱新巴哈那样,主张我们所有的知识都是可疑的,我们就不能照数学的方式给这种可疑性下定义,因为在编制统计表时就假定了我们知道这个A是或不是一个B,例如,这个保过寿险的人是否已经死了。统计表是建立在一种对于过去事例假定确有所知的结构之上的，而一种普遍的可疑性不可能是仅仅属于统计方面的东西。

所以我认为凡是我们感到愿意相信的事物都具有一种“可疑度”，或者反过来说，具有一种“可信度”。有时这和数学上的概率有关，有时却不是这样；这是一个范围更大、更加含混的概念。然而它也不是纯属主观的东西。有一种同源的主观概念——即一个 343
人对他的任何一个信念所感到的确信的程度——但是我所指的“可信性”却是客观的，意思是说它是一个**有理性的**人可以给予的相信的程度。当我算账时，我对第一次所得的结果给予一些相信，如果我第二次得的结果一样，这种相信就会大大增加，而在第三次得到同样结果时，我就确信无疑了。这种确信是随着证据的增长而增长的，所以是合乎理性的。对于任何具有证据的命题来说，不管证据多么不充分，都对应着一种“可信度”，即一个有理性的人所给予的相信的程度。（后者也许可以当作“合乎理性的”这个词的定义。）概然性在实际生活中的重要性是由于它与可信性的关联，但是如果我们把这种关联想象到超过了实际情况，我们就给概然论带来了混乱。

可信性与主观上的确信之间的关联是一种可以用经验的方法来研究的关联；因此我们在看到证据之前无须对这个问题持有任何看法。举例来说，一个变戏法的人能够用一种自己知道，但却有意欺骗观众的方法来安排条件；这样他就可以获得怎样产生不真实的确信的与件，这些与件在广告和宣传中是容易产生作用的。我们不能这样简单地研究可信性对于真理的关系，因为我们通常把高度的可信性当作真理的充分证据，如果我们不这样做就不能

再发现任何真理。但是我们能够发现具有高度可信性的命题是否构成一个互相一致的集合,因为这个集合包含着逻辑的命题。

根据上面初步的讨论,我认为按照习惯的用法,两种不同的概念都同样具有可以叫作"概然性"的权利。其中第一种是数学上的概率,它可以用数字度量并且满足概率计算的公理;这是使用统计时所涉及的那一种,不管是用在物理学、生物学或者社会科学哪一方面,并且是我们希望为归纳法所包括的那一种。与这种概率发生关系的永远是类而不是个别的实例,除非我们能把这些实例**仅仅**当作例证来看。

344 但是还有另外一种概然性,我把它叫作"可信度"。这种概然性应用于个别的命题,并且永远要把一切有关的证据考虑在内。它甚至应用于某些没有已知证据的实例。我们所能得到的最高程度的可信性应用于大多数的知觉判断;不同程度的可信性也随着记忆判断的明鲜程度和时间远近而应用于记忆判断上。就有些实例来说,可信度可以根据数学上的概率推断出来,而另外一些实例就不能这样;但是即使在可以的情况下,记住它是个不同的概念这一点还是要紧的。当有人说我们所有的知识只具有概然性,而概然性又是生活的指南时,所说的正是这一种概然性,而不是数学上的概率。

这两种概然性都需要加以讨论。我将从数学上的概率谈起。

第二章　概率计算

在本章内我想把概率论作为纯粹数学的一个分支来加以论

述，演绎出某些公理的结论而无须给它们以这种或那种的解释[1]。我们可以看到，尽管人们对于这一领域内的解释意见不一，这种数学计算本身还是与数学中其他任何分支享有同样程度的公认。这种情况并不是概率论所特有的。微分学的解释约近二百年来一直是数学家和哲学家争论的一个题目；莱布尼兹认为它包括真正的极小数，直到魏尔斯特拉斯这个看法才被完全否证。再举一个更带基本性质的例子：对于初等算术从来没有发生过什么争论，但是自然数的定义却仍然是一个争论未决的问题。所以对于“概然 345
性”的定义有疑问而对于概率计算没有（或很少有）疑问这一点我们就不必感到奇怪了。

按照约翰逊和凯恩斯的办法，我们用“p/h”来表示这个不下定义的概念：p 在已知 h 的条件下的概率。当我说这个概念是不下定义的概念时，我的意思是说它只由将要列举出来的公理或公设来下定义。任何可以满足这些公理的东西都是概率计算的一个“解释”，人们可以料到将有许多可能的解释。其中没有哪一个比另外一个更为正确或更为合理，但是有些却可能比另外一些更为**重要**。所以在给皮阿诺的五个算术公理找出一种解释时，那种以0为第一个数的解释就比那种以3781为第一个数的解释更为重要；它之所以更为重要，原因在于它能让我们把形式主义的概念的解释和在列举中所认识的概念等同起来。但是目前我们将不去管一切解释的问题，我们对概率只作纯粹形式的论述。

不同作者所提出的必要的公理或公设都大体相同。下面的说

---

① 关于“解释”，看第四部分第一章。

法采自 C. D. 布劳德教授[①]。这些公理是：

Ⅰ. 已知 p 和 h，那么 p/h 只有一个值。所以我们能够谈到“p 在已知 h 的条件下的概率”。

Ⅱ. p/h 的可能值是所有从 0 到 1 的实数，包括 0 与 1 在内。（照某些解释我们把可能值限于**有理数**；这是一个我将在以后讨论的问题。）

Ⅲ. 如果 h 蕴涵 p，那么 $p/h=1$。〔我们用“1”表示必然性。〕

Ⅳ. 如果 h 蕴涵非 p，那么 $p/h=0$。〔我们用“0”表示不可能性。〕

Ⅴ. p 和 q 在已知 h 的条件下的概率等于 p 在已知 h 的条件下的概率乘以 q 在已知 h 的条件下的概率，也等于 q 在已知 h 的条件下的概率乘以 p 在已知 q 和 h 的条件下的概率。

这叫作“合取”公理。

Ⅵ. p 和/或 q 在已知 h 的条件下的概率是 p 在已知 h 的条件
346 下的概率**加上** q 在已知 h 的条件下的概率**减去** p 和 q 在已知 h 的条件下的概率。

这叫作“析取”公理。

就我们的目的来说，这些公理是否都是**必要的**并没有什么要紧；我们所关心的只是它们是**充分的**。

关于这些公理有几点需要注意。显然Ⅱ、Ⅲ和Ⅳ部分地体现了容易改变的惯例。如果采用了它们，而一个已知概率的约量是 x，那么我们就同样有理由采用任何随着 x 的增长而增长的数 $f(x)$

---

① 哲学杂志《精神》，新第 210 号，第 98 页。

作为约量；我们可以用 $f(1)$ 和 $f(0)$ 替换Ⅲ和Ⅳ中的 1 和 0。

按照上面的公理，一个与件为真则必真的命题，相对于与件来说，具有概率 1；一个与件为真则必伪的命题，相对于与件来说，具有概率 0。

重要的是看到我们的基本概念 p/h 是两个命题的一种关系（或者命题的合取），而不是一个单一命题的一种性质。这就把数学计算中的概率与作为实际生活指南的概然性区分开来，因为后者只能属于一个本身独立存在的命题，或者至少属于一个相对于不是任意选定，而是受我们知识的问题和性质决定的与件的命题。与此相反，在概率计算中，与件 h 的选定完全是任意的。

公理Ⅴ是“合取”公理。它提供的机会是两个事件中每个都会发生。例如：如果我从一副纸牌中抽出两张牌来，它们都是红牌的机会是多少？这里“h”代表一副纸牌由 26 张红牌和 26 张黑牌组成这个与件；“p”代表“第一张牌是红牌”这句话，而“q”代表“第二张牌是黑牌”这句话。那么“$(p$ 和 $q)/h$”就是两张牌都是红牌的机会，“p/h”是第一张牌是红牌的机会，“$q/(p$ 和 $h)$”是在已知第一张牌是红牌的条件下，第二张牌是红牌的机会。显然 $p/h = \frac{1}{2}$，$q/(p$ 和 $h) = \frac{25}{51}$。这样根据本公理，两张牌都是红牌的机会是 $\frac{1}{2} \times \frac{25}{51}$。 415

公理Ⅵ是“析取”公理。就上面的实例来看，它提供的机会是这两张牌中至少有一张牌是红牌。它说至少有一张红牌的机会等于第一张牌是红牌的机会**加上**第二张牌是红牌的机会（在不知道第一张牌是红牌还是不是红牌的情况下）**减去**两张牌都是红牌的机会。这等于$\frac{1}{2}+\frac{1}{2}-\frac{1}{2}\times\frac{25}{51}$它采用了上面使用合取公理所取得的结果。

可以明显看出，已知任何有限的事件集合的各自概率，通过公理Ⅴ和公理Ⅵ，我们能够计算出它们都出现，或者它们当中至少有一个出现的概率。

根据合取公理我们得出：

$$p/(q\text{ 和 }h)=\frac{(p/h\times(q(p\text{ 和 }h))}{q/h}。$$

这叫作“逆概率原理”。它的用处可以举例说明如下。设 p 为某种一般理论，q 为一个与 p 相关的实验与件。那么 p/h 就是在前所已知的与件下理论 p 的概率，q/h 就是在前所已知的与件下 q 的概率，$q/(p$ 和 $h)$ 就是当 p 为真时 q 的概率。这样理论 p 在已经发现 q 以后的概率等于 p 先前的概率乘以 q 在已知 p 的条件下的概率，并除以 q 先前的概率。在最有用的情况下，理论 p 将是一个蕴涵 q 的理论，结果 $q(p$ 和 $h)=1$。在这种情况下，

$$p/(q\text{ 和 }h)=\frac{p/h}{q/h}。$$

这就是说，新的与件 q 使 p 的概率按照与 q 的先在的不大可能性成比例的方式增加。换句话说，如果我们的理论蕴涵某种非常令人惊奇的事物，而这种令人惊奇的事物后来被人发现存在，这就大大增加了我们的理论的概率。

这个原则可以拿发现海王星作例来说明，把它当作万有引力定律的证实。这里 p = 引力定律，h = 在发现海王星之前所有有关事实，q = 在某一地点发现海王星这件事实。这样 q/h 就是一个至

今尚未发现的行星将在某一小的天体领域内被发现的先在概率。让我们用 m/n 来表示它。那么在海王星被发现之后，引力定律的概率为以前的 n/m 倍那样大。

从判断新的证据对于一种科学理论的概率的关系上来说，这个原则显然是很重要的。可是我们将发现结果却有些令人失望，不能产生可以期待的好的结果。 348

有一个重要的命题，有时叫作贝耶士定理，内容有如下述：设 $p_1, p_2, \cdots\cdots p_n$ 为 n 个互相排斥的可能，我们知道其中某一个为真；设 h 为一般与件，q 为某件有关的事实。我们想知道一种可能 p_r 在已知 q 的条件下的概率，如果我们知道对于每个 r 来说，每一 p_r 在尚未知道 q 时的概率以及 q 在已知 p_r 的条件下的概率。我们有

$$p_r/(q \text{ 和 } h) = (q/(p_r \text{ 和 } h) \cdot p_r/h) / \sum_{1}^{n} (q(p_r \text{ 和 } h) \cdot p_r/h)$$

这个命题使我们能够，比方说，解决下面的问题：我们已知 $n+1$ 个口袋，其中第一个口袋装有 n 个黑球，没有白球，第二个口袋装有 $n-1$ 个黑球和一个白球，第 $r+1$ 个口袋装有 $n-r$ 个黑球和 r 个白球。选出一个口袋，但是我们并不知道是哪一个；从中取出 m 个球，发现都是白的；那么第 r 个口袋被选中的概率是多少？从历史上来看，这个问题的重要是因为它与拉普拉斯自称的归纳证明有关。

再看柏诺利的大数定律。这个定律说，如果在许多场合当中每一个场合发生某一个事件的机会是 p，那么，在已知不管多么小的任意两个数 δ 和 ε 的条件下，从某一定数目的场合往后，发生这个事件的场合的多少与 p 的差将永远大于 ε 的机会小于 δ。

让我们拿抛掷钱币作例来说明。我们假定出正面和反面具有同样的概率。我说在你已经掷过不少次之后,出正面的机会与½的差非常可能将不会超过 ε,不管 ε 可能多么小;我还说不管 ε 可能多么小,在第 n 次抛掷之后,无论在什么地方出现这样一个差别的机会小于 δ,只要 n 足够大。

由于本命题在概率的应用上有着很大的重要性,比方说对于统计,所以让我们多费一点时间,就上面这个抛掷钱币的实例来说,弄清楚本命题所说的意思到底是什么。让我们说,我先断言从
349 某点往后,钱币出正面的百分比将永远保持在 49 与 51 之间。你不同意我的说法,于是我们决定在可能范围内用经验的方法就它进行试验。这个定理断言我们进行的时间越久,我们就越有可能发现我的说法有事实根据,并且随着抛掷次数的增加,这种可能就越来越接近必然性这个极限。我们将假定,实验让你相信从某点往后,出正面的百分比永远保持在 49 与 51 之间,但是我现在说从某个更靠后的点往后,它将永远保持在 49.9 与 50.1 之间。我们重做这种实验,过了一段时间之后你又一次被说服,虽然时间可能要比以前长一些。经过任何已知数目的抛掷之后,我的主张有着可能不被证实的机会,但是这种机会随着抛掷次数的增加而减少,并且可以通过相当持久继续这样傲下去而变得小于任何指定的机会,不管它多么小。

上面的命题容易从那些公理演绎出来,但是当然不能用经验的方法充分得到试验,因为这涉及无限级数。如果我们所能进行的试验看来已经证实了它,反对者永远可以说,如果我们接着进行下去,结果就可能不是这样;如果我们所能进行的试验看来不

能证实它,支持这个定理的人同样可以说,我们继续做的试验还不够多。所以这个定理既不能被经验界的证据证实,也不能被它否证。

上面是对于我们的讨论有着重要关系的纯粹概率论中的一些主要命题。对于 $n+1$ 个口袋,每个口袋装有 n 个球,其中一些是白球,另外一些是黑球,第 $r+1$ 个口袋装有 r 个白球和 $n-r$ 个黑球这个题目我还想再说几句话。下面是与件:我知道这些口袋装有不同数目的白球和黑球,但从外面看却没有办法把它们区分开来。我随便挑选了一个口袋,并且一个一个地从中取出 m 个球,取出之后就不再放入。结果它们都是白球。鉴于这个事实,我想知道两件事:第一,我挑选只有白球的口袋的机会有多少?第二,我下一次拿出的球是白球的机会有多少?

我们照下面的方法来做。设 h 为按上面所说的情况安排好的口袋那件事实,q 为已经取出 m 个球那件事实;并设 p_r 为我们已经挑中装有 r 个白球的口袋的假设。显然 r 必须至少和 m 一样大。 350

如果 r 小于 m,那么 $p_r/qh=0$,并且 $q/p_rh=0$。经过一些计算,得出的结果是我们已经挑中其中都是白球的口袋的机会等于$\frac{m+1}{n+1}$。

我们现在想知道下一次拿出的球是白球的机会是多少。经过进一步的计算,结果这种机会等于$\frac{m+1}{m+2}$。

注意这个结果是不以 n 为转移的,并且如果 m 大,它就非常接近 1。

在上面的简略叙述中,我并没有把关于归纳问题的论证包括进去,我将把那些论证推到后一个阶段去讨论。我将首先研究概率的某种解释的适当性,就这个问题可以与有关归纳的问题分开的限度内进行考察。

第三章　有限频率的解释

在本章内我们要研究的问题是关于“概然性”的一种非常简单的解释。首先我们必须证明这种解释满足第二章的公理,然后再初步考察这种解释可以在多大范围内囊括“概然性”这个词的通常用法。我将把这种解释叫作“有限频率说”,以区别于后面我们将要研究的另一种频率说。

有限频率说从下面的定义出发:

设 B 是任何一个有限集合,而 A 是任何一个另外的集合。我们想确定任意选择的 B 的一个分子为 A 的一个分子的机会,比方说,你在街上遇见的第一个人名叫史密斯的机会。我们把这种概
351 率定义为 B 的分子也是 A 的分子的数除以 B 的总数的商。我们用 A/B 这个符号来表示它。

显然给予这样定义的概率一定是一个有理分数或者就是 0 或 1。

几个具体的例子就可以让我们看清楚这个定义的意义。一个任意挑选的小于 10 的整数为质数的机会是多少?有 9 个整数小于 10,其中 5 个是质数;所以机会是 5/9。假定你不知道我的生日,那么在我去年生日那天剑桥下雨的机会是多少?如果剑桥下

雨的天数是 m,那么机会就是$^{m}/_{365}$。一个人在伦敦电话簿里出现为史密斯这个姓的机会是多少？为了解决这个问题,你必须先数一下在“史密斯”这个姓下面的项目,然后数一下全部项目,并以后面的数去除前面的数。从一副纸牌里随便抽出的一张纸牌为黑桃的机会是多少？显然是$^{13}/_{52}$,即 1/4。如果你已经抽出一张黑桃,那么你再抽出一张黑桃的机会是多少？答案是$^{12}/_{51}$。一次掷出的两个骰子,数目加起来为 8 的机会是多少？骰子有 36 个可能出现的结局,其中有 5 个数目加起来为 8,所以机会是$^{5}/_{36}$。

显然就许多简单例子来说,上面的定义所得的结果符合于概然性的习惯用法。现在让我们探究一下给予这样定义的概然性是否满足那些公理。

我们现在必须把公理中出现的字母 p,q 和 h 当作类或命题函项,而不是命题。我们不说“h 蕴涵 p”,而说“p 包含 h”;“p 和 q”代表 p 和 q 两类的共同部分,而“p 或 q”则代表由所有属于 p 或 q 或者同时属于 p 与 q 两类的项目所构成的类。

我们的公理是:

Ⅰ. p/h 只有一个唯一的值。除了在 h 为零,因而 $p/h=0/0$ 的情况外,这个公理为真。因此我们假定 h 不为零。

Ⅱ. p/h 的可能值是所有从 0 到 1 的实数。照我们的解释,它们将仅是**有理数**,除非我们能找到一种方法把我们的定义扩展到无限类。这并不是容易做到的事,因为当除法涉及的数目是无限数的时候不能得出唯一的结果。

Ⅲ. 如果 h 包含于 p,那么 $p/h=1$。在这种情况下,h 与 p 的共 352

同部分是 h,所以根据我们的定义就可以得出上面的结果。

Ⅳ. 如果 h 包含于非 p,那么 $p/h=0$。从我们的定义就可以看出这一点,因为在这种情况下 h 与 p 的共同部分是零。

Ⅴ. 合取公理。照我们的解释来讲,h 的分子同时为 p 和 q 的分子所占的比例数等于 h 的分子同时为 p 的分子所占的比例数乘以 p 与 h 的分子同时为 q 的分子所占的比例数。假定 h 的分子数为 a,同时属于 p 和 h 的分子数为 b,而同时属于 p,q 和 h 的分子数为 c。那么 h 的分子同时为 p 和 q 的分子所占的比例数是 c/a;h 的分子同时为 p 的分子所占的比例数是 b/a,而 p 和 h 的分子同时为 q 的分子所占的比例数是 c/b。这样我们的公理就得到了证实,因为 $c/a=b/a\times c/b$。

Ⅵ. 析取公理。如果保留上面所说的 a,b,c 的意义,并让 d 为 h 的分子同时为 p 或 q 或者同时属于 p 与 q 两类的分子数,而 e 为 h 的分子同时为 q 的分子数,那么照我们现在的解释来讲,这个公理就表示:

$$\frac{d}{a}=\frac{b}{a}+\frac{e}{a}-\frac{c}{a}\text{,即 } d=b+e-c,$$

这又是很明显的一个结果。

这样,如果 h 是一个有分子的有限类,那么这就可以满足我们的公理,只要不把概率的可能值限为有理分数的话。

由此可以看出数学的概率论照上面的解释来讲是正确的。

可是我们还需要看一下给予这样定义的概率的范围,这种范围初看似乎过于狭小,不能满足我们对于概率的应用所抱的期望。

首先,我们希望能够说出某个特定事件具有某种特点的机会,而不仅仅是某一类中某个未经指定的分子所具有的机会。例如:你已经掷出两个骰子,但是我还不曾看到结果。对我来说,你掷出双六的机会是多少?我们想能够说出它是1/36,而如果我们的定义不允许我们这样说,它就不能充分满足我们的要求。在这种情况下,我们说我们把一个事件仅仅当作某一类的一个实例来看待;我们说如果把 a 只当作 B 类中的一个分子,那么它属于 A 类的机 353
会是 A/B。但是"把一个特定事件仅仅当作某一类的一个分子来看"所表示的意思是不很明确的。这样一种情况所包含的内容是:我们已知一个事件的某种特点,这种特点凭借比我们所有的更为完备的知识,足以使这个事件唯一确定下来;但是只凭借我们的知识,我们就没有方法确定它是否属于 A 类,尽管我们确实知道它属于 B 类。你在掷出骰子以后知道掷出的结果是否属于双六这一类,但是我却不知道这一点。我仅有的一点有关的知识是它是36个可能的掷出结果之一。或者看一看下面的问题:美国身材最高的人居住在艾奥瓦州的机会是多少?有人也许知道他是谁;至少有着一种发现他是谁的方法。如果使用这种方法成功,那就出现一个不包含概然性在内的确定答案,即他要么在艾奥瓦州居住要么不在艾奥瓦州居住。但是我却没有这种知识。我可以说艾奥瓦州的人口为 m 而美国人口为 n,并且说相对于这些数据来说,他在艾奥瓦州居住的概率是 m/n。这样当我们说到一个具有某种特点的特定事件的概率时,我们就总要把借以计算概率的有关数据确定下来。

我们可以概括地讲:已知任何一个物体 a,并且已知 a 是 B 类

的一个分子，我们说凭借这个数据，按照上面所说的概率的定义，a 是 A 类的一个分子的概率是 A/B。这个概念是有用的，因为我们常常充分知道某个物体，使得我们可以唯一确定地给它下出定义，而无须知道它是否具有这种或那种属性。“美国身材最高的人”是一个确定的描述，这个描述适用于一个并且只适用于一个人，但是我并不知道他是什么人，因而他是否居住在艾奥瓦州对我来说仍然是个未决的问题。“我要抽出的一张牌”是一个确定的描述，并且我立刻就会知道这个描述是否适用于一张红牌或是一张黑牌，但是现在我还不知道。正是这种很常见的关于特定物体的部分无知的情况使得在特定的物体身上应用概率成了有用的东西，而不仅是应用到类中完全没有确定的分子身上。

354 虽然部分无知是使上面的概率形式有用的原因，概率这个概念却不包含什么无知，这个概念对于全知来说仍然具有和对于我们来说同样的意义。全知会知道 a 是否为一个 A，但是全知仍然可以说：凭借 a 是一个 B 这个数据，a 是一个 A 的概率是 A/B。

在把我们的定义应用到特定的实例时，在某些情况下存在着一种可能发生的意义上的含混。为了弄清楚这一点，我们必须使用性质而不是类的说法。设 A 类由性质 ϕ 确定，而 B 类由性质 ψ 确定。接着我们说：

a 在已知它具有性质 ϕ 的条件下具有性质 ψ 的概率被定义为同时具有性质 ϕ 和 ψ 的事物对于具有性质 ψ 的事物之比。我们用“ϕa”来表示“a 具有性质 ϕ”。但是如果 a 在“ϕa”内出现不止一次，那就会出现一种意义上的含混。举例说，假定“ϕa”是“a 自杀了”，即“a 杀死 a”。这是“x 杀死 x”的一个值，而“x 杀死 x”是由自杀组成的类；也是“a 杀死 x”的一个值，而“a 杀死 x”是 a 杀死的人组成的类；也是“x 杀死 a”的一个值，而“x 杀死 a”是杀死 a 的人组成的类。这样在给 ϕa 的概率下定义时，如果“a”在“ϕa”中出现不止一次，我们就必须指出它的哪些次出现可以当作一个变量的值和它的哪些次出现不可以当作一个变量的值。

我们将发现我们能够按照上面的定义来解释所有的基本定理。

让我们拿拉普拉斯自命的归纳证明为例来看：

有 $N+1$ 个口袋，每个口袋中有 N 个球。

在这些口袋中，第 $r+1$ 个口袋中有 r 个白球和 $N-r$ 个黑球。我们已经从一个口袋中拿出 n 个球，而这些球全是白球。

那么：

(a)我们已经挑中其中都是白球的口袋的机会是多少？

(b)下一个球是白球的机会是多少？

拉普拉斯说(a)是$(n+1)/(N+1)$而(b)是$(n+1)/(n+2)$。

让我们用一些数字实例来说明。首先，假定一共有 8 个球，其中已经取出 4 个球，而这 4 个球全是白球。那么(a)我们已经挑中只有白球的口袋的机会和(b)下一次取出的球是白球的机会各是多少？

设 p_r 代表我们已经挑中有 r 个白球的口袋这个假设。数据把 355
p_0, p_1, p_2, p_3 排除在外。如果我们有 p_4，那么我们只有一种方法可以已经拿出 4 个白球来，剩下 4 种拿出一个黑球的方法，但却没有一种拿出一个白球的方法。如果我们有 p_5，那么我们有 5 种方法可以已经拿出 4 个白球，并且对于其中每一种方法来说都有一种拿出另一个白球和三种拿出一个黑球的方法；这样从 p_5 我们就得出 5 个下一个球是白球和 15 个下一个球是黑球的实例。如果我们有 p_6，那么就有 15 种挑出 4 个白球的方法，并且在挑出它们之后还剩下两种挑出一个白球和两种挑出一个黑球的方法；这样我们从 p_6 就得出 30 个挑出另一个白球和 30 个下一个球是黑球的实例。如果我们有 p_7，那么就有 35 种拿出 4 个白球的方法，并且在拿出它们之后还剩下 3 种拿出一个白球和一种拿出一个黑球的方法；这样我们就有 105 种拿出另一个白球和 35 种拿出一个黑球的方法。如果我们有 p_8，那么就有 70 种拿出 4 个白球的方法，并且在拿出它们之后还有 4 种拿出另一个白球但却没有一种拿出一个黑球的方法；这样我们从 p_8 得到 280 个第 5 个白球和没有黑球的实例。加在一起，我们就有 5 + 30 + 105 + 280 即 420 个第 5 个球是白球和 4 + 15 + 30 + 35 即 84 个第 5 个球是黑球的实例。所以白球所占的优势是 420 比 84，即 5 比 1；这就是说，第 5 个球是白球的机会是 5/6。

我们已经挑中都是白球的口袋的机会，是从这个口袋挑出 4 个白球的方法数除以挑出 4 个白球的方法的总数所得的比值。我们已经看到前一个数是 70；后一个数是 1 + 5 + 15 + 35 + 70，即 126。所以机会是 70/126，即 5/9。

这两种结果都和拉普拉斯的公式相符合。

让我们再举一个数字的例子：假定有 10 个球，已经拿出其中 5 个并且发现都是白球。那么 p_{10} 即我们挑中只有白球的口袋的机会是多少？下一个球是白球的机会又是多少？

p_r 可能有的方法数；	在 p_r 的条件下，	挑中另一个白球的方法数，	挑中一个黑球的方法数
p_5　1　；	在 p_5 的条件下，	0	5
p_6　6　；	在 p_6 的条件下，	1	4
p_7　21　；	在 p_7 的条件下，	2	3
p_8　56　；	在 p_8 的条件下，	3	2
p_9　126　；	在 p_9 的条件下，	4	1
p_{10}　252　；	在 p_{10} 的条件下，	5	0

这样 p_{10} 的机会就是 252/(1+6+21+56+126+252)，即 252/462， 356
亦即 6/11。

下一个球是白球的方法有

6+21×2+56×3+126×4+252×5，即 1980 个，

而下一个球是黑球的方法有

5+4×6+3×21+2×56+126，即 330 个。

所以白球所占的优势是 1980 比 330，即 6 比 1，因而挑出另一个白球的机会是 6/7。这又和拉普拉斯的公式相符合。

现在让我们看一看伯诺利的大数定律。我们可以具体说明如下：假定我们抛掷 n 次钱币，每出一次正面写上 1，每出一次反面写上 2，这样就形成许多 n 位数。我们将假定每个可能的序列只出现一次。这样如果 $n=2$，我们就有 4 个数，11，12，21，22；如果 $n=3$，我们就有 8 个数，111，112，121，122，211，212，221，222；如果 $n=4$，我们就有 16 个数，1111，1112，1121，1122，1211，1212，1221，1222，2111，2112，2121，2122，2211，2212，2221，2222；以此类推。就上面表中最后一项来看，我们看出

四位都是 1 的有 1 个数，
三位是 1 和一位是 2 的有 4 个数，
两位是 1 和两位是 2 的有 6 个数，
一位是 1 和三位是 2 的有 4 个数，
四位都是 2 的有 1 个数。

1,4,6,4,1 这些数是 $(a+b)^4$ 中的系数。不难证明，与 n 位数相对应的数是 $(a+b)^n$ 中的系数。伯诺利定理的全部意义在于如果 n 大，那么接近中间的系数的和就几乎等于所有系数的和（后者等于 2^n）。这样如果我们在大量抛掷当中把所有可能的正反面系列都算进来，其中绝大多数情况下两者都几乎相等；另外随着抛掷次数的增加，大多数情况数和接近程度也随着无限增加。

尽管伯诺利定理比起上面包含对于相等概然性进行抉择的说法更为一般和确切，就我们现在的“概率”的定义来说，它却可以按照类似上面的方式来加以解释。这是一件事实，即如果我们写
357 出全部由不是 1 就是 2 组成的 100 位数，那么大约有四分之一包含 49 位或 50 位或 51 位是 1 的数，有接近半数包含 48 位或 49 位或 50 位或 51 位或 52 位是 1 的数，半数以上包含 47 到 51 位是 1 的数，大约四分之三包含 46 到 54 位是 1 的数。随着位数的增加，1 和 2 几乎平均出现的数目占压倒优势的实例也就随着增加。

为什么这件纯属逻辑的事实被我们当成适当的理由，使我们在抛掷许多次钱币时期待着事实上得到的几乎数目相等的正反面，那就是一个不同的问题，其中除了涉及逻辑定律之外还涉及自然律。我现在提到它的目的只在于强调我现在不讨论这个问题。

我想强调在上面的解释中没有谈到可能性，也没有谈到实际上涉及无知的问题。这里只是计算一下 B 类的分子数目并确定它们当中同时属于 A 类的比例数。

有时人们认为我们需要一个等概率公理——例如说出正面和反面的概率相等。如果这指它们事实上出现的频率接近相等，那么这个假定对于数学的概率论就不是必要的，因为后者本身并不研究实际的事件。

现在让我们看一下有限频率的定义对于那些看来也许出了它的范围的一些概然性实例的可能的应用。

首先，这个定义在什么条件下可以扩展到无限集合？因为我们已经把概率定义为一个分数，并且因为分数在分子和分母为无限时无意义，所以只有在有某种趋近一个极限的方法时才能扩展这个定义的范围。这就要求我们要对之计算 a 为 b 的概率的那些 a 形成一个系列，事实是一个级数，以便把它们表示为 a_1，a_2，a_3，……a_n，……，这里对于每个有限整数 n 来说都有一个与之对应的 a_n，反过来说也是一样。这时我们就可以用“p_n”表示到 a_n 为止所有 a 属于 b 的比例数。如果在 n 增加时，p_n 趋近一个极限，我们就可以把这个极限定义为一个 a 将成为一个 b 的概率[①]。可是我们还必须把 p_n 的值围绕极限摆动的情况与 p_n 只从一方面趋近极限的情况区别开来。如果我们反复抛掷一块钱币，出正面的次 358
数有时会超过总数的一半，有时又少于总数的一半；这样 p_n 就围

① 这个极限要依靠 a 的顺序，因此它是在把 a 当作系列而不是当作类的情况下从属于 a 的。

绕 1/2 这个极限来摆动。但是如果我们估计到 n 为止的质数的比例数,这就是只从一方面趋近极限:对于任何有限的 n 来说,p_n 是一个确定的正分数,这个正分数在 n 的值大的情况下接近于 1/log n。现在当 n 无限增加时,1/log n 趋近于零。这样质数的比例数趋近于零,但是我们不能说"任何整数都不是质数";我们可以说一个整数为质数的机会无限小,但却不是零。显然一个整数为质数的机会比它,比方说,既是奇数又是偶数的机会要大,尽管这种机会小于任何不管怎样小的有限分数。我认为当一个 a 为一个 b 的机会严格说等于零时,我们就可以推论出"任何 a 都不是一个 b",但是当这种机会无限小时,我们却不能作出这种推论。

我们可以看到除非我们对于自然的进程作出某种假定,我们就不能在处理一个用经验的方法得到定义的系列时使用趋近极限的方法。例如,如果我们反复抛掷一块钱币,在进行过程中我们发现出正面的数不断趋近 1/2 这个极限,这并不能使我们假定这就是在我们能使我们的系列变为无限系列时的真正极限。举例说,可能有这种情况:如果 n 是抛掷的次数,出正面的比例数严格说并不接近 1/2 而是接近

$$\frac{1}{2}+\frac{1}{4}\sin^2\frac{n}{N},$$

其中 N 是一个大数,大大超过我们在具体实验中所能得出的任何数。在这种情况下,我们的归纳会在我们正在认为它们已经巩固建立起来的时候就开始被经验界的证据所否定。或者可能发生这样的情况:对于任何经验界的系列来说,经过一段时间,这个系列就变成毫无规律,在任何意义上说也不再趋近一个极限。那么,如

果上面所说的扩展到无限系列的范围可以用在经验界的系列身上的话，我们就将要祈求某种归纳的原理。没有这个公理，我们就没有理由期待这样一个系列的后面部分继续为前面部分所遵守的定律提供例证。

在通常的经验界的概然性的判断中，例如天气预报中所包含的概然性的判断，有着结合在一起需要分开的不同因素。最简单的假设——为了举例说明已经把它过分简单化了——就是观察到 359
某种预兆，而在这种预兆之后就以前观察过的比方说百分之九十的实例来说都下雨。在这种情况下，如果归纳论证和演绎论证同样确实可靠，我们就会说“下雨有百分之九十的概率”。这就是说，现在这个时刻属于某一个类（由所说的出现预兆的时刻组成），其中百分之九十是下雨以前的时刻。这是我们刚刚研究过的数学意义上的概率。但是使我们不能确定是否将要下雨的因素并不只是这一点。我们对于这种推论的正确性也还不能肯定；我们对于将来十次中有九次在出现所说的预兆之后下雨这一点也感到没有把握。这种怀疑可能有两种，一种是科学的，另一种是哲学的。我们可能一方面保留对于一般科学程序的充分信赖，一方面感到在这种情况下数据太少不能保证进行一次归纳，或者感到没有足够仔细地消掉其他也可以出现和可能作为更为常见的雨的预兆的一些条件。或者气象记录也可能不大可靠：记录可能让雨淋坏，或者让一个不久就被鉴定精神失常的人弄得无法辨认。这类怀疑是在科学程序范围之内的事情，但是也存在休谟提出的那些怀疑：归纳方法是正确的吗？或者它只是一种使我们感到舒适的习惯？这些理由当中任何一个或全部都可能使我们对于由于我们

的证据才使得我们相信的百分之九十的下雨机会感到没有把握。

我们在这类实例中遇到了等级不同的概率。第一级是:天大概会下雨。第二级是:我看到的预兆是大概会下雨的信号。第三级是:大概某些种类的事件使得某些将来的事件具有概然性。在这三个等级中,第一级是常识所说的概然性,第二级是科学中的概然性,第三级是哲学上的概然性。

在第一阶段中,我们已经观察到迄今为止十次中有九次 B 跟随 A 而发生;所以在过去 A 使得 B 具有有限频率意义下的概然性。在这个阶段我们不假思索就假定我们可以预料将来也会发生同样的事情。

360 在第二阶段中,即使不怀疑从过去推论出将来的一般可能性,我们也认识到这类推论应该受到某些保障,比方说穆勒的四种方法。我们还认识到即使按照最好的规则行事,归纳也不是总能证实的。但是我认为我们的方法仍然可以纳入有限频率说的范围之内。我们在过去已经作过一些归纳,有些作得比较仔细,有些则较差。在那些按照某种方法作出的归纳当中,到现在为止已经有一部分 p 得到了证实;所以到现在为止这种方法已经对于它所许可的那些归纳赋予概率 p。科学方法大部分是由一些法则组成,通过这些法则我们可以使 p(由过去归纳的过去结果所证明的)更加接近于 1。所有这些仍然未出有限频率的范围,但是现在归纳却是我们估量频率的单独项目。

这就是说,我们有 A 和 B 两个类,其中 A 由按照某些规则完成的归纳组成,B 由为迄今为止的经验所证实的归纳组成。如果 n 是 A 的分子数,m 是 A 和 B 的共同分子数,那么 m/n 就是按照上面的规则进行的一次归纳将具有的产生迄今所得到的那些在可以证实的情况下为真的结果的机会。

在这样说的时候，我们并没有使用归纳法；我们只是描述自然进程的一个已经被观察到的特点。可是我们已经发现任何关于科学程序所提出的规则的优越性（直到现在为止）的标准，并且我们已经发现这个标准就在有限频率说的范围之内。唯一新鲜的地方就是我们现在所用的单位是归纳，而不是单独的事件。我们把归纳当作发生的事件，而且只有那些实际发生的事件才可以当作A类的分子。

但是一旦我们主张一个迄今已被证实的归纳将要，或者大概将要被证实，或者主张迄今已经提供大量迄今已被证实的归纳的那些程序法则将来也很可能提供大量已被证实的归纳，我们就越过了有限频率说的范围，因为我们是在处理数目未知的类。数学 361
的概率论，和一切纯粹数学一样，尽管给我们知识，却不能（至少就一种重要的意义来说）给我们任何新的知识；另一方面，归纳则确能给我们某种新的东西，唯一的怀疑是它所给的东西是否是知识。

到现在我还不想批判地去考察归纳；我只想说清楚归纳不能纳入有限频率说的范围，即使通过把一个特殊归纳看成一类归纳中的一个这种办法也做不到这一点，因为检验过的归纳只能为一个迄今尚未检验过的归纳提供有利的*归纳*证据。那么，如果我们说那种归纳正确有效的原理具有“概然性”，我们所说的“概然性”这个词的意思就不同于有限频率说中所说的“概然性”的意思；我认为我们所说的“概然性”的意思一定就是我们说过的“可信的程度”。

我总认为如果我们假定了归纳，或者任何我们认为可以代替归纳的公设，那么所有精确的和可以度量的概率就都可以解释为有限频率。举例说，假如我说“很可能有过佐罗亚斯德这个人”。为了证实这个陈述，我将首先考虑在他这个事例上大家公认的证据，然后找出已知真实或虚妄的类似的证据。这种概然性所依靠的类不是存在的或不存在的先知的类，因为把不存在的先知包括在内就使得这个类变得内容有些含糊不清；这种概然性也不能只依靠存在的先知这一类，因为有关宏旨的问题乃是佐罗亚斯德是否属于这一类。我们将要采取的步骤如下：就佐罗亚斯德这个事例来说，有属于某一类 A 的证据；在所有属于这一类并且可以检验的证据当中，我们发现一部分 p 是真实的；因此我们通过归纳推论出有一种概然性 p 有利于佐罗亚斯德事例中的相似证据。这样频率加上归纳就包括了概然性的这种用法。

或者假定我们像巴特勒主教那样，说“宇宙大概是造物主精心策划的结果”。这里我们是从类似表蕴涵表匠这一类的次要论证来开始的。中国有一种大理石，这种大理石有时碰巧能产生类
362 似艺术家绘成的图画；我就曾经见过最令人感到惊奇的一些实例。但是这种情况太罕见了，所以在我们看见一张图画的时候，我们有理由以很大的概然性（在假定归纳的情况下）推论出一个艺术家来。那位当主教的逻辑学家所能做的，像他用他的书名来强调的那样，只是证明这种类推；我们认为这是可以怀疑的，但却不能纳入数学的概率论中去。

因此，到现在为止，看来可疑性和数学的概率——后者是就有

限频率的意思来讲的——是自然律和逻辑法则之外唯一需要的概念。可是这个结论只是暂时性的。在我们还没有考察某些另外提出来的“概然性”的定义之前，我们是不能说出什么确定的意见的。

第四章 米西斯—莱新巴哈的频率说

两个当时住在君士坦丁的德国教授所写的两本重要的书以不同于上章所用的方式提出了关于概率的频率解释。①

莱新巴哈的著作是米西斯著作的发展，在各个方面都是同一理论的更好的说明。因此我将只讨论莱新巴哈的著作。

莱新巴哈在列举出概率计算的公理之后，他就提出一种看来是由于见到统计上的相互关联而想出的解释。他假定两个级数
$(x_1, x_2, \cdots\cdots x_n, \cdots\cdots)$，$(y_1, y_2, \cdots\cdots y_n, \cdots\cdots)$，以及 O 和 P 两个 363
类。有些 x 或者所有 x 属于 O 类；莱新巴哈感兴趣的问题是：与 x 相对应的 y 属于 P 类的频率是多少？

举例来说，假定你在研究一位丈夫是否因为他的太太唠叨不休而想自杀的问题。就这个事例来说，x 都是妻子，y 都是丈夫，O 类由唠叨不休的人组成，P 类由自杀的人组成。然后已知一个妻子属于 O 类，我们的问题是：她的丈夫属于 P 类的频率是多少？

让我们看一看两个系列中各自由前 n 项组成的部分。假定在

---

① 理查德·冯·米西斯《概率、统计与真理》第二版，维也纳，1936（第一版，1928）。汉斯·莱新巴哈《概率论》，来登，1935。并参看后者的《经验与预见》，1938。

前 n 个 x 当中,有 a 项属于 O 类,并且假定这些当中有 b 项使得与 x 相对应的 y 属于 P 类。(与 x 相对应的 y 和 x 具有相同的下标。)这样我们说在从 x_1 到 x_n 的整个部分中 O 和 P 的“相对频率”是 b/a。[如果所有 x 都属于 O 类,那么 $a=n$,而相对频率就是 b/n。]我们用“H_n(O,P)”来表示这种相对频率。

我们现在进一步给“P 在已知 O 的条件下的概率”下定义,这个概率我们用“W(O,P)”来表示。这个定义是:W(O,P)是当 n 无限增大时 H_n(O,P)的极限。

我们使用一点数理逻辑就可以使这个定义大大简化。首先,两个系列是不必要的。因为我们假定两个系列都是级数,因而在它们的项目之间存在着某种构成一一对应关系的东西。如果这叫作 S,那么说某一个 y 属于一个 P 类就等于说与它对应的 x 属于那个由对于 P 的分子当中某一个分子具有 S 关系的项目所组成的类。例如,设 S 是妻子对于丈夫的关系;如果 y 是一个结过婚的人,并且 x 是他的妻子,那么 y 是一个政府官员这句话在并且只有在 x 是一个政府官员的妻子的情况下才为真。

其次,承认不是所有的 x 都属于 O 类这种情况并没有什么好处。这个定义只有在无限数目的 x 属于 O 类的情况下才是适当的;在这种情况下,那些属于 O 类的 x 形成一个级数,而我们就可以把其他剩下的部分忘记。这样如果我们换用下面的说法,我们就把莱新巴哈的定义中最重要的部分保留下来:

设 Q 为一个级数,a 是某个类,就 a 当中重要的实例来说,在
364 Q 这个系列中存在着比任何已知分子还要靠后的分子。设 m 为 α 的分子在 Q 的前 n 个分子当中的数目。那么我们把 W(Q,α)定

义为当 n 无限增大时 m/n 的极限。

也许是由于疏忽，从莱新巴哈的说法来看，好像概率的概念只适用于级数，而完全不适用于有限类。我认为这并不是他的本意。举例来说，人类是一个有限类，并且我们愿意在生死统计上使用概率，而完全按照定义的说法是不能做到这一点的。作为一件心理事实来看，当莱新巴哈说到 n = 无限大时的极限的时候，他是把极限当作某个只要在 n 从经验观点上看是大的情况下就可以非常接近的数，即是说只要在 n 与我们的观察手段所能达到的最大限度相距不远的情况下。他有一个公理或者公设，意思是说就每个大的可以观察的 n 来说，如果存在着这样一个数，那么它就接近等于 n = 无限大时的极限。这是一个很别扭的定义，不仅因为它是随意规定的，而且还因为我们所研究的纯粹数学范围以外的大多数系列都不是无限系列；我们确实可以怀疑它们当中任何一个是否存在。我们习惯于假定时空是连续的，这就蕴涵着无限系列的存在；但是这种假定除了为了数学上的方便而外是没有任何基础的。

为了使莱新巴哈的理论变得尽可能适用，我将假定就有限系列的范围而论，上一章所给的定义可以保留，而新的定义只是为了使我们能把概率用于无限系列而作的一种扩充。这样他的 H_n(O，P) 就将是一种概率，但却是一种只能应用于系列的前 n 项的概率。

作为他的归纳形式，莱新巴哈假定了大体如下的公设：假定我们已经对于 O 和 P 的相互关联作过 N 次观察，使得我们对于直到 n = N 为止所有 n 的值都能计算出 H_n(O，P)，并且假定对于整个后一半 n 的值来说，H_n(O，P) 与某一分数 P 相差永远小于 ε，这里

ε 是很小的数。然后我们将假定不管我们怎样增大 n，$H_n(O,P)$ 将仍然不超出这些狭窄的界限，因而作为 n = 无限大时的极限的 W(O,P) 也不会超出这些界限。如果没有这个假定，关于 n = 无
365 限时的极限我们也就不会有任何经验上的证据，而专为了它们才作出这个定义的那些概率也就一定完全不能被人认识。

面对着上面所说的困难，人们可以为莱新巴哈的理论提出两点辩护理由。第一，他可能认为假定 n 无限接近无限大并不必要；就所有实际用途来说，只要 n 可以变得非常大就够了。比方说假定我们在研究生死统计。保险公司并不关心再过一万年之后生死统计上所发生的变化；它所关心的最多不过是今后一百年的事。在我们已经积累统计结果之后，如果我们假定直到我们掌握了十倍于目前的数据之前，频率将大体保持不变，这就足以应付所有实际的需要。莱新巴哈可能说当他说到无限大时，他用的是一种方便的数学速记，意思只表示“这个系列中我们一直还没有研究过的一大部分”。他也许说，这种情况极其类似用经验方法确定速度的情况。从理论上讲，一个速度只有在可测量的空间和时间的微小性没有限度的条件下才可以确定；从实用上讲，因为不存在这样的极限，我们也就从来不能知道在一个瞬间哪怕是近似的速度。诚然我们可以相当准确地知道一小段时间内的平均速度。但是即使我们假定连续性的公设，通过比方说一秒钟的平均速度我们也绝对得不到关于这一秒钟的一个特定瞬间的速度的任何知识。一切运动也许可能都是由为一些无限速度的瞬间所隔开的静止时间所组成的。如果我们不依靠这种极端的假说，即使我们假定数学意义上的连续性，任何一个瞬间的有限速度都可以与一段一定时

间内任何有限平均速度不相抵触，不管包括这个瞬间的这段有限时间怎样短暂。可是就实际用途来说，这并没有什么关系。除了类似爆炸的少数现象外，如果我们认为通过一段很短可测量时间所得到的任何瞬间速度近似于那段时间的平均速度，那么我们就会发现物理学的定律是能够证实的。因此我们可以把“瞬间速度”当作为了方便而想出来的数学上的虚构。

同样，莱新巴哈可能说，当他说到在 n 为无限时一个频率的极限的时候，他所指的只是在很大的数目下实际的频率，或者不如说 366
具有很小限度误差的这种频率。无限大和无限小是同样不能观察的，因而（他可能说）对于经验科学来说是同样无关宏旨的。

我愿意承认这个答案的正确性。我只因为莱新巴哈的书没有明确地把这一点讲出来而感到惋惜；但是我却认为他心里一定是这样想的。

有利于他的学说的第二个论点就是它正好适用于我们愿意对之应用概率论证的那些实例。当我们关于某一将来事件具有某些数据，但却不足以确定这个事件在我们感兴趣的方面所具有的特性时，我们就愿意使用这些论证。比方说，我的死亡是一个将来的事件，并且如果我去保寿险，我就可能想知道关于我可能死在某一特定年份存在着什么证据。就这样的实例来说，我们总有许多记录在一个系列中的个别事实，并且我们假定我们迄今所发现的那些频率将大体继续下去。或者举赌博为例，这是全部概率产生的来源。我们感兴趣的并不是一次掷两个骰子有 36 种可能的结果这个单纯的事实。我们感兴趣的是这件事实（如果它是事实的话），即在由抛掷组成的一个很长的系列中，这 36 种可能当中每一种可能都有近似相等的实现次数。这是一件不能仅从 36 种可能的存在推论出来的事实。当你遇到一个生人的时候,恰好有着两种可能:一方面,他可能是埃本尼兹·威尔克斯·史密斯;另一方面,他可能不是。但是在我漫长的一生中,我遇到过许多生人,我发现前一种只实现过一次。纯粹数学中的概率论只列举可能的事例,除非我们知道每种可能的事例发生的频率近似相等,或者以某种已知频率发生,否则这种理论就没有实用上的好处。如果我们研究的是事件,而不是一个逻辑图式,那就只能通过实际统计才能知道,而我们可以说实际统计的应用一定要大体按照莱新巴哈的理论来进行。

我也将只是暂时承认这种论证;将来我们考察归纳的时候,我们将重新研究这种论证。

对于照莱新巴哈所讲的那种理论还有另外一种不同性质的反对意见,这种意见所针对的是他在似乎只需要类的情况下引入了级数。让我们举一个具体的例子来说明:任意选取的一个整数是质数的机会有多少?如果我们按照整数的自然顺序来选取整数,
367 那么照他的定义来说,机会是零;因为如果 n 是一个整数,在 n 为大数时,小于或等于 n 的质数的数目近似于$\frac{n}{\log n}$,所以一个小于 n 的整数为质数的机会近似于$\frac{1}{\log n}$,而在 n 无限增大时$\frac{1}{\log n}$的极限为零。但是现在假定我们按照下面的方式重新排列整数:先排好前 9 个质数,然后排上第一个不是质数的数,再排好下 9 个质数,然后排上第二个不是质数的数,这样一直无限地排下去。当整数

按照这种顺序排好之后，莱新巴哈的定义表明任意选取的一个数目为质数的机会是9/10。我们甚至能把整数安排得使一个数目不为质数的机会为零。为了得到这个结果，先排第一个非质数——即4——然后再在第 n 个非质数的后面排上已经排好的质数以后的 n 个质数；这个级数的开始是：4，1，6，2，3，8，5，7，11，9，13，17，19，23，10，29，31，37，41，43，12，……。在这个排列中，在第 $(n+1)$ 个非质数之前将有 n 个非质数和 $\frac{1}{2}n(n+1)$ 个质数；这样随着 n 的增大，非质数的数目与质数的数目之比就趋近于0，而以0为极限。

从这个具体例子来看，显然如果我们接受莱新巴哈的定义，同时已知任何一个具有与自然数项数相同的类A，并且已知任何一个无限子类B，那么一个任意选取的A为一个B的机会将为0到1之间的任何数（包括0和1在内），这要看我们选择的把B分配在A中的方式来决定。

由此可以看出，如果要把概率应用到无限集合上来，它一定适用于级数而不适用于类。这一点看来似乎有些奇怪。

诚然，就经验界的数据来讲，这些数据都是按照时间顺序出现的，因而也就构成一个系列。如果我们愿意假定将有无限多个我们正在研究的那种事件出现，那么我们也能确定我们的概率定义只适用于按照时间序列排好的事件。但是在纯粹数学的范围之外，我们还不知道有什么无限级数，并且就我们所能得出的判断来讲，大多数系列都是有限的。一个六十岁的人死于癌症的机会是 368
多少？显然我们可以计算这种结果，而无须假定在时间终结之前死于癌症的人数为无限大。但是照字面的解释来看，莱新巴哈的定义认为这是不可能的。

如果概率依靠按照时间顺序而不是按照其他可能的顺序来排列事件，那么概率就不能成为逻辑的一个分支，而必须是关于自然过程研究的一部分。这并不是莱新巴哈的看法；相反，他认为一切真正的逻辑都是概然逻辑，并且古典的逻辑的错误就在于把命题分为真伪两种，而不是把命题当作具有这种或那种程度概率的东西。所以他本来无须引入像时间这类现实世界中偶然性的特点，只用抽象的逻辑说法就能够叙述概率论中最基本的内容。

那种把概率当作统计的看法与莱新巴哈也在主张的那种认为一切命题由于缺少必然性而只具有不同程度的概然性的看法是很难结合在一起的。困难在于我们似乎陷入了无尽止的后退。假定我们说一个得瘟病的人死于这种病这句话带有概然性。这样说的意思是如果我们能够说出从最早的时代直到人类灭亡所有患瘟病的人所组成的系列，我们就将发现他们当中有半数以上死于这种病。因为将来和大部分过去都没有记载，我们就假定记载的情况是较好的样本。但是现在我们要记住我们的全部知识都只有概然性；所以如果我们在编写统计时发现记载上写着某甲得瘟病而死，我们一定不能把这个项目当作具有必然性而只能当作具有概然性的东西。为了发现它的概然性有多大，我们必须把它包括在一个系列中，比方说官方的死亡证明书中，而且我们必须找出某种方法确定死亡证明书有多大一部分是正确的。这里我们的统计中将有一个项目是："布朗先生经过官方鉴定已经死亡，但是后来发现他仍然活着。"但是这句话又只能具有概然性，所以一定是记载的官方错误所组成的系列中的一个错误，这些错误之中有些后来发现并不是错误。这就是说我们必须收集人们错误地相信一个已被鉴定死亡的人后来却发现仍然活着的实例。这个过程永远也不会完结，如果我们的全部知识只具有概然性，并且概率又只是统计结果
的话。如果我们想避免无尽止的后退，并且如果我们的全部知识 369
只能具有概然性，那么我们就必须把“概然性”解释为“可信度”，并且必须通过统计以外的方法来计算。统计上的概率只能在真正的或假定的必然性的基础上来计算。

我将在谈到归纳时再来讲莱新巴哈。目前我想讲清楚我个人关于数学的概率与自然的进程之间的关联的看法。让我们就伯诺利的大数定律的一个实例进行具体说明，选择的是可能有的最简单情况。我们已经看到如果我们列出由 n 个不是 1 就是 2 的个位数组成的所有可能有的整数，那么如果 n 大的话——比方说不小于 1000——可能出现的整数中有极大多数会具有相同数目的 1 和 2。这只是下面这个事实的一个应用，即在 $(x+y)^n$ 的二项展开式中当 n 大时靠近中间的系数的和接近所有系数的和，这个和就是 2^n。但是这和如果我常常抛掷钱币我将得到出正面和出反面的数目大概会相等这个说法又有什么关系？一个是一件逻辑事实，而另一个则显然是一件经验的事实；它们之间的关联是什么？

就“概然性”的某些解释来说，一个包括“概然性”这个词在内的命题永远不能成为一个经验命题。人们承认不大可能的事可能发生，而可能的事却可能不发生。由此可以看出：实际发生的事并不说明先前一个概然性的判断是对还是错；每个可以想象的事件进程在逻辑上都可以和每个可以想象的事前的概然性估计不相冲突。否定这一点只能通过我们主张很少可能的事不会发生，而这

一点正是我们没有权利来主张的。特别是如果归纳只断言概然性，那么不管发生的是什么事都可以和归纳的真和伪同时存在。所以归纳原理并没有经验的内容。这是一种归谬证法，表明我们必须把具有概然性的事情和实际发生的情况结合得比我们有时做的更为紧密。

如果我们坚持有限频率说——直到现在我还没有发现不这样做的理由——我们将说如果我们已知“a 是一个 B”而断言“a 是一个 A”具有概然性，那么我们的意思是说事实上 B 的大多数分
370 子是 A 的分子。这是一个关于事实的命题，而不是一个关于 a 的命题。并且如果我说一个归纳论证（经过适当方式表达和限制之后）使其结论带有概然性，我的意思是说它是一类论证当中的一个，这类论证中大多数具有真的结论。

现在如果我说钱币出正面的机会是一半，那么这句话可能表示的意思是什么？首先，如果这句话为真，这就是一件经验的事实；从这件事实不能得出抛掷钱币只有出正面和出反面两种可能性的结论。如果能够这样，我们就能推论出一个生人叫作埃本尼兹·威尔克斯·史密斯的机会是一半，因为只有两种可能的选择，即他叫这个名字或者不叫这个名字。就某些钱币来说，出正面的次数多于出反面的次数；就另外一些钱币来说，出反面的次数多于出正面的次数。如果我不确指某个钱币而说出正面的机会是一半，那么我的话的意思是什么？

我的断言，同其他一切自认具有数学的精确性的关于经验的断言一样，一定只是近似性质的。我说一个人的身高是 6 英尺 1 英寸，我说这话时已经打出了误差范围；即使我发誓来说这句话，

我也不会因为后来发现我的说法与实际相差百分之一英寸而犯伪誓的罪。同样，如果发现 0.500001 比我把钱币出正面的机会估计为 0.5 更为精确，我也不会被人认为是说了谎话。可是是否有任何证据能让我认为 0.500001 比 0.5 要好，这却值得怀疑。在概率问题上，像在其他问题上一样，我们也是采用接近符合事实的最简单的假设。比方说拿落体定律来讲。伽利略作了一定次数的观察，这些观察大体符合 $s = \frac{1}{2}gt^2$ 这个公式。没有疑问他可能发现过一个函数 $f(t)$ 使得 $s = f(t)$ 更加精确地符合他的观察，但是他却宁愿要一个简单的足以符合观察的公式①。同样，如果我抛掷钱币 2000 次，出正面的次数是 999 次，而出反面的次数是 1001，我就可以把出正面的机会看成一半。但是我用这句话所表示的精确意思到底是什么？

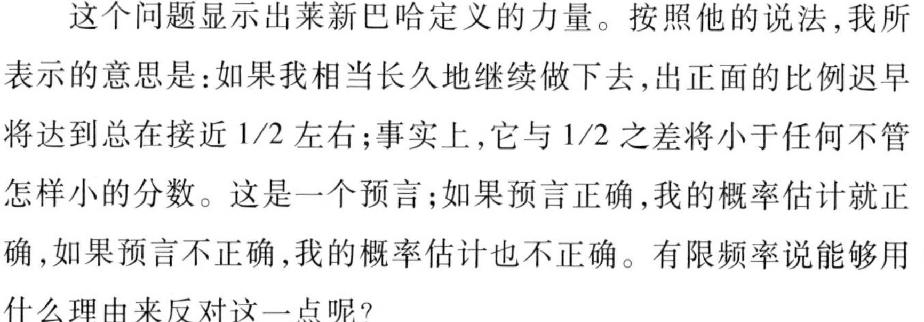
这个问题显示出莱新巴哈定义的力量。按照他的说法，我所表示的意思是：如果我相当长久地继续做下去，出正面的比例迟早将达到总在接近 1/2 左右；事实上，它与 1/2 之差将小于任何不管怎样小的分数。这是一个预言；如果预言正确，我的概率估计就正确，如果预言不正确，我的概率估计也不正确。有限频率说能够用 371
什么理由来反对这一点呢？

我们必须把概率*是*多少与概率*可能*是多少区别开来。关于概率是多少的问题，这要决定于我们正在研究的抛掷的类。如果我们是在研究抛掷一个特指的钱币，那么如果在钱币的整个存在期间，这个钱币在全部 n 次抛掷当中将出 m 次正面，则该钱币出正

---

① 参看杰弗雷著《概率论》和《科学推论》。

面的概率就是 m/n。如果我们是在研究一般的钱币，那么 n 就将是在世界历史的全部过去和将来中抛掷钱币的总数，而 m 就将是抛掷钱币将出正面的数目。为了不让问题的范围铺得太大，我们可以只研究本年内英格兰抛掷钱币的数目，或者只研究从事概率研究的人所列出的抛掷钱币的数目。在所有这些实例中，m 和 n 是有限数，而 m/n 是在这些已知条件下出正面的概率。

但是上面所说的概率没有一种是已知的。我们因此必须对它们作出估计，这就是说，找出某种确定它们**大概**是多少的方法。如果我们要坚持有限频率说，这将表示我们的出正面和出反面的系列一定是某些有限类的系列之一，并且我们必须具有关于整个这一类的有用知识。我们将假定人们已经观察到在由某个特指的钱币的 10,000 次或更多次抛掷所组成的每一个系列中，在第 5000 次抛掷以后出正面的比例相差不会超过 2ε，这里 ε 是很小的数。然后我们就可以说：就每个观察到的实例来说，某个特指的钱币在第 5000 次抛掷以后出正面的比例总在 $p-\varepsilon$ 和 $p+\varepsilon$ 之间，这里 p 是决定于钱币的一个常数。从这个实例推论到一个尚未观察到的实例是归纳的问题。如果使这个推论正确，我们将需要一个公理，即（在某些外界条件下）在所有观察到的实例中出现的一个特点在所有实例的很大一部分中也将出现；或者我们至少需要某个可以导出这种结论的公理。然后我们就能够从观察到的频率推论出可能出现的概率，按照有限频率说来解释概率。

上面所说的只是一种理论的大意。根据我所主张的理论，我
372 想强调的要点是：每个概率叙述（与仅属可疑的陈述相对而言）都是关于一个系列中某一部分的**事实**叙述。特别是不管归纳原则是

真还是伪，它都要断言作为一件事实来看，某些种类的大多数系列从始至终都具有一种特点，在这个系列的大量连续的项目中都有这种特点出现。如果这是事实，归纳论证就可能产生概率；如果不是事实，归纳论证就不能产生概率。我现在不是探讨我们怎样知道它是否是一件事实；这是我要留到我们所从事的研究的最后部分来谈的一个问题。

在上面的讨论中，我们将看到我们已经在许多论点上与莱新巴哈取得一致的意见，同时却一直不同意他给概率所下的定义。我对于他的定义所抱的主要反对意见是这个定义所依靠的频率是假言性质的和永远不能确定的。我同他的分歧还在于我比他更明确地把概然性和可疑性区别开来，以及我认为与必然逻辑相对的概然逻辑从逻辑上讲并不是最基本的东西。

第五章　凯恩斯的概率论

凯恩斯的《概率论》（1921）提出了从某种意义上讲与频率说正好相反的一种理论。他主张演绎中所用的那种关系，即“p 蕴涵 q”是一种也许可以叫作“p 多少蕴涵 q”的关系的极端形式。“如果关于 h 的一种知识”，他说，“证实一个具有 α 程度的对于 a 的合理信念，我们就说在 a 和 h 之间存在着一种具有 α 程度的概率关系”。我们把这种关系写成：“$a/h=\alpha$”。“在两组命题之间存在着一种关系，凭借这种关系，如果我们知道了第一组命题，我们就可以把某种程度的合理信念加给后一组命题。”概率基本上是一种关系：“说‘b 是可能的’和说‘b 等于’或‘b 大于’是同样没有用

373 处的。”我们可以从“a”和“a 蕴涵 b”得出“b”的结论；这就是说，我们可以完全不谈前提而只肯定结论。但是如果 a 对于 b 的关系使得关于 a 的一种知识把对于 b 的一种概然的信念变得合理化，我们就不能对于与 a 无关的 b 做出任何结论；没有任何相当于证明推理中废除一个真的前提的东西。

按照凯恩斯的说法，概率是一种逻辑关系，这种关系也许只有用合理信念的程度的说法才能得出定义。但是从总的方面看来，凯恩斯却倾向于用概率关系的说法来给“合理信念的程度”下定义。他说合理的信念是从知识得来的：我们对于 p 有 α 程度的合理信念，这是因为我们知道某个命题 h 并且还知道 $p/h = \alpha$。由此可以看出具有“$p/h = \alpha$”这种形式的某些命题一定在我们的前提之内。我们的知识一部分是直接得到的，一部分是从论证得到的；我们从论证得到的知识来自具有“p 蕴涵 q”或“$q/p = \alpha$”这种形式的命题的直接知识。在每一个经过充分分析的论证中，我们一定具有关于从前提到结论的关系的直接知识，不管它是蕴涵关系还是某种程度的概率关系。关于 h 和 p/h 的知识引出对于 p 的一种“适当程度的合理信念”。凯恩斯明确地假定一切直接的知识都是必然的，而够不上必然性的合理信念只有在我们觉察到概率关系时才能发生。

按照凯恩斯的说法，一般说来概率是不能以数值来度量的；那些可以用数值来度量的概率是概率中很特殊的一类。他认为一个概率与另外一个概率可能不可以进行比较；换句话说，一个概率可能不大于也不小于，然而又不等于另外一个概率。他甚至认为就已知证据来讲，有时不可能比较 p 和非 p 的概率。他的意思并不是说我们的知识不足以做到这一点；他的意思是说实际上并不存在相等或不相等的关系。他是照下面的几何图式来想象概率的：取两个点，分别代表不可能性的0和必然性的1；然后我们就可以想象可以用数值来度量的那些可能性位于0与1之间的直线上，而其他的概率则位于从0到1之间的不同弯曲路线上。对于同一条路线上的两个概率，我们可以说比较接近于1的较大，但是我们对于在不同路线上的概率却不能进行比较，除非两条路线相交，这种情况也是可能发生的。

像我们已经看到的那样，凯恩斯需要有关概率命题的直接知 374
识。为了在获得这类知识上做出一个起点，他考察并修正了一般所谓的“不充足理由原理”或者按照他的说法“无差别原理”。

就其大意来讲，这个原理说如果没有已知理由选择几种可能当中一种而不是另外一种可能，那么这些可能就是同样可能的。在这种说法下，像他所指出的那样，这个原理产生矛盾。举例说，假定你一点也不知道某一本书的颜色；那么它是蓝色或不是蓝色的机会相等，因而各是1/2。同样它是黑色的机会也是1/2。所以它是蓝色或黑色的机会是1。由此可以得出凡书不是蓝色就是黑色的结论，而这是荒谬的。或者假定我们知道某一个人不是居住在大不列颠就是居住在爱尔兰；我们将把这些作为我们的可能选择，还是将把英格兰、苏格兰和爱尔兰，或者将把每个郡看作具有同样可能的地方？或者如果我们知道某种物质的比重介乎1与3之间，那么我们将把1到2和2到3之间的间隔当作同样可能的比重吗？但是如果我们研究比容，那么1到2/3和2/3到1/3之间的间隔将是我们的自然的选择，这将使比重具有介乎1和3/2

之间或者 3/2 和 3 之间的相等机会。这类悖论可以无限地增多。

凯恩斯并没有因为这个理由而完全抛弃无差别原理；他认为我们可以这样叙述这个原理，使它一方面避免上面所说的各种困难，一方面仍然有用。为了这个目的，他首先给“无关”下定义。

大致说来，一个不改变概率的附加前提是“无关的”；这就是说，如果 $x/h_1h = x/h$，那么 h_1 对于 x 和 h 来说是无关的。例如，一个人的姓以 M 开始这件事实对于他的生死机会来说就是无关的。可是上面的定义多少有些过于简单，因为 h_1 可能由两部分组成，其中一部分增加 x 的概率而另一部分却减少 x 的概率。举例说，一个白种人生存的机会由于居住在热带而减少，但是由于成为一个完全戒酒的人而增加了生存的机会（或者人们是这样说的）。事实可能是在热带居住的完全戒酒的白种人的死亡率跟一般白种人的死亡率一样，但是我们不应当说作为一个居住在热带的完全

375 戒酒的人是无关的事情。所以，我们说 h_1 对于 x/h 来说是无关的，如果 h_1 当中任何一部分都不改变 x 的概率的话。

现在凯恩斯用下面的说法来叙述无差别原理：a 和 b 相对于已知证据的概率是相等的，如果关于 a 的有关证据都说明存在着关于 b 的相应的证据；这就是说，a 和 b 关于这种证据的概率是相等的，如果这种证据关于 a 和 b 是对称的话。

可是这里还要添上一项比较困难的条件。“我们必须把那些事例除外，在它们当中所涉及的各种选择之一本身就是*同一形式*的次一级的各种选择的析取命题。”如果这个条件得到满足，这些选择相对于这种证据来说就叫作*不可分的*。凯恩斯给“可分的”下了下面的正式定义：一个选择 $\varphi(a)$ 相对于证据 h 来说是可分

的，如果已知 h，而“$\varphi(a)$”和“$\varphi(b)$ 或 $\varphi(c)$”意义相等，这里 $\varphi(b)$ 和 $\varphi(c)$ 是不相容的，但当 h 为真时每个都是可能的。这里 $\varphi(a)$，$\varphi(b)$，$\varphi(c)$ 都是同一命题函项的值，这是很重要的一个条件。

这样凯恩斯最后把下面这个原理当作一个公理接受下来，即根据已知证据，如果（1）这种证据关于 a 和 b 是对称的，（2）相对于这种证据来说，$\varphi(a)$ 和 $\varphi(b)$ 是不可分的，那么 $\varphi(a)$ 和 $\varphi(b)$ 就具有相同的概率。

经验主义者对于上面的理论可能提出一个一般性的反对理由。他们也许可能说这个理论所要求的关于概率关系的直接知识显然是不可能的。演绎的证明逻辑——这种论证可能这样说——之所以可能是由于它由重言式组成，由于它只不过是换一下文字来重新叙述我们原来就有的命题。如果它所做的超过了这一点——比方说如果它从“凡人皆有死”推论出“苏格拉底是有死的”，那么它依靠的是关于“苏格拉底”这个词的意义的经验。只有重言式可以不靠经验得知，凯恩斯并没有主张他的概率关系是重言式。那么他的概率关系是怎样得知的？因为显然它们不是从经验得知的，这是按照关于知觉的判断是从经验得知的那种意思来说的；人们也承认概率关系当中有一些并不是推论出来的。因此，如果人们承认的话，概率关系会构成经验主义认为不可能的一种知识。

我对于这个反对理由抱有很大同情，但是我并不认为我们可 376
以认为它具有决定性的意义。如果我们来讨论科学推论的原理，我们就将发现：除非我们具有某种如果照严格意义来讲的经验主义为真就不会有的知识，否则科学就是不可能的。不管怎样，我们

不应当武断地假定经验主义为真，虽然我们努力找寻可以与经验主义相容的关于我们的问题的答案是合理的。因此上面的反对理由不应该让我们完全抛弃凯恩斯的理论，尽管它对于我们接受凯恩斯的理论形成一定的阻力。

关于凯恩斯似乎不曾加以充分注意的一个问题存在着一种困难，即关于前提的概率是否赋予已经成为可能的命题以合理的可信性，并且如果事实是这样的话，又是在什么外界条件下发生的？凯恩斯认为说“很可能有 p”和说“p 等于”或“p 大于”同样没有意义。照他的讲法，没有任何相当于演绎推论中废除一个真的前提的东西。然而他却说如果我们知道 h，并且我们还知道 $p/h=\alpha$，我们就有理由给 p 以“适当程度的合理信念”。但是当我们这样做的时候我们就不再是表示 p 对于 h 的一种关系；我们是在用这种关系来推论出关于 p 的某种情况。我们可以把这种情况叫作“合理的可信性”，并且我们可以说：“p 在 α 程度上是合理可信的。”但是如果使这句话成为关于 p 的一个真的叙述，而无须提到 h，那么 h 就不能是任意规定的。因为假定 $p/h=\alpha$，$p/h'=\alpha'$；假定 h 和 h'都是已知的，我们将给 p 以 α 程度还是 α'程度的合理可信性？就我们知识的任何特定状态来说，这两种答案都不可能同时正确。

如果“概然性是人生的指南”这句话是真理，那么就我们知识的任何特定状态来说，必然有一个概率比任何其他概率都更紧密地与 p 结合在一起，而这个概率对于任意规定的前提来说都不是与之相关的。我们必须说这个概率就是在我们把 h 当作我们的全部有关知识时所得出的概率。我们可以说：已知作为某个人的必然性知识的任何一组命题，并把这组命题的合取命题叫作 h，那么就有许多不是这组命题的分子的命题对这组命题具有概率关系。如果 p 是这样一个命题，并且 $p/h=\alpha$，那么 α 是就那个人来说的属于 p 的合理可信的程度。我们一定不能说如果 h'是所说的那个人所知道的某个真的命题，但不及 h，并且如果 $p/h'=\alpha'$，那么就 377
那个人来说，p 具有可信度 α'；它对于一个可以用 h'表示他的全部有关知识的人来说，将只具有这种可信度。可是这一切凯恩斯无疑是会全部承认的。事实上，反对理由只是针对叙述上的不够严密，而不是针对这个理论的基本要点。

一个更为重要的反对理由是关于我们认识 $p/h=\alpha$ 这类命题的方法。我现在并不是先验地论证我们**不能**认识它们；我只是探讨我们怎样才**能**认识它们。我们可以看到如果我们不能给“概率”下定义，那么就必然有不能证明的概率命题，因此如果我们要承认这些命题，我们就必须把它们当作我们的知识的前提的一部分。这是所有以逻辑方式表达的系统的一个共同特点。每个这类系统必然要从一组未下定义的名词和未加证明的命题开始。显然一个未下定义的名词不能在一个推论出来的命题中出现，除非它已经在未加证明的命题中至少有一个命题中出现过，但是一个下过定义的名词却不需要在任何未加证明的命题中出现。例如，只要人们认为算术中有未下定义的名词，那么就必然也有未加证明的公理：皮阿诺有三个未下定义的名词和五个公理。但是如果我们给数和加法下逻辑的定义，算术就不需要在逻辑的未加证明的命题之外再有什么未加证明的命题。所以就我们所研究的实例来说，如果我们能给“概率”下定义，那么凡是出现这个字眼的命题可能都可以通过推论得出；但是如果不能给它下定义，那么如果我

们想要知道有关它的知识，就必须有一些包含这个字眼的命题，而我们认识这些命题并不需要外来的证据。

凯恩斯拿什么样的命题作为我们概率知识的前提这一点并不十分清楚。我们直接认识具有“$p/h=\alpha$”这种形式的命题吗？如果概率不能以数值计算，那么 α 是什么东西？或者我们只认识等式和不等式，即 $p/h<q/h$ 或者 $p/h=q/h$？我认为后者是凯恩斯的看法。如果这样的话，这门学科的基本事实就是**三个**而不是**两个**命题的关系：我们应该从一种三元关系开始

$$\mathrm{P}(p,q,h),$$

意思是说：在已知 h 的条件下，p 的概率小于 q 的概率。然后我
378 们也许可以说“$p/h=q/h$”的意思是“既不是 $\mathrm{P}(p,q,h)$ 也不是 $\mathrm{P}(q,p,h)$”。我们应当假定当 h 不变时，对于 p 和 q 来说，P 是不对称的和传递的。凯恩斯的无差别原理如果被我们接受的话，它将使我们能够在某些外界条件下证明 $p/h=q/h$。就凯恩斯认为正确的限度来看，概率计算可以在这个基础上建立起来。

上面的等式定义只有在 p/h 和 q/h 可以比较时才能采用；如果（像凯恩斯认为可能那样）其中一个既不大于另一个，而它们又不相等，我们就必须抛弃这个定义。我们可以通过关于两个概率一定可以比较的外界条件的一些公理来解决这个困难。如果它们可以比较，那么它们就位于从 0 到 1 之间的一条路线上。在上面的“$p/h=q/h$”的定义的右边，我们就必须补充说 p/h 和 q/h 是“可以比较的”。

让我们现在重新叙述一下凯恩斯的无差别原理。他所要做的是建立使 $p/h=q/h$ 成立的外界条件。他说这种情况将在两个条

件(充分的但却不是必要的)得到满足的情况下发生。设 p 为 $\varphi(a)$ 并且 q 为 $\varphi(b)$;那么对于 a 和 b 来说,h 一定是对称的,而 $\varphi(a),\varphi(b)$ 一定是“不可分的”。

如果我们说 h 对于 a 和 b 来说是对称的,我们的意思大概是说如果 h 具有 $f(a,b)$ 这种形式,那么

$$f(a,b)=f(b,a)。$$

这种情况特别发生在 $f(a,b)$ 具有 $g(a),g(b)$ 这种形式时,这也就是当 h 提供的关于 α 和 b 的知识是由分立的命题所组成,其中一个命题是关于 α 的而另一个命题是关于 b 的,并且两者都是一个命题函项的值的时候的情况。

我们现在设 $p=\varphi(a),q=\varphi(b),h=f(a,b)$。我们的公理的大意一定是在一种适当的规定条件下,它使得 $\varphi(a)$ 和 $\varphi(b)$ 的交换不产生任何差别。这就得出

$$\varphi(a)/f(a,b)=\varphi(b)/f(a,b),$$

假定 $\varphi(a)$ 和 $\varphi(b)$ 对于 $f(a,b)$ 来说是可以比较的话。这个结果得自这个一般原理

$$\varphi(a)/\psi(a)=\varphi(b)\psi(b);$$

也就是说,这个结果得自这个条件:概率依靠的不是个别主词而是命题函项。顺着这些想法,我们似乎有希望得出也许比凯恩斯的原理更加不证自明的无差别原理的一种形式。

为此让我们研究一下他的不可分性的条件。凯恩斯把“$\varphi(a)$ 379
是不可分的”定义为有两个项目 b 和 c 使得“φa”和“φb”或“φc”具有相同的意义,并且 φb 和 φc 不能同时为真,而 $\varphi b,\varphi c$ 在已知 h 的情况下都是可能的。我认为这并不完全符合他的原意。我认为如

果我们假定 a 和 b 和 c 是类，其中 a 是 b 与 c 的和，我们就更加接近他的原意。在这种情况下，φ 一定是一个以类为其项目的函数。例如，设 a 是靶子上一块面积，分为 b 和 c 两部分。设"φa"是"a 上面被打中的某一点"，并且"ψa"是"a 上面被瞄准的某一点"。那么 ψa 就上面的意义来说就是可分的，并且我们得不出

$$\varphi a/\psi a = \varphi b/\psi b,$$

因为显然 $\varphi a/\psi a$ 大于 $\varphi b/\psi b$。

但是关于我们的前一个条件，即 h 对于 a 和 b 来说应该是对称的，并不是充分的条件这一点我们还不清楚。因为现在 h 包括"b 是 a 的一部分"这个命题，而这个命题并不是对称的。

凯恩斯讨论了 $\varphi a/\psi a = \varphi b/\psi b$ 的条件，并且给我们提供了一个失败的例子，在这个例子中 $\varphi x = x$ 是苏格拉底。就这个实例来说，不管 ψx 可能是什么，

$$\varphi(\text{苏格拉底})/\psi(\text{苏格拉底}) = 1$$

而如果 b 不是苏格拉底，$\varphi b/\psi b = 0$。为了排除这种情况，我立下一条规定，即"φx"一定不包括"a"在内。举一个类似的例子，设 $\varphi x = x$ 杀死 a，$\psi x = x$ 住在英国。那么 $\varphi a/\psi a$ 就是 a 的自杀的可能性，如果 a 是英国人的话，而 $\varphi x/\psi x$ 一般来说就是 a 被某个名叫 x 的英国人所谋害的可能性。显然在多数情况下，$\varphi a/\psi a$ 大于 $\varphi b/\psi b$，因为一个人杀死自己的可能性比杀死另外一个任意选择的人的可能性要大。

这样，最重要的条件看来似乎是"φx"一定不包括"a"或"b"在内。如果这个条件被满足，我就看不出有任何理由得不到

$$\varphi a/\psi a = \varphi b/\psi b。$$

我的结论是，无差别原理真正断言的是命题函项之间而不是命题之间的一种关系。这就是“一次任意的选择”这类说法所表示的意思。这个说法所表示的意思是：我们要把一个项目仅仅当作一个满足某一命题函项的项目；所以我们说的话实际上只是关 380
于命题函项而不是关于命题函项的这个或那个值的。

然而还存在着某种为我们关心的重大问题。已知两个命题函项 φx 和 ψx 之间的一种概率关系，我们可以把这种关系当作 φa 和 ψa 之间的一种关系，只要“φx”和“ψx”不包括“a”在内的话。这是在概率的全部实际应用上一个必要的公理，因为这样一来我们所要研究的问题才是个别的事例。

我的结论是：凯恩斯的概率论的主要*形式*上的缺点在于他把概率当作命题之间而不是命题函项之间的一种关系。我认为应用到命题上面属于这个理论的*用途*而不属于这个理论本身。

第六章　可信度

A. 通论

认为全部人类知识在不同程度上都是可以怀疑的看法是从远古就有的；怀疑论者曾经主张过这种看法，在柏拉图学园的怀疑时期这种看法也流行一时。莎士比亚这样揶揄过最可笑的极端的怀疑主义：

> 不相信星辰是火团，
>
> 不相信太阳的运转。

在他写诗的时候，哥白尼早已对后一句话提出了怀疑，不久以后开普勒和伽利略也提出了更为有力的怀疑理由。前一句是荒谬的，如果“火”是按照化学中所讲的那种意思的话。许多看来无可置
381 疑的事物现在已经被人看出很可能是错误的。科学理论本身随着新的证据的积累而不断发生变化；慎重的科学家对于一种新的科学理论不会再抱有中世纪人们对于托勒密学说所抱的那种信心。

但是尽管我们愿意当作“知识”来看的那种东西的每一部分在某种程度上可能都是可以怀疑的，显然某些事物几乎是确定无疑的，而另外一些事物则是毫无把握的揣测。对于一个有理性的人来说，存在着一个表示不同程度的怀疑的尺度，这个尺度的一端是简单的逻辑和算术上的命题以及知觉判断，另一端则是类似麦西尼[①]人说的是什么语言或者希腊神话中妖女唱的是什么歌那样的问题。我们的最无可置疑的信念是否带有任何程度的可疑性不是我们现在需要研究的问题；我们只需要研究任何一个我们具有合理根据而对之抱有某种程度的相信或不相信的命题在理论上都可以排列在一个以必然的真理和必然的荒谬为两端的尺度之上。这些极端是否可以包括在这个尺度之内，我们可以暂时作为一个悬而未决的问题。

数学上的概率和可信度之间存在着某种关联。这种关联是：如果一个命题对于所有有关证据来说具有某种数学上的概率，那么这就确定了它的可信度的大小。举例来说，如果你正要掷骰子，“掷成双六”这个命题只有“掷不成双六”这个命题所具有的可信

① 麦西尼，古希腊城市名。——译者

度的三十五分之一。所以对于每个命题都给予适当的可信性的有理性的人**只要可能**就将以数学的概率论作为行为的指导。

可是“可信度”这个概念在应用范围上却比数学上的概率的概念广泛得多；我认为它适用于每个命题，除了那些既不是数据又不是以有利于或不利于承认这些数据而与这些数据相关的命题。我特别认为它适用于那些已经尽可能接近于只表示数据的命题。如果这个看法在逻辑上站得住的话，我们就必须认为一个命题所具有的可信度本身有时就是一种数据。我认为我们应当认为一种
数据所具有的**可信度**有时是一种数据，有时（也许永远）却不具备 382
必然性。在这种情况下，我们可以认为只有一种数据，即一个具有可信度的命题；我们也可以认为这种数据与它的可信度是两种不同的数据。我将不去研究在这两种看法当中我们应该采纳哪一种看法。

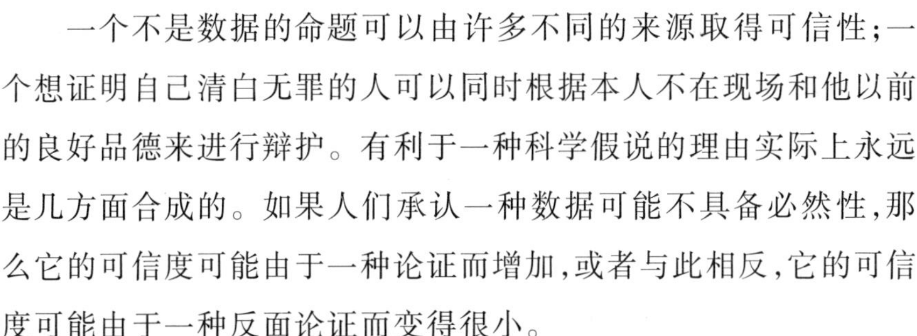

一个不是数据的命题可以由许多不同的来源取得可信性；一个想证明自己清白无罪的人可以同时根据本人不在现场和他以前的良好品德来进行辩护。有利于一种科学假说的理由实际上永远是几方面合成的。如果人们承认一种数据可能不具备必然性，那么它的可信度可能由于一种论证而增加，或者与此相反，它的可信度可能由于一种反面论证而变得很小。

一个论证带来的可信度是不能单纯估计出来的。首先让我们看最简单不过的情况，即其中前提具有必然性而论证在正确有效的情况下具有证明性质。在每一步我们必须“看清”这一步的结论得自它的前提。有时候这很容易；比方说，如果论证是巴巴拉式的三段论法。在这种情况下，前提与结论之间的关联所具有可信

度几乎就是必然性，结论几乎和前提具有同样的必然性。但是在一个困难的数学论证中，推理上发生谬误的机会就大得多。在一个高明的数学家看来，逻辑关联可能十分清楚，而一个学生却只能偶尔才察觉到这种关联。这个学生相信这一步的正确性的理由并不完全是逻辑上的；这些理由有一部分来自权威方面的论证。这些论证绝不是证明性质的，因为就连最高明的数学家有时也会发生错误。根据这一类的理由，像休谟所指出的那样，一个长的论证的结论比一个短的论证的结论具有较小的必然性，因为在每一步都有某种发生谬误的危险。

通过某些简单化的假说，我们可以把这种不确定性的来源限制在数学的概率论的范围之内。假定人们已经证实在数学的某一分支中，高明的数学家在所有实例中就论证中的一步来说推理正
383 确的比例是 x；那么他们在 n 步的论证中推理一直正确的机会就是 x^n。由此可以看出，一个不曾通过重演加以证实的长的论证有着相当大的发生推理谬误的危险，即使 x 接近于 1 也是这样。但是重演可以把这种危险缩小到很小限度。所有这些都在数学的概率论范围之内。

然而，超出数学的概率论的范围之外的却是个别数学家在推论每一步时所抱的个人的信心。这种信心将随着这一步的困难与复杂而有着程度上的不同；但是尽管存在着这种不同，它却必须与我们对于知觉对象所抱的信心一样直接无间。为了证明某一个前提蕴涵某一个结论，我们必须“看清”每一步；我们只能通过把这一步分解为若干更小的步骤来证明这一步的正确，然后我们又必须把每一更小的步骤“看清”。除非我们承认了这一点，否则一切论证都将消失在无止境的后退中。

到现在为止，我一直在讲证明性质的推理，但是就我们目前的问题而论，非证明性质的推理并没有带来什么新的问题，因为像我们所看到的那样，即使是证明性质的推理在由人来完成时也只能给结论以概然性。人们甚至不能说自命是证明性质的推理总比被认为只具有概然性的推理具有更高程度的概然性；传统的形而上学有不少关于这一方面的例证。

如果——像我所相信并且像我将在适当时候加以论证的那样——数据以及推理结果可以不具备最高的可信度的话，那么数据与推论出来的命题之间的认识论方面的关系就变得比较复杂起来。比方说，我可以认为我回想起了某件事情，但是又找到理由相信那件我似乎回想起来的事情从来也没有发生过；在这种情况下，我可能由于论证而不承认数据。反过来说，当数据本身没有很高程度的可信性时，它却可以由于外界的证据而得到肯定；例如，我可能隐约回忆起和某某先生在去年某时一起吃过饭，并且我可能找出我去年日记上有一个项目证实我的记忆。由此可以看出，我的信念当中每一个信念都可能由于与其他信念联系起来看而得到加强或减弱。

然而数据与推理之间的关系却仍然是重要的，因为相信不管
什么事物的理由在经过充分分析之后，都必须在数据上，并且只有 384
在数据上找到。（这里我是把任何可能涉及的推理中所使用的那些原理也包括在数据之内。）由此得出的结果是：有关某种个别信念的数据可能比我们初次看到它们时所显示的要多得多。让我们再举记忆的例子。我想起一件事情这个事实就是这件事情曾经发

生的证据，尽管不是决定性的证据。如果我找到这件事情的当时记录，那就成了证实这件事情的证据。如果我找到许多这类记录，那么证实这件事情的证据就得到了加强。如果发生的那件事情是一件像金星横过日面那样由于一种已经巩固地建立起来的科学理论而变得带有必然性的事情，我们就必须把这件事实加到那些记录之上，作为一个附加的相信理由。这样，一方面存在着只是论证的结论的信念，另一方面在知识的合理表述中却不存在只是前提的信念。在我这样讲的时候，我用的不是逻辑上的而是认识论上的说法。

这样我们就可以把一个认识论的前提定义为一个本身就带有某种程度的合理可信性的命题，而不是依靠它与其他命题的关系。每个这样的命题都可以被用来加给那些不是从它推导出来就是与它有着一种概率关系的命题以某种可信度。但是每经过一步，原有的可信性就减少一些；这种情况和财产每经一次继承由于付出死亡税而减少一样。如果把这个类比再往前推进一步，我们可以说本来的可信性类似一个人自己挣得的财产，而作为论证结果的可信性则类似继承的财产。这个类比的成立在于一个已经挣得一份财产的人也可以继承一份财产，尽管每份财产的最初来源一定不是继承。

我打算在本章内讨论可信性，首先把它和数学的概率，再把它和数据，然后再把它和主观必然性，最后把它和合理的行为联系起来加以讨论。

B. 可信性与频率

我现在要讨论这个问题：如果已知某个 φx，那么在什么外界条件下从 ψx 的频率中得出一个命题 a 的可信性？换句话说，如果 385
“φa”是“a 是一个 α”，那么在什么外界条件下从一个或更多个具有“α 的分子中有 m/n 是 β 的分子”形式的命题中得出“a 是一个 β”的可信性？我们将发现，这个问题并不像我们应当问的那个问题那样具有普遍性，但是我们首先讨论它还是可取的。

常识似乎明确地认为：在数学概率的典型例证中，它就等于可信度。如果我从一副纸牌中随便取出一张纸牌，那么“纸牌是红的”的可信度恰好等于“纸牌不是红的”的可信度，因而每一种的可信度都是 1/2，如果 1 代表必然性的话。就一个骰子来说，“最上方是 1”的可信度恰好等于“最上方是 2 或 3，4，5，6”的可信度。因此我们可以把数学的概率论中所有推导出来的频率都解释为推导出来的可信度。

在把数学的概率翻译成可信度的这个过程中，我们使用了一个数学的概率论并不需要的原理。数学的概率论只是计算各种情况；但是在这个翻译过程中我们却必须认识到或者假定每一种情况都是同样可信的。这个原理的必要性很久以来就已经被人认识到；人们把它叫作不充足理由原理，或者（按照凯恩斯的说法）无差别原理。我们曾经把这个原理和凯恩斯联系在一起加以研究，但是现在我们却必须单独来研究它。在对它进行讨论之前，我愿意指出这个原理在数学的概率论中并不是必要的。在这种理论中，我们只需要知道各种不同的类的数目。只有在我们把数学的概率当作可信性的尺度时我们才需要这个原理。

我们所需要的原理大致如下:“已知一个客体 a,关于它我们想知道‘a 是一个 β’这个命题具有多大的可信度,并且已知我们仅有的有关知识是‘a 是一个 α’,那么‘a 是一个 β’的可信度就是由 α 和 β 共有的分子数与 α 的分子数之比所确定的数学概率。”

让我们再一次举一个说过的实例来说明这一点,那就是美国身材最高的人居住在艾奥瓦州的机会。这里我们一方面有一个描述 d,我们知道它适用于 $A_1, A_2, \cdots\cdots A_n$ 有姓名的人当中的一个并
386 且仅仅一个,其中 n 是美国的居民数。这就是说,我们知道在“$d = A_r$”那些命题中有一个并且仅仅一个(这里 r 是从 1 到 n 的数)为真,但是我们不知道是哪一个。如果这真是我们的全部有关知识,我们就认为“$d = A_r$”这些命题中任何一个都和任何另外一个同样可信。在这种情况下,每个命题都具有 $1/n$ 的可信性。如果艾奥瓦州有 m 个居民,“d 居住在艾奥瓦州”这个命题的意义就等于“$d = A_r$”这些命题中 m 个命题的一个析取命题,因而为它们当中任何一个命题的可信性的 m 倍,因为它们是互相排斥的。所以它具有一个由 m/n 来确定的可信度。

当然在上面的实例中“$d = A_r$”这些命题并不都属于同一等级。证据可以使我们把儿童和矮子,多半还把妇女除外。这就表明这个原理可能难以应用,但是并不表明它为伪。

从一副纸牌中抽取一张纸牌的情况更接近于实现这个原理所要求的条件。这里“d”这个描述是“我要抽出的那张纸牌”。52 张纸牌都具有可以被我们当作名字的东西:黑桃 2 等等。这样我们就有 52 个“$d = A_r$”命题,其中有一个并且只有一个为真,但是

我们却没有任何使我们选择一个而不选择另一个命题的证据。所以每一个命题的可信性是1/52。如果我们承认这一点，那么它就把可信性和数学的概率联系起来。

因此我们可以提出下面的公理，作为“无差别原理”的一种可能的形式：

“已知一个描述 d，关于它我们知道它适用于 $a_1, a_2, \cdots\cdots a_n$ 等客体中的一个并且仅仅一个，并且已知我们不知道任何有关这个描述适用于这些客体中哪一个的问题的知识，那么 n 个‘$d = a_r$’($1 \leqslant r \geqslant n$)的命题就都是同样可信的，因而每个命题都有 $1/n$ 大小的可信性。”

这个公理比起一般所说的不充足理由原理来范围要狭小一些。我们必须研究它是否充分，还要研究我们是否有理由来相信它。

让我们首先把上面的公理与上一章所讨论的凯恩斯的无差别原理比较一下。我们记得他的原理是：相对于已知证据来说，p 和 q 的概率是相等的，如果(1)这个证据关于 p 和 q 是对称的，(2)p 和 q 是“不可分的”，即 p 和 q 都不是具有与它本身形式相同的命题的析取命题。我们认为这种说法可以简化如下：我们说必要的 387
条件是 p 和 q 应当是一个命题函项的值，比方说 $p = \varphi(a)$ 和 $q = \varphi(b)$；“φx”不应当包括 a 或 b；并且如果这个证据有一次提到过 a，比方说 a 以 $\psi(a)$ 的形式出现，它就一定也包括 $\varphi(b)$，并且反过来说也对，这里 ψx 一定不再提到 a 或 b。这个原理比起前一节所说的那个原理在某种程度上具有更大的一般性：它蕴涵着后一个原理，但是我却怀疑后一个原理是否蕴涵着它。我们也许可以接

受这个更为一般的原理，并把它重述如下：

“已知两个命题函项 φx 和 ψx，其中没有一个提到过 a 或 b，或者如果它们提到过 a 或 b，提到的方式是对称的，那么在已知 ψa 和 ψb 的条件下，φa 和 φb 具有相等的可信性。”

如果我们接受这个原理，它将使我们能够从数学的概率推论出可信性，并且使得数学概率论的全部命题可以在能够应用数学的概率论的实例上用来确定可信度。

让我们把上面的原理应用到下面这个实例上来：一个口袋里有 n 个球，我们知道其中每一个球不是白球便是黑球；问题是：有 x 个白球的概率是多少？拉普拉斯认为 x 从 0 到 n 的每个值都具有相同的可能性，所以一个已知的 x 的概率是 $1/(n+1)$。从纯粹数学的观点看，这是合理的，只要我们从这个命题函项开始：

x = 白球数。

但是如果我们从这个命题函项开始：

x 是一个白球，

我们就得到完全不同的结果。就这个实例来讲，有许多选择 x 个球的方法。第一个球的选择可以有 n 个方法；在选择了第一个球之后，下一个球的选择可以有 $n-1$ 个方法，以此类推。这样选择 x 个球的方法是

$$n \times (n-1) \times (n-2) \times \cdots\cdots \times (n-x+1)。$$

这是可以有 x 个白球的选择方法数。为了得出 x 个白球的概率，我们必须用选择 0，1，2，3 或 n 个白球的方法的和去除这个数。这个和显然是 2^n。所以恰好得到 x 个白球的机会是用 2^n 去除上面这个数而得到的。让我们把它叫作“$p(n,r)$”。

当 n 为偶数，$x=\frac{1}{2}n$ 时，或者当 n 为奇数 $x=\frac{1}{2}n\pm\frac{1}{2}$ 时，这种 388
机会最大。在 x 或 $n-x$ 小的时候，如果 n 大，那么它的值就很小。从纯粹数学的观点看，这两个非常不同的结果是同样合理的。但是在我们处理可信度的度量上，它们之间的差别却很大。让我们有某种不靠颜色来分别这些球的方法；例如，把它们从一个口袋中陆续取出来，并且让我们把第一个取出来的球叫作 d_1，第二个取出来的球叫作 d_2，以此类推。使"a"代表"白"，"b"代表"黑"，并且使"φa"代表"d_1 的颜色是白色"，"φb"代表"d_1 的颜色是黑色"。证据是 φa 或 φb 为真，但不能两者都真。这是对称的，因而根据证据 φa 和 φb 具有相等的可信性；换句话说，"d_1 是白球"和"d_1 是黑球"具有相等的可信性。同样的推理也适用于 d_2，d_3，……d_n。这样，就每个球的情况来说，白和黑的可信度是相等的。因此，像一次简单的计算所表明的那样，x 个白球的可信度是 $p(n,x)$，这里我们假定 x 位于 0 和 n 之间，并包括 0 和 n 在内。

我们可以看到在度量可信度上我们假定对于我们的知识来说，数据不仅为真而且还是全部有关的东西；换句话说，我们假定除了数据中所说的东西以外，我们就不知道任何有关的知识。所以就一个在特定时间的特定的人来说，一个特定命题的可信度只有一个正确的值，而在数学的概率论中，对于许多可能是完全假设性的不同数据来说，许多值却是同样合理的。

在把数学的概率计算的结果应用到可信度上的时候，我们必须注意满足两个条件。第一，那些构成数学列举的基础的实例，根据证据来看必须都是同样可信的；第二，这个证据必须包括我们的全部有关知识。关于前一个条件，我们必须讲几句话。

每一个数学的概率计算都从某种基本类开始，例如一块钱币的若干次翻转，一个骰子的若干次投掷，一副纸牌，一个口袋里所有的黑球。我们把这种基本的类的每个分子都作为一来看。由此我们构成其他从逻辑上引导出来的类，例如一块钱币的100次翻转的 n 个系列所组成的类。从这 n 个系列中我们可以挑出那些由
389 50个正面和50个背面所组成的次类。或者从一副纸牌开始，我们可以研究由可能分派出的牌组成的类——即13张牌组成的一些选择——并进而探讨这些当中有多少包含同一组牌的11张牌。问题在于**计算出来**的频率总能适用于具有某种根据这种基本类从逻辑上得以确定的结构的一些类，而为了这个问题的目的，我们把基本类看作由没有逻辑结构的分子组成；换句话说，它们的逻辑结构是无关宏旨的。

只要我们只限于考虑频率的计算——即在数学的概率论的范围内——我们就能以任何一个类作为我们的基本类，并参照它来计算频率。作出一个认为这个类的全部分子都是同样可能的假定是不必要的；我们所需要说的只是：为了当前的目的，我们要把这一个类的每个分子看成一。但是当我们想确定可信度时就需要使我们的基本类由一些相对于证据来说都是同样可信的命题组成。凯恩斯提出“不可分性”的意图就在于保证这一点。我却愿意说基本类的分子必须具有“相对的简单性”，即它们必须不具有可以由数据来下定义的结构。拿一个口袋里的白球和黑球作例。事实上每个球都具有复杂到令人难以置信的结构，因为它由数以万计的分子所构成；但是这与我们的问题并没有什么关系。另一方面，一个从由 n 个球组成的基本类中选择的 m 个球的集合却具有一

种相对于这个基本类来说的逻辑结构。如果基本类的每个分子有一个名字，那么每个由 m 项组成的次类就可以得到定义。所有概率**计算**都必须涉及可以用基本类来下定义的类。但是基本类本身却必须由不能在逻辑上由数据来下定义的分子所组成。我认为当这个条件被满足时，无差别原理总是会被满足的。

可是在这一点上我们却需要慎重。有两种方式可以使"a 是一个 α"具有概然性，不是(1)因为确知 a 属于一个大多数是 α 的类，就是(2)因为 a 可能属于一个全部由 α 组成的类。比方说，我们可以说"A 先生是有死的"，如果我们确知大多数人是有死的，或者如果我们有理由认为所有的人都是有死的。当我们掷两个骰子的时候，我们可以说："大概我们不会掷成双六"，因为我们知道 390
大多数掷出的结果不是双六。另一方面，假定我有证据可以认为但并没有证明某种疾病总有某种杆状菌出现；我就可以说，就这种疾病的一个实例来说，大概会有所说的那种杆状菌出现。在每一种情况下都有一种三段论法。在第一种情况下，

大多数 A 是 B；

这是一个 A；

所以这大概是一个 B。

在第二种情况下，

大概凡 A 都是 B；

这是一个 A；

所以这大概是一个 B。

可是第二种情况却更难以变为一个频率。让我们探讨一下这是否可能。

在某些情况下,这显然是可能的。例如,大多数的词都不包含Z这个字母。因而如果我们随便选取某个词,那么大概它的所有字母都不是Z。这样,如果A=所说的那个词的字母组成的类,B=Z以外的字母组成的类,我们就得到一个属于我们的第二个假三段论法的实例。当然我们必须通过某种方法来给这个词下定义,使得我们暂时对它毫无所知,例如《哈姆雷特》的第8000个词,或者《简明牛津字典》的第248页上第三个词。假定你现在不知道它们是什么词,你打赌说它们不包含Z就不失为聪明。

在我们的第二种假三段论法的所有实例中,显然我一直把它叫作“基本类”的东西是作为由类组成的类来给出的,因而它的逻辑结构是十分重要的。概括一下上面的例子:设$\varkappa$是这样一个由类组成的类,它的大多数分子都包括在某一类β中;那么我们就可以从“x是一个α”和“α是一个$\varkappa$”得出“x大概是一个β”的结论。(就上面的例子来说,$\varkappa$是由词组成的类,α是由某一个词的字母组成的类,β是不包括Z在内的全部字母。)奇怪的现象是用“$\varkappa$的和”来表示由$\varkappa$的分子组成的类,我们的前提不足以证明$\varkappa$的和的一个分子大概是β的一个分子。例如,设$\varkappa$由STRENGTH, QUAIL, MUCK三个词,再加上所有不包括在这三个词里出现的字
391 母的词组成。那么$\varkappa$的和就包括字母表全部的字母,可能不包括Z①。但是“x是一个α并且α是一个$\varkappa$”使得x大概不是在上面这三个词里出现的字母之一,而“x是$\varkappa$的和的一个分子”并不能使这个现象带有概然性。这就具体说明了基本类具有与概率相关的

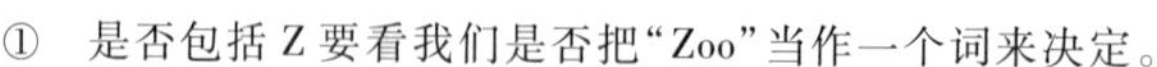

① 是否包括Z要看我们是否把“Zoo”当作一个词来决定。

结构时所产生的复杂情况。但是在类似上面的情况中，我们仍然可能用频率来确定可信性，尽管不那样简单。

可是还有另外一类更为重要的情况，我们只有把它们和归纳联系起来看才能对它们进行适当的讨论。这些就是我们具有使得所有的 A 都是 B 具有概然性的归纳证据，以及我们推论一个个别的 A 大概是一个 B 的情况；例如，大概凡人都有死（不是凡人大概都是有死的），因此苏格拉底大概是有死的。这是属于我们第二种的一个假三段论法。但是如果我们可以把“大概凡人都有死”中的“大概”改变为一个频率，它的改变方法一定不那么简单。因此我将把这一类情况的讨论留给下一阶段。

我们将发现许多不是从频率得出的可信度的例子。对于这些例子我现在就要加以考察。

C. 与件的可信性

在这一节里我要提出一个非正统的意见，即与件可能不带确定性。到现在为止存在着两种看法：第一，在知识的明确表达上我们是从本身带有必然性的可以被定义为“与件”的一些前提开始的；第二，既然任何知识都不带确定性，所以并不存在与件，但是我们的合理信念形成了一个关闭的系统。前一种看法是传统的看法，是从希腊人传下来的，在欧几里得几何学和神学中得到了至高无上的地位；后一种看法，如果我没有弄错的话，是黑格尔首先提出的，但在我们这个时代为杜威所拥护而产生了最大的影响。我
要提出的是一个折中的看法，但是大体却偏向于传统的看法而不 392
赞成黑格尔和杜威所主张的那种看法。

我把“与件”定义为不依靠从其他命题得出的任何论证，本身就具有某种程度的合理可信性的命题。显然一个论证的结论不能从论证得到比属于前提更高的可信度；因此，如果有合理的信念这类东西的话，那就必然有不完全依靠论证的合理信念。由此并不能得出这个结论：有着完全不是从论证得出其可信性的信念，因为一个命题可能同时本身可信而又是从其他本身可信的命题得出的结论。但是由此却可以得出这个结论：每个不管具有多大程度的合理可信性的命题一定不是(a)只靠它本身，就是(b)只作为本身具有合理可信性的前提的结论，不然就是(c)因为它本身具有某种可信度，并且还是通过证明性的或概然性的推理从本身带有某种可信度的前提得出的结论。如果所有本身多少具有可信性的命题都带有必然性，(c)这种情况就没有什么重要性，因为任何论证也不能使这类命题带有更多的必然性。但是按照我所主张的看法，(c)这种情况却具有最大的重要性。

凯恩斯采用了传统的看法，他在他写的《概率论》第 16 页上曾经提出这种看法。他说：

“为了使我们对于具有低于必然性的概率的 p 可以抱有合理的信念，我们就必须知道一组命题 h，并且还要知道某个断言 p 与 h 之间的概率关系的次要命题 q。”

“在上面这个说明中，我们排除了一种可能性。人们假定我们对于 p 不能抱有程度低于必然性的信念，除非靠知道属于上面所说类型的一个次要命题。换句话说，这类信念只能通过觉察到某种概率关系而产生。……所有通过对于直接认知的客体的观照这种完全直接的方式，而不是掺有任何论证以及通过对于任何其他知识对它的逻辑关系的观照，而得到的知识相当于**必然的**合理信念而不是只具有概然程度的合理信念。”

我想批驳这种看法。为了这个目的我将考察(1)模糊的知 393
觉，(2)不确实的记忆，(3)对于逻辑关系的模糊不清的认识。

1. **模糊的知觉**　看下面这类常见的经验。(a)你听见一架飞机掠空而过；最初你确信你听见了这种声音，最后你确信你听不见这种声音，但是中间有一段时间你却不能确定你仍然听到还是不再听到这种声音。(b)你在天明时观看金星；最初你看见这颗行星照耀得很明亮，最后你知道日光已经使它看不见了，但是介乎这两个时间之间这一段时间你可能怀疑你是否仍然看得见这颗行星。(c)你在旅途中可能带上许多跳蚤；你开始驱除它们，最后你确信你已经达到目的，但是在中间一段时间你却不时受到可疑的痒的感觉的袭击。(d)你错用了盛醋的壶来煮茶，结果糟不可言。你把壶刷洗一遍再用，但是那种不好的味道无疑仍然存在。经过第二次刷洗，你就怀疑你是否还能尝到醋的味道；经过第三次刷洗，你就确信不再尝到醋的味道了。(e)你的下水道坏了，你请来一位管匠。最初在他修理之后你确信那股难闻的气味已经消失，但是经过不同程度的怀疑阶段，你会逐渐确信又闻到了那股气味。

这类经验是大家都熟悉的，任何关于以感官知觉为基础的知识的理论都必须把它们考虑进去。

2. **不确实的记忆**　在《暴风雨》(第一幕，第二场)中，普罗斯波罗让米兰达探索一下“过去时光的黑暗深渊”；她说：“我不是有四五个侍女照管过我吗?”接着普罗斯波罗证实了她的带有怀疑的回忆。我们大家都有过这类感到不十分确实的记忆。一般来说，如果值得做的话，我们能够从其他证据来判断记忆是否确实，但是这对于我们当前的题目却没有关系，我们当前的题目是记忆本身具有某种程度的可信性，尽管这种程度远远够不上完全的必然性。一个具有相当大的可信度的记忆对于使我们相信某件我们对之具有其他证据的过去发生的事件的理由来说也构成一个增添的因素。但是这里必须明确一点。记得不确实的过去事件本身就有部分的可信性；但当我把回忆当作相信的一个理由时，我就不再
394 把过去发生的事件当作与件，因为作为与件的并不是过去发生的事件而是现在的回忆。我的回忆给予被忆起的事件以某种可信性；至于可信性有多少，这一点我们可以根据关于记忆错差的频率统计研究以归纳方法大体断言出来。但是这与作为与件来看的过去发生的事件却是两回事。这类与件必须由记忆补充是一个我已经在别的地方讨论过的题目。

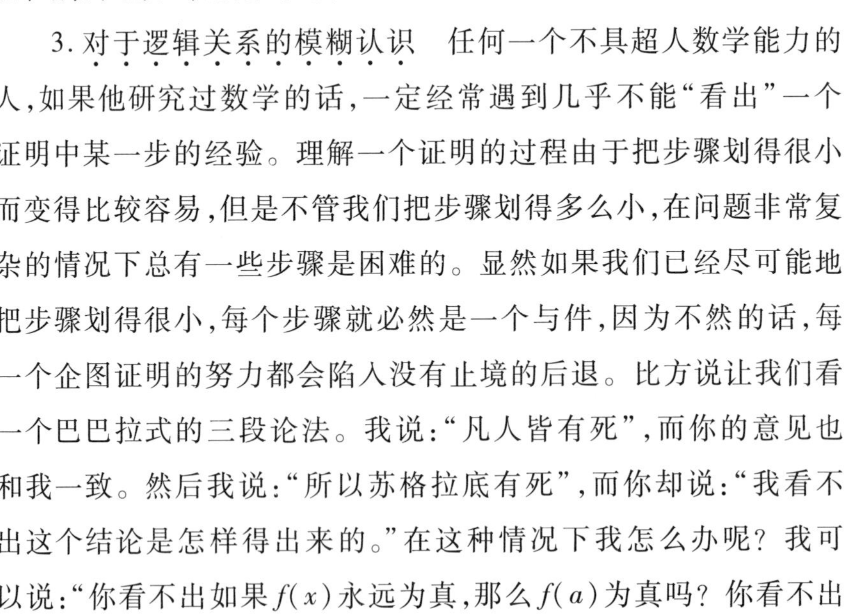

3. **对于逻辑关系的模糊认识**　任何一个不具超人数学能力的人，如果他研究过数学的话，一定经常遇到几乎不能“看出”一个证明中某一步的经验。理解一个证明的过程由于把步骤划得很小而变得比较容易，但是不管我们把步骤划得多么小，在问题非常复杂的情况下总有一些步骤是困难的。显然如果我们已经尽可能地把步骤划得很小，每个步骤就必然是一个与件，因为不然的话，每一个企图证明的努力都会陷入没有止境的后退。比方说让我们看一个巴巴拉式的三段论法。我说：“凡人皆有死”，而你的意见也和我一致。然后我说：“所以苏格拉底有死”，而你却说：“我看不出这个结论是怎样得出来的。”在这种情况下我怎么办呢？我可以说：“你看不出如果$f(x)$永远为真，那么$f(a)$为真吗？你看不出

因此如果 $\varphi(x)$ 永远蕴涵着 $\psi(x)$，那么 φ(苏格拉底)就蕴涵着 ψ(苏格拉底)吗？你看不出我能让‘x 是一个人’代替‘φx’，并且让‘x 是有死的’代替‘ψx’吗？你看不出这就证明我的论点了吗？”一个学生能够理解这套说法而不能理解原来的三段论法肯定是个心理学上的怪物。而且即使有这样一个学生，他还是必须“看出”我的论证中的步骤。

由此可以看出，当我们把一个论证讲得尽可能简单的时候，每一步中所断言的关联就必须是一个与件。但是每一步中的关联都具有最高度的可信性却是不可能的，因为即使是最好的数学家有时也会出错。事实上，我们对于命题之间的逻辑关联的认识就像我们的感官知觉和记忆一样，是可以按照它们的可信度来排列的。在有些认识中，我们对于逻辑关联看得清楚到无可怀疑的地步，而在另外一些认识中，我们对于逻辑关联的认识却模糊到没有把握说出我们是否看到这种关联。

以后我将假定一个与件，按照在本节开始所规定的意思来讲，395
在或多或少程度上可能是不确定的。我们在理论上可以把这种不确定性和那种从数学的概率得到的不确定性联系起来，如果我们认为一种不确定性可能大于、等于或小于另一种不确定性的话。举例来说，当我认为我听见一种很轻的声音而不能确定有无声音的时候，在理论上我就可以说：这种声音的发生与掷骰子出双六具有同样程度的合理可信性。在某种程度上，这类比较可以通过收集关于模糊感觉的错误证据并找出它们的频率来加以检验。所有这些话都是含糊不清的，我看不出怎样才能把它讲清楚。但是无论如何它让我们想到与件的不确定性具有数量的性质，可以等于

或不等于从一个概率推论得到的不确定性。我将假定这是事实，同时也承认在实际应用上难以对与件的不确定性进行数值测定。我们可以说在怀疑使得相信与不相信处于平衡状态时，不确定性就是一半。但是这种平衡只有通过内省才能得到，是不能用任何检验来证实的。

承认与件的不确定性使得计算一个命题的合理可信性的方法变得复杂起来。让我们假定某一个命题 p 本身具有可信度 x，这就作为一个与件；并且让我们假定还有若干命题的一个合取命题 h，它本身具有可信性 y，根据这个合取命题我们可以通过一个具有可信性 z 的论证而使 p 具有可信度 w。在这种情况下 p 的全部可信性是多少？也许我们想说它是 $x + yzw$。但是 h 显然除了本身的可信性以外还有推导出来的可信性，这一点也会增加 x 的可信性。事实上，这些复杂情况很快就变得难于驾驭。这就产生了某种接近黑格尔和杜威的理论的东西。

如果已知许多命题，其中每个命题本身都具有相当高的可信度，并且已知一个推理系统，通过这个系统这些不同的命题可以增加彼此的可信性，那么最后就可能得出一组从整体来看具有很高的可信度的互相关联的命题。在这一组命题之内，一些命题只是通过推理才得出来的，但是没有任何命题仅仅是前提，因为那些是前提
396 的命题同时也是结论。我们可以把知识的大厦比作由许多桥墩支持的一座桥梁，每个桥墩不仅支持着车行道而且通过互相联结的铁梁还能帮助其他桥墩的稳定。这些桥墩相当于本身具有某种可信性的命题，而桥的上部则相当于只是通过推理才得出的命题。但是尽管每个桥墩可以从其他桥墩得到力量，支持全部重量的还

是坚实的地面；同样，支持整座知识大厦的还是本身的可信性。

D. 主观必然性的程度

主观必然性是一个心理学的概念，而可信性则是一个至少有一部分是属于逻辑的概念。它们之间是否具有任何关联的问题是我们是否具有任何知识的问题的一种形式。这样一个问题在绝对怀疑论的基础上是无法讨论的；除非我们愿意断言某种东西，否则任何论证都是不可能的。

让我们首先区分三种必然性。

1. 一个命题函项对于另一个命题函项来说具有必然性，如果满足第二个命题函项的项目组成的类是满足第一个命题函数的项目组成的类的一部分。例如，“x 是一个动物”对于“x 是一个有理性的动物”来说就具有必然性。这种意义的必然性属于数学的概率。我们将把这种必然性叫作“逻辑上的”必然性。

2. 一个命题具有必然性，如果它有着最高度的可信性，不管可信性来自本身还是来自论证。就这种意义来讲，也许任何命题都不具有必然性；换句话说，不管这个命题对于一个特定的人来说带有多么大的必然性，更多的知识还是可能增加它的可信度。我们将把这种必然性叫作“认识论上的”必然性。

3. 一个人在他对于一个命题的真理不抱任何怀疑时就认为这个命题具有必然性。这是一个完全属于心理学的概念，我们将把它叫作“心理学上的必然性”。

由于确信的程度达不到主观的必然性，一个人可能或多或少确信某种事物。我们感到确信明天会出太阳，拿破仑也确有其人；

我们相信量子论和有过佐罗亚斯德这个人的程度就差一些;对于
397 爱丁敦得出的电子数完全正确,或者在特洛伊城被围时有个名叫亚加梅农的国王,我们相信的程度就更差了。这是一些已经取得一致意见的问题,但是另外还有一些意见分歧的问题。有些人确信丘吉尔是个好人而斯大林是个坏人,其他一些人的意见却正好相反;有些人完全确信上帝站在协约国一边,其他一些人则认为上帝站在德国一边。因此主观的必然性不是真理的保证,甚至也说不上是高度的可信性的保证。

谬误不仅包括那种相信虚伪事物的绝对谬误,还包括那种相对于相信者的知识来说,相信的程度超过或不及被相信的命题应有的可信度所保证的程度而产生的数量性质的谬误。一个完全相信某一匹马在德贝赛马中定能获胜的人即使这匹马真的获胜也算是犯了错误。

从广义上说,科学方法是由目的在于使相信程度和可信度尽可能完全符合的技术与规则组成的。可是除非我们从一些在认识论上看来可信在主观上也接近必然的命题出发,我们是不能着手寻求这种和谐的。这就让我们想到一种笛卡尔式的探讨,但是这种探讨必须具有某种非怀疑论的主导原理才可能获得结果。如果在可信性与主观必然性之间没有任何关系,那就不可能有知识这种东西。在实际应用上我们假定一类信念可以被认为是真的,如果(a)所有仔细研究过它们的人都完全相信它们,(b)没有反对它们的正面论证,(c)没有任何已知理由可以认为如果它们不真人类还要相信它们。在这个基础上,人们一般认为一方面是知觉判断,另一方面则是逻辑与数学,囊括了我们知识中最带必然性的东西。我们将看到如果我们要得到科学的知识，除了逻辑与数学之外，还需要补充某些超出逻辑范围以外的原理，其中归纳是迄今为止（我认为这是错误的）获得最普遍承认的一个原理。这些超出逻辑范围以外的原理提出了一些我们要去研究的问题。

完全的合理性不在于相信真理而在于给予每一个命题以相当于它的可信度的相信程度。就经验命题来讲，可信度是随着新的证据的发现而改变的。在数学中，一个不是数学家的有理性的人 398
会相信别人告诉他的知识；所以在数学家发现他们的前辈著作中的错误的时候，他就会改变他的信念。数学家尽管可能发生错误，他本人还不失为一个完全有理性的人，如果这个错误在当时很难被人发现的话。

我们是否应当把合理性作为目的是一个伦理上的问题。我将在下一节里考察这个问题的某些方面。

E. 概率和行为

巴特勒主教所说的“概然性是人生的指南”这句话是大家都熟悉的。让我们简单看一下它可能表示的意思是什么，它在什么范围内是真的，以及相信它具有它似乎具有的真理程度这件事包含着什么内容。

大多数伦理学说都属于两种类型之一。按照第一种类型的说法，好的行为就是遵守某些规则的行为；按照第二种类型的说法，好的行为是为了实现某些目的。还有一些不属于这两种类型的学说，但是就我们的目的来讲，我们可以不必去管它们。

康德和十诫是属于第一种类型的学说的例证。诚然十诫不是这类学说中的完全例证，因为十诫中有些条是有理由根据的。你一定不要崇拜偶像，因为这样上帝会感到妒忌；你应当尊敬父母，因为这样可以减少你的死亡机会。当然，人们可以很容易找到不去杀人和偷窃的理由，但是十诫中却没有讲到这些。如果讲出理由，那就会有例外，一般来说常识已经承认这些例外，但是《圣经》原文中却没有提到它们。

当我们把伦理学当作一些指导行为的规则的时候，概率在这里就不起什么作用。只有在第二种类型的伦理学说，即那类认为善就在于完成某些目的的伦理学说中，概率才是有关宏旨的东西。只就对于概率的关系而论，选择什么样的目的所产生的差别是很小的。为了明确起见，让我们假定选择的目的是使快乐最大限度地超过痛苦，而一次快乐和一次痛苦被认为相等，如果一个具有机
399 会的人对于他是否具有两者或者两者都不具有感到无动于衷。我们可以把这个目的简单叫作得到最大限度快乐的目的。

我们不能说善良的人将按照**事实上**会得到最大限度快乐的方式行事，因为他可能没有理由期待这种结果。如果希特勒的母亲在他婴儿时期就把他杀死，这会是一件好事，但是她却不可能知道这一点。因而我们必须说善良的人将在他的知识限度之内按照**大概**会得到最大限度快乐的方式行事。这里所涉及的那种概率显然就是可信度。

我们所谈的这些概率可以用计算“预料”的规则来确定大小。这就是说，如果有一个概率 p，它表示某一件行为的结果当中可能有 x 那样大的快乐，那么这对于预料就提供了 px 的分量。因为遥远的结果很少有可以看出的概率，这就使得讲求实际的人有理由

把目光通常只注意到他的行为的不太遥远的结果上去。

另外还有一种要考虑到的情况:这里涉及的计算常常是很困难的,并且在两种可能行为产生快乐的性质几乎相等时最为困难,在这种情况下选择就变得不重要了。所以一般来讲不值得小心地去确定哪种行为产生最大的快乐。这是使人们赞成行为规则的理由,即使我们的最基本的伦理观并不承认这些行为规则:这些行为规则在最大多数的情况下可能是对的,使我们免于在估计概然性的结果上耗费精力和时间。但是对于行为规则本身人们却应该看其产生快乐的性质而小心地给以肯定,人们在作出真正重大的决定时有必要想到这些规则并不是绝对的东西。币制改革通常就包含着某种类似盗窃的行为,而战争就要杀人。决定是否改革币制或宣布战争的政治家必须深入考察这些行为规则,尽全力估计到可能的后果。只有在这种意义下,概然性才能作为人生的指南,并且只有在某些外界条件下才是这样。

可是这句格言还有另外一种比较平易近人的意思,也许这是巴特勒主教所要说的意思。这就是我们在实际生活中把具有很高程度概率的事物看成带有必然性的东西。这仅是一个常识问题,不会引起有关概率论的任何争论。

第七章　概率与归纳法 400

A. 问题的提出

归纳的问题是一个复杂的问题,它有着不同的方面和分支。

我将从叙述单纯列举的归纳法这个问题开始。

1. 那个与它比较起来其他都是次要的基本问题是：已知一个类 α 中许多实例都已发现属于一个类 β，那么这种情况使得(a)下一个 α 将是一个 β，或者(b)所有的 α 都是 β，具有概然性吗？

2. 如果这两者之一并不普遍为真，那么对于 α 和 β 有没有可以发现使它为真的限制？

3. 如果加以适当限制这两者之一都为真，那么在这样的限制下，它是一个逻辑的定律还是一个自然界的定律？

4. 它可以从某个其他原理推导出来吗？例如自然界的种类，凯恩斯的有限变异说，法则的支配，自然界的齐一性，或者其他原理。

5. 归纳原理应当用一种不同形式说出来吗？也就是说：已知一个假设 h 具有许多已知的真的后果并且没有已知的假的后果，这件事实能使 h 具有概然性吗？如果在一般情况下不能，在适当情况下它能做到这一点吗？

6. 在归纳公设为真的情况下将使已被公认的科学推论正确有效的归纳公设的最低限度形式是什么？

7. 有没有任何理由，并且如果有的话是什么理由，使得我们认为这个最低限度的公设为真？或者，如果没有这类理由，是否还有按照假定它为真来行动的理由？

在这些讨论中我们需要记住一般所用的“概然的”这个词在意义上的含混不清。当我说在某些情况下，“大概”下一个 α 将是
401 一个 β 时，我希望能够按照有限频率说来解释这个现象。但是如果我说归纳原理“大概”是真的，我一定是在用“大概”这个词来表

示高度的可信性。如果不把“概然的”这个词所具有的这两种意义适当划分开来,就很容易发生混淆。

我们将要进行的这个讨论具有一段可以认为是从休谟开始的历史。就很多次要问题来说,我们已经取得了确定的看法;有时这些次要的问题人们当初并没有看出来。但是我们现在进行的研究已经使我们看得相当清楚:得出成果的技术上的讨论对于主要问题的阐明并没有起多大作用,这个主要问题大体上仍然和休谟留下来的情况一样。

B. 单纯列举的归纳法

单纯列举的归纳法就是下面这个原理:“已知有 n 个数目的 α 已经发现为 β,并且没有 α 已经发现不是 β,那么这两个陈述:(a)‘下一个 α 将是一个 β’,(b)‘所有的 α 都是 β’就都具有一种随着 n 的增加而增加的概率,并且当 n 接近无限大时接近必然性而以它为极限。”

我将把(a)叫作“特殊归纳”,而把(b)叫作“一般归纳”。这样(a)将根据我们关于过去人类都有死的知识推断某某先生也有死,而(b)则将推断大概所有的人都有死。

在我们还没有接触到较难或有疑问的论点之前,某些比较重要的问题却可以比较容易地得到解决。这些问题是:

1. 如果归纳要完成我们期望它在科学中所完成的任务,“概率”的解释就必须使得一个概率陈述断言一件事实;这就要求所涉及的那种概率应当从真与伪推导出来,而不是一个不能下定义的概念;而这一点又能使有限频率的解释或多或少成为不可避免的解释。

2. 归纳在应用到自然数列的时候显然是无效的。

402 3. 归纳作为一个**逻辑**原理是无效的。

4. 归纳要求它所根据的实例是一个级数,而不仅仅是一个类。

5. 为了使这个原理有效,不管需要规定什么限制,必须通过给 α 和 β 这些类下定义的**内包**的说法表达出来,而不是通过外延的说法。

6. 如果宇宙中的事物数目是有限的,或者只有某个有限类对于这种归纳有关,那么就一个足够大的 n 来说,归纳就成为可以证明的东西;但是在实际应用上这一点并不重要,因为这里所说的 n 比任何实际研究中可能遇到的一定更大。

我现在就来证明这些命题。

1. 如果我们把"概然性"当作一个不可下定义的概念,我们就不得不承认不大可能的事也可能发生,因此一个概率命题关于自然界的进程并没有向我们提供任何知识。如果我们采取这个看法,归纳原理就可能是正确有效的,然而每个符合这个原理的推论却**可能**证明为伪;这是不大可能,但并非不可能的事。因此,一个使归纳为真的世界在经验界中是不能与一个使归纳为伪的世界区别开来的。由此可以看出永远不可能找出任何支持或反对这个原理的证据,并且它也不能帮助我们推论将要发生的事。如果这个原理要达到它的目的,我们就必须把"概然"的意思解释为"实际上通常发生的事物";这就是说,我们必须把一个概率解释为一个频率。

2. **算术中的归纳**　在算术中我们容易找出导致正确结论的归

纳实例,也容易找到其他导致错误结论的归纳实例。耶方斯举出两个实例:

5,15,35,45,65,95

7,17,37,47,67,97

在第一行中,每个以 5 结尾的数都可以被 5 整除;这就使人推想每个以 5 结尾的数都可以被 5 整除,而这是对的。在第二行中,每个以 7 结尾的数是一个质数;这也可能使人推想每个以 7 结尾的数都是质数,而这却是错误的。

或者让我们看:“每个为偶数的整数是两个质数的和。”每个试过的实例都说明这是对的,而这样的实例在数量上是很大的。然而人们对于它是否永远为真这一点却一直抱着合理的怀疑。 403

作为算术归纳的一个明显失败的例子,让我们看下面这个实例①:

使 $\pi(x)$ 为 $\leqslant x$ 的质数的数目

$$li(x) = \int_0^x \frac{dt}{\log t}$$

我们知道当 x 数大时,$\pi(x)$ 和 $li(x)$ 几乎相等。我们还知道对于每个已知的质数来说,

$$\pi(x) < li(x)$$

高斯推想过这个不等式永远为真。人们试过所有 10^7 以下的质数以及许多超过 10^7 的质数,都没有发现不能成立的个别情况。然而里脱伍德在 1912 年却证明对于无限数目的质数来说这个不等

① 看哈代的《腊玛努赞》,第 16、17 页。

式不能成立，斯古士(《伦敦数学学会通报》，1933 年)也证明这个不等式对于某个小于

$$10^{10^{10^{34}}}$$

的数不能成立。我们将看到高斯的推想尽管已经证明是错误的，它却具有甚至比我们最坚信不疑的关于经验界的概括所依靠的要好得多的归纳证据。

我们很容易无限制地得出算术中的错误归纳，而无须过多地涉及数论。举例来说，小于 n 的任何数都不能被 n 整除。我们可以使 n 任意增大，这样就为“任何数目都不能被 n 整除”这个概括找到尽可能多的有利的归纳证据。

显然任何 n 个整数一定具有大多数整数所不具有的许多共同性质。举一件事情来说，如果 m 是其中最大的数，它们就都具有不比 m 大这个无限罕见的性质。所以如果应用到整数上来，无论一般的还是特殊的归纳都不是正确有效的，除非在它身上应用归纳的那种性质具有某些限制。我不知道怎样说出这种限制，然而
404 任何一个有能力的数学家关于那种可能得出一个后来证明正确有效的归纳的性质都具有一种类似常识的觉察力。如果你看到 $1+3=2^2$，$1+3+5=3^2$，$1+3+5+7=4^2$，你就会容易推想到

$$1+3+5+\cdots\cdots+(2n-1)=n^2$$

并且我们可以很容易证明这个想法是正确的。同样，如果你看到 $1^3+2^3=3^2$，$1^3+2^3+3^3=6^2$，$1^3+2^3+3^3+4^3=10^2$，你就会推想到

靠前面的 n 个立方的和永远是一个平方数，而这又是很容易加以证明的。对于这类归纳来讲，数学的直观并不是永远可靠的，但是有能力的数学家运用直观时对的次数似乎比错的次数要多。但是我不知道怎样讲明白在这类情况下指导数学直观的那种东西。另外，我们只能够说还没有任何已知的限制能使应用到自然数上的归纳有效。

3. 归纳作为一个逻辑原理是无效的　显然如果我们可以任意选择我们的类 β，我们就可以很容易地确信我们的归纳将要失败。设 $a_1, a_2, \cdots\cdots a_n$ 为 α 中直到现在已经观察过的分子，并已发现它们都是 β 的分子，另外设 a_{n+1} 为 α 的下一个分子。就纯粹逻辑的范围而论，β 也许只由 a_1、a_2，$\cdots\cdots a_n$ 这些项目组成；或者它也许是由把 a_{n+1} 除外的宇宙中所有事物组成；或者它也许是由任何介乎这两者之间的任何类组成。就这类情况中无论哪一种情况来说，推论到 a_{n+1} 的归纳都是错误的。

显然（反对的人可能说）β 必须不是一个也许可以叫作“制造出来的”类，即一个部分地由外延得到定义的类。在归纳推论中所研究的那类例子中，β 永远是一个通过内包而不是通过外延来知道的类，除了那些被观察到的分子 $a_1, a_2, \cdots\cdots a_n$ 以及那些不同时是 α 的分子而又碰巧可能被观察到的 β 的分子。

我们很容易作出显然错误的归纳。一个乡下人可能会说：所有我曾看到的牛都在希尔福郡内，所以大概所有的牛都在这个郡内。或者我们可以提出：所有现在活着的人都没有死去，所以大概所有现在活着的人都不会死。这类归纳中的谬误是很明显的，但是如果归纳是一个纯粹逻辑的原理，这些就不是谬误。

因此显然如果要归纳不能证明为伪，β 这个类必须具有某些
405 特点，或者必须与 α 这个类具有某种特殊关系。我并不是主张有了这些限制这个原理就一定为真；我所主张的是没有这些限制这个原理就一定为伪。

4. 在经验界的素材中，事例都是按照时间顺序发生的，因而它们永远是成系列的。当我们研究归纳是否可以在算术中应用的时候，我们自然想到按照大小排列起来的那些数字。但是如果我们可以任意排列它们，我们就可以得到奇怪的结果；例如，像我们已经看到的那样，我们可以证明一个任意选取的数**不为**质数的可能是无限小的。

在表述特殊归纳时重要的是应当有**下一个**例子，这就要求排成系列。

要让普遍归纳具有说服力，我们就必须知道 α 的**前** n 个分子发现是 β 的分子，而不仅知道 α 和 β 具有 n 个共同分子。这也要求排成系列。

5. 假定我们承认如果要归纳推论正确有效，在 α 和 β 之间就必须有着某种关系，或者它们当中一个必须有着某个特点，由于这种关系或这个特点它才正确有效，那么显然这种关系必须是介乎**内包**之间的——例如介乎“人”和“有死的”之间或者介乎“反刍动物”和“分蹄的”之间。我们打算推论出一种外延关系，但是在我们处理经验界中不断发现新的分子的一些已知类时，我们起初并不知道 α 和 β 的外延。每个人都会承认“狗吠”是一个正确的归纳；我们预料到一种动物的视觉外形与它发出的声音之间的相互关联。这种预料当然也是另一种范围更大的归纳的结果，但这并

不是目前我所要谈的问题。我所要谈的是介乎都是内包的一种形状与一种声音之间的相互关联以及某些内包看来好像比某些其他内包更可能具有归纳上的关系这件事实。

6. 这一点是明显的。如果宇宙是有限的，完全的列举在理论上就是可能的，在完成这项工作之前一般的概率计算表明归纳大概是正确有效的。但是在实际应用上这种想法并没有什么重要性，这是因为我们能够观察的事物与宇宙中事物在数量上过分悬殊的缘故。

让我们回到那个一般原理上来，记住我们必须找出某些使它 406
可能正确有效的限制。让我们先看特殊归纳。特殊归纳说，如果我们发现任意选出的属于 α 的 n 个分子完全由 β 的分子组成，那么下一个 α 将是一个 β 就是可能的；换句话说，大多数剩下的 α 是 β。这句话本身只需要具有概然性。我们可以假定 α 是一个有限类，比方说包括 N 个分子。我们知道其中至少有 n 个是 β 的分子。如果同时为 β 的分子的 α 的分子总数是 m，那么选择 n 个项目的方法总数是 $\frac{N!}{n!\ (N-n)!}$①，而选择 n 个为 α 的项目的方法总数是 $\frac{m!}{n!\ (m-n)!}$。因此一个完全由 α 组成的选择机会是

$$\frac{m!\ (N-n)!}{N!\ (m-n)!}。$$

如果 p_m 是 m 作为 α 和 β 的共同项目数的先验可能性，那么在经验后出现的可能性就是

① “N!”表示从 1 到 N 所有数目的乘积。

$$p_m \cdot \frac{m!(\mathrm{N}-n)!}{\mathrm{N}!(m-n)} \Big/ \sum_{1}^{\mathrm{N}} p_m \cdot \frac{m!(\mathrm{N}-n)!}{\mathrm{N}!(m-n)!}$$

让我们把它叫作 q_m。

如果 α 和 β 的共同分子数是 m，那么取出 n 个为 β 的 α 之后，还有 $m-n$ 个 β 和 $\mathrm{N}-m$ 个非 β。所以，根据 α 和 β 有 m 个共同分子的假设，我们得出另一个 β 的概率 $q_m \cdot \frac{m-n}{\mathrm{N}-n}$。因此总的概率是

$$\sum_{m=n}^{\mathrm{N}} q_m \cdot \frac{m-n}{\mathrm{N}-n}$$

这个式子的值完全要看 p_m 的值来定，而 p_m 的值并没有正确有效的计算方法。如果我们和拉普拉斯一样，假定 m 的每个值具有相同的概率，我们就得到拉普拉斯的结果，即下一个 α 是 β 的机会是 $\frac{n+1}{n+2}$。如果我们先验地假定每个 α 为 β 和不为 β 是同样可能的，那么我们就得到 1/2 的值。即使我们有拉普拉斯的假设，普遍归
407 纳也只有 $\frac{n+1}{\mathrm{N}+1}$ 的概率，通常这是个较小的值。

因此我们需要某种在 m 接近 N 时使得 p_m 为大数的假设。这将必须依靠 α 和 β 两类的性质，如果我们要让它具有正确有效机会的话。

C. 归纳的数学处理

从拉普拉斯那时以来，为了证明归纳推论的概然真理来自数学的概率论，人们曾经作过各种不同的尝试。现在大家认为这些尝试都不成功，并且认为如果要使归纳论证正确有效，就必须借助

于不是属于逻辑学家所可能想到的在逻辑上可能的各个不同的世界，而是属于现实世界的某种超出逻辑范围的特点。

这类论证中第一个就是由拉普拉斯提出的。它的正确的纯数学形式有如下面所说：

有 $n+1$ 个外形相似的口袋，每个口袋里有 n 个球。第一个口袋里的球都是黑球；第二个口袋里有一个白球，其余是黑球；第 $(r+1)$ 个口袋里有 r 个白球，其余是黑球。我们选择其中一个不知包含什么的口袋，并从中取出 m 个球。结果发现这些球都是白球。那么(a)下一个取出的球是白球，和(b)我们已经选出其中都是白球的口袋的概率是多少？

答案是：(a)下一个球为白球的机会是：$\frac{m+1}{m+2}$；(b)我们已经选出其中都是白球的口袋的机会是$\frac{m+1}{n+1}$。

根据有限频率说这个正确的结果有一种简单明确的解释。但是拉普拉斯推论出如果已经发现 m 个 A 为 B，那么下一个 A 为 B 的机会是$\frac{m+1}{m+2}$，而所有的 A 都为 B 的机会是$\frac{m+1}{n+1}$。他是通过假定给出 n 个我们对之一无所知的客体，其中 0，1，2，……n 个为 B 408 的概率都相等而得出这个结果的。当然这是一个荒谬的假定。如果我们换用一个荒谬程度稍小的假定，即认为每个客体为 B 或不为 B 的机会相等，那么下一个 A 为 B 的机会仍然是 1/2，尽管已经发现许多 A 为 B。

即使我们接受他的论证，如果 n 比 m 大得多的话，普遍归纳仍然不大可能，虽然特殊归纳可能变得具有很大的概然性。事实上他的论证已经成了只有历史兴趣的东西。

凯恩斯在他的《概率论》中对于归纳作出了纯粹数学可能作出的最好处理,并且最后认为归纳是不充分的。他得出下面的结果:

设 g 是一个概括性命题,$x_1,x_2,\cdots\cdots$ 是有利于这个命题的观察到的实例,h 是在有关范围内的一般外界条件。

假定 $x_1/h = x_2/h =$ 等等。

使 $p_n = g/h\ x_1x_2\cdots\cdots x_n$。

这样 p_n 就是普遍归纳在有了 n 个有利的实例之后的概率。写出 $\bar{g}$ 表示 g 的否定,p_0 表示 g/h,即这个概括命题的先验概率。

那么 $p_n = \dfrac{p_0}{p + x_1x_2\cdots\cdots x_n/gh(1-p_0)}$。

当 n 增加时,它就接近于 1 而以 1 为极限,如果

$$\frac{x_1x_2\cdots\cdots x \quad h}{p_0}$$

接近于 0 而以 0 为极限的话;如果有着有限量 ε 和 η 使得对于所有足够大的 r 来说,

$$x_r/x_1x_2\cdots\cdots x_{r-1}\bar{g}h < 1-\varepsilon \quad 并且\ p_0 > \eta,$$

那么上面那种情况就会发生。

让我们研究一下这两种情况。第一种情况说有一个小于 1 的量 $1-\varepsilon$,在这个概括性命题为伪的情况下,使得在出现一定数目的有利实例之后,出现下一个有利于这个概括的概率永远小于这个量。让我们看它的一个失败的例子,即“所有的数都不是质数”这个概括。当我们顺着数列看下去时,质数越来越少,在出现 r 个

非质数之后下一个数本身为非质数的机会就会增加,并且在 r 保持不变的情况下接近必然性而以它为极限。所以这种情况可能失败。

但是第二种情况,即 g 在归纳开始之前就必须具有一个大于
某个有限概率的概率,却更为困难。一般来说,我们很难看出有什 409
么方法计算这种概率。对于一个从来没有见过天鹅或听说过天鹅是什么颜色的人来说,“天鹅都是白色的”具有多大的概率呢?这类问题是既不清楚而又意思含糊的,凯恩斯也看出这类问题使得他的结论不够令人满意①。

有一个简单的假设可以得出凯恩斯所需要的那种有限概率。让我们假定宇宙中事物的数目是有限的,比方说是 N。设 β 是一个由 n 个事物组成的类,并且设 α 是一个由任意选取的 m 个事物组成的类。

那么可能出的 α 的数目是 $\frac{N!}{m(N!\ -m)!}$,并且这些可能出现的 α 包含在 β 内的数目是 $\frac{n!}{m!\ (n-m)!}$。所以“所有的 α 都是 β”的机会是 $\frac{n!\ (N-m)!}{N!\ (n-m)!}$,而这是个有限数。这就是说,我们对之没有任何证据的每个概括性命题为真的机会都是一个有限数。

可是我却担心,如果 N 像爱丁敦所认为的那样大,那么使得一个归纳概括具有很高概率所需的有利实例的数目将会大大超过实际可能发现的有利实例的数目。所以这种摆脱困难的方法从理

① 我将在第六部分第二章里再来谈这个问题。

论上看尽管很好,却不能用来为科学实践找到合理的根据。

先进科学使用的归纳法与简单列举的归纳法有些不同。首先要有许多观察到的事实,然后有一个与所有事实都相一致的一般理论,然后又从这个理论引导出为以后的观察所证实或推翻的推论。这里的论证依靠反概率原理。设 p 为一个一般理论,h 为已经知道的数据,q 为有关 p 的一个新的实验数据。那么

$$p/qh = \frac{(p/h)(q/ph)}{q/h}。$$

在最重要的情况下,q 是从 p 和 h 得出的结果,所以 $q/ph = 1$。因此,在这种情况下,

$$p/qh = \frac{p/h}{q/h}。$$

410 由此可以看出如果 q/h 的值很小,q 的证实就大大增加了 p 的概率。可是这却不具有人们可能希望得到的那些结论。如果用"$\bar{p}$"表示"非 p",我们就有

$$q/h = pq/h + \bar{p}q/h = p/h + \bar{p}q/h$$

因为在已知 h 的情况下,p 蕴涵 q。这样如果 $y = \frac{\bar{p}q/h}{p/h}$,我们就有

$$p/qh = \frac{1}{1 + y}。$$

如果 y 的值小,那么这将是一个很大的概率。现在有两个条件可以使 y 的值小:(1)如果 p/h 的值大,(2)如果 $\bar{p}q/h$ 的值小,也就是 p 伪而使 q 变得不大可能的那种情况。计算这两个因子所遇到的困难正和凯恩斯的讨论中所出现的困难一样。为了算出 p/h,我们需要具有某种在发现使我们想到 p 的个别证据之前,计

算 p 的概率的方法,而这种方法却是不容易找出来的。我们看得清楚的只是如果一个让我们想到的定律在发现任何有利于它的证据之前就具有相当大的概率,那就一定要依靠一个大意是说**某种**相当清楚的简单定律必然为真的原理。但这却是一个困难的问题,我在以后还要谈到它。

在某些种类的情况下,对于 $\bar{p}q/h$ 进行近似计算具有更大的可能。让我们拿海王星的发现作例。就这个实例来讲,p 是万有引力定律,h 是海王星发现以前关于行星运动的观察,而 q 是海王星存在于计算表明它所应该存在的地方。这样 $\bar{p}q/h$ 就是在万有引力为伪的情况下,海王星出现于它所在的地方的概率。这里我们必须对于我们所用的"伪"这个词的意思作出一条规定。就这个词的适当意思来讲,认为爱因斯坦的理论证明牛顿的理论为"伪"是不正确的。在肯定一切表示数量的科学理论时都应该保留误差范围;如果做到了这一点,牛顿的万有引力学说对于行星运动来说就仍然为真。

下面的论证看来似乎令人抱有希望,但是在事实上却是不正确的。

就我们所举的实例来讲,脱离开 p 或者某个一般定律,h 对于 q 就是无关的;这就是说,对于其他行星的观察不能使海王星的存在具有比原来更多或更少的概率。至于其他定律,我们也许可能认为波得定律使得有一个大体具有海王星轨道的行星存在从大体 411
上看是可能的,但是它却不能指明在某一特定日期行星已经走过的一段轨道。如果我们假定波得定律以及万有引力以外的任何其他有关定律给予认为有一个大体沿着海王星轨道运行的行星的假

定以概率 x,并且假定对于海王星的视位置的计算带有误差范围 ϑ,那么海王星在它所在的位置被发现的概率就将是 $\vartheta/2\pi$。现在 ϑ 的值很小而 x 的值也不能认为很大。所以 $\bar{p}q/h$,这个值等于 $x\times\vartheta/2\pi$,就必然很小。假定我们把 x 作为 1/10,ϑ 作为 6 分钟,那么 $\bar{p}q/h=1/10\times1/3600=1/36,000$。所以如果我们假定 $p/h=1/36$,我们就将有 $y=1/1000$ 和

$$p/qh = \frac{1000}{1001}。$$

这样,即使在海王星被发现之前,万有引力定律像掷骰子出双六那样不大可能,在发现之后它却具有 1000 比 1 的有利情况。

这个论证如果推广到所有观察到的有关行星运动的事实,显然表明如果万有引力定律在最初被人提出来的时候即使具有很小的概率,它不久就几乎成了带有必然性的东西。但是它却丝毫不能帮助我们估计这种最初的概率,因此即使它真,也不能为我们从观察到理论中间所作的理论性质的推理提供稳固可靠的基础。

另外,上面这种论证由于以下的事实也可以受到人们的反对,即万有引力定律并不是使人预料海王星在它原来的地点出现的唯一定律。假定万有引力定律在时间 t 以前一直为真,这里 t 是发现海王星之后的任何一个时刻;那么我将仍然有 $q/p'h=1$,这里 p' 表示认为这个定律只是到 t 以前一直为真的假设。所以我们有比纯粹机会或者纯粹机会和波得定律加起来更多的理由来预料海王星的发现。这个定律直到那时一直为真这件事已经成为具有很大概然性的事情。推论它在将来有效就需要一个绝不能从数学的概率论中推导出来的原理。这种想法破坏了建设一般理论的归纳论证

的全部力量，除非这种论证受到某种类似人们所认为的自然的齐 412
一性的原理的支援。在这里我们又一次看到归纳需要某种超出逻辑范围、不依靠经验的普遍原理的支持。

D. 莱新巴哈的理论

莱新巴哈的概率论的特点在于归纳就包含在概率的定义之中。这个理论有如下述（略加简化）：

已知一个统计上的系列——例如生死统计上的系列——并且已知包含该系列中某些分子的部分重合的两个类 α 和 β，我们常常发现当项目数大时，α 的分子为 β 的分子的百分数大体上保持不变。假定当项目超过了比方说 10,000 时，人们发现记录下来的 α 为 β 的比例永远不能大大超过或不及 m/n，并且这个有理分式比任何其他分式都更加接近平均观察到的比例。这样我们就“假定”不管这个系列怎样扩展，比例将永远接近 m/n。我们把一个 α 为一个 β 的概率定义为在观察次数无限增加时观察到的频率的极限，借着我们的“假定”，我们认为这个极限是存在的并且就在 m/n 的邻域中，这里 m/n 是可能得到的最大实例中所观察到的频率。

莱新巴哈明确断言任何命题都不带必然性；所有命题都只具有不同程度的概然性，并且每个概率都是一个频率的极限。他承认，根据这种理论，计算频率所用的那些项目本身也只具有概然性。拿死亡率作例来看：当我们判断一个人死了之后，他可能仍然活着；因此死亡统计中每一项都是可以怀疑的。根据定义，这就表示一次死亡的记录一定是一系列记录当中的一个，而这个系列中有些记录是正确的，有些则是错误的。但是那些我们认为正确的

记录也只具有概然的正确性，并且必定是某种新的系列的分子。这一切他都承认，但是他说到了某个阶段我们就结束了这种无止
413 境的后退，而采取一种他所谓的“盲目假定”①。一个“盲目假定”是认某个命题为真的一次决定，尽管我们并没有这样做的充分理由。

在这个理论中有两种“盲目的假定”，也就是：(1)在这个统计系列中我们选取当作基本项目的那些最终项目；(2)认为在有限次数的观察中发现的频率，不管观察次数怎样增加，大体上会保持不变的那个假定。莱新巴哈认为他的理论是完全属于经验范围的，因为他并不断言他的“假定”为真。

我现在并不是要研究莱新巴哈的一般理论，这种理论已经在前面一章里谈论过。我现在要研究的只是他关于归纳的理论。他的理论的要点是：如果他的归纳假定为真，那么预测就是可能的，否则预测就是不可能的。因此我们唯一能够得到支持一种预测而不是另一种预测的概率的途径就是设想他的假定为真。我并不是想否认要得到支持预测的概率就需要某种假定，我想否认的是所需要的那种假定就是莱新巴哈的假定。

他的假定是：已知 α 和 β 两个类，并且已知 α 的实例是按照时间顺序排好的，如果我们在观察了充分数目的 α 之后，发现 α 为 β 的比大体上永远是 m/n，那么不管以后可能观察到多少个 α 的实例，这个比例将仍然继续保持下去。

我们首先看到这个假定仅仅在表面上比那个应用到所有观察

① 《经验与预测》，第401页。

到的 α 都是 β 的情况上的假定具有更大的普遍性。因为在莱新巴哈的假设中由 α 组成的系列的每一段落都具有大约 m/n 的分子为 β 的性质,并且我们可以把那个比较狭义的假定应用到这些段落上去。因此我们可以只研究那个比较狭义的假定。

因此莱新巴哈的假定和下面的话意义相同:在我们观察了大量的 α,并且发现所有的 α 都是 β 之后,我们就将假定所有的 α 几乎可以都是 β。这个假定对于概率的定义,以及一切科学预测来说都是必要的(他这样认为)。

我认为这个假定可以证明是错误的。假定 $\alpha_1,\alpha_2,\cdots\cdots\alpha_n$ 是已经观察过并且发现是属于某一类 β 的 α 的分子。假定 α_{n+1} 是 414
要观察到的下一个 α。如果它是一个 β,那么把不包括 α_{n+1} 在内的由 β 组成的类来代替 β。对于这个类来说,这种归纳就无能为力。这种论证显然还可以推广。由此可以看出,如果要让归纳具有正确有效的机会,α 和 β 就不能是任意的类,而必须是具有某些性质或关系的类。我的意思并不是说 α 和 β 之间存在着一种适当关系时归纳就一定正确有效,我只是说在这种情况下归纳可能正确有效,而就它的一般形式来讲,它却可以证明是错误的。

α 和 β 一定不是可以叫作"制造出来"的类,这一点似乎是明显的。我想把上面出现的不包括 α_{n+1} 在内的 β 叫作一个"制造出来"的类。广义来讲,我所说的一个"制造出来"的类是一个通过说出某某一项是或不是它的一个分子而得出至少是它的一部分定义的。这样,"人类"就不是一个制造出来的类,但是"不包括苏格拉底在内的全部人类"却是一个制造出来的类。如果 $\alpha_1,\alpha_2,\cdots\cdots\alpha_{n+1}$ 是 α 的最先观察到的 $n+1$ 个分子,那么 $\alpha_1,\alpha_2,\cdots\cdots\alpha_n$ 就具有不是α_{n+1}的性质，但是我们一定不能用归纳的方法推论出α_{n+1}具有这种性质，不管n可能有多么大。α和β这些类必须通过内包，而不是通过说出它们的分子来得到定义。任何为归纳提供合理根据的关系一定是一种**概念**的关系，并且由于不同的概念可能给同一个类下定义，所以可能出现一对在归纳上相关并分别替α和β下定义的概念，而另外一些成对的概念虽然也替α和β下定义，在归纳上却不相关。例如，我们可以根据经验推论出无羽毛的两足动物是有死的，但却不能推论出地球上居住的理性动物是有死的，尽管存在着这两个概念碰巧替同一个类下定义这件事实。

数理逻辑就它迄今为止的发展来看，是以尽可能做到外延的处理为其目的的。也许这是一个多少带有偶然性的特点，来自算术对于逻辑学家的思想和意图所产生的影响。与此相反，归纳的问题却要求做到内包的处理。固然在一个归纳推论中出现的α和β这些类，就观察到的实例$\alpha_1, \alpha_2, \cdots\cdots \alpha_n$来讲，是以外延方式表达出来的，但是超过了这一点，重要的却是这两个类直到现在只以内包方式表达出来。举例来说，α可能是血液中有某些杆状菌
415 的那一类人，而β则可能是出现某些症状的那一类人。归纳的最重要的性质就是人们事先并不知道这两个类的外延。在实际应用上，我们认为某些归纳值得证实，而另外一些归纳则不值得证实，我们还似乎受着一种对于很可能具有联系的那些种类的内包的觉察力的引导。

因此莱新巴哈的归纳假定不仅过于广泛而且还太偏重外延。如果莱新巴哈的假定不想成为可以证明是错误的东西，我们就需要有某种范围较窄和偏重内包的假定。

我们对于莱新巴哈关于不同等级频率的理论还要谈论一下，这些不同等级频率最后导致一组“盲目假定”的概率。这是和他认为在逻辑中应该用概率来代替真理的学说分不开的。让我们通过一个实例来看这个理论，比方说一个六十岁的英国人在一年内死去的机会。

第一阶段是简单明白的：把文件上的记载当作完全正确的东西，然后以总人数去除去年死去的人数。但是我们现在记得统计中每一个项目都可能是错误的。为了计算这个概率，我们必须得到某组经过仔细研究的类似的统计，并且发现其中所含错误的百分比。我们还记得那些认为他们发现错误的也可能弄错，于是我们就开始去统计关于错误的错误。在这种后退的某一阶段我们势必停顿下来；不管我们在什么地方停顿下来，我们习惯上总会给它一种“分量”，这种分量人们认为大概不是必然性就是我们猜想在后退的下一阶段会出现的那种概率。

作为一种认识论来看，这种方法有着许多可以反对的理由。

首先，在后退中靠后的阶段通常比靠前的阶段要困难和不确定得多；我们不大可能，比方说，在对于官方统计的错误所作的估计上，达到官方统计本身所达到的正确性。

其次，那些我们必须当作出发点的盲目假定是一种想使心灵与肉体两个世界取得调和的努力：盲目假定要完成的任务就是数据在我的体系中所要完成的任务，数据可能是错误的，但是莱新巴哈想通过把它们叫作“假定”而逃避开认它们为“真”所承担的责任。在选择一个假定而不是另一个假定的时候，除了他认为这个
假定更有可能为“真”以外，我看不出还有什么别的理由；并且因 416

为，照他自己的话来讲，这并不表示（当我们处在盲目假定这个阶段时）存在着使这个假定具有概然性的某种已知的频率，所以他才不得不凭借频率以外的某种其他标准来挑选假设。他并没有告诉我们这可能是什么东西，因为他并没有觉察出它的必要性。

第三，如果我们为了结束无止境的后退而抛弃盲目假定完全属于实用方面的需要，并且从纯粹理论方面观察莱新巴哈的概率可能表示的意思，我们就会感到自己陷进了难以解决的复杂情况之中。在第一等级，我们说一个 α 将为一个 β 的概率是 m_1/n_1；在第二等级，我们对于这个陈述给予概率 m_2/n_2，这是通过使这个陈述作为某一系列类似陈述当中的一个陈述而得到的；在第三等级，我们对于认为有一个概率 m_2/n_2 支持我们的第一个概率 m_1/n_1 的那个陈述给予概率 m_3/n_3；这样一直继续下去。如果我们能够完成这种无止境的后退的话，那么支持我们最初估计 m_1/n_1 的最后的概率会是一个无限乘积

$$\frac{m_2}{n_2} \cdot \frac{m_3}{n_3} \cdot \frac{m_4}{n_4} \cdots\cdots$$

而我们可以预料这个乘积为零。因此看来在选择第一等级上概然性最大的估计时，我们几乎肯定是会错的；但是一般来说这仍然是我们可以得到的最精确的估计。

在“概然的”定义中就存在的这种无止境的后退是令人难以接受的。如果我们想避免这种无止境的后退，我们就必须承认我们原来统计中每个项目不是真便是伪，并且承认我们得到的第一个概率的值 m_1/n_1 不是对便是错；事实上我们对于概然性判断必须和对其他判断一样完全使用真—或—伪这种二分法。详尽来

讲,莱新巴哈的立场有如下述:

有一个命题 p_1,比方说“这个 α 是一个 β”。

有一个命题 p_2,说 p_1 具有概率 x_1。

有一个命题 p_3,说 p_2 具有概率 x_2。

有一个命题 p_4,说 p_3 具有概率 x_3。

这个系列是无尽止的,并且导致(人们要这样认为)一个极限命题,只有对这个命题我们才有权力加以肯定。但是我却看不出怎样才能把这个极限命题表达出来。困难在于:就这个系列中所有 417
先于它的分子来说,根据莱新巴哈的原理,我们没有理由认为它们为真的可能性比为伪的可能性大;事实上它们并不具有我们可以估计的概率。

我的结论是:想不用“真”和“伪”这些概念的努力是个失败,并且概然性的判断和其他判断并没有本质上的不同,而是同样包含在完全的真—伪二分法的范围之内。

E. 结论

自从休谟以来,在科学方法的讨论中归纳一直起着非常重大的作用,所以弄清楚上面的论证所得出的结论(如果我没有弄错的话)是很重要的。

第一,数学的概率论并没有任何东西可以使我们有理由认为不管是一个特殊归纳还是一个普遍归纳具有概然性,不管有利于它的实例的确定数目有多么大。

第二,如果对于一个归纳中所涉及的 A 和 B 这些类的内包定义的性质不加什么限制,那么我们就能证明归纳原理不仅可以怀疑而且是虚妄的。这就是说,已知某一个类 A 的 n 个分子属于另外某一个类 B,那么使 A 的下一个分子不属于 B 的那些“B”的值比起使下一个分子属于 B 的值更多,除非 n 不太小于宇宙中事物的总数。

第三,在一般所谓的“假言归纳”中,由于迄今为止所有它的观察到的后果都得到证实而使我们认为某一普遍理论具有概然性,这种归纳与单纯列举的归纳并没有什么重要的不同。因为如果 P 是所说的那种理论,A 是由有关现象组成的类,而 B 是由 P 的后果组成的类,那么 P 和“所有的 A 都是 B”就具有相同的意思,P 的证据就是通过单纯列举得到的。

第四,如果一个归纳论证可以正确有效的话,那么归纳原理的叙述就必须加上某种迄今尚未发现的限制。在实际应用上,科学的常识在各种不同的归纳面前畏缩不前,这一点我认为是对的。
418 但是那种指导科学的常识的东西到现在却一直没有得到明确的表述。

第五,如果科学的推理一般来说正确有效的话,它们之所以正确有效必然是借助于自然界的某个或某些定律,而这个或这些定律说出了现实世界的一种或几种综合性质。肯定这类性质的一些命题的真实性靠着来自经验的论证是连概然性也得不到的,因为这类论证一旦超出了迄今记载下来的经验的范围,它们的正确性就要依靠我们所说的那些原理。

这些原理是什么,并且如果有意义的话,那么又是在什么意义上?我们能够名副其实地认识这些原理,仍然是有待我们探讨的问题。

第六部分　科学推理的公设

第一章　知识的种类 421

找寻科学推理的公设存在着两类问题。一方面存在着关于大家公认的正确推理的分析，分析的目的在于发现正确推理所包含的原理；这种研究完全属于逻辑的范围。另一方面存在着这样的困难，那就是初步看来并没有多少理由可以假定这些原理为真，更没有理由可以假定人们**认识**到这些原理为真。人们在什么意义上，假定存在这种意义的话，可以认识这些原理？我认为这个问题需要对于“知识”这个概念作出分析。人们过多地把这个概念看作是个具有明显和统一含义的概念。我个人的看法是：许多哲学上的困难和争论都来自对于不同种类的知识之间的区别，以及对于我们自以为认识到的大部分知识所特有的模糊不清和不够明确之处认识不足。另外还有一件在讨论心理概念时有必要记起的事情，那就是我们和低等动物之间在演化上的连续性。我们不应假定介乎我们与我们那些不会使用语言的祖先之间有着一条不可逾越的鸿沟，因为在这种假定下，特别不适于给“知识”下定义。

一般所说的知识分为两类：第一类是关于事实的知识；第二类是关于事实之间的一般关联的知识。与此紧密相关的还有另外一

种区分:有一种可以叫作“反映”的知识,还有一种能够发挥控制能力的知识。莱布尼兹的单子“反映”宇宙,在这种意义上单子也就“认识”宇宙;但是由于单子之间永不互相作用,它们也就不能“控制”它们身外的任何东西。这是一种关于“知识”的看法在逻辑上推到极端的表现形式;另一种关于“知识”的看法在逻辑上推
422 到极端就是实用主义,正如首先由马克思在《费尔巴哈论纲》(1845)中所提出的:“人的思维是否具有客观的真理性,这并不是一个理论的问题,而是一个实践的问题。人应该在实践中证明自己思维的真理性,即自己思维的现实性和力量,……哲学家们只是用不同的方式**解释**世界,而问题在于**改变**世界。”①

我认为莱布尼兹和马克思的看法都是不完全的。非常简略地从大体上讲,前者适用于关于事实的知识,后者适用于关于事实之间的一般关联的知识。就这两种知识来讲,我所说的都是指非推理的知识而言。我们对于概率的研究已经证明非推理的知识一定存在,这种知识不仅是关于事实的知识,而且是关于事实之间的关联的知识。

就其不属于推理的知识而论,我们对于事实的知识有两个来源,即感觉与记忆。其中感觉具有更基本的性质,因为我们只能回忆已经成为感觉经验的东西。尽管感觉是知识的一个**来源**,但它本身却不是通常所说的知识。当我们谈到“知识”时,我们通常有意把认识和认识对象区别开来,但是在感觉上却没有这种区别。按照大多数心理学家的用法,“知觉”具有知识的性质,但是知觉

---

① 马克思《费尔巴哈论纲》,人民出版社 1962 年版。

之所以如此是由于经验，也许可能是由于先天的气质，加在纯粹感觉上面的附加条件而造成的。但是人们只有在下面的情况下才把这些附加条件看作知识，那就是在感觉与我暂时的心理状态之外的其他事实之间要有一些关联，而这些关联又一定要和纯粹感觉与叫作知觉的心理状态的其他部分之间的关联具有适当的关系。所以从感觉过渡到知觉不仅涉及事实，而且涉及事实之间的关联。可是只有在把知觉当作知识的一种类型时，它才涉及这些关联；作为一种心理现象，知觉只是一种事实，但是就它所加给感觉的来说，它却是一种可能与实在不相符合的事实。只有在事实之间存在着某些关联的情况下，比方说铁的外形与坚硬之间的关联，知觉才能和实在相符合。

记忆是反映的知识的最完全的范例。当我记起一支乐曲或一张朋友的面孔时，我的心理状态类似我听到那支乐曲或看见那张脸时我的心理状态，尽管两者之间有着差别。如果我有足够的本事，我就可以凭着记忆演奏那支乐曲或者画出那张脸来，然后把我 423
的演奏或画像与事物的原样进行比较，或者不如说与我有理由相信确与原样极其相似的事物进行比较。但是在一定限度内我们相信自己的记忆，即使它不能通过这种考验。如果我们的朋友眼睛有些青紫，我们会问："你怎么受的伤？"而绝不会说："我忘记你眼睛受伤了。"记忆的考验，正如我们已经注意到的那样，只不过是一些证实；记忆本身就带有相当程度的可信性，在记忆清楚、时间较近的情况下尤其是这样。

记忆的准确不在于它对控制现在和将来的事实上提供多少帮助，而在于它对一件过去的事实相似到什么程度。赫伯特·斯宾塞在五十年后遇见他年轻时钟情过的那位女子，他一直记着她年轻时的面貌，正是由于他的记忆的准确才使得他瞠目不知所对。对于记忆来说，符合“真理”以及因而也就成为“知识”的条件在于目前的想象与过去的感觉经验之间的相似。控制现在和将来的事实的能力在某些情况下可能具有证实的作用，但却绝对不能**确定**我们把某次记忆叫作“知识”时所表示的那种意思。

感觉、知觉和记忆基本上是先于文字的经验；我们可以假定动物的感觉、知觉和记忆与我们的感觉、知觉和记忆并没有很大不同。一旦接触到用文字表达的知识，我们似乎就不可避免地失掉一些我们想要叙述的经验的特殊性，因为所有的文字都表示类别。但是这里却有一点需要加以强调：尽管在某种意义上讲，文字有表示类别的作用，使用文字的人却不一定这样做。小孩学会用“猫”这个词来表示对某类刺激的反应；这是一个因果律，正和火柴对某类刺激作出的反应相似。但是火柴并没有把刺激划入“燃烧的”一类，而小孩在作出“猫”这个反应时也无须给刺激分类。事实上，如果我们对于使用“猫”这样的词并不需要**假定**存在着分类这一点缺少认识，我们就会陷入永无止境的倒退。没有人能够重复
424 说出“猫”这个词的一个实例；把各个不同的实例归类，作为这个词的实例，这与把动物归类，作为一个种属的实例是完全相似的过程。所以事实上分类发生在语言开始之后。所有在原来活动中看来类似分类的东西乃是由于对某些刺激作出的反应之间比起这些刺激本身之间具有更多的相似。这就是为什么语言有助于我们考虑一切动物的共同性。

当我在记忆中有着某个事件的映象时，如果我们说这个映象

为“真”,那绝不是指这个词的通常用法。它之所以为“真”是就意象与它的原型之间所具有的那种相似来说的。如果我们不是把意象作为单纯的想象而是作为记忆,那么它之成为“知识”的程度也就和它为“真”的程度一样。

但是我们只要一接触到文字,一种习惯性的东西就随之而来。小孩子看见鼹鼠可能要叫它“老鼠”;这是不合习惯的错误,正像对姑姑不礼貌违反习惯一样。但是一个完全熟悉这种语言的人用眼角瞥见鼹鼠而叫它“老鼠”,这种错误可不是不合习惯;如果有机会再加观察,他一定会说,“不对,我看见的是只鼹鼠”。我们必须先把涉及的全部字词的文字的和实指的定义都摆出来,然后才能研究文字的叙述是知识还是谬误。一切实指的定义,因而也就是所有的定义,都免不了有些含糊不清。非洲类人猿无疑属于猿类,但是在演化过程中必然有过介乎猿与人两者之间的动物。每个经验界的概念必然可以适用于某些事物,也必然不能适用于其他事物,但是介乎两者之间还有一个由那些令人感到犹豫不决的事物所构成的领域。就这类事物来说,分类的叙述可能有着较多或较少的真实性,或者可能很接近这个令人感到犹豫不决的领域的中心,以致把它们看作真或伪都没有什么区别。

科学技术主要用来缩小这个不确定的领域。对于度量的计算要达到若干位有效数字,给出可能的误差。有时“自然界的种类”使得误差几乎不可能出现。在现存的世界里,大概不会有这种动物,它既不是完全不容置疑是老鼠,又不是完全不容置疑不是老鼠;那些在演化过程中必然存在过的令人感到犹豫不决的实例现在已经不存在了。在物理学中,原子分为有限数目的不同种类:“铀 235” 425

是这样一个概念，它总是毫不含糊地可以用于或者毫不含糊地不可以用于一类原子身上。一般说来，由于含糊不清而引起的不确定是有限度的和可以控制的，它只存在于我们想要作出的叙述中的一小部分——至少在可以使用科学技术的领域内是这样。

抛开含糊不清不论，如果我们作出类似“有一只老鼠”这种叙述，那么这句话包含着什么意思？一次视觉使得我们相信，沿着我们看的方向有一只动物，这只动物有着过去和未来，它还有着构成“老鼠”这个词的定义的一些特点（除了视觉形象之外）。如果我们确有理由相信这个非常复杂的信念，那么在外面世界中事实之间一定存在着一些关联，这些关联与视觉和视觉所引起的信念之间的关联相似。如果不存在这些关联——比方说，如果老鼠不是“真实”的，而是在影片里出现的——的话，我们的信念就是谬误的。从这一方面看来，事实之间的关联在判断那些可能被我们当作知觉判断的信念的真伪上是起着一定作用的。

当我说“有一只老鼠”这句话时，我所断言的内容有一部分——我认为不是全部——是由预料与假言预料组成的。我们想到如果我们继续观看，我们将继续看到这只老鼠，或者看到这只老鼠躲进某个洞口或裂缝里；如果老鼠在地板中间突然消失不见，我们一定会感到惊讶，虽然在电影中我们可以很容易经过安排让这种现象发生。我们想到如果我们摸到它，它会给人以触到老鼠的感觉。我们想到如果它会走动，它将走动得像只老鼠而不像只青蛙。如果碰巧我们是解剖学家，我们可能想到如果我们把它解剖开，我们会发现老鼠的器官。但是当我说我们“想到”这一切事情的时候，口气未免过于肯定。我们在需要时会想到这些事情；在发生与此相反的情况时,我们就会感到惊讶;但是在一般情况下,那种能够发展成这些思想的萌芽却是颇为含糊不清和不曾明确表达出来的东西。我认为我们可以说在正常条件下知觉到的事物引起两种反应:一方面是多少属于下意识的预料,另一方面则是一些行为的冲动,尽管这种行为可能只是继续进行观察。在这两种反应之间存在着某种程度的关联。比方说,继续进行的观察就带有认 426
为这件事物将会继续存在的预料;我们对于闪电并不抱有这种反应。

比起我们刚才讨论过的这些情况,预料常常要肯定得多。你看见门让风给关上,你会预料听到砰然一响。你看见一位相识走了过来,你会预料他跟你握手。你看见太阳落山,你会预料太阳将在地平线下消失。在日常生活中预料占有很大一部分;如果我们处在一个生疏到不知预料什么的环境里,我们就会感到强烈的恐惧。(请看象群第一次看见飞机时奔逃的照片。)想知道预料些什么的愿望是恋家的一大原因,也是科学研究的一大动力。科学家因为"自己的家最好"这个想法在他们迫不得已出外旅行时使他们感到很不舒服,于是就发明了空间的均一性。

如果我们对于预料进行思考,那么预料显然包含着我们对于因果律所抱的信念。但是在它们的原始形式下,预料似乎并不包含这类信念,虽然它们为真的程度与那些有关的因果律为真的程度一致。预料的发展过程有三个阶段。在最原始的阶段,A 的出现引起我们对于 B 的预料,但却完全没有意识到其中的关联;在第二阶段,我们相信"A 出现,所以 B 将出现";在第三阶段,我们提高到一般的假言命题"如果 A 出现,那么 B 将出现"。从第二阶段过渡到第三阶段绝不是件容易的事；没有受过教育的人感到很难接受一个不知其中假设是否为真的假言命题。

虽然这三种心理状态各不相同，但是使得它们所包含的信念为真的条件一般说来却是相同的，这就是 A 与 B 两者之间存在着因果关联。当然在第一种形式下，A 的出现引起对于 B 的预料，而 B 可能是碰巧发生的，在这种情况下预料就得到了证实；然而除非 A 与 B 之间有着某种程度的关联，这种现象是不能经常发生的。在第二种形式下，我们说“有 A，所以有 B”，“所以”这个词需要加以解释，但是就这个词的通常意思来讲，在 A 与 B 之间的关联表
427 现为偶然出现于这一场合的情况下，人们没有理由去使用这个词。在第三种形式下，因果律才被明确地表示出来。

这样就产生了一个问题，即在什么条件下可以把这类信念看作“知识？”任何想对“在什么意义上我们认识科学推理的必要公设？”作出回答的努力都会涉及这个问题。

我认为知识是一个程度上的问题。我们可能不知道“B 一定总是发生在 A 之后”，但是我们却可能知道“B 大概通常发生在 A 之后”，这里“大概”的意思就是“可信度”。我将按照对于“知识”所做的这种比较平易的说法，来研究在什么意义和什么程度上，我们可以把期待看作“知识”。

首先我们必须看一下我们所说的“预料”是什么意思，同时不要忘记我们所讨论的东西在不会说话的动物身上是可能存在的，它也并不假定语言的存在。预料是相信的一种形式，许多对于预料可以讲的话也可以用于一般信念上面，但是目前我们要谈的只限于预料。预料的状态，就其较强的形式来看，是我们都很熟悉的

一种状态。在赛跑之前，你会期待着作为出发信号的手枪声。在进行爆破的石坑里，在你等待一次即将发生的爆炸声时，你会感到有些紧张。到旅客拥挤的车站去接朋友，你会打量许多张面孔，看看有没有你心目中所期待的那张面孔。这些不同的状态一部分是心理的状态，一部分则是身体的状态；有着肌肉与感官的调整，通常还有某种想象中的事物（这可能只是文字）。在某一时刻，某种事情的发生不是给你“果然这样”的感觉，就是给你“真想不到”的感觉。在前一种情况下你的预料为“真”，在后一种情况下你的预料为“伪”。

各种不同的身体和心理状态可能都是对于同一事件的预料。可能有着不同数量的意象，不同程度的肌肉调节，以及不同紧张程度的感官上的适应。如果被预料的事物不是近在眼前又不是很有意思，预料就可能只存在于对于某个将来时态的句子的相信上面，
例如：“明天夜间将有月食”。“对于 B 的预料”可以定义如下：如 428
果在适当时间出现 B，我们会有“果然这样”的感觉，如果不出现 B，我们就会有“真想不到”的感觉，在这种情况下的任何心理和身体状态就是“对于 B 的预料”。我认为没有任何别的方法可以给作为对于某一事件的预料的全部状态中的共同成分来下定义。

我们早已确定了使预料为“真”的条件；在预料之后出现“果然这样”的感觉时，预料就为“真”。我们现在要研究的乃是使预料成为“知识”的条件。因为知识的每个实例都是真的信念的一个实例，但是这句话反过来说却不能成立，所以我们必须研究除了为真这个条件之外，还必须加上什么条件才能使真的预料成为“知识”。

我们很容易举出预料为真但却不是知识的实例。假如你见到一位智者,他长着银色长髯,衣穿锦袍,具有丰富的东方智慧,你就会深受感动。假如他说(而且你相信他)他有预见未来的本领。并且假如你掷一次钱币,他说是正面,果然就是正面。这时你得到的是一次为真的预料,而不是知识,除非他的夸口得到充分的证实。或者举一个更为简单的例子:假如你正料到 X 先生给你打电话。电话铃响了,但打电话的并不是 X 先生。就这个例子来说,你对于电话铃响的预料虽然为真,但它却不是知识。或者假如你是个怀疑一切的怪人,因为天气预报说天晴你就预料着下雨,而后来果真下了雨,在这种情况下把你的预料叫作“知识”就会成为对于气象学者的侮辱。

非常明显,如果预料是具有假前提的论证的结果,那么它便不是知识。如果我以为 B 几乎总是随着 A 而发生,所以我看到了 A,就预料到 B;如果事实上 B 很少随着 A 而发生,但是作为 B 随着 A 而发生的极少见的实例之一却碰巧真的发生了;那么我对于 B 的为真的预料就不能算作知识。

但是这些还不是真正困难的实例。动物和人类(除去在少有的从事科学研究的场合)的预料是由于一些经验引起的,逻辑学家可以把这些经验当作归纳的前提来看待。我刚解开拴狗的皮带,狗就兴奋地期待可以到外边走走。狗的行为好像表示它在作
429 这种推理:“根据我的经验,到外边走走(B)总是随着解开皮带(A)而发生;所以这一回大概也是这样。”当然,狗并没有进行这样的推理过程。但是狗的身体构造决定了这件事实:如果在狗的经验中 B 常常随着 A 而发生,而 B 又是在感情上引起兴趣的事物,

那么A就引起狗对于B的预料。狗的这种预料有时是对的,有时则是错的。假定事实上B总是或几乎总是随着A而发生;在这种情况下,我们能说狗对于B的预料是对的吗?

我们可以把问题再往下深究一步。假定虽然事实上B总是随着A而发生,这个概括性叙述却只是碰巧正确,而且大多数逻辑上与它类似的概括性叙述都是错误的。在这种情况下,我们必须认为是狗交了好运,全凭偶然的机会才猜中的,在这里谬误的过程碰巧引导出正确的结果。就这种情况来看,我并不认为可以把狗的预料当成"知识"来看。

但是现在让我们假定不仅事实上B几乎总是随着A而发生,而且在经验中B随着A而发生的实例属于一个可以下定义的由实例构成的类,在这个类中概括性的叙述事实上几乎总是正确。我现在假定尽管我们所说的那种概括性的叙述事实上几乎总是正确,我们却不知道它们所以为真的理由。我个人的看法是:在这种情况下,狗的预料应该当成"知识"来看。如果这样,科学的归纳也应看成"知识",只要世界具有某些特点即可。我暂且把我们是否知道和在什么意义上知道世界具有这些特点这个问题搁下不谈。

在本书中我们一直假定科学的真理是颠扑不破的,并且一直探讨我们得以认识科学的过程。所以我们有正当理由假定动物大体上和生物学家所说的一样,已经变得适应它们的环境了。现在动物一方面具有某些先天性倾向,另一方面又有获得习惯的能力。就得以生存下来的某一类动物来说,这两者都一定与环境中的事实有着某种程度的一致。动物一定吃它应吃的食物,与同类的动物成偶,和(在高级动物中)学会躲避危险。除非世界上存在某些

因果的一致性，动物获得的习惯就不会有用。这些一致性不一定
430 就是绝对的：你把砒霜掺进对老鼠富有吸引力的食物，这就可以毒死它们。但是除非吸引老鼠的食物通常是有益的，老鼠恐怕早就死光了。一切高等动物很快就获得到曾经发现过食物的地方寻觅食物；这种习惯是有用的，但它却完全建立在认为存在着某些一致性的假定之上。这样动物之得以生存下去就靠它们按照某些方式做出动作的倾向，这些动作方式的有利性在于这件事实：概括性叙述得到证实的次数比纯粹逻辑让我们假定的还要多。

读者可能迫不及待地要问，动物的习惯与知识有什么关系？照传统的“知识”概念来讲，它们之间没有什么关系；照我所要主张的看法来讲，它们之间的关系比什么都重要。就传统的看法来讲，知识的最高境界是主体与客体之间的一种亲切而且几乎带有神秘意味的接触，这种接触有人还可以在来世从幸福的幻境中得到完全的体验。人们告诉我们说，这种直接接触有几分就在于知觉之中。至于事实之间的关联，旧的唯理主义者把自然律归并到逻辑原则里去，他们不是直接这样做就是在中间多通过一层上帝的善意和智慧。这一切都已经过时，只有知觉还被许多人看作是提供直接知识的，而不是像我一直所主张的是感觉、习惯和物理上因果关系的复杂而不准确的混合。我们已经看到，一般来说相信对于被相信的事物只有一种比较间接的关系：当我不通过文字而相信即将发生一次爆炸时，准确地说出我心中的状态是不可能的。事实上相信对于被相信的事物有着一种复杂和比较模糊不清的关系，正像知觉对于被知觉的事物的关系一样。

但是我们现在必须研究的不是对于个别事实的信念或知识，

而是对于事实之间的关系的信念或知识，例如在我们相信“如果有 A，那么就有 B”时所涉及的那一类关系。

我所谈的那些关联是一些带有某种普遍性的关联。在一个完全的共现复合范围之内，我能够知觉到具有空间与时间关系的各部分；这些关系属于个别知觉材料的范围，不是我要研究的问题。我要研究的那些关系是带普遍性的，正如拴狗的皮带与出去走走 431 之间的那种关系一样。但是当我说这些关系带有“普遍性”时，我的意思并不一定是说没有例外；我的意思只是说这些关系在绝大多数的实例中为真，以至就每一个特例来讲，如果该特例不存在相反的证据，那么它就有着很高的可信度。这些就是成为我们日常生活中行为根据的那些概括性叙述，例如，“面包有营养”，“狗吠”，“响尾蛇是危险的”。看来很明显，就这些信念在逻辑书上所表现的形式来讲，它们有着很久的历史，我们可以沿着这段历史一直追溯到动物的习惯。我想追溯的正是这段历史。

对于“狗吠”所进行的纯逻辑分析很快就达到非常复杂的境地，看来常人似乎不大可能理解这样渺茫、神秘而又带普遍性的事物。对于逻辑学家来说，第一阶段是把它替换成：“不管 x 可能是什么，不是‘x 不是狗’就是‘x 吠叫’。”但是因为狗只是有时吠叫，所以你还须把“x 吠叫”替换成“有一个 x 吠叫的时间 t”的命题。然后你必须用我们在本书第四部分中所提出两个可供选择的给“t”所下的定义。最后你将得到一个很长的命题，这个命题不仅涉及狗而且涉及宇宙中一切事物，并且复杂到除了在数理逻辑方面受过相当训练的人都不能理解的程度。但是假定你必须把你的命题“狗吠”解释给这样一个外国人，他除了懂得数学方面的英语之外，不认识“狗”和“吠”这两个词。你怎样办？毫无疑问你不会搬出上面这一套逻辑上的赘言。你会指着你的狗说一声“狗”，然后在激起它吠叫时说声“吠叫”。这时这位外国人就会懂得你的意思，尽管作为一个逻辑学家，他并没有这样做的必要。这就让我们看清楚，普遍命题的心理学与它的逻辑大不相同。心理学是在我们相信它们时所发生的事实，而逻辑也许是我们成了逻辑学圣徒之后应该发生的事实。

我们都相信凡人皆有死。在我们积极相信这句话的时刻，出现的是什么一种状态呢？也许只是一种相信这句话正确的信念，而不去想这句话所指的是什么意思。但是如果我们追究这句话的所指的意思，我们将做些什么呢？我们确实不会在心目中展开一
432 长列临终的床位，一人一张。如果我们一定要追究这句话所指的意思，我们真正想到的可能类似下面所说的情况：“某某老人，年99岁，健壮不减当年，但我认为他将有一天死去。有某某年轻人，尽管膂力过人，精力充沛，但也不能永远活下去。赛可西斯由于想到他的军队的战士会死去而落泪；他的军队里的战士现在都已经死了。至于我自己，虽然难以想象一个没有我的世界，我也要死去，但我希望现在还不要死。如此等等，由你随意列举。”没有这一切无关宏旨的细节，我们就难以理解普遍性命题，除了把它当作一种没有确定解释的文字形式。事实上，在上面这段很长的阐述中，普遍性命题除了通过“如此等等”而露一点头之外，就从来没有正式出现过。

我认为，真正构成对一个普遍性命题所抱的信念的是一种心理习惯；如果你想到一个个别的人，并且在出现有关死亡问题的情

况下，你就会想到“不错，他也会死的”。这就是那种表面上无关紧要的细节的真正意义所在：它让你认识到相信“凡人皆有死”是什么意思。

如果承认这一点，那么我们就能接受一种先于文字形式的普遍性信念。如果一个动物具有一种习惯，使得在A的一次实例出现时，它的行为与获得这种习惯之前在B的一次实例出现时一样，那么我将说这个动物相信“B的一次实例都随着A的每个（或几乎每个）实例而发生”这个普遍性命题。这就是说，这个动物相信这种文字形式所表示的意思。

如果承认这一点，那么动物习惯对于理解普遍性信念的心理学和它在生物学上的起源显然是非常重要的。

此外，因为控制事物需要适当的习惯，上面这种理论就可以与实用主义的“真理”说结合起来看，虽然这只是就普遍性定律而不是就个别事实的知识而言。可是这里还存在着我们现在无须去研究的各种复杂情况和限制。

让我们回到“知识”的定义上来。我认为一种动物“认识”“B通常随着A而发生”这个普遍性命题，如果下列条件得到满足：

1. 这种动物已有B随着A而发生的反复经验。 433

2. 这种经验已使动物在A出现时的动作多少与以前B出现时的动作一样。

3. B事实上通常随A而发生。

4. A与B有这样的特性或这样的相互关系，即在这种特性或关系存在的大多数情况下，被观察的事序出现的频率为即使不是不变的也具有普遍性的事序法则提供了概然性的证据。

显而易见第四个条件会产生困难的问题。这些问题将在以后各章谈到。

第二章　归纳法的作用

那种叫作“单纯列举的归纳法”的推理形式(我将把它简单叫作“归纳法”),在从弗兰西斯·培根到莱新巴哈所写的大多数关于科学推理的讲述中占有一个非常特殊的地位:它像绞刑吏一样,被人当成一件不可少的但却令人不快的事物,人们尽可能地避免谈到这个题目——除了一些像休谟那样不肯受典雅标准约束的人。就我来说,我认为在前面一章(第五部分第八章)中研究过的凯恩斯的著作向我们提出了着重点的改变,即不再把归纳法当作前提,而把它当作数学概率在那些不靠归纳法而得到的前提上面的应用。然而归纳的证据对于给已被承认的科学的和日常生活中的概括性叙述找到合理的根据这一点来说却是极其重要的。我想在本章内既要讲明白归纳法怎样才是有用的,也要讲明白为什么它不是一个前提。

我们在以前各章已经看到,当我们开始回想时,我们是怎样发
434 现我们自己早已相信多得不可胜数的概括性命题的,例如“狗吠”或“火燃”,这些都是由过去的经验通过条件反射和形成习惯的过程而**产生**的。当我们思考我们的信念时,如果我们有喜好逻辑的倾向,我们就会疑心产生我们信念的原因是否可以当作它的根据;而因为这种原因乃是重复,这样就让我们想为归纳法找出理由根据。可是从我们先前的研究来看,我们必须找出一种为某些而不

是另外一些归纳法找出根据的方法。为归纳法本身找出根据是不可能的，因为我们可以证明归纳法导致虚妄和导致真理是同样常见的。然而就适当的实例来讲，归纳法作为一个增加概括性命题的概率的手段还是很重要的。我们能够感到什么是适当的实例，这种能力尽管极易失败，却足够排除大量的各类导致谬误的归纳法，逻辑学家可以发明这些导致谬误的归纳法，但是神智健全的人却从来不会接受。我们的目的必须是把这种感觉力换成某种与其不相矛盾而又更加明确和更加可靠的东西。

显然，每当 A 和 B 经常一起发生或很快连续发生时，不会产生条件反射或“动物性归纳”。A 和 B 必须是动物关心的事物。如果 B 是在情感上引起兴趣的东西，那么 B 所需要的重复发生次数要比它在情感上不引起兴趣的情况下少得多。动物和野蛮人对于关系到他们切身利益的重大问题所进行的归纳是极其轻率的；喜欢得出概括性命题的倾向随着教育的提高而大大减少。但是我们一定要知道，与这点互相制约的还有这件事实，那就是科学训练可以让人注意到动物从来不会注意到的事物。动物注意到在什么时候和什么地方能够找到食物，并接受食物气味的刺激，但动物不能发现土壤的化学成分或肥料的效用。动物也不能创造假设；动物不会说：“我已经注意到 B 随 A 而发生的几个场合；**也许**情况永远是这样，至少值得我们去找寻另外的事例。”但是尽管科学家在有意建立一种归纳时注意到许多不曾为动物注意到的事物，就他所归纳的 A 和 B 来讲，他仍然局限在某些类在他看来似乎合理的事物上面。这种无意的和几乎意识不到的限制与那些为了保证归纳法的正确而加在归纳法身上的限制之间到底有多少契合之处是 435

一个困难而晦奥的问题，对比我不想多加论断。

关于归纳的科学用途，我同意凯恩斯得出的结论，这些结论我们在前面一章里已经作过阐述。在现阶段把这些结论重述一下也许是有益的。

凯恩斯假定某个概括性命题，例如“凡 A 都是 B”，对于这个命题来说，在未观察到任何事例之前，存在着概率 p_0。他还假定，观察到许多有利的事例 $x_1, x_2, \cdots\cdots x_n$，而没有观察到一件不利的事例。概括性命题在第一次有利事例之后的概率为 p_1，在第二次有利事例之后为 p_2，以此类推，所以 p_n 就是在第 n 次有利事例之后的概率。我们想知道在什么条件下，当 n 无限增加时，p_n 趋近于它的极限 1。为此，我们必须考虑在概括性命题虚妄的条件下，我们竟然观察到 n 个有利事例，而没有观察到一个不利事例的概率。假定我们把这个概率叫作 q_n。凯恩斯证明如果 q_n 与 p_0 之比在 n 增加时趋近于零，那么当 n 无限增加时 p_n 趋近于它的极限 1。这就要求 p_n 应为有限数，q_n 在 n 增加时应趋近于零。只靠归纳法我们不能知道这些条件在什么场合下得到满足，如果存在这种场合的话。

让我们看一下 p_0 应为有限数的条件。这就是说，被提出的概括性命题“凡 A 都是 B”，在我们观察到不管是有利还是不利的事例之前就有几分可以成立的希望，所以这至少是个值得研究的假设。按照凯恩斯的处理办法，概率 p_0 是对于一般与件 h 而言的，这种与件看来可以包括除了 A 是 B 或不是 B 的实例以外的任何东西。很难不令人这样认为：这些与件是由至少有一部分确已成立的类似的概括性命题所组成，从这些概括性命题我们引导出有利于“凡 A 都是 B”的归纳证据。举例说,你想证明凡铜都导电。在用铜做实验之前,你试过许多其他元素,发现每种元素在导电方面都表现出一种特有的行为。于是你根据归纳得出结论:铜都导电或都不导电;因此你的概括性命题在你进行观察之前就有了一种可以觉察到的概率。但是因为这种论证使用了归纳方法,所以对于我们想做的事情没有什么用处。在我们作出所有元素在导电 436
方面都表现出一种特有的行为这个归纳之前,我们必须先问一下,在我们还没有观察到这个归纳的真或伪的实例以前,它的概率有多大?我们可以接着把这个归纳归入一个范围较大的归纳之中;我们可以说:“人们对于很多种性质进行过试验,就每一种性质来说,每种元素都表现出一种特有的行为;所以导电大概也是这样一种性质。”但是这种把归纳归入范围较大的归纳的方法在实用上必然有一个限度,我们不管在什么地方停下来,在我们知识的任何一种特定的情况下停下来,在凯恩斯的 h 下所汇集的与件一定不是在只有假定了归纳的前提下才与本问题有关的与件。

因此我们就得在归纳之外去寻找一些原则,这些原则在已知某种不属于“这个 A 是一个 B”这种形式的与件的情况下,能使“凡 A 都是 B”这种概括性命题具有有限的概率。已知这类原则,又已知适用这类原则的一个概括性命题,归纳法就可以使这个概括性命题具有越来越大的概率,在有利的实例数目无限增加时具有逐渐接近必然性并以其为极限的概率。在这样的论证当中,我们所说的那些原则是前提,但归纳却不是这种前提,因为在我们使用归纳的那种形式下,它是概率的有限频率说的一个分析性推论。

因此我们的问题是在尚未发现证据之前,找出使适当的概括性命题具有概然性的一些原则。

我们还要看一看凯恩斯所说的另外一个条件,即当 n 增加时 q_n 应趋近于零。q_n 是在尽管概括性命题为伪而所有前 n 个实例却都是有利的实例时的概率。让我们重复一遍以前说过的一个例子,假定你是个户口调查官员,从事清查威尔士某个村庄居民的姓名。你所调查的前 n 个居民都叫威廉。那么 q_n 就是在居民不都叫威廉的情况下发生这件事的可能性。就这个实例说,当 n 变得等于村中居民数的时候,村中再也不会有一个可以不叫作威廉的人,因此 q_n 也就为零。但是一般来说这种无遗漏的列举是不可能的。一般来说,A 将是一类总在发生并且除非发生就无法观察到
437 的事件,所以除非到了时间结束,我们无法把 A 没有遗漏地列举出来。我们也无法猜想 A 有多少分子,甚至无法猜想它是不是一个具有有限数分子的类。这样一些实例是我们在研究凯恩斯所说的条件,即当 n 增加时 q_n 必然趋近于零时所必须考虑到的。

凯恩斯把这个条件用另一种形式表示出来,即把 q_n 作为 n 个不同概率的乘积。假定 Q_1 是在概括性命题为伪的情况下第一个 A 将是一个 B 的概率,Q_2 是在概括性命题为伪和第一个 A 为一个 B 的情况下第二个 A 将是一个 B 的概率,以此类推。那么 q_n 就是 $Q_1, Q_2, Q_3, \cdots\cdots Q_n$ 的乘积,这里 Q_n 是在已知概括性命题为伪和前 $n-1$ 个 A 都是 B 的情况下,第 n 个 A 将是一个 B 的概率。如果有任何一个小于 1 的数,并且所有的 Q 都小于它,那么 n 个 Q 的乘积小于这个数的 n 次乘方,并且在 n 增加时趋近于零。这样,如果有某个不能达到必然性的概率,例如 p,使得在已知概括性命题为伪和 $n-1$ 个 A 已经是 B 的情况下,在 n 足够大的时候第 n 个 A

将是一个 B 的机会永远小于 p，我们的条件就可以得到满足。

很难看出这种条件在经验界所提供的材料上会发生失败的情况。如果这种条件发生失败的情况，那么如果 ε 是任何一个不管多小的分数，而 n 是任何一个不管多大的数，并且如果前 n 个 A 都是 B，但并非所有的 A 都是 B，则有一个使得第 $(n+m)$ 个 A 不是一个 B 的可能性小于 ε 的数 m。我们可以换一种说法来讲这个问题。不管 n 是什么数，设已知条件是前 n 个 A，但并非所有的 A 都是 B。如果我们现在安排一下以后的 A，不是按照它们出现的次序而是按照它们是 B 的概率的次序，那么这些概率的极限就是必然。这是在这种条件失败的情况下必然要发生的事情。

显然这种条件比起前面所说的那种条件，即我们的概括性命题在有利事例出现之前一定具有有限的概率，更少引起人们的兴趣并且更易于满足。如果我们能够就一个已知的概括性命题找到一个保证产生这类有限概率的原则，那么我们就有权利利用归纳法使得概括性命题具有概然性。但是在缺少某种这类原则的情况下，我们却不能把归纳法当作一件使得概括性命题具有概然性的东西。

在上面的讨论中，我按照凯恩斯的办法，只考虑“凡 A 都是 B”的证据。但是在实用方面，特别是在一项研究的早期阶段，知 438
道大多数 A 是 B 这一点常常是有用的。例如，假定有两种疾病，其中一种是常见的而另一种是不常见的，它们在早期阶段的症状非常相似。医生看到这些症状就得出结论，认为他所处理的是那种比较常见的疾病，这样的做法是对的。那些我们相信没有例外的定律通过适用于大多数但并非一切实例的先有的概括性命题而被发现,这是很常遇到的事情。显然,建立“大多数 A 是 B”这个概率所需要的证据比起建立“凡 A 都是 B”这个概率所需要的证据要少。

从实用的观点来看,这种区别并没有多大紧要。如果我们确实知道 A 的 m/n 是 B,那么 m/n 就是下一个 A 将是一个 B 的概率。如果凡 A 都是 B 具有概然性而不具有必然性,那么下一个 A 将是一个 B 仍然具有概然性。所以就我们对于下一个 A 的期待来看,确实相信大多数 A 是 B,或者认为凡 A 都是 B 具有概然性,两者是相同的。在实际生活中最容易出现的情况是那种认为大多数 A 是 B 具有概然性的情况。这种情况常常可以作为合理期待的充分根据,因而成为实际生活中的指南。

第三章　自然种类或有限变异的公设

为了使通过归纳得出的概然性接近必然性并以其为极限,在从事寻找所需的公设上有两种要求。一方面,从单纯逻辑观点来看,公设必须有足够的能力完成要它完成的任务。另一方面——
439 这是更为困难的一种要求——它们必须是这样一些公设,即某些依靠它们才具有正确性的推理从常识看来或多或少是无可置疑的。例如,你找到同一种书籍的两本文字完全相同的复本,你会毫不犹豫地认为它们有一个共同的作为产生它们原因的前件。就这样一个实例来看,尽管每个人都承认这种推理,使它具有成立根据的原则却并不明显,只有通过仔细的分析才能被人发现。我并不要求通过这种方法得出的普遍性公设本身应具有某种不证自明的程度，但是我却要求在逻辑上依靠它才能成立的某些推理将是这样一些推理，即除了怀疑派哲学家之外，任何懂得这些推理的人都认为它们已经明显到无须再提的程度。当然，就一个被提出的公设来说，一定不能存在任何可以认它为伪的正面理由。这个公设特别应当是自相证实而不是自相否证；这就是说，假定它成立的那些归纳应当具有与它一致的结论。

在本章内我想探讨一下由凯恩斯提出并被他称为“有限变异”的公设。它与一种旧的公设，即自然种类的公设，即使不完全等同，也是十分相似的。我们将发现这个公设作为归纳法的一种根据从逻辑上讲是有充分理由的。同时我还认为我们可以用一种在某种程度上已经由科学证实了的形式把它表示出来。因此它满足公设的三种要求当中的两种。但是照我看来，它并不能满足第三种要求，即通过分析，可以从蕴涵于我们大家都能承认的论证中去发现它。根据这个理由，我看有必要找寻另外的公设，这一点我将在以后几章去做。

凯恩斯的公设是直接从他对于归纳法所作的讨论中产生的，是用来给予某些概括性命题以某种有限的先在概率的，这种有限的先在概率凯恩斯已经证明是必要的。在研究这个公设之前，先让我们来看一种论证，这种论证看来好像证明我们并不需要什么公设，因为每个可以想象出来的概括性命题都具有永不小于某个最小量的有限的先在概率。

让我们举一个在实际生活中发生的实例，这里在某种程度上近似于纯粹的机遇。一艘大客轮上的旅客携带他们的行李到达海关。大多数行李上都有许多标签，其中一个说明物主的姓名，另外

440 一些则是他曾停留过的一些旅馆的宣传广告。然后我们就可以考虑类似“每个有 A 标签的皮箱也有 B 标签”这样的概括性命题的先在概率。为了完成逻辑上的类推，让我们假定也有一些反面的标签，并假定没有任何皮箱既有“A”标签又有“不是 A”的标签，但是在这两种标签中每个皮箱不是有这一种就是有另外一种。在不知道另外知识的条件下，如果我们随意选出 A 与 B 两种标签，那么每个有 A 标签的皮箱同时也有 B 标签的机会是多少？因为每个皮箱不是具有 B 标签就是具有不是 B 的标签，所以任何一个特定的皮箱具有 B 标签的机会是一半。（我现在假定我们关于 B 毫无所知，特别是我们不知道它是正面的还是反面的标签。）由此得出，如果我们的 n 个皮箱具有 A 标签，那么它们都具有 B 标签的机会是 2^n 分之一。这是个有限数，并且如果 N 是皮箱的总数，那么这种机会永远不会小于 2^n 分之一。

从上面的论证可以得出这个结论：如果宇宙中“事物”的数目是某个有限数 N，那么“凡 A 都是 B”这个概括性命题永远具有至少有 $1/2^n$ 这样大的先在概率。这是在每件事物都有 A 性质的条件下的先在概率；如果只有某些事物有这种性质，那么这种先在概率就会更大。所以从理论上讲，需要给凯恩斯的归纳学说加以补充的一个充分的公设就是认为宇宙中“事物”数目是有限的这个假定。这和认为时空点的数目是有限的那个假定具有相同的意义。这又和认为性质的数目是有限的那个假定具有相同的意义，如果我们采用前面一章所提出的看法的话，按照这种看法一个时空点乃是一组共现的性质。

我确信这个假定从逻辑上讲是一个充分的公设。可是对它来说还存在着两点反对的理由。一点是科学不能提供决定它是否为真的方法,因而它不是自相证实的;另外一点是 N 必然会大到这种程度,以致使得我们实际所能完成的任何归纳都不具有说得过去的概然程度。因此让我们把上面这种提法只作为一种新鲜的说法而搁在一边,转而探讨凯恩斯的一种比较实际的假设。

凯恩斯所需要的假设是某些种类的概括性命题比属于完全随意做出的概括性命题具有更高的起始概率。为了这个目的,他提出一个公设,意思是事物可能具有的性质分为若干群,而且一个群 441
在只要知道构成它的某些性质就可以被确定下来。他假定:

“任何一个已知物体的几乎数不尽的表面的性质都是从一个有限数目的基因性质产生的,我们可以把这些基因性质叫作 φ_1,φ_2,φ_3,……有些性质是完全从 φ_1 产生的,有些则是从 φ_1 与 φ_2 的结合产生的,以此类推。只从 φ_1 产生的性质形成一群性质;从 φ_1 与 φ_2 的结合产生的性质形成另外一群性质,以此类推。因为基因性质的数目是有限的,所以群的数目也是有限的。如果一组表面性质,比方说,是从 φ_1,φ_2,φ_3 三种基因性质产生,那么我们就可以说这组性质确定了 φ_1,φ_2,φ_3 这个群。因为一般假定表面性质的总数大于基因性质的数目,并且因为群的性质是有限的,由此可以得出这个结论:如果我们取两组表面性质,那么在没有相反证据的条件下,存在着第二组性质属于由第一组确定的那个群的有限概率。”

上面所说的这类独立群的数目叫作宇宙(或者与一个特殊论证有关的宇宙中的一部分)中“变异”的总量。凯恩斯把他的公设叙述如下:

“因此,作为类推法的逻辑基础,我们似乎需要某种这样的假定,即认为宇宙中变异的总量受到这样的限制:没有一个物体复杂到它的性质可以分为无限数目的独立群(就是那些除了结合存在以外还能独立存在的群);或者说我们对之做出概括性命题的那些物体没有一个复杂到这种程度;或者至少说虽然某些物体可能是无限复杂的,而关于一个我们想对之做出概括性命题的物体不是无限复杂这一点却有时存在着有限的概率。”①

尼古德证明以上述形式表示的公设并不完全充分。每个物体的复杂性应该是有限的,这一点还不够;我们需要有一个有限数,使得任何物体所有的性质都属于不超过这个数目的独立群。我现在就要研究这个作出的改正。

我认为如果我们举动物学的实例,比方说用牛来说明,我们就
442 可以对凯恩斯的公设的范围得到最好的理解。牛是一种动物,一种脊椎动物,一种哺乳动物,一种反刍动物,也是属于反刍动物当中一类的一个分子。这些分类的字眼都可以有不同的定义,它们尽管在内包上有所不同,在外延上却是相同的。举例来说,我们怎样把牛与其他反刍动物区别开来?我们大多数人都满足于外表形象:牛就是看起来像牛的动物。这在实际生活中是完全够用的,但是一位动物学家却可以列举出牛所共有的许多特征,其中任何一个特征都可以用来给“牛”这个词下定义。同样的办法可以适用于“反刍动物”、“哺乳动物”、“脊椎动物”和“动物”。这些词当中每一个都可以有不同的定义,这些定义在外延上相等,虽然我们还

① 《概率论》第二十二章,第258页。

不知道为什么是这样的理由。显然如果这种事情经常发生，概括性命题就会有比在任意分配性质的条件下大得多的先在概率。

让我们比较详细地讲述一下凯恩斯的假设。他假定——不是就一般来讲就是就某个特定领域来讲——可能找出一个由基本性质构成的有限集合，这个集合使得在我们知道某一个体具有这些性质中哪些性质的时候，我们就能够知道（至少在理论上是这样）这个个体的至少某些另外性质是什么，不是因为存在着**逻辑上**的关联，而是因为事实上某些性质只与某些其他性质一起出现——例如，一切反刍动物的蹄子都由两半组成。这个假定类似于孟德尔的遗传基因说，按照这个学说有限数目的基因决定一个动物或植物的全部先天性质。凯恩斯假定存在有限数目的性质群，并且属于同一个群的两个性质具有相同的外延。如果 n 是这类群的数目，并且如果我们任意选择两种性质，那么它们属于同一个群，并且因而凡是具有其中一种性质的个体也具有另外一种性质的机会是 $1/n$。这就足够为凯恩斯提供为了证实归纳法的正确性所需要的基础。

像凯恩斯所指出的那样，这个公设可以通过不同的方式受到削弱而不致失效。其中一个方式是我们不需假定**所有**性质都属于他所设定的这类群；如果有一个有限部分做到这点就够了。如果有某个可以下定义的性质集合，这些性质都属于凯恩斯群，那么只给某些虽然不是全部归纳找出合理根据就可以了。我们大体能够把一个种类所特有的性质与随着个体而有所不同的另外性质区别 443
开来。举例说，在动物身上颜色被认为是变化很大的，因而“天鹅都是白的”这个习见的错误归纳永远没有，比方说，“天鹅都有长

脖子”那样可靠。当一种特性为某一种类的所有分子所共有时，我们可以把这种特性叫作“种类的”特性，因为一个种类是由于不明的原因而在一起的具有许多共同性质的类别。一般认为时空位置永远不是一个属于种类的性质。野生状态的有袋类动物固然只出现在澳大利亚，但是把它们带到其他地方的动物园后并不能改变它们是有袋类动物。

确定一个已知特性是或者不是属于“种类”的特性可能需要使用归纳法；但是如果我们假定属于种类的性质是所有性质中的一个有限部分，那么归纳法的这种应用就是有合理根据的。

在许多问题上，我们只要能够确定大多数 A 都是 B，那就可以满足要求；因此我们可以把凯恩斯的公设变得温和一些，假定它说某些特性**通常**是连在一起的。如果一个“自然种类”是由 A_1，A_2，……A_n 等性质（不知它们之间互相依赖）来下定义的话，那么我们为了某些目的就可以认为一个具有只差一个就是全部这些性质的个体仍然可以作为该类的一个分子。例如，无尾猫尽管没有尾巴，仍然不失为猫。另外，许许多多可以作为标记的特性可能发生延续不断的变化，所以存在着不能肯定说某种已知特性是否出现的边缘情况。自然种类正像拓扑学中所说的邻域，但这是内包的而不是外延的邻域。举例来说，猫类似一群星簇：它们并不是都在一个内包的地点，但是它们大多数却围绕着一个内包中心而聚集在一起。假定演化是对的，一定存在着远离中心的分子，它们的变异达到使我们几乎无法确定它们是否属于这一簇的程度。对于自然种类的这种看法有一个优点，那就是说在先进科学容纳这种看法之前，它无须作出任何改变。

可是这些想法却提示我们把凯恩斯的公设转化为比他所陈述的那个原则更加富有弹性，更少让人想到逻辑教科书那样的东西。看来一定存在着使得某些种类的结合比另外一些种类的结合更加 444
稳定的定律，这些定律要求当一种特性发生变化时，另一种特性也将受到相关的微小变化。这个过程引导出相关的函数律，人们把它当作比自然类别大概更为基本的东西。

上面这种思路看来在生物学中是适合的，但是近代原子学说提供了一种多少有些不同的想法。十八世纪和十九世纪人们发现，被观察的物质的极大多样性可以通过认为它们都是由九十二种元素（有些尚未发现）组成而得到解释。直到本世纪，人们认为每种元素都具有由于某种尚未了解的原因而共存的许多性质。原子量、熔点、外形等使一种元素成为一个自然种类，正像演化论出现以前生物学中的情况一样。可是最后却发现不同元素之间的不同乃是结构上的不同，是同样适用于一切元素的一些定律产生的结果。仍然存在着自然种类——在目前是电子、正子、中子和质子——但是人们希望这些并不是最后的不能再分的东西，有可能归结为结构上的不同。在量子论中，它们的存在就已经显得有些不明显和不实在了。这一点向人们提示：在物理学中，正像在达尔文以后的生物学中一样，自然种类的学说最后可能证明只是一种暂时的现象。

我的结论是：自然种类的学说，尽管在建立像“狗吠”“猫叫”这类先于科学的归纳上是有用的，却只是在通向另外一种性质不同的基本定律的道路上的一种近似的和过渡性质的假定。由于这个原因，也由于它的人为的偶然性，我不能把它当作科学推理的一

个公设。

445 第四章　超越经验的知识

某些近代的经验主义者(特别是大多数逻辑实证主义者),照我看来,误解了知识对于经验的关系。如果我没有看错,这种误解是从两种错误产生的:第一是对于“经验”这个概念的分析不够充分,第二是关于认为某种特定的性质属于某个(未确定的)主体这种信念到底包含什么内容而产生的错误。于是出现了两个特别的问题:一个问题关系到意义,另一个问题关系到叫作“存在命题的知识”,即具有“某种事物具有这种性质”这种形式的命题。人们一方面主张,一个陈述除非有某种已知的证实它的方法,它就没有任何“意义”;另一方面却又主张,除非我们能说出一个具有这种性质的主体,我们就不能知道“某种事物有这种性质”。我想在本章内提出反驳这两种意见的理由。

在从抽象逻辑方面研究这两个问题之前,让我们暂且先从常识的观点看看这两个问题。

先从证实开始:有一些人主张,如果不防止原子战争,这就可能导致这个星球上生命的灭绝。我要谈的并不是认为这个意见正确,而只是认为它有意义。然而这却是一个不能证实的意见,因为如果生命灭绝的话,谁还会留下来证实它呢?也许只留下贝克莱的上帝,而我相信逻辑实证主义者是不愿祈求他的。如果我们往后回顾而不是往前瞻望,我们都相信在地球上还没有生命之前还有过一段时期。那些认为意义需要可证实性才能存在的人并无意

否认这类可能性，但是为了承认它们，他们就不得不把“可证实 446
性”的定义放宽一些。有时一个命题被认为是“可证实的”，如果存在着任何一件对它有利的经验界的证据的话。这就是说，“凡A都是B”是“可以证实的”，如果我们知道有一个是B的A，并且不知道有一个不是B的A的话。然而这种看法却引导出逻辑上的谬论。假定我们不知道A的任何一个分子是否为一个B，但是我们却知道有一个不是A的分子的x物体是一个B。设A′为A类与x物体共同组成的类。那么“凡A′都是B”由于这个定义就成了可以证实的。因为这蕴涵着“凡A都是B”，所以“凡A都是B”是可证实的。结果每个具有“凡A都是B”形式的概括性命题都是可证实的，只要不管什么地方出现一件已知为B的物体。

现在让我们看一下另外一类概括性命题，例如我们在谈到自然种类说时所想做出的那类概括性命题。我心中想到的概括性命题是那些具有这种形式的概括性命题：“所有A类的谓语对于B物体来说都是真的。”如果A类的谓语中有些或至少有一个在经验上已知对于B为真，那么应用同一个“可证实性”的定义，这就是“可以证实”的。如果情况不是这样，让我们设P为对于B为真的某个谓语，并且设A′为由A类与P共同组成的类。那么“所有A′类的谓语对于B都是真的”就是可证实的，因而“所有A类的谓语对于B都是真的”也是可以证实的。

从这两种过程可以得出，如果已知任何事物具有谓语的话，那么所有的概括性命题就都是“可证实的”。这个结果并不是人们原来的意图，它证明上面那种较宽的“可证实性”的定义没有什么用处。但是除非我们承认某种这类较宽的定义，我们就无法避开悖论。

让我们再看一下包含“有些”或者它的同义词的命题;例如,“有些人是黑人”或者“有些四足动物没有尾巴”。一般来说,这类命题都是通过实例才被人认识的。如果有人问我:“你怎么知道有些四足动物没有尾巴?”我可能回答说:“因为我养过一只无尾猫,它没有尾巴。”我打算反驳的那种看法却认为这是认识这类命题的唯一方法。在数学中布劳威尔主张这种看法;关于经验界的物体,其他一些哲学家也持有同样的看法。

447 从这种意见所产生的悖论和从上面那种关于可证实性的学说所产生的悖论非常相似。举一个“雨有时降在没人看见的地方”这样的命题。没有一个神智健全的人会否认这一点,但是指出一个从来没被人看到的雨滴却是不可能的。否认我们认识有些未被人观察到的现象是违反常识的;但是如果我们只有在能够说出我们已经观察到的许多个 A 的条件下,才认识到“有许多 A 存在”这类命题的话,那么这就具有必然的性质。有人真的认为海王星或南极洲在发现以前就不存在吗?这一次又只有贝克莱的上帝能够让我们避开悖论。或者再举一个例子:我们都相信地球内部有铁,但是我们却不能提供超过最深矿层的例证。

我所反驳的这种学说的主张者通过假设的方式来解释这类事物。他们说“存在着未发现的铁”这个陈述是一个缩写,全部陈述应该是:“如果我做了某些事情,我会发现铁矿。”为了精确起见,假定让我们举“在地球表面以下超过一千英里的地方有铁”这个陈述为例。看来不大可能会有人发现这种铁矿,并且不管在什么情况下,人们怎样能知道一个人发现的是什么呢?这只有通过知道所要发现的东西才可以做到。一个假定部分大概永远为伪的假言命题不会告诉我们任何知识。或者让我们看一下："曾经存在过没有生命的世界。"这句话的意思不能是"如果我那时活着，我会见过没有生命的世界"。

让我们现在从严格的逻辑观点，更正规地观察上面这两种学说。

A. 意义与证实

有一种理论认为一个命题的意义在于它的证实的方法。由此得出：(a)那些不能证实或否证的命题是没有意义的，(b)两个由相同现象证实的命题具有相同的意义。

我反对这两种说法，我认为那些主张这两种说法的人并没有充分了解它们在逻辑上蕴涵的后果。

第一，几乎所有主张上面这种看法的人都把证实当作一种社 448
会性事件。这就是说，他们是从较后一个阶段来研究这个问题，而没有注意它的早期阶段。别人观察的结果并不是我的与件。那种认为除了我所知觉和记得的事物之外什么也不存在的假设，照我来看，就其可证实的后果而言，是和那种认为存在着也能知觉和记忆的人的假设完全相同的。如果我们要相信这些其他的人的存在，正像我们要承认证据就必须这样做的那样，我们就必须反对把意义和证实等同起来。

"证实"的定义常常下得太宽。证实的唯一严格意义有如下面所说：一个肯定有限数目的将来事件的命题，当所有这些事件已经发生并在其一时刻为某一个人所知觉和记起时，就得到"证实”。但是这却不是人们通常使用这个词时所指的那种意义。人们习惯于说,当一个一般性命题的所有那些可以试验的后果已经发现为真时,命题就得到“证实”。在这种情况下,人们总是假定那些没有得到试验的后果大概也是真的。但是这一点却不是我现在所要谈的问题。我要谈的是那种认为两个具有相同证实了的后果的命题有着相同意义的理论。我说的是“证实了的”,而不是“可证实的”;因为直到最后一个人毁灭,我们无法知道那些“可证实的”后果是否相同。比方说举“凡人皆有死”这个例子来看。1991年2月9日可能有个不死的人降生。“凡人皆有死”的目前可证实的后果与“所有在 t 时间以前降生的人都有死,但是在那以后降生的人却不都是这样”的可证实的后果是相同的,这里 t 表示距现在不超过一世纪的以前任何时间。

如果我们坚持要用“可证实的”这个词而不用“证实了的”那个词,那么我们就不能知道一个命题是可证实的,因为这将包括关于无限长的将来的知识。事实上,一个命题是可证实的这一点本身就是不可证实的。这是因为说一个一般性命题的所有将来后果为真本身就是一个不能列举实例的一个一般性命题,而除了与一个由全部都是被观察到的细目所组成的总表相适应的一个一般性命题之外,任何一个一般性命题都不可全靠经验界的证据建立起来。例如,我可以说:“某某村庄的居民有A先生和A太太,B先
449 生和B太太等等,以及他们的家庭,这些人我都亲自认识;他们还都是威尔士人。”[①]但在我不能一一列举一类的分子时,我就不能

① 但是,正像我们在第二部分第十章中所见到的那样,这类一般性列举陈述包含许多困难。

完全靠经验界的理由，为关于它的分子有所述说的概括性命题找到合理的根据，那些以分析的方式从定义得出的概括性命题除外。

可是对于那些强调证实的人还有一个有利的论点我们不曾谈到。他们认为两类情况之间有着区别。就第一类来讲，我们有两个至今为止无法区别其后果的命题，但是其将来后果却可能有所不同；例如，“凡人皆有死”和“凡在纪元2000年以前降生的人都有死”。就另外一类来讲，我们有两个其可观察后果永远不能不相一致的命题；这在形而上学的假设上尤其是这样。那种认为星空永远存在的假设和那种认为星空只有在看见它们时才存在的假设，就我所能试验的全部后果来说，是完全相同的。特别是在这类情况下，意义与证实是一样的，因此我们说这两个假设具有相同的意义。我特别要否认的正是这一点。

也许最明显的实例就是别人的心理。那种认为有着和我在思想感情上差不多的其他的人存在的假设，和那种认为别人不过是我的梦想的一部分的假设，有着不同的意义，然而这两个假设的可证实后果却是相同的。我们对于那些我们相信真实存在的人都感觉到爱与恨，同情与冷淡，钦佩与轻视。这种信念在情感上产生的后果与唯我主义的后果非常不同，尽管在可证实的后果上并不是这样。我认为两种情绪上后果不同的信念具有实质上不同的意义。

但是这是一个具有实际意义的论证。我要进一步说，作为一个纯理论的问题来看，在一个命题的后果中找寻它的意指，而这些后果必然是其他命题，你就不能不陷进无止境的倒退。我们解释什么是一个信念的意指，或者什么条件使它为真或伪，就不能不引进“事实”这个概念，而一旦引进这个概念，证实所起的作用看来就成了次要的和推衍出来的了。

450 **B. 推理的存在命题**

一个包含未定变项的文字形式——比方说，“x 是一个男人”——叫作一个“命题函项”，如果这个文字形式当变项得到一个指定的值时成为一个命题。例如，“x 是一个男人”既不真也不伪，但是如果我把“x”换成“琼斯先生”，我就得到一个真命题，如果我把它换成“琼斯太太”，我就得到一个伪命题。

除了给“x”以值外，还有另外两种从一个命题函项得出一个命题的方法。一种方法是说通过给“x”以值而得出的命题都是真的，另一种方法是说至少其中一个命题是真的。如果“$f(x)$”是所说的函项，我们将把第一种叫作“永远 $f(x)$”，把第二种叫作“有时 $f(x)$”（这里“有时”的意义被理解为“至少一次”）。如果“$f(x)$”是“x 不是一个男人或者 x 是有死的”，我们就可以肯定“永远 $f(x)$”；如果“$f(x)$”是“x 是一个男人”，我们就可以肯定“有时 $f(x)$”，这就是我们通常说的“有男人”所表达的意思。如果“$f(x)$”是“我遇见了 x 并且 x 是一个男人”，“有时 $f(x)$”就成了“我至少遇见过一个男人”。

我们把“有时 $f(x)$”叫作一个“存在命题”，因为它说某件具有$f(x)$性质的事物“存在”。比方说，如果你想说“麒麟存在”，你就得首先给“x 是一只麒麟”下定义，然后肯定存在着 x 的一些使本命题为真的值。在日常语言中，“有些”、“一个”和“这”（单数形式）这些词表示存在命题。

有一种显而易见的我们用来认识存在命题的方法。这就是通过实例。如果我知道“$f(a)$”，a 是某件已知的事物，我就可以推出“有时 $f(x)$”。我想讨论的问题是这是否是这类命题得以被认识到的唯一方法。我认为这不是唯一的方法。

在演绎逻辑中只有两种方法可以用来证明存在命题。一种是上面所说的那种方法，即从“$f(a)$”演绎出“有时 $f(x)$”来；另一种是从另外一个存在命题演绎出一个存在命题来，例如从“无羽毛的两足动物”演绎出“两足动物”来。在非演绎的推理中还可能有些什么另外的方法吗？

正确的归纳提供了另外一种方法。假定有 A，B 两个类和 R 451
关系，在许多观察到的实例中，我们有（用“aRb”表示“a 对 b 有 R 关系”）

a_1 是一个 A，b_1 是一个 B，a_1Rb_1

a_2 是一个 A，b_2 是一个 B，a_2Rb_2

……………………………………

a_n 是一个 A，b_n 是一个 B，a_nRb_n

并且假定我们没有相反的实例。那么在所有观察到的实例中，如果 a 是一个 A，就会有 a 对之有着 R 关系的一个 B。如果归纳法适用于这种情况，我们可以推论出大概 A 的每个分子对于 B 的某个分子有着 R 关系。因此，如果 a_{n+1} 是下一个观察到的 A 的分子，我们推论出具有概然性的：“有一个 B 的分子，a_{n+1} 对之有 R 关系。”事实上，在许多我们不能引证照我们已经推论出来的 B 的个别分子的情况下，我们是通过推论才得出这一结果的。回到前面举过的一个例子，我们都相信拿破仑第三大概有个父亲。甚至连一个唯我主义者，如果他让自己对于他本人的将来做出什么看法的话，都逃避不开这种归纳。比方说，假定我们的唯我主义者患有间歇性坐骨神经痛，每晚必犯；根据归纳的理由，他可能说："大概今天晚间九点钟我将感觉到痛苦。"这是一种肯定某种超越他的现在经验的事物的推理。你可能说："但是这并不超越他的*将来*经验。"如果这种推理正确，那么这就不能超越；但是问题却在于：他是怎样*现在*就能知道这种推理大概是正确的？科学推理的全部实用效果在于提供预测将来的根据；当将来到来并证实这种推理时，记忆就代替了推理，因为我们不再需要后者。因此我们必须为相信这种*尚未*证实的推理找寻根据。我绝不认为任何人会找出任何这类理由用以相信将被证实的推理，如果这些理由并不同样也是用以相信某些将来既不能证实也不能否证的推理的理由的话，例如推论出拿破仑第三有父亲的那种推理。

我们又碰上了这个问题：在什么样的外界条件下归纳法才正确有效？这样说是没有用处的："当归纳所推论出来的某种事物
452 由后来的经验证实时，它便是正确有效的。"这是没有用处的，因为它把归纳限制在无用的那些情况之中。我们必须在经验来临之前，就有期待某种事物的理由；完全类似的理由可以让我们相信我们不能经验到的某种事物，比方说别人的思想和感情。老实说，人们关于"经验"的谈论已经说得太多太多了。

经验对于实指的定义是必要的，因而对于文字的意义的所有理解也是必要的。但是"A 先生有个父亲"这个命题，甚至在我完全不知道 A 先生的父亲是谁的情况下也是完全可以理解的。如果事实上 B 先生是 A 先生的父亲，那么"B 先生"不是"A 先生有个父亲”这个陈述的一个组成部分，并且确实也不是任何包含“A先生的父亲”这些文字而不包含“B先生”这个名称的陈述的一个组成部分。同样，我可以理解“有一种带翅膀的马”，尽管并没有一匹这样的马；因为这个陈述的意思是说，用“$f(x)$”去代替“x有翅膀并且是一匹马”，我就肯定了“有时$f(x)$”。必须弄清楚“x”不是“有时$f(x)$”或“永远$f(x)$”的一个组成部分。事实上“x”并不表示任何东西。这就是为什么初学的人感到很难找出它的意义的原因。

当我推论某种未经验过的事物时（不管以后我是否将经验到这种事物），我绝不是在推论某种我能叫出名字的事物，而只是在推论一个存在命题的真实性。如果归纳正确有效，那就可能不靠认识任何说明存在命题为真的特殊事例而认识存在命题。比方说，假定A是我们经验过其中分子的一个类，并且我们推论A的一个分子将要出现。我们只需把“A的分子”换成“A的将来分子”，就可以让我们的推理应用到我们不能举出任何实例的那一类上去。

我抱有这样一种想法，那就是正确有效的归纳和一般来说超越我个人过去与现在经验的推理总是依靠因果关系，有时由类推作出补充。但这是后面几章要研究的一个题目；在本章里我只想清除一下对于某种归纳所抱的某些先验的反对理由——这些反对理由尽管是先验的，却是那些自认为能够完全抛掉先验的人所坚决主张的。

453 # 第五章　因果线

在大多数哲学家的著作中所出现的那种“原因”的概念,在任何一门先进科学中显然已经不再使用了。但是那些使用着的概念却是从这种原始概念(这就是在哲学家当中流行的那种概念)发展而来的,而这种原始概念,像我打算证明的那样,作为近似性的概括和先于科学的归纳的来源,以及作为在适当限制下仍然正确有效的一个概念来说,仍然有着它的重要性。

出现于比方说穆勒著作中的“原因”可以定义如下:所有事件都可以分为这样的类别,某一 B 类的一个事件随着某一 A 类的每一事件而发生,B 类可以与 A 类不同或相同。已知两个这样的事件,A 类的那个事件叫作“原因”,B 类的那个事件叫作“结果”。如果 A 和 B 具有数量的性质,那么通常在原因与结果之间将有一种数量上的关系;例如炸药分量越大,爆炸时声音也就越响。如果我们已经发现一种因果关系,我们就能够在已知一个 A 的情况下,推论出一个 B。那种从 B 逆推到 A 的推理的可靠程度就差一些,因为有时许多不同的原因可能有着同样的结果。然而加以适当的小心,从结果回到原因的推论往往是可能的。

穆勒认为普遍因果律(与我们刚刚阐述过的那种说法大体上差不多)是由归纳证明或者至少是通过归纳而具有极大的概然性的。他那有名的四种方法是用来在一个由已知事例组成的类中,找出什么是原因和什么是结果;这四种方法假定了因果关系,并且不依靠除了给予这个假定以正当根据的作用的那种归纳以外的任何归纳。但是我们已经看到归纳法不能证明因果关系，除非因果关系事先就具有概然性。可是作为归纳性概括的一个基础，因果 454
关系可能比一般所认为的要弱得多。如果我们从这个假定开始，即认为在已知某个事件的情况下，某个由事件组成并包括该已知事件在内的类大概（不是必然）是存在的，并且另外某一类的事件都随着该类中大多数（不一定是全部）分子而发生。如果我们观察到大量的 B 随着 A 而发生的事例，并且没有发现相反的事例，那么这样一个假定可能足够给予“B 随着大多数 A 而发生”这种形式的概括性命题以高度的归纳性的概率。

不管是完全出于偏见，还是来自传统的影响，或者由于某种别的理由，人们相信有一种认为结果**总是**随着原因发生的自然律比相信有一种认为结果**通常**随着原因发生的自然律更为容易。我们感到我们可以想象，也许甚至有时知觉到，一种“原因和结果”的关系，当这种关系成立时，它就保证了**不变**的序列。在因果律中唯一容易看出来的那种弱化不是说一个因果关系可能不是不变的，而是说在某些情况下可能**不存在**因果关系。我们可能不得不承认，在单个原子中量子转变和放射性裂变没有不变的先件；虽然它们是原因，它们却不是结果，并且没有可以看作它们原因的一类直接的先件。人们可以承认这样一种可能而不致破坏证据对于一个因果律所起的归纳力量，只要人们仍然把大部分可观察的事件看作既是原因又是结果。我将假定承认这种限制。这就是说，我将考察因果律以便肯定：在因果序列发生时，因果序列是不变的，并且这些因果序列经常发生；但我并不认为**每个**事件都是某一不变的因果序列的一个分子。

我们必须问一下自己：当我们假定因果关系时，我们是假定一种特定的原因和结果的关系，还是仅仅假定不变的系列？这就是说，当我肯定“A 类的每一事件是产生 B 类的一个事件的原因”时，我的意思仅仅是说：“B 类的一个事件随着 A 类的每一事件而发生”，还是已经超过了这一点？在休谟以前，人们总是抱着这后一种看法；从休谟以来，大多数经验主义者采取了前一种看法。

455 现在我只是想**解释**因果律，而不是探究它是否是真理。作为对于人所具有的信念所作的一个解释，我认为不变序列是不够的。假定我发现整个十九世纪只有一个以 X 字母作为姓名起始的贝壳学家，而他娶了他的女厨师。我就可以肯定：“凡是十九世纪中姓名以 X 字母开始的贝壳学家都娶过他们的女厨师。”但是不会有人认为这是个因果律。假定你曾在十九世纪生活过，名叫齐米诺斯（Ximines）。另外假定你对贝壳学相当爱好，并且还有个长得很丑的女厨师。你大概不会对自己说：“我一定不要对贝壳发生兴趣，因为我不想被迫娶这个值得尊重但却不惹人爱的女人。”另一方面，尽管恩派多克利斯（就我所知）是唯一跳下埃特纳火山口的人，我们却把他的命运当作不要照他的样子去做的充分理由，因为我们认为在他的一跳与他的死亡之间有着因果的联系。

古林克斯的双钟计时都非常准确，其中一个总在另一个指着整点时打响报时，并不是个很好的例子，因为它们之间有着一种间接的因果关系。但是在自然界中却有比较类似的例子，给我们提供了具体的例证。例如拿一种已知元素的白热气体所形成的两块云状物来说：两者都放出相同谱线，但是我们并不认为其中任何一个对另一个产生任何结果。一般来说，已知任意两种齐一过程，当一种过程到达某一阶段时，另一种过程也到达某一阶段，但是我们却推论不出一种因果关联，比方说地球公转与一个西弗尤斯星座的变星的周期之间就是一个例子。

因此不变的共存或接续看来显然不是我们所说的因果关系：因果关系蕴涵着它，但它却没有蕴涵着因果关系。这还不是说因果关系是一种自然律；这只是对于普通所说的“原因”到底表示什么意思所做的一个结论。

对于因果关系所抱的信念，不管正确与否，在语言中是根深蒂固的。让我们看一看尽管休谟想做一个怀疑论者，他是怎样从开始就使用了“印象”这个词的。一个“印象”应当是一件给人印上什么的事物，它是一个完全属于因果方面的概念。“印象”与“观 456
念”之间的区别应当是前者而不是后者具有一种外界的近因。固然休谟自称找出了一种本质上的区别：印象与概念的不同在于印象具有更大的“生动性”。但是这是不能成立的；因为有些印象是模糊的，而有些观念却是生动的。就我来看，我想把一个“印象”或“感觉”定义为近因来自物理方面的一个心理事件，而一个“观念”则是近因来自心理方面的一个心理事件。如果像唯我主义者所主张的那样，任何心理事件都没有外界的原因，那么“印象”与“观念”之间的区别就是一种错误了。

我们在梦中认为我们得到的是印象，但是通常醒来才断定我们错了。由此可知不存在什么永远能够区别印象与观念的**本质上**的不同。

认为某些类经验有着外界原因的信念是原始时代就有的，在某种意义上讲它包含于动物行为之中。这个信念包含在“知觉”

这个概念之中。如果你“知觉”到一张桌子或一个人，太阳或月亮，一次爆炸声或一阵水沟的臭味，照常识来讲，这是因为你在知觉到的事物存在那里让你知觉。如果你认为你知觉到一件事实上并不存在的物体，你就是在做梦或者陷入幻觉，不然就是在误解一种感觉。但是人们认为这类事件是相当少见和相当奇怪的，以至除了疯子之外任何神智健全的人都不会永远受骗。人们认为大多数知觉在大多数场合下不是可信的便是只能暂时具有欺骗性；我们把那些具有自以为真的奇怪知觉的人关进疯人院，因为他们的知觉的奇怪程度威胁到我们的安全。这样常识加上法律的帮助就可以维护住这种常识的信念，即看来像是知觉的那些东西通常具有外界的原因，这些外界的原因与它们在知觉上所产生的结果大体相像。我认为常识相信这个信念是对的，除了知觉与物体的相像比常识所假定的要少这一点。我们已经考虑过这个问题；目前我们要谈的是“原因”这个概念所担当的任务。

照我们刚才研究的结果来看，“原因”这个概念是原始的和不
457 科学的。在科学中它已被“因果律”的概念所代替。这种发展的需要发生如下。假定我们有一种常识性的概括性命题，即认为A是产生B的原因，例如橡果是产生橡树的原因。如果在A与B之间有一段有限的时间间隔，在这段时间内可能发生某种事情阻止B的出现，例如猪可能把橡果吃掉。我们无法把世界上全部无限复杂的情况都考虑进去，并且除了凭借以前的因果知识，我们也无法说出哪种可能发生的外界条件会阻止B的出现。我们的定律因而变成：“如果没有什么东西阻止B的出现，那么A将成为产生B的原因。”或者更简单点说：“除非A不产生B，A就是产生

B 的原因。”这是一个蹩脚的定律，作为科学知识的基础是很不够的。

科学有三种方法克服这种困难，即(1)微分方程，(2)准永久性和(3)统计上的规律性。我将逐一谈到每一种方法。

1. 每当某一组外界条件产生促使这些外界条件发生某种变化的趋势，而这种变化转过来又改变这种变化的趋势时，就有必要使用微分方程。万有引力提供了最为大家熟悉的例子：地球在每一时刻都有向着太阳的加速度，但是太阳的方向却在不断改变着。因此万有引力定律必须说出每一时刻的改变趋势(加速度)，这里已知条件是该时刻的形势，留下要计算的是有限时间内总的产生的变化。或者举“跟踪曲线”为例：一个人站在正方形场地的一个角落，他的狗站在一个相邻的角落。这个人沿着不朝向狗的一边行走；狗在每一时刻都朝向他的主人跑去。什么是狗所走的路线呢？显然只有微分方程能让我们回答这个问题，因为狗的方向总在不断改变着。

对于因果律所作的这种解释是古典动力学中的老生常谈，没有多讲的必要。

2. 准永久性的重要性不具有那样多的习惯势力，也较少引起人们的注意。从一种意义上讲，它可以被认为是第一运动律的推广。第一运动律说，不受外界原因影响的物体将继续以匀速作直
线运动。这句话蕴涵着：第一，物体继续存在；第二，那些可以看作 458
是“小的”原因将只产生方向或速度上的小的改变。这一切在意义上都显得有些含糊不清，但是它却把那些可以叫作“正常的”预料的东西建立起来。

我所说的准永久性定律比起第一运动律来要普遍得多，人们用它来解释常识关于“东西”的概念和物理上关于“物质”的概念（古典物理学中）所以成功的原因。由于以前各章已经说过的理由，一件“东西”或一块物质不当看作是一个单一的有持续性的实体，而是要看作一连串互有某种因果联系的事件。这种因果联系就是我所说的“准永久性”。我提出的这个因果律可以叙述如下：“已知在某一时刻的一个事件，那么在任何稍微靠前或靠后的时刻，在某一相邻的地点，存在着一个极其相似的事件。”我不是肯定说这种情形总在发生，而只是说它往往经常发生——经常到足以让在一个特例上证实它的归纳得到高度的概然性。

在人们把“实体”抛弃之后，就常识来说，在不同时间的一件东西或一个人的同一性就必须解释为存在于某种可以叫作“因果线”的东西上面。在正常情况下，我们凭借一种与以前的外形在性质上的相似来认识一件东西或一个人，但是这并不是用来给“同一性”下定义的东西。一位在日本监狱禁闭过多年的朋友回来见到我们，我们可能说：“我真有些认不出你了。”假定你认识一对你无法分别的孪生兄弟；假定其中一个在战斗中失去一只眼睛、一条胳膊和一条腿。这时他与他先前自己的相似远远不及另外那个孪生兄弟，但是由于某种因果的连续性，我们仍然把他，而不是把另外那个孪生兄弟，和他先前自己认作同一个人。对于自己来说，个人的同一性是由记忆来保证的，记忆产生一种“因果线”。一块已知物质在一个已知时刻可能属于不止一种“因果线”；比方说，我的胳膊永远是同一条胳膊，尽管组成它的分子在改变。在一种情况下我们考虑的是解剖学和生理学的因果线，在另一种情况下则是物理学的因果线。

“因果线”的概念不仅包含在东西或人的准永久性中，而且也包含在“知觉”的定义中。当我看见群星的时候，每一颗星在我的视网膜上会产生它的单独的效果，它之所以能做到这一点全靠有 459
一条穿过当中空间的因果线。当我看见一张桌子、一把椅子或一页印刷纸时，从这些东西的各部分到眼睛之间就有因果线存在。我们可以把因果连锁再往后推，一直推到太阳——如果我们是凭日光看东西的话。但是如果我们越过了桌椅或印刷纸再往后推，那些原因对于它们的结果就不再具有任何接近的相像之外了。此外，这些原因不是仅仅与一件“东西”联系在一起，而且与相互作用联系在一起，例如介乎太阳与桌子之间的相互作用。结果，在我“看见一张桌子”时我的经验能够给我很多关于桌子的知识，但却不能给我很多关于以我的经验为终点的那个过程的先前部分的知识。由于这个理由，人们说我看见的是桌子，而不是太阳。但是如果把太阳反映在一面好的镜子里，那么人们就说我看见了太阳。一般来说，在叫作“知觉”的那种经验中被知觉的事物是以一个感官为终点的一条因果线的首项。

一条“因果线”，照我的意思给这个名词下定义，是一个由事件组成的时间上的系列，它们的关系是已知其中若干事件，就可以推论出其他事件，不管别的地方可能发生什么事件。一条因果线总是可以被看成是某种事物的持续——不管是一个人、一张桌子、一个光子或是任何其他东西。一条因果线从头到尾可能性质不变，结构不变，或者两者都有缓慢的变化，但却没有任何相当大的突然变化。在收听广播时从讲话人到收听人之间那个过程我认为就是一条因果线;这里起点与终点在性质以及结构上都是相似的,但是中间的联系手段——声波、电磁波和生理过程——彼此之间以及对于这个系列的首项和末项,却只有结构上的相似。

认为存在着这类多少由自己决定的因果过程的看法在任何程度上都没有逻辑上的必然性,但是我认为这是科学的基本公设之一。正是由于这条公设的真实性(如果它为真的话)我们才能获得部分的知识,不管我们多么无知。认为宇宙是一个由互相关联的部分组成的体系的看法可能是对的,但却只能在某些部分能够在某种程度上不依靠其他部分而被人认识的条件下才能被我们发现。我们的公设使之成为可能的正是这一点。

460 3. 关于统计上的规律性我们没有必要多讲,因为看来这是一个推论而不是一条公设。它在物理学上的重要性始于气体的动力说,这种理论把比方说温度当成了一个统计上的概念。量子论大大提高了它的地位。物理学的基本规则现象是统计方面的,而这些基本规则现象甚至在理论上也还不能告诉我们个别原子未来的行为,这种看法现在看来大概是对的。这种理论与较早的个体决定论的区别在我们现在所谈的问题上是不重要的,我们的问题是找出一些给归纳推理以必要基础的公设。这些公设不必有必然性和普遍性;我们只需要说出大概某种特征通常出现于某一类情况之中。这一点在量子力学中与古典物理学中是同样真实的。

另外,把统计上的规律性代替个体的规律性,只有在有关原子现象方面才被认为有必要,而所有这些原子现象都是推论出来的现象。一切能观察到的现象都是属于宏观世界的,让这些现象服从科学仍然是个与过去没有什么不同的问题。

第六章　结构与因果律

从以上的讨论看来，单纯列举的归纳法不是一个可以给非证明性的推论以充分理由的原则。我个人认为把注意力集中在归纳法上面严重妨碍了对于科学公设的整个探讨。在本章内我要提出一个这样的公设，起初用比较含糊的说法，随着讨论的进展我们的说法也就逐步精确起来。

在本章内我将研究关于结构的原则问题。我们往往经常看到
结构上大体相同的许多不同的实例存在于时空的不同部分。不同 461
的人的身体结构大体上是个常数：一个人身上的骨骼、肌肉、动脉等等与另一个人身上的骨骼、肌肉、动脉等等是相同的。在所有哺乳动物中结构上的相同程度就少一些，在所有脊椎动物中结构上的相同程度就更少，而在所有生物中则只存在着某种程度的相同结构——例如细胞结构。有许多种元素，其中每种元素的特征都由原子核的结构来决定。至于人造的东西，举例说，一本书就有许多复本；如果这些都是一个版本，那么它们在结构上就会非常相似。

到现在为止我所谈的一直是些可以叫作实体结构的东西，即可以把结构单位看作是一块物质的一些结构；但是还有以事件为单位的其他结构。拿一篇音乐作品为例。你可能听过好多次贝多芬 C 小调交响乐，有时演奏得好，有时演奏得不好。不管你什么时候听到贝多芬 C 小调交响乐，那种特有的听觉总是由一种声音的时间序列所组成。两次不同的演奏在结构上并不完全相同，正

是由于这些细微的不同,演奏才有好坏之分。但是它们在结构上都非常接近相同,这种关系不仅存在于它们彼此之间,而且也存在于它们与乐谱之间。读者会说“结构”是一个非常抽象的概念,抽象到使一篇乐谱、一张唱片和实际的演奏可能都具有同样结构的程度。这样在某一篇音乐作品的各种不同实例之间,也就是在作曲家的原稿、不同的印成的乐谱、唱片与演奏之间存在实际的结构上的相同,尽管在每个细节上并不完全相同。任何懂音乐的人一边听着音乐一边看着乐谱,会觉察到在他所听到的与看到的之间存在的那种结构上的相同。

我现在谈一下相同结构这个概念的另一种应用。我们都相信我们生活在一个共同的世界之中,在这个世界上不仅有着与我们一样有知觉的生物,而且还存在着物体。我说我们都相信这一点,尽管事实上许多哲学家装出一副怀疑的样子。一方面有那些主张只有他们自己存在并且竭力让别人同意他们看法的唯我主义者。

462 另外还有一些哲学家主张一切实在都是心理上的东西并且主张在我们观看太阳时我们所经验到的感觉尽管真实,太阳本身却是一种虚构。作为这种看法的一个发展的有莱布尼兹的学说,按照这种学说世界是由永远互不作用的单子组成,而知觉也绝不是由于外面世界对于知觉者所起的作用而产生。按照这种看法,我们都可以说是在做梦,但是我们大家所做的梦在结构上却是相同的。我说不同的哲学家曾经主张过这些不同的看法,我并不认为它们当中哪一个看法能够被否证。另一方面,它们当中也没有哪一个看法可以被证实;进一步说,人们无法相信这些看法,连那些主张这些看法的人也不相信。我现在要谈的是设法找出一个原则,如果它为真,那么它就让我们在坚持那种认为有一个由心理的和物理的客体所组成的共同世界的常识信念上得到了合理的根据。假定首相作了一次广播演说,并假定许多听过广播的人事后对照笔记。看来只要他们的记忆力管用,那么他们听到的都是相同的声音结构;这就是说,如果你的记忆力好,去问另外一个记忆力好的人:“你听到些什么内容?”你从回答中将听到和你听广播时所听到的大体一样的话。如果你和你的朋友各自感受个人的幻觉,而在他的幻觉与你的幻觉之间竟然出现紧密的相似,你会认为这是不大可能的事。可是你却不必去依靠别人的记忆力,因为这种记忆力不是永远正确的。如果你是个爱好哲学的百万富翁,你也许让《哈姆雷特》这样演出:戏院中只有你一个人是个在场观众,其他每个座位上都放一架电影照相机。演出结束之后,你可以把不同的记录放映在银幕上,这时你会发现它们彼此之间以及与你自己的记忆之间都非常相像;你会推论出演出时在每个电影照相机上所发生的事情与在你身上所发生的事情具有相同的结构。光与声都具有这种公共性;这就是说,在某一领域内任意一点的一件设计妥当的工具可以用来构成一个记录,这个记录在结构上与在该领域内的一个人所听或所见的一样。记录的工具可能是另外一个人,不然就可能是某种类似照相机的单纯机械的东西。就结构上 463
的相同而论,这两种情况之间并没有什么不同。

通常科学家们认为“观察者”这个概念是个无须探讨的事实,其实这个概念的使用和正确有效要依靠我们在本章内探讨的这个公设。说许多“观察者”能观察到“相同”的事件的意思必然是指这个事件对于不同的“观察者”所起的作用具有某种相同的东西。

如果科学能具有我们相信它具有的那种公共性,那么这些作用所共有的东西一定是某种(在有限范围内)能由相同的文字把它们描述下来的东西。如果这些文字像数理物理学所用的那样抽象,那么相同文字的可应用性就很少(如果有这种情况的话)超过相似的时空结构的范围之外。米尔诺教授(《相对性、万有引力与世界结构》,第5页)把这种相似作为物理学的一个基本公设,他说:"如果被定义的那个系统的内部结构从两种观点〔不同观察者的观点〕看是完全相同的,那么这两种观点对它的描述也一定相同。这就是相对性原理的实质。"他从这个公设推导出来的引论多得令人吃惊。

每当在某一邻域的各个部分,并且围绕一个中心,排列着一群结构都相同的复合事件时,比方说,像剧院里不同的人与照相机所看到的和不同的人与留声片所听到的那样,我们总是毫不犹豫地为所有不同的复合事件假定一个共同的原因上的祖先。我们特别容易这样做,因为不同的事件是遵照透视律而有所不同的,投影几何的原理使得我们能够推论出许多不同的观察者在不同透视下所见的物体的近似位置。如果所说的物体是我们刚刚在为他的表演而喝彩的演员,他会强烈同意他是观众们许多不同经验的原因,而且这些经验不能像莱布尼兹所假定的那样,是从一个由相似的梦境所组成的系统的自然发展中产生的。

同样的原则也出现于许多其他关系之中。举例说,影子与产
464 生影子的物体之间的联系就是这样。有时候,特别是在日落的时刻,或者你正同友人站在一个又深又窄的山谷的边缘上,你的影子显现在对面山上,你可能难以判断某个影子属于哪一个人,但是如

果你挥一下手，看见影子也在挥手，你就会得出这是你的影子的结论；这就是说，你认为在影子与你本人之间有着某种因果联系。这种因果联系是你从一系列的事件的相同结构推论出来的。在比较平常的情况下，你并不需要一系列的事件，因为形状的相似成了足够的条件，这种相似在于影子与你本人侧身像的投影性质的相同。这样的相同结构足够使你相信在你本人与影子之间有着一种因果联系。让我们从一个非常不同的领域中举一个例子，这就是洗澡间谋杀新娘案件。在我国不同的地方，许多中年妇女在结过婚并作了对丈夫有利的人寿保险之后，神秘地死在了她们的洗澡间。这些不同事件之间的相同结构使人作出了出自一个共同原因的假定；人们发现这个根源是史密斯先生，他罪有应得地受了绞刑。

这样我们就有了结构相同的客体群的两种不同的情况：结构单位在一种情况下是物体，而在另一种情况下则是事件。前一种的例子有：同一元素的原子，同一化合物的分子，同一种物质的结晶体，同一种类的动物或植物。后一种的例子有：不同的人在同一邻域内同时看到和听到的东西和照相机与留声片在同一时间记录下来的东西，物体和它的影子同时发生的动作，同一篇音乐作品的不同演奏之间的联系，以及其他等等。

我们要把这两种结构区分为“事件结构”与“物质结构”。一所房屋具有物质结构，而一篇音乐作品则具有事件结构。可是这种区别并不总是关系重大的区别；例如，一本印成的书具有物质结构，而同一本书朗读起来就具有事件结构。一个采访记者有着这样的本领：他可以创造出一个与某已知事件复合具有相同结构的物质复合。

作为在常识中无意识地使用而在科学和法律中有意识地使用的一个推论的原理，我提出下面这个公设："如果在大体相同的邻
465 域内的一群复合事件具有一个相同结构，并且看来是围绕着一个中心事件，那么它们大概会有一个共同的原因上的祖先。"我在这里用的"大概"的意思是指频率而说的；我的意思是说在大多数情况下都出现这种现象。至于我所说的"共同的原因上的祖先"是什么意思，这需要用几句话解释一下。我的意思是说从所说的那些复合事件中任意取出一个，它的前面有着结构相同的其他事件，这些事件形成一个彼此在时间与空间上连续的系列，并且当对于所谈的每个复合事件来说已经形成了这样一种后退的系列时，这些许多不同的系列最后都会在一个具有该结构并在时间上早于这个原始群中任一事件的复合事件上相遇。拿剧院里观众的例子来说，这个事件就是演员或演员们的表演。在一个物体同时为许多人看到或同时被许多架照相机摄影的情况下，这个中心的原始事件是在使物体可见的光线离开它的时间该物体的状态。我想把这一点说清楚，那就是这个中心的最早原因的存在是一个推论，尽管它是常识通常意识不到的一个推论。它是一个分成阶段的推论，并且是在把听到的声音当作有时表示别人思想时出现的一个推论。如果我听到一个人说出一句话，随后我问别人说的是什么话，他们就重复一遍我所听到的话，并且如果在另一场合他讲话时我不在场，可是那些在场的人在回答我的问题时说的都是同样的话，那么我们所说的原则就使我相信这些现象的原因中心不在我本人身上而在这个另外的人身上。我知道当我说话而别人听我说话的时候，原因中心由我自己的思想与感觉组成；当我听不到另外一个

人说话而其他听到他讲话的人关于他讲的是什么话意见都一致，我知道我不曾有过那些如果从我口中说出那么就属于我的思想和感情，但是我却推论出这种思想和感情存在于那些互相关联的原因中心，即那个我不曾听到的讲话人。可是这不仅涉及我们现在所说的原理，而且还涉及类推的原理。

在进一步精确叙述我所提出的这个原理之前，我要对它的范围和可信性讲几句话。广义来讲，这个原理所肯定的是：超过某种 466
程度的一致是不大可能的，并且随着复杂性的增加而变得更加不大可能。从前我有个学生，他告诉我说他叫作希帕克拉底·阿帕斯托罗斯；我感到这有点难以相信，所以我一边指着他一边对某个认识他的人说："这个年轻人的名字叫什么？""希帕克拉底·阿帕斯托罗斯"，这个人回答说。我再三试验，所得的结果总是一样，最后我去查大学的学生簿。尽管开头我觉得他的话不大令人相信，最后我还是只好相信了。这个名字既然是个复合的结构，如果我所问到的每一个人不过是临时杜撰一种回答，而他们竟然偏好都杜撰出同一种回答，看来这是不大可能的。如果他们说的是约翰·史密斯，我就不会感到这样让我信服，因为这是一个比较不那样复杂的结构。也许大英博物馆的全部图书都是猴子偶然用打字机打出来的，爱丁敦经常把它作为一个逻辑上的可能性提出来。这里有着两个不同种类的不大可能性。首先，大英博物馆里有些图书是有意义的，而人们对于猴子只能期望弄出些无意义的东西。其次，大多数图书有许多复本，而一般说来两个复本在文字上是完全相同的。这里我们可以从看来显然是数学的概率论的一种应用上面取得可信性：已知例如一百个字母的一次偶然选择，在最大多

数的情况下，它们不能组成一个有意义的英语句子。假定现在有一本书包含700,000个字母，经过任意选择，这些字母组成有意义的句子的机会是无限小的。这是第一种不大可能性，但是还有第二种不大可能性。假定在你手里有一本书的两个复本，并且假定你正在考虑它们之间的相同是由于偶然的原因这个假设；第一个字母在两本书里相同的机会是二十六分之一，第二个字母相同的机会也是一样，以此类推。结果在一本700,000字母的书的两个复本中所有字母都相同的机会将是1/26的700,000次乘方。现在还假定你去一家出版商的库房，不仅找到所说这本书的两个复本，而且还找到了几千个复本。这种全凭机会的假设就变得像指
467 数上升般地更加不可相信了。所以你感到不得不杜撰某种假设来解释这些不同书册之间的相似。正在领你参观的那位出版商这时对你说："这是我们最畅销的书籍之一，它的作者一会儿就要来看我；也许你乐意见到他。"等你见到了他就说："你写过这本书吗？"他回答说："是的。"尽管你曾经被休谟引进了怀疑主义的狭小圈子里去，到了这一步，你就会想到看来是从这位出版商和这位作家发出来的声音也许表示着如果由你口中说出这些话时，它们所要表示的那种意思，并且会想到你所巡视过的成千上万的相同书册在那个说它就是作者的物体上有着一个共同的来源。当这个物体告诉你它怎样写这本书时，你会觉察到那些曾经让你吃惊的事实已经变得不再让你吃惊，如果存在一条具有下面意思的自然律的话："任何一件复合的事件都有另外一些复合事件随它发生，这些事件在结构上与它相同或者近似相同，并且往下一个接着一个遍布于某个时空领域。"这时这位作家已经结束了他的讲话，于是你

向他告别,说道:“见到了你我很高兴”,因为尽管受过休谟的影响,你的新原理还是使你相信你真的遇见了他,他并不仅仅是你梦境中的东西。

我所提出的这个原理的要点在于它对于结构的强调。当我们研究因果序列时,我们发现一个事件的性质可能在这类序列的进程中完全改变,而唯一不变的就是结构。拿广播作例:一个人讲话,他的讲话是某一种声音结构;随着这些声音发生的是些大概不会是声音的扩音器里的事件;随着这些事件发生的有电磁波;这些电磁波又还原为声音,凭着一种独具匠心的设计,这些声音非常接近讲话人发出的声音。就我们所知,这条因果连锁的中间环节除了结构以外,并不和讲话人发出的声音相似。(我应当说给这种结构下定义的那些关系从头到尾都是一些涉及时空相邻性的关系。)人们把广播看成是一种了不起的发明,但事实上它只不过比普通的听觉稍微复杂一点罢了。让我们看一看在一个人说话和另一个人听的时候所发生的情况:说话人口里做了某些动作,还伴随着呼气,这时呼气把声波从他的嘴经过空气送到听者的耳朵里去。468
当这些声波到达耳朵时,它们使得电流沿着神经通过大脑,并且在这些电流到达大脑时,听者就会有一系列听的感觉,这些感觉与讲话者本人所有的感觉非常相似,如果听者不聋的话。与广播唯一重大不同的地方是它没有电磁波这一阶段;在两种情况下都有着一系列的事件,有些属于一类,有些则属于另一类,但却都保有相同的结构,并且正是由于结构的不变,讲话者才能与听者讲话。总的看来,如果 A 与 B 是两个复合的结构,并且 A 能够产生 B,那么在 A 与 B 之间必然存在着某种程度的结构上的相同。正是由于

这个原理，一个由感觉组成的复合才能够让我们知道那个产生这些感觉的复合。如果你看到某件六边形的东西，那么，由于六边这种性质是一种结构上的性质，那个使你产生这种视觉的物体一定是六边形的，尽管它的六边的性质存在于与视觉空间不相同的一种空间。

我们必须看到我们除了实际经验以外，另外所需要的只是一种给予某些种类的归纳以概然性的原理。我所提出的意见是我们不仅要寻找类似“A 是产生 B 的原因”这样的简单定律，还要讲明一个属于下面这类的原理：那么它们大概具有两种因果关联中的一种。第一种由那些具有一个共同原因祖先的结构组成；这可以用许多观看某一件物体的人的不同的视觉和许多听某一篇讲话的人的不同听觉作为实例来说明。第二种出现在这种情况下：两个结构由相似的成分组成，并且存在着一个使这些成分按照一定格式安排自己的因果律。这一类的最明显的例子是原子、分子和晶体。某一生物种类的不同动物或植物之间的相似之点可以放进这两类因果关联中的任何一类：如果我们只上溯到某种动物或植物的前一代为止，那么我们就得到一个第二类的实例，我们还得认为某一种类生物的所有精子都具有某种结构上的相同，所有卵子也是这样。可是如果我们把演化也考虑进去，那么我们就能把这些相似之点溯源到一个共同的祖先，这一次我们用的是祖先这个词的字面意义。

469 把已知一组都具有相同结构的复合看作是属于第一类还是第二类并不总是个容易的问题，也并不总有一个确定的答案，就像我们刚说到的同一种类的两个动物那样。一般说来，前一类复合以

事件为结构单位,而后一类则以常在的物体为结构单位。但是普遍来讲这并不是区别的标记。举文字与语言的关系为例;语言的结构单位是事件,而文字的结构单位则是物体,但是当一篇说的和写的论说具有相同的结构时,其中任何一个都能作为产生另外一个的原因,这种情况发生在每次听写或朗读当中。同样的道理适用于一篇音乐作品或一张唱片。可是我还认为那些由一种静态的物质结构代表一系列事件的实例只有在存在着某种把物质结构各部分按时间顺序排好并由此再把它们转变为一系列事件的规则时才会发生。用欧洲语言写的书必须从左到右和从上到下去读;放唱片必须让针从周围向中心转动。或者举一个无人干预的实例:地质学家把岩石当作显示世界历史的解释就靠从底向上来取岩石,所以岩石越靠下代表的时期就越早。

总的看来,我们可以说每逢结构非常复杂的时候,结构的相同都被人认为表示具有共同的原因上的祖先。不曾给以这样解释的那些结构的相似出现在化学与物理学中,它们都是相当简单的。我认为我们可以提出下面的说法:物理世界由少数的不同种类的单位组成,并且有着支配那些可以由这样的单位构成的比较简单的结构的因果律,使得这样的结构分为比较少数的彼此区别开来的种类。另外还有事件复合,这些复合作为因果单位,在某一有限时间内前后有着一系列都具有大体上相同结构的事件复合,并通过时空的相邻性而互相连接起来。

时空相邻性的原理适用于一些在其中结构只起次要作用的情况。举回声为例:任何一个听到自己喊叫的回声的人不会怀疑某 470
种东西曾经从他传到某个物体,再从这个物体经过反射回到他那里去。我们发现回声只能出现在有适于反射声音的表面的地方，并且从声音传出到听到回声，当中的时间与这种障碍的距离成正比。提出一个令人可信的关于回声的说明是极其困难的，不管是在唯我主义的基础上还是按照那种认为别人的心灵存在但是无生命的物体却不存在的假定都是这样，因为山的回声比人的回声更为响亮。或者让我们再看一下在以前一章里提出过的一种实验。假定一个持枪的人站在许多道路的交点；假定沿着这些条道路每百米有一个岗位，每到一千米的岗位上都站着一个手拿旗子的人。每个拿旗子的人受命听到枪声就挥动旗子。在持枪的人的正上方有一个用绳子系住的气球，上面有观察员记录每一面旗挥动的时刻；他会发现所有与枪响处等距离的旗子在同一时刻挥动，但是距离较远的旗子比较近的旗子挥动得要晚一些，时间的推迟与距离成正比。所有这一切都可以从下面这个假设很简单地得到说明：

即有一种物理过程，这种过程在到达耳朵时产生声音的感觉，前进速度大约五秒钟一英里。任何其他说明这些观察到的事实的假设都会变得非常复杂和显得非常造作。在系着绳子的气球上的那个人首先看见在中心开枪；接着他就看见旗子前后相继开始挥动，从中心向外以等速扩展。在这个实验中，对于科学的常识有说服力的东西是距离与时间之间的关系，这种关系使得我们有可能谈到声音的速度。

类似适用于回声的看法也适用于光的反射，但是在后一种情形下主张结构相同的论证具有在前一种情形下所没有的力量。当你从镜中看见自己时，提出镜子在当时有意显得和你一样，而没有
471 什么因果联系的看法是极其荒谬的，事实上只有在你处在适当位

置时镜子才能照出你来，并且照出你在镜子前面你可能做出的任何动作。镜子对你的反映可以由于中间放有不透明物体而停止，这就不可避免地引出这样的结论，即反映是由于某种传布于你与镜子当中空间的过程而产生的。在声音与它的回声之间那种可以注意到的时间上的靠后就光在地面上的反映来说，就小得无法估量，但在另一方面，从结构相同得出的论证就光的情况来说比就声音的情况来说有力得多，因为可以反映出来的结构就光的情况来说比就声音的情况来说要复杂得多。

把我们自己限制在唯我主义假设的圈子里，并且在我们刚刚看过的所有这类情况中否认一切不是我们自己经验过的东西，这一点我们必须承认在逻辑上是可能的；但是如果我们这样做，许多被实在论假设用简单定律说明的现象就变成不规则的和不相连续的了。

所以我认为在寻找经验界的定律上我们可以应用下面的原理：

1. 如果许多结构相似的事件存在于彼此相离不远的一些领域，并且围绕一个中心排列，那么就有相当大的概然性认为这些事件前面有一个具有相同结构的复合，并且事件发生的时间与某一时间的差别和它们与这个中心结构的距离成正比。

2. 每逢我们发现一个结构相似的系统与一个中心在下面这种意义上联系着：也就是说每个事件出现的时间与某一时间的差别和这个事件与这个中心的距离成正比时，那么就有相当大的概然性认为所有这些事件与位于中心一个事件由一些时空上彼此相邻的中间环节联系着。

3. 当我们发现许多结构相似的系统，例如这种或那种元素，分布情况看来漫无规律，不具有一个与之相关的中心时，我们就会作出这样的推论：大概有着使得这类结构比其他在逻辑上可能但却很少或者根本不曾发生的结构更为稳定的自然律。

472 以上原理中前面两个不仅适用于球状传播系统，例如光波和声波，而且适用于直线传播系统，例如电线的导电。因果线可能能是时空中任何一条连续曲线。举例来说，写着发报人与收报人住址的电报所走的路线就是这样。但是在所有情况下我们的第二个原理都假定连续性。

以上三个原理如果被人接受，我认为将为物理学以观察为基础作出的大多数推论提供一个充分的先验的根据。我确信三个原理都能加以简化，或者也许可以表现为一个原理的推论。同时我还把它们作为对于科学推论中必须首先假定的东西进行分析的一个步骤提出来。

我们刚刚谈到的因果系列中的结构不变原理虽然在某些领域内具有很大的重要性，在其他一些领域内却根本不能适用。让我们详细地谈一下它在什么场合适用和在什么场合不适用。

我们已经看到通过知觉得到的知识只有在存在着从物体通向我们自己并且大体上各自独立的因果连锁的情况下才可能得到。我们见到不同的星体，因为从每个星体发出的光所走的路线都不受邻域中发生的其他事件的影响。我们见到周围的物体，也是由于同样的原因。但是一个因果连锁的独立从来也不是完全的。从一个星体发出的光受到引力而产生偏向，遇到云雾会变得完全看不清楚。地面上的物体按照距离、视力强弱的不同而呈现或多或少的模糊程度。有时这类结果并不改变结构，而只是减少保存下来的数量。你在晴天看见远方一座山，你可以准确地看清山的结构，但是你看见的东西比你走近时看见的要少。当东西从一面好的镜子里反映出来时，也许除了漏掉某种细节之外，并没有结构上的改变。但光从三棱镜通过被分为光谱上各种颜色时就有结构上的改变，一滴墨水落进一杯水中也发生这种改变。

有时结构的改变比上面所说的情况全面得多。烈性炸药爆炸时，除了原子以外，所有的结构都改变了；原子弹爆炸时，连原子也 473
发生改变。动植物生长时，在很大程度上结构保持不变，但在受精时却发生一种从结构上讲类似化合的变化。我们的结构不变原理不适用于这类变化。

自然过程分为两类。一方面是那些以某种形式的**常存**为特征的过程，另一方面有综合或分解的过程。说明常存的实例有“东西”、光线和声波。说明综合的实例有人们认为由氢构成的较重的元素、化合和受精。说明分解的实例有放射性、化学分析和动物死后的腐化。在综合与分解中结构发生改变；在常存中结构在某种程度上保持不变。

本章所谈的这个原理只与常存有关。它所要做的是指出常存乃是自然过程中一个非常普遍的特点，结构是最容易常存的，并且如果它常存下去，那么它会填满时空的某一连续领域，这个领域通常有一个在时间上早于该领域其他部分的起源。

结构不变原理与第一运动律有某种类似的地方。第一运动律说出一块物质在不受环境影响时的行为；结构不变原理在一种过程不受环境影响时总是适用的，但也适用于各种其他情况。比方说，它适用于介乎正在广播他的讲话的人的口腔运动和他的听众的听觉之间所有各阶段。它适用于回声和镜子的反照。它适用于从作者的思想到印成书籍中间经过的每一步。在所有这些情况下，尽管环境对于过程产生各种不同的影响，这些影响的性质从广义上来说并不改变结构。

从认识论的观点看，我们的原理的最重要的应用在于知觉与
474 物体的关系上。我们的原理蕴涵着这个道理：在经常但不是永远出现的外界条件下，一个知觉的结构与一系列回溯到一个原始事件的若干事件的结构是相同的，在这个原始事件之前不存在具有所说的这种结构并在时空方面联系着的事件。这个原始的事件就是所谓被我们“知觉”到的东西，如果人们认为不同的人可以“知觉”到相同物体的话。

我们的感觉经验与它们的物理原因之间在结构上的相同说明了为什么素朴的实在论，尽管不是真理，在实际应用上产生的混乱却非常之少。已知同一结构的两个实例，那么关于每个对于其中一个为真的陈述都对应着一个对于其中另一个为真的陈述；对于其中一个的陈述通过代换相应的项与相应的关系就转变为对于其中另一个的陈述。举语言与文字为例，并且为了简便起见让我们假定有一套完备的语音字母。那么关于每一个字母的形体都对应着某一种声音，关于从左到右的关系对应着从前到后的关系。由于这种对应关系，我们才能谈到一篇讲话的“精确的”文字记录，尽管两者之间性质上完全不同。同样，在适当的外界条件下，知觉可以给我们提供一个物理事件的“精确的”表象，尽管在事件与知觉结果之间可能存在着和语言与文字之间同样大的区别。

如果已知关于两个相同结构的实例的两个互相对应的陈述，那么它们可以通过一部包含在这两个实例上互相对应的那些字词的字典使之发生关系。但是还有另外一种方法，虽然这种方法没有上面那种方法完善，人们还是时常使用，这就是在对一个实例作出陈述时使用对另一个实例作出陈述时完全相同的文字。关于语言与文字我们习惯上是这样做的。“字”这个词就同样适用于说的字和写的字。像“句子”、“陈述”、“问题”等词也是这样。这种安排使得我们的全部字词都变得意义含混，但在结构相同的两个实例之间的差别无关紧要和我们想说出同时有关两者的话时，这种安排却是方便的；例如，“谈论是由句子组成的，句子是由字词组成的”——这里所用的“谈论”就是一个既适用于语言又适用于

文字的词。同样，一个作者可以在一本印成的书里说到“上面的 475
陈述”或“前面的陈述”，尽管严格来说“上面”只能适用于文字而
569
“前面”只能适用于语言。

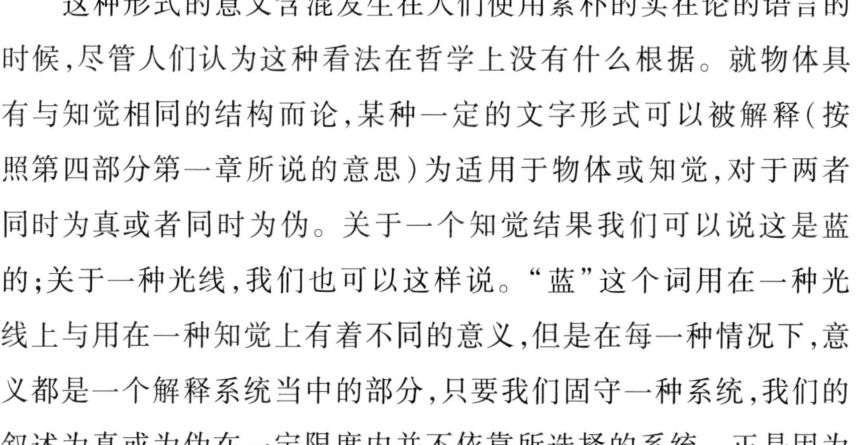

这种形式的意义含混发生在人们使用素朴的实在论的语言的时候，尽管人们认为这种看法在哲学上没有什么根据。就物体具有与知觉相同的结构而论，某种一定的文字形式可以被解释（按照第四部分第一章所说的意思）为适用于物体或知觉，对于两者同时为真或者同时为伪。关于一个知觉结果我们可以说这是蓝的；关于一种光线，我们也可以这样说。“蓝”这个词用在一种光线上与用在一种知觉上有着不同的意义，但是在每一种情况下，意义都是一个解释系统当中的部分，只要我们固守一种系统，我们的叙述为真或为伪在一定限度内并不依靠所选择的系统。正是因为这个原理有它的一些局限，所以哲学必须抛弃素朴的实在论。但

是尽管有这些局限,这个原理应用的范围却很广泛,由于这个理由素朴的实在论才具有那种看来使人相信的力量。

第七章　相互作用

在最近几章内我们主要谈论的问题是一种可以叫作“固有的”因果关系。这是那种被解释为一件东西或一个过程的常存的因果关系。由于人们认为东西的常存是理所当然的事情,并且认为常存包含实质上的相同,这种因果形式并没有按照它的本来面目得到人们的认识。我们可以把它叙述如下:“已知在某一时间地点发生的一个事件,那么在每一相邻的时间,在某一相邻的地点通常有一个极其相似的事件发生。”这个原理为大量的归纳提供
476 了一个基础,但是初看并不能让我们处理那种一般叫作相互作用的关系,例如台球的撞碰。我们在本章里所要研究的就是这种因果过程。

让我们看一下两个各沿直线走动后互撞的台球。每个台球在撞碰后仍然继续存在,并被人们认为和以前是同一个球,因为它满足上面所说的固有因果律。但是人们仿佛可以这样说:在不发生撞碰时比台球相遇时有着更高程度的固有因果关系。在大多数时间,我们不仅可以说,已知台球在一瞬间的位置,它在稍后一个瞬间将具有某个相邻的位置;我们还可以说,已知在两个相邻瞬间的球的位置,它在第三个稍后的瞬间的位置大体将与以前两个位置在一条直线上,它与以前每个位置的距离大体将与所隔的时间成正比。这就是说,我们有一个不仅关于位置的而且关于速度的固

有律。这是前两个运动律的要旨。

如果我们假定在我们观察台球时,撞碰只占所涉及的全部时间的一小部分,那么结果将是台球在大多数时间沿着直线运动。我们必须发现的是一个确定球在撞碰后运动的新方向的定律。如果最小的可量角是一度的 1/n 次,那么球可能走的可以度量的不同方向的数目是 360n。所以,取任何一个以实际上可以达到的最大限度精确性来确定的方向,球将沿这个方向运动的先在概率是 1/360n。这是个有限数,尽管很小;所以从观察到的撞碰得出的归纳可以使一个概括性命题具有概然性。这就是说,如果我们假定我们的固有因果律,那么关于台球的数学理论的其他部分就可以靠归纳得到发展,而无须另外任何先于经验的假定。

我们的固有因果律,在上面的分析过程中,扩大到既包括位置也包括速度,这种情形并不是在所有时间,而是在大多数时间。这就等于假定发生相互作用的时间是例外。可是这也许是一句言过其实的话。在所有时间都存在着球台与台球之间的相互作用,这种相互作用使得台球不至于落地。但是因为这是一种不变的情 477
况,所以我们可以不去管它,正如我们可以说出球的运动定律而不提球台一样,尽管如果不是由于球台的话,这些定律将不能成立。如果球与另一个球碰上,我们说出关于它的运动定律就不能不说到另一个球,这另一个球从一种意义上讲比球台在因果关系上更为重要。我们上面所假定的东西相当于这一点:在大多数时间支配一件“东西”的历史的近似性定律无须谈到别的“东西”;必要作出这样叙述的时候是例外。但是人们并不认为“固有的”定律超过第一次所得的近似结果。

“固有的”定律可以认为不仅适用于位置和速度，而且适用于其他事物。一条火红的拨火棒从火里取出后，是逐渐而不是一下子失去火红色的。一次铃声也是逐渐消失的，尽管很快。非常突然的事件，例如一次爆炸或闪电，是例外的情况。既然是例外，它们就不能使那种认为在任何已知场合下，非常突然的变化是不大可能发生的假定失效。另外，变化的方向的改变比起位置或性质的改变特别容易带有（或多或少的）突然性；台球相撞就是这种情形。

上面所提的一些看法可以很容易与原子论取得谐和一致的关系。看来原子在大多数时间都处于稳定状态，也就是说它的历史由一个固有律支配着；但是一个光子、中子或电子的接近可能引起一次多少有些突然的变化。我并不想夸大这种谐和一致或过分估计它的重要性。我们的公设所处理的与其说是科学的高级成果，还不如说是科学的开始。举例来说，碰撞说是动力学中很早一个部分，它使用一种比较原始的“物质”概念。我一直在提出的意见就是科学必然从一些仅仅是第一次取得的近似结果的定律开始，并只能应用于大多数情况，但是只要不把这些定律说得超过这一点，那么它们就完全为真。我们最早就提出的公设必然带有这种近似和概然的性质。它们必然要这样说：在已知的外界条件下，发生的事件可能大体上是这个样子。这就足够使人产生一种有根据
478 的预料，即一种具有相当高的固有可信度的预料。随着科学的进步，科学的定律获得更高程度的概然性以及精确性。一个野蛮人可能说：“明天月亮大概会圆。”一个天文学家可能说：“在明天格林尼治时间 6 时 38 分至 6 时 39 分几乎可以肯定月亮会圆。”但是

这种进步是程度上的，而不是性质上的。那些最早就提出的带有概然性和近似性的假定从始至终一直都是不可缺少的。

人们将看到我并没有引进一个大意是假定有自然律存在的公设。我所以不这样做是因为在任何可以证实的形式下，这样一个公设将不是虚妄便是一个重言式。但是让我们看一下这样一个公设可能是什么样子。

人们必须肯定的是：在任何可证实的形式下，如果已知一定数量的适当的观察，那么存在着一个可以发现的公式，从这个公式可以作出关于某些其他现象的推论。人们可以注意到有关的观察数量必然是有限的，并且每次观察的精确程度都不能超过现有的测量技术所达到的水平。但是这里我们碰到了一个困难，这个困难和我们在试图把归纳当作一条公设时所面临的那种困难相类似。这个困难就是如果已知任何一个由观察组成的有限集合，那么永远存在着无限数目的为全部观察所证实的公式。例如假定我们列出火星在星期一、木星在星期二以及其他行星在一周内各天在天球上记录下的位置；稍稍灵活运用一下富列尔级数，我们就能构成许多适合所有到现在为止出现的那些位置的公式，但是大多数公式在将来会变得失效。所以认为存在着适合任何由数量观察组成的从因果关系上选择出来的集合的一些公式是一个重言式，但是认为一个适合过去观察的公式会提供任何预测未来观察的根据却是虚妄的。

人们习惯于对这个认为自然律存在的公设加上明言的或默认的附加条件，即自然律必须是简单的。可是这一点意思既含混而又带有目的论的色彩。“简单”所表示的意思是什么并不清楚，而

且除非造物主对科学家大发仁慈,否则并不存在任何先验的理由
479 可以期待定律一定简单。通过归纳法论证因为我们已经发现的定律是简单的,所以大概所有定律都是简单的,这种说法是荒谬的,因为显然一个简单的定律比一个复杂的定律易于发现。固然许多近似真实的定律非常简单,并且一种关于科学推理的理论只有在它能解释这件事实时才会令人满意。但是我认为这件事实不应该通过把简单性作为一个公设来说明。

让我们举一个历史上很重要的实例,这就是落体定律。伽利略通过为数不多的粗略的测量,发现物体垂直落下时所走的距离大体与落下所用时间的平方成正比——换句话说,加速度接近一个常量。他假定如果不是因为空气的阻力,加速度将完全保持不变,不久以后人们发明了气泵,这个假定似乎得到了证实。但是进一步的观察显示加速度随着纬度而稍有不同,后来的理论还显示它随着高度而有不同。这样一来这个简单的定律就只有近似的性质了。牛顿的万有引力代替了一个比较复杂的定律,而爱因斯坦的学说却又比牛顿的学说复杂得多。一种与此类似的简单性的逐渐丧失成了大多数早期科学发现的特征。

自然和自然律在黑夜中隐藏。
上帝说,"让牛顿降生",
结果一切都豁然开朗。
好景不长。魔鬼喊了一声,
"嘿!让爱因斯坦降生",
于是又恢复了原来的情况。

这种摇摆不定是科学历史的主要特征。

让我们把从对于金星的观察开始到开普勒第一定律为止中间经过的各阶段作为第二个说明问题的实例。

观察的素材是天空中一个发光点;人们如果在一个晴天的晚上出来观看,这个发光点一直出现在天空并慢慢走近西方的地平线。我们相信这个点是一件“东西”的外形,但是也可能不是:探照灯在云块上反射的光可能与它很相似。认为它是一件“东西”的外形的假设由于许多国家可以同时看到金星这件事实而变得更为有力。我们把这件“东西”叫作“长庚星”。我们发现在另外场 480
合有一颗早晨出现的星,我们把它叫作“启明星”。最后,作为一个别具匠心的假设,人们认为长庚星和启明星原来是一颗星;这两颗星都是叫作“金星”的另一颗星的外形。人们假定这颗星永远存在,不限于可以看见它的时候。

第二步是设法找出确定在不同时间金星在天球上所占位置的定律。作为初步的大概观察,金星对于恒星每天都在自转。再进一步,我们根据金星对于恒星的关系规定金星的角坐标 ϑ 与 φ。做到这点之后,ϑ 与 φ 的变化变得缓慢下来,并且如果已知在相隔不很远的时间的两次观察结果,我们就可以通过插项法粗略得出 ϑ 与 φ 的中间值。ϑ 与 φ 的变化大体上是合乎规律的,但是支配它们的定律却非常复杂。

直到现在我们还满足于那个认为一切天体都位于天球上并且都与地球等距离的假设。但是日月食和星体的遮蔽以及行星横过日面使得我们抛掉了这个假设。于是第二步就假定恒星与几个行星各有它们自己的天球,各自与地球保持着不变的距离。但是这个假设也不得不被抛掉。

这样我们对于这个问题就得以作出下面的系统说明：每个天体的位置由 r,ϑ,φ 三个坐标来确定，其中 ϑ 和 φ 是从观察中得到的已知条件，但是与地球的距离 r 却是推论出来的。人们假定 r 与 ϑ 和 φ 一样，可能随着时间的改变而发生变化。因为 r 不是观察到的，我们在发明一个适用的公式上就有一个自由的范围。某些观察到的现象，特别是日月食和星体遮蔽以及行星横过日面，非常强烈地显示金星永远比月球远，比太阳有时较远但又有时较近。行星说的问题就是发明一个叙述 r 的变差的公式，这个公式将是(a)与这些观察结果一致，(b)简单到不能再简单的程度。本轮的说法在(a)和(b)两个方面都不及开普勒；哥白尼在(b)上占优势，但在(a)上却占劣势。因为(a)的重要性必然永远大于(b)，所以开普勒胜利了。

上面所讲的有几个重要的步骤在逻辑上不能算是必要的步骤。

481 第一，我们假定我们的视觉具有外界的原因。

第二，我们假定这些原因当它们不产生视觉时继续存在。

（给“金星”命名就包括这两个步骤。）

第三，坐标 r 完全不在观察的范围之内。r 的假定值所构成的任何体系都不能不与观察到的事实一致，除非使 r 的值变得非常小。

第四，开普勒关于 r 的公式是和观察结果相一致的**最简单**公式。这是它的**唯一**优点。

注意关于**未来**的归纳没有在这个程序里占有特殊的位置。最重要的事情是关于**未观察到**的时间作出的推论。这种推论包含在常识中对于准永存的物体所作的那种假定之中,因而也包含在"金星"这个名称之中。这样说是一个错误:"根据观察金星一直在按照椭圆形运动;因此我们通过归纳推论金星将继续这样运动。"这样的事情至今还没有被人观察到。观察结果与开普勒的说法是不冲突的,但是与严格说来有无限多的其他假设也是不冲突的。

在上面所说的推论中,数学概率不起任何作用。

认为天体是永久不变的"东西"的假设在逻辑上并不是必要的。赫拉克利特说过:"太阳每天都不一样",他这样认为大概是有科学上的理由的,因为很难观察太阳在夜间从西方到东方经过地下运行的情况。开普勒定律中所体现的那个假设并没有被观察证明;观察所证明的是事实不违背这个假设。这个假设可以叫作"彻底的实在论"的假设。另一极端是"彻底的现象论"的假设,按照这种假设发光点在观察时间存在,在其他时间则不存在。介乎这两种假设之间有着无限多的其他假设,例如:认为金星是"真实的",但火星却不是;或者认为金星在星期一、星期三和星期五是"真实的",而在星期二、星期四和星期六却不是。两个极端以及介乎它们之间的所有假设都与观察到的事实相一致;如果我们从中作出选择,我们的选择是不能单靠观察为根据的。

看来上面这段有些烦琐的讨论所导致的结论就是基本的公设是"因果线"的公设。这个公设使得我们能够从任何已知事件推 482
论出某些(尽管并不很多)关于在所有相邻时间以及某些相邻地点具有概然性的事件的情况。只要一条因果线不与另外一条因果线交错在一起,我们就可以推论出很多东西,但是一旦出现交错的

情况(即相互作用),这个公设本身所许可作出的推论就受到大得多的限制。然而在可能进行数量测度的情况下,一次相互作用之后可以测度的不同的可能性的数目是有限的,因此观察加上归纳就可以使得一个普遍定律具有高度的概然性。看来科学中的概括性命题可以用这种办法一步一步地取得合理的根据。

第八章　类推

直到现在我们所谈的这些公设都是物理世界的知识所需要的公设。广义来说,它们已经使得我们承认一定程度的关于物理世界的时空结构方面的知识,而对于物理世界的性质方面的特性却还让我们抱着完全怀疑的态度。但是就其他人来说,我们感到我们所知道的比这要多;我们确信别人具有性质上十分类似我们自己的思想和感情。我们不会满足于认为我们只知道我们朋友心理状态的时空结构,或者只知道这些心理状态引起以我们自己的感觉为终点的因果连锁。一位哲学家可能自称他只知道这一点,但是如果让他和妻子发一顿脾气,你就可以看出他并没有把她看成仅仅是一座只知道它的逻辑性质而一点也不知道它的固有性质的时空结构。所以我们有充分理由推论他的怀疑主义是出于职业上的理由而不是真诚的。

下面就是我们所要研究的问题。我们从自己身上观察到像记
483 忆、推理、感到快乐和感到痛苦这一类事件。我们认为手杖和石头没有这些经验,但是其他的人却有这类经验。我们大多数人都不怀疑高级动物有快乐和痛苦的感觉,尽管有个渔人曾告诉我说:

"鱼既没有知觉也没有感觉。"我不知道他是怎样得到这种知识的。大多数人不会同意他的看法,但是对于牡蛎和星鱼有没有感觉却会抱怀疑的态度。不管事实怎样,常识认为动物界的等级越低我们的怀疑程度也就越大。但是就人类的感觉来讲,常识并不表示什么怀疑。

看来这一点很清楚:相信别人心理的存在需要某种对物理学并不需要的公设,因为物理学可以满足于结构的知识。我现在的目的是提示一下这个另外的公设可能具有什么样的轮廓。

看来很清楚,我们必须求助于某种可以比较含混地叫作"类推"的东西。别人的行为在许多方面与我们自己的行为类似,因而我们假定别人的行为一定有着类似的原因。人们所说的话是我们在有某些思想时所要说的话,因此我们推论他们大概也有这些思想。他们让我们知道我们有时能够在以后证实的知识。他们的行为方式与我们在应当高兴(或不高兴)的外界条件下高兴(或不高兴)时的行为方式一样。我们可能与一位朋友谈论某个我们都经历过的事件,发现他的回忆和我们自己的回忆相吻合;这在当他记起某件我们已经忘记但他却让我们重新想起的事情时更显得令人信服。或者再举一个例子:你给你的孩子出了一道算术题,他凭运气得出正确的答案;这件事让你相信他能够进行算术推理。一句话,我们对于刺激的反应与"无生命"的物质的反应在很多方面有着不同,而在所有这些方面别人却和我类似。正如我清楚地知道那些支配我的行为的因果律一定与"思想"有关一样,我们很自然地推论同样的因果律适用于我的朋友们的类似行为。

我们现在所研究的推论不仅是那种通过主张感觉具有多少可

以被我们认识的原因，从而使我们超越唯我主义圈子的推论。这种可以满足物理学的推论我们早已研究过。我们现在所研究的是
484 一种特殊得多的推论，即我们在关于别人的思想和感情的知识中所涉及的那种推论——假定我们具有这类知识的话。当然显而易见的是，这类知识多少带有可疑的性质。不仅存在着那种认为我们也许是在做梦的一般论点，经过巧妙构思制成的机器人也有出现的可能性。计算机比我们上学的孩子加法算得更好；留声片把某某人在某某场合说的话记得一点不差；电影里的人虽然是真人的复本，本身并不是活人。巧妙构思在让事实上没有生命的东西产生有生命的假象的本领从理论上讲是没有什么限度的。

但是你会这样说，在所有这些实例中，巧妙的机器全靠人的思想制造出来。一点不错，但是你怎么知道这一点呢？你又怎么知道留声机不会“思维”呢？

首先，在那些支配可以观察的行为的因果律上存在着一种不同。如果我对一个学生说：“给我写一篇论述笛卡尔相信物质存在的理由的文章”，并且如果他是个用功的学生，我的话将促使某种反应发生。一张留声片可以按照让它对这种刺激作出反应的要求设计出来，也许它比那个学生做得还好，但是如果这样的话，它将一点也不能告诉我其他哲学家的事情，即使我以不给学位进行恐吓也没有用。人类行为的最显著特点之一就是对于一个已知刺激的反应的变化。一个构思巧妙的人可能制成一个听到他的笑话就发笑的机器人，不管它多么经常听到这些笑话；但是一个人在笑过几次之后，就要打呵欠，最后会说：“我第一次听到这个笑话的时候，我是笑得多么开心。”

但是在有生命的和无生命的物质的可观察的行为上的那些不同不足以证明存在着与我自己身体以外的一些有生命的身体相连接的“思想”。从理论上说只用物理学的因果律来解释有生命的身体的行为大概是可能的，只用外界的观察来反驳唯物主义大概是不可能的。如果我们要相信在我们自己的思想感情之外，还存在着别人的思想感情，这就必须凭借某种涉及我们自己的思想感情的推论，而这样一种推论必然要超过物理学所需要的限度。

当然我不是在讨论我们是怎样逐渐相信别人心理存在的历 485
史。我们发现我们自己在刚会思考的时候就相信别人心理的存在；认为妈妈可能生气或高兴的念头是在婴儿早期就有的。我所讨论的是一个将在信念和与件中间建立合理联系的公设的可能性，例如在“妈妈生气了”这个信念和听到一阵高声喊叫这个与件中间的合理联系。

抽象的轮廓看来有如下面所说。根据对我们自己的观察，我们知道有一种具有“A 产生 B”的形式的因果律，这里 A 是思想而 B 是一个物理事件。有时我们在不能观察到任何 A 的时候观察到 B；于是我们就推论出一个没有观察到的 A。例如，我知道在我说“我渴了”的时候，通常是因为我感到渴了才这样说的，因而当在我不渴的时候听到“我渴了”这个句子时，我就假定某个别人感到渴了。如果我看见在我面前有个热得难受、没有气力的身体继续在说：“我在这样热的天气走了二十英里的沙漠路，一滴水也没喝”，我就更容易假定这一点。显然我对这种“推论”的信心随着与件的复杂程度的增长而增长，也随着根据主观观察得出来的因果律的必然性的增长而增长，只要这个因果律是能够解释与件的复杂情况的因果律。

看来很清楚,在遇到我们可以疑心有多种原因存在的情况时,我们刚才研究的这种推论就不是正确有效的。假定我们知道"A产生B",并知道B已经出现;如果这一点能向我们提供充分的根据,让我们推论出A,那么我们必须知道**只有**A才产生B。或者如果我们满足于推论A有概然性,那么只要我们能够知道在大多数情况下A产生B就够了。如果你听见雷声而没有看见闪电,你会满有信心地推论有闪电存在,因为你确信你听到的那种声音很少是由闪电以外的东西引起的。如同这个例子所表示的那样,我们的原理不仅用来确定别人心理的存在,而且人们也习惯于在物理学中假定这个原理,尽管出现的形式比较不那样具体。我说"形式比较不那样具体",因为看不见的闪电对于看见的闪电来说仅仅在抽象方面相似,而我们假定别人心理与我们自己心理的相似绝不仅仅限于抽象方面。

486 当从别人身上观察到的行为的复杂性可以完全由类似口渴这种简单原理说明时,这种复杂性通过减少某种其他原因的概然性而使这种推论的概然性增加。我认为在合乎理想的有利外界条件下,这种论证在形式上可以叙述如下:

根据主观的观察我知道A产生B,A是一种思想或感情,而B是一种身体动作,例如一个叙述。我还知道,只要B是我自己身体的一个动作,A就是它的原因。我现在从一个不是我自己的身体上观察到一个B类的动作,而我当时并没有A类的思想或感情。但是我根据对于自己的观察,只有A才能产生B;因此我推论有一个产生B的A,尽管这不是一个我能观察到的A。根据这种理由，我推论别人的身体是和心理联系在一起的，这些心理与我的心理的相似和他们的身体行为与我的身体行为的相似成正比。

在实际应用中，上面这个叙述的精确性与必然性一定不能完全保持。在我们的主观经验中我们不能确知 A 是 B 的唯一原因。即使在我们的经验中 A 是 B 的唯一原因，我们怎样能够知道在我们经验之外这种关系还能成立？要我们确切知道这一点是不必要的；只要它具有高度的概然性就够了。我们的公设正是那个认为这类情况具有概然性的假定。这个公设因此可以叙述如下：

如果每当我们能够观察 A 和 B 是否出现（或不出现）时，我们发现 B 的每个实例都有一个 A 作为原因上的先行事件，那么大多数 B 有 A 作为原因上的先行事件这一点就具有概然性，即使在观察不能使我们知道 A 出现（或不出现）的情况下也是这样。

这个公设如果被人接受，那么它就可以给那个可以推出别人心理存在的推论以及常识中不假思考就作出的许多其他推论提供合理的根据。

第九章　公设提要 487

作为这一部分前面几章讨论的结果，我认为保证科学方法有效所需的公设可以减少到五个。很可能还可以进一步减少，但是我自己却没有能够做到这一点。我们根据前面分析得出的这五个公设可以叫作：

a. 准永久性公设。

b. 可以彼此分开的因果线公设。

c. 因果线中时空连续性公设。

d. 围绕一个中心分布的相似结构的共同原因起源的公设，或者说得简单一些，结构公设。

e. 类推公设。

这些公设中每一个都肯定某件事情常常发生，但并不是必然总是这样；因此，就个别实例来说，每个公设都为不能达到必然性的合理的预料提供了理由根据。每个公设都有一个客观的和一个主观的方面：从客观方面来说，它肯定某件事情在属于某一种类的大多数情况下发生；从主观方面来说，它肯定在某些外界条件下，一种不能达到必然性的期待在或多或少的程度上具有合理的可信性。总起来看，这些公设是用来向我们提供在为归纳法找寻合理根据时所需要的那种先在概然性的。

A. 准永久性的公设

这个公设的主要用途是代替常识中的“东西”和“人”的观念，而不涉及“实质”的概念。这个公设可以叙述如下：

488 **已知任何一个事件 A，经常发生的情况是：在任何一个相邻的时间，在某个相邻的地点有一个与 A 非常类似的事件。**

一件“东西”就是一个由这类事件组成的系列。正是因为这类事件系列常见，所以“东西”是一个使用起来很方便的概念。我们可以看到在常识认为属于一件“东西”的一系列事件中，相似性只存在于时空相隔不远的事件之间。三个月的胚胎和成年人之间是没有很多相似之处的，但是两者却通过一步一步逐渐过渡而联结起来，因而被人看作是一件“东西”的发展阶段。

通常发生的是(例如,就一滴海水来说):在一个已知相邻时间有着许多类似 A 的相邻事件。我们可以从任何一滴海水逐步过渡到另外任何一滴海水。我们的公设既不肯定也不否定在一个已知时间这些类似 A 的事件的多重性;它只满足于说出大概至少有一个这类事件。我们下一个公设,即因果线的公设,将使我们能够说:如果在一个已知时间有许多这类事件,那么通常会有一个与 A 有着特殊关联的事件,这种关联使得我们单单把它看作是 A 所从属的那件“东西”的历史的一部分。如果我们想要说出在一个时间的一滴海水,而不是另外任何一滴海水,与在另外一个时间的某一滴海水是“相同的”东西,那么这一公设就是不可缺少的。我们现在的公设不足以使我们说出这一点来,但却给了我们所需要的一部分东西。

我们的公设有一个主观的和客观的方面。假使你一直在看太阳,然后闭上眼睛。你的主观情况变化很快,但并不是不连续的;它经过残像感觉、即时记忆和逐渐变弱的真正记忆这些阶段。我们相信太阳并不经过类似的变化;我们相信太阳的变化也是逐渐的,但是性质却完全不同。物理的和心理的连续性(例如,运动的连续性和变弱的记忆的连续性)有着不同的定律,但是两者都为我们的公设提供了例证。

B. 可以彼此分开的因果线的公设 489

这个公设有许多用途,但是最重要的用途也许是它与知觉相关联的方面——例如,把我们观看夜空时视觉的多重性的原因归于星体的繁多。这个公设可以叙述如下:

通常可能形成这样一系列事件,从这个系列中一个或两个分子可以推论出关于所有其他分子的某种情况。

最明显的例子是运动,特别是像光子在星际空间进行的那类无阻力运动。但是即使在有阻力的情况下,只要这个现象可以被解释为一件改变位置的“东西”,就存在着一个固有的因果律,尽管这个因果律告诉我们的东西比在无阻力运动时要少。例如,我们能够从一局台球的开始到完了认得一个台球;它的运动是连续的,它的外形的变化是很微小的。我们通过固有的变化律认得这个台球,固有的意思是说这些变化律不要求我们把其他东西对台球的影响考虑在内。

一系列按照这个公设所说的方式互相连接起来的事件就是我所说的一条“因果线”。使得这个推论成为可能的东西是一个“因果律”。第一运动定律是一个实例,如果我们补充说明自然界有许多运动,这些运动在最初的近似观察下不受外界的影响,从而给这个定律以经验界的内容的话。光线的运动是最明显的例证。

可是我们的公设却正好包含在“运动”这个概念之中。这个概念要求某种东西在改变它的位置时应保持它的同一性。在我们抛弃实质以后,“某件东西”就必须成为一系列事件,而这个系列必然具有某种特征使得常识便于把它解释为一件具有变化状态的“东西”。我认为所需要的特征是一个固有的因果律,即一个能使我们对这个系列中未观察到的分子说出某些情况而不必把世界上任何其他事情考虑进去的因果律。

像我们所看到的那样,当两条因果线相互作用时(例如两个台球相撞),我们并不需要新的公设,而让自己满足于观察与归纳。

我们这些公设（只有第一个公设是个不完全的例外）都涉及 490
“原因”这个概念。我不能接受那种认为因果关系只是不变序列的看法。这个意见除非加上补充（从来没有这样做过），说明“原因”的定义一定不要下得过于狭窄，否则是不能被人接受的。一个具有“B 总是随着 A 而发生”这种形式的叙述，要求“A”和“B”都是普通名词，例如“闪电”和“雷声”。但是我们可以把适用于一个特定事件的普通名词加以增多，或者使普通名词的定义得到数量上的精确性，直到“A”和“B”只适用于世界历史中一个事件的描述为止。在这种情况下，如果 A 的时间靠前，那么 B 总是随着 A 而发生，但是一般来说我们却不应当把 A 看作是 B 的“原因”。我们只是认为如果有许多随着 A 而发生 B 的事例，那么 A 是 B 的原因。我认为，事实上人们把这些事例看作是存在某种超过了序列的东西的证据，尽管一般说来不是足以得出结论的证据。

我认为，介乎两个属于一条原因线的事件之间有着一种可以叫作原因—和—结果的关系。但是如果我们这样叫它，我们必须补充说明原因并不**完全**决定结果，即使在最有利的情况下也是这样。总有**某种**影响存在，这种影响也具有环境对于因果线的因果关系，尽管因果的意义稍有不同。星际空间中的光子受引力作用而稍稍偏离它的直线轨道，一般来说环境的干扰作用比这种情况要大得多。我们的公设肯定说出的内容可以重述如下：一个已知事件常常是一系列事件当中的一个（它可能延续一秒的几分之一或者一百万年），这个系列从始至终有一个近似的常存或变化的定律。光子保持运动的方向和速度，台球保持形状和颜色，胚胎发展为适当种类的动物，以及其他等等。在所有这些情况下，在组成因果线的事件系列中存在着时空的连续性；但是这一点已经把我们引到第三个公设上来了。

C. 时空连续性公设

这个公设是用来否认“超距作用”的，并主张在两个不相邻的
491 事件之间有着因果关联时，在因果连锁上一定存在着一些中间环节，情况是每个环节都与下一个环节相邻，或者（另外一种可能）情况是存在着一种具有数学意义上的连续程序。在许多人都在听一个讲演者讲话的时候，看来很明显的是在不同的听众所听到的讲话之间有着一种因果联系，另外看来也很明显的是因为听众在空间是分开的，在中间领域一定有着一个因果程序，像声波被人认为的那样。或者如果你在许多不同的场合看见过某一个人，你不会怀疑当你没有看见他的时候，他有着连续性的存在。

这个公设事先假定因果线的存在，并且只适用于它们。如果你认识 A 和 B 两个孪生子，你分辨不出谁是谁，而你在一个场合看见了一个并在另一场合看见了另一个，那么你就不能假定有一条连续的因果连锁连接着这两个外形，除非你已经满足于认为你在两个场合看见的是一个孪生子。

这个公设并不是用来建立因果联系的证据，而是为了在那些因果联系早已确定的情况下进行推论。它让我们相信物体在不被知觉时存在，并且由于中间空间的连续程序才使得在同一邻域内的知觉者具有表面看来在因果上互相联系的知觉，尽管一个知觉并不是产生另一个知觉的直接原因。在心理学中也使用这个公

设。例如,我们可能在不同场合记起某个事件,而在中间时间内却没有什么可以观察到的与这些回忆属于同一条因果线的事物,但是我们假定有着某种东西(在脑子里?)在这些中间时间存在并使这条因果线具有连续性。

我们在科学以及常识中关于未观察到的现象所作的大量推论,都依靠这个公设。

D. 结构公设

这个公设是关于某些保证可以得出具有概然性的因果关系的推论的外界条件的。我们所说的情况就是那些许多结构上相似的事件围绕着一个中心的情况。"围绕着一个中心"这个短语在意图上有些含混不明,但是在某些情况下却能得到精确的意义。假 492
定一个已知物体同时为许多人看见并由许多架照相机拍摄下来。这些视觉与这些照片可以通过透视律排列起来,用同样的定律可以确定看到的和摄下的物体的位置。在这个实例中,所谓知觉结果与相片"围绕着一个中心"的意思是可以得到精确的定义的。当许多人听见同一个声音时,如果有精确的方法确定他们听到声音的时间,那么就会有一个同样精确的定义,因为我们发现他们听到声音的时间与某一已知时间的差别和他们与某一点的距离成正比;在这个实例中,在该已知时间的那个点就是时空中心或声音的起源。但是我愿意在不能取得这类精确结果的情况下(例如气味)也使用这个短语。

在第六章中叙述过的那个三重公设,一部分已经收进了我们的第三公设,一部分与目前的问题无关。下面是剩下的那一部分:

当许多结构上相似的复合事件在相离不远的领域围绕一个中心分布时，通常出现这种情况：所有这些事件都属于以一个位于中心的具有相同结构的事件为它们的起源的因果线。

我们说“通常”出现这种情况，所以就一个已知实例所作的推论只具有概然性。但是我们却可以通过各种不同方法使这种概然性增高。如果结构非常复杂（例如一本很厚的书），那么概然性就会增高。如果这种复合结构有许多实例，那么概然性也会增高。比方说，有六百万人收听首相的广播。概然性由于围绕着一个中心的规律性而增高，例如许多人听到一阵声音很大的爆炸声，并且他们还记下了听到的时间。

上面这个公设可以分解为几个更简单的公设，这样一来上面所说的使概然性增高的方法也就变得可以得到证明，看来这是可能的。但是尽管我相信这是可能的，我却没有能做到这一点。

这个公设的用途我们已在第六章里充分加以举例。

493 **E. 类推公设**

类推公设可以叙述如下：

如果已知 A 和 B 两类事件，并且已知每当 A 和 B 都能被观察到时，有理由相信 A 产生 B，那么如果在一个已知实例中观察到 A，但却没有方法观察到 B 是否出现，B 的出现就具有概然性；如果观察到 B，但却不能观察到 A 是否出现，情况也是一样。

关于这个公设，有必要回忆一下我在第二部分第九章内关于观察到的消极事实所说的话。你从窗口往外瞧，可以观察到没有下雨；这和没有观察到天在下雨是不相同的，后者可以通过闭上眼睛做到。这个公设是关于第二种观察不到的情况,而不是关于第一种情况的,并且必定有某种理由让我们认为,那件观察不到的事实如果出现,也是不能观察到的。比方说假定一只狂吠的狗正在追赶一只野兔,暂时让灌木丛给遮蔽住。这片灌木丛说明了你看不见这条狗的理由,并让你推论你仍然听得见的那种吠声也仍然和你在前一时刻所看见的东西联系在一起。当狗从灌木丛中出来时,你会认为你的信念得到了证实。

别人心理的不被知觉类似灌木丛中的狗的不被知觉的程度比一般所认为的还要大。如果一个不透明体介乎一个物体与我们之间,即没有一条因果线从物体通到我们的眼睛,那么我们就看不见这个物体。不管我们身体的任何一部分被摸一下,我们都感觉得出来,因为因果线顺着被摸部分通向大脑的神经而伸展开。如果神经被切断,我们就什么也感觉不出来;这种结果与视觉中一个不透明体所产生的结果完全一样。如果摸到别人的身体,我们就不会有什么感觉,因为没有神经从他的身体通到我们的大脑。可能将来有一天生理学家能够使神经连接不同的人的身体;这将带来使我们能感觉到别人牙痛的好处。同时,就不可能观察别人的身体感觉来说,有着可以理解的理由,并且因而我们不能观察别人的身体感觉这件事实不能成为假定它们不曾出现的理由。只有在那些存在着某种这类不可观察的理由的情况下,我们的公设才能合法地得到应用。

让我们把某些种类的视觉形象和对于坚硬的期待之间的关联 494
作为我们公设的一个具体实例。有某种触觉使得我们说摸到的物体“硬”。“硬”这个词是一个表示因果关系的字眼:它表示物体所

以产生某种触觉的那种性质。我们前面那些公设使得我们能够推论出这样一种性质,那就是物体在产生这种感觉时所具有的性质。然而我们前面的一些公设并不能使我们推论出当物体不被摸到时也有时具有这种性质。但是现在我们发现当一个物体既被看见又被摸到时,坚硬与某一种视觉形象是联系在一起的;我们的公设让我们推论坚硬大概与这种视觉形象联系在一起,即使在所说的物体不被摸到时也是这样。

像我们从上面讨论中可以看出来的那样,这个公设除了能让我们推论出与我们自己以外的身体相关联的心理事件之外,还有许多用处。

上面这些公设大概不是以逻辑上最简单的形式叙述出来的,进一步的研究很可能证明它们对于科学的推论并不全是必要的条件。可是我却希望并且相信它们是充足的条件。某些与它们有关的认识论上的问题,我将放在下一章去研究;这些问题并不依靠这些公设的准确形式,它们即使在这些公设作出很大改动之后也不会改变。

这些公设,按照我所叙述的形式,是用来给走向科学的最初步骤和尽可能多的常识内容找出合理根据的,在这一部分里我的主要问题是属于认识论方面的:如果要科学推论确实有效的话,那么除了观察到的个别事实以外,还有什么是假定我们必须知道的东西?在处理这个问题上,我们必须考察的不是最先进的和最专门的科学形态,因为先进的科学是建立在初等科学的基础之上的,而初等科学又是建立在常识的基础之上的。科学的进步是从含混而易有例外的概括走向更加近乎精确而少例外的概括。“空气中不

受支持的物体坠落”是一个原始的概括；圣诗作者说火花是个例 495
外，而到现在他很可能会加上气球和飞机。但是如果没有这个粗略的和一部分不真实的定律，我们就不会得出万有引力定律。认识论的前提永远不同于逻辑的前提，而我一直在设法发现的正是认识论的前提。

在什么意义上可以讲我们“认识”上面这些公设或今后可能发现的任何更好的代替它们的东西？我认为只有在把本部分第一章关于知识种类的讨论加以考虑的意义上才可以这样讲。事实之间的一般联系的知识与个别事实的知识的不同比通常认为的要大。事实之间的一般联系的知识的生物学起源在于动物的期待。一只经验到一个 A 的动物期待着一个 B；当它演化为科学上的原始人之后，它就把许多个别的期待总结为“A 产生 B”这个叙述。从生物学的观点看具有这类通常可以证实的预料是有利的；因此，如果支配期待的心理学定律大体上与支配被预料的事件的客观定律相符合，那就不足为奇了。

我们可以把这个问题叙述如下。物理世界具有可以叫作“习惯”的东西，即因果律；动物的行为也有一些习惯，其中一部分是先天的，一部分是后天获得的。那些后天获得的习惯是由于一种我叫作“动物性推理”的东西所产生的，这种推理发生在有作出一次归纳的与件的情况下，但并非在所有存在这类与件的情况下都发生这种推理。由于世界是现在这个样子，某些种类的归纳得到了合理根据而另外一些种类的归纳却没有得到。如果我们的归纳倾向完全适应我们的环境，我们就会只有在那种使归纳成为合法的情况下才想去作一次归纳。事实上，除了科学家之外，所有的人当所说的这些特性有一种引起人的兴趣时，都过多倾向于去作归纳，当这两种特性都不易看出来时，又过少倾向于去作归纳。当两种特性都引起人的兴趣时，一般人的心理就感到要作归纳的冲动不可阻挡：彗星是王公死亡的预兆，因为人们感到两者都是值得注意的。但是即使在动物的归纳中也有正确的因素。从嗅觉到可食性的推论通常是可靠的，没有一种动物作出逻辑学家为了证明归纳并不永远正确而创造的任何一种荒谬归纳。

496 由于世界是它现在这个样子，事实上某些事件有时是其他一些事件的证据；并且由于动物适应于它们的环境，那些事实上是其他事件证据的事件易于引起对于这些其他事件的预料。通过对于这个过程的思考和使之进一步完备，我们就得出归纳推理的准则。如果这个世界具有我们大家都相信它有的某些特点，那么这些准则就是正确有效的。按照这些准则而作出的推理具有自相证实的性质并且不和经验相矛盾。进一步说，这些准则还使得我们认为大概我们将具有那类从总的方面来说由这些准则提供合理根据的心理习惯，因为这类心理习惯从生物学的观点看是有利的。

所以我认为可以说我们“认识”那类对于科学推理是必要的东西，如果已知它满足下列各条件：(1)它是真实的，(2)我们相信它，(3)它引导不出任何被经验驳倒的结论，(4)它在逻辑上具有必然性，如果任何一个事件或事件集合能够为任何其他事件提供证据的话。我认为这些条件是被满足了的。可是如果现在任何一个人愿意主张唯我主义，那么我承认他是不能被驳倒的，但是我却深深怀疑他这样做是否出自真心实意。

第十章　经验主义的限度

我们可以用这句话给经验主义下定义:“一切综合性的知识都以经验为基础。”我想看一下这句话精确说到底表示什么意思,是否完全真实,或者只在某些限度以内真实。

要让这句话得到确定的意思,我们必须先给“综合性的”、“知识”、“以……为基础”和“经验”下定义。除了“综合性的”这个词外,我们在以前各章已经多少给这些名词下过定义,但是我还要简要地和教条式地把我们以前讨论所得的结论重述一遍。至于“综 497
合性的”这个词,我们很难给它下一个精确的定义,但是为了我们的目的,我们可以从反面把它定义为任何一个不属于数学或演绎逻辑并且不能从任何数学或演绎逻辑命题演绎出来的命题。这样它就不仅把“2 加 2 等于 4”,而且把“两个苹果加上两个苹果等于四个苹果”排除在外。但是它却不仅包括所有关于特殊事实的叙述,而且包括所有在逻辑上不具必然性的概括,例如“凡人都有死”或“凡铜都导电”。

像我们所看到的那样,“知识”是一个不能得到精确意义的名词。一切知识在某种程度上都是可疑的,我们不能说出可疑到什么程度它就不再算是知识,正像我们不能说出一个人失掉多少头发就算秃头一样。当人们用文字表达一个信念时,我们必须认识到一切不属于逻辑和数学的文字在意义上都是含混的:对于有些对象来说,它们是肯定适用的,对于另外一些对象来说,它们是肯定不适用的,但也有(或至少可能有)些介乎两者之间的对象,对于这些对象来说，我们不能确定它们适用还是不适用。当人们不用文字表达，而只用非文字的行为表示一个信念时，那就会发生比通常用语言表达信念时大得多的意义上的含混。甚至我们把什么样的行为可以看作表示一个信念也是没有把握的：去车站赶一趟火车显然表示一个信念，而打喷嚏显然不是；但是你举起手臂挡住对你的打击是一个介乎中间而接近“是”的实例，而你在有东西接近你的眼睛时眨一下眼却是一个介乎中间而接近“不是”的实例。

但是让我们先把“知识”的定义中这些困难放一下，因为另外一些问题在目前来看也许更为重要。

“知识”是真的信念的一个次类。我们刚刚看到“信念”是不容易下定义的，而“真”是一个非常困难的名词。可是我将不再重复我在第二部分中对于这个名词所讲过的话，因为对我们来说最重要的问题是给“真理”加上一些什么东西才能使信念成为“知识”的一个实例。

人们同意凡是通过证明从一项知识推论出来的东西都是知识。但是因为推论必须从前提出发，所以如果要有知识，就必须有
498 不是从推论得来的知识。并且因为大多数推论不是属于证明方式的，我们就必须看一下在什么时候这样的推论使它的结论成为一项“知识”，假定我们知道那些前提的话。

这第二个问题有时有着准确的答案。如果已知一个论证，这个论证根据已知前提对于某种结论给予概然率 P，那么如果这些前提包含一切已知有关的证据，这个结论就有由 P 来度量的可信度，并且我们可以说我们有了关于这个结论的“不确定的知识”，这种不确定性由 1—P 来度量。因为一切（或几乎一切）知识都是

可疑的，所以人们必须承认“不确定的知识”这个概念。

但是这样的准确性是很少可能达到的。我们通常并不知道对于一个非证明性质的推论所给予的概然率的任何一种数学量度，并且我们几乎一点也不知道我们的前提的可疑度。然而上面的话却提出一个理想，我们在估量一个非证明性质的论证的结论的可疑性上逐渐接近这个理想。被认为是绝对的“知识”概念应当被“具有必然程度 P 的知识”这个概念所代替，这里 P 将由数学上的概率来度量，如果这一点可以被确认出来的话。

我们下一步必须看一下作为前提的知识。这些前提初看可以分为三类：(1)个别事实的知识，(2)演绎推理的前提，(3)非演绎推理的前提。我将不谈(2)，这与我们的问题没有多大关系，而且不涉及我们在这项探讨中所感兴趣的任何一个困难。但是(1)和(3)却涉及我们已经处理过的那些基本问题。

个别事实的知识必须依靠知觉，这是经验主义最重要的主张之一，也是我不想反驳的一个主张。那些承认本体论的论证的哲学家和那些认为这个被创造出来的世界的特征可以从上帝的善意演绎出来的人是不承认这一点的。可是这样的看法现在已经很少见了。现在大多数哲学家承认个别事实的知识只有在知觉或记忆起这些事实时，或者在通过正确推理从知觉或记忆起的那些事实推论出来一些事实的情况下才有可能。但是在承认了这一点以后仍然存在着许多困难。像我们在第三部分所看到的那样，“知觉”是一个意义含混和难以把握住的概念。知觉对于记忆的关系是不 499
容易下定义的。当论证是非证明性质时，什么是正确的论证这个问题涉及第六部分中所有的问题。但是在我们对论证进行考察之

前,让我们集中力量看一看知觉和记忆在知识的产生上所起的作用。

如果我们目前只谈字面的知识,我们可以从知觉与记忆和(a)对于词的理解,(b)对于句子的理解,(c)个别事实的知识的关系上来考察知觉与记忆。这里我们就把自己置身于洛克的反对先天观念的辩论和休谟的“不存在任何没有先前印象的观念”的原则的范围之中。

关于词的理解,我们可以只限于谈论那些通过实指得出定义的词。实指的定义是由一个人 A 每逢某一个词所表示的意思占据着另一个人 B 的注意力时反复使用这个词所形成的。(我们可以假定 A 是父亲或母亲而 B 是个孩子。)对 A 来说,必须能够以高度的概然性猜中 B 正在注意到的东西。这在物体为共同的感觉,特别是视觉和听觉,所知觉到的情况下是最容易的。这在像牙痛、耳痛、胃痛等这类情况下就稍稍困难一些。至于遇到像回忆、乘法表等这类“思想”,那就更加困难。因此孩子们学会讲这些东西比他们学会讲猫狗要晚。但是在所有这些情况下,对于构成词的意义的对物体的知觉,从某种意义上讲,在理解词的意义上仍然是非常重要的。

现在我们需要把第二部分中讲过的某些理论重说一遍。

在“表物词”与“句法词”之间有着一种区别。“猫”、“狗”、“斯大林”、“法兰西”是表物词;“或”、“不”、“比”、“但是”是句法词。一个表物词可以用惊叹的口气说出来,用来表示构成它的意义的物体的出现;这确实是表物词的最原始的用法。一个句法词是不能这样使用的。当人们横渡英法海峡,首先看见格里奈角的时候，有人可能喊出“法兰西！”来，但却不存在任何适合让人们喊出“比！”的外界环境。

句法词只能从其他句法词得到文字的定义；因此任何具有句法的语言一定有未下过定义的句法词。于是产生了这个问题：就
句法词来讲，实指的定义的程序是什么？有没有指出它所表示的 500
意义的方法，像人们指出一只猫或一只狗那样？

让我们拿“不”这个词作例，看它是怎样进到一个正学说话的孩子生活中来。我认为它是从“不对”这个词引出来的，而“不对”这个词是大多数孩子很快就学会了的。“不对”这个词是用来和对于不愉快的感觉的期待联系在一起的，所以一个本来具有吸引力的动作由于说了这个词就变得没有吸引力了。我认为“不”只是限于信念范围内的“不对”。“那是糖吗？”“不对，是盐。如果你把它撒在葡萄干果酱饼上，你会尝到一种难吃的味道。”有些观念，照它们行事是有利的；而有些观念，照它们行事却是不利的。“不”这个词起初的意思是“照它行事是不利的”。更简单点说：“对”的意思是“这样做就带来快乐”，而“不对”的意思是“这样做就带来痛苦”。（这种快乐与痛苦可能是由于父母所建立的社会制约而产生的。）因此“不”起初只是应用于信念上的否定性的命令。

但是这离逻辑学家所说的“不”的意思似乎仍然相当遥远。我们能不能把小孩的语言发展的中间阶段填补上呢？

我认为我们可以说“不”所表示的意思大致是这样的：“你拒绝那种……的信念做对了。”而“拒绝”最初表示一种厌恶的倾向。信念是倾向某种动作的冲动，而“不”这个词则抑制这种

冲动。

为什么会产生这个奇怪的理论？因为描述世界可以不用“不”这个词。如果阳光正在照耀，那么“阳光正在照耀”这个叙述描写一件不依靠这个叙述而发生的事实。但是如果阳光不在照耀，却不存在“太阳不在照耀”这个真实的叙述所肯定的“太阳不在照耀”那件事实。现在显然我能够相信，并且真正相信：阳光不在照耀。但是如果“不”对于世界的完全描述不是必要的，那么不用“不”这个词描述当我相信阳光不在照耀时所发生的事情一定是可能的。我认为所发生的事情就是我在抑制那些由阳光正在照耀这个信念所构成或产生的冲动。这种事态也叫作一个信念，并
501 且当阳光正在照耀这个信念为伪时说它为“真”。一个知觉方面的信念在具有某些原因上的先件时为真，在具有另外的原因先件时为伪；“真”与“伪”都是肯定的谓语。这样在我们的基本用语中就消去了“不”这个词。

对于“或”这个词也可以作类似的处理。

关于“所有”和“有些”这些词困难较多。它们当中每一个都可以用另外一个及否定来下定义，因为“永远 $f(x)$”是“有时不 $f(x)$”的否定，而“有时 $f(x)$”又是“永远不 $f(x)$”的否定。证明“永远 $f(x)$”为伪或“有时 $f(x)$”为真是容易的，但是看出我们怎样能够证明“永远 $f(x)$”为真或“有时 $f(x)$”为伪却不容易。但是我现在并不是谈论这类命题的真实或虚妄，而是谈论我们怎样才理解“所有”和“有些”这些词。

比方说，让我们举“有些狗咬人”这个命题作例。你已经观察到这只、那只和另一只狗咬人；你已经观察到就你所经验的范围而

论，另外有一些狗不咬人。现在如果当着某一只狗，有某一个人对你说："这只狗咬人"，并且你相信他的话，那么你将被激起去做某些行动。这些行动中有一些依靠这只特殊的狗，另外一些则不然。不管它是只什么狗，我们可以说那些将要发生的行为就构成了"有些狗咬人"这个信念。拒绝这个信念将是那个"所有的狗都不咬人"的信念。这样一来用"所有"和"有些"这些词来表达的信念就不包括那些在其文字表达方式中不出现这些词的信念中所不包括的成分。

这就解决了对于逻辑字眼的理解问题。

我们可以把这个关于词汇的讨论总结如下：

有些词表示物体，另一些词则表示我们信念态度的一些特点；前者是表物词，后者是句法词。对于表物词的理解不是通过文字的定义就是通过实指的定义。归根结底，文字的定义必须只能使用具有实指定义的词。一个实指的定义是由通过每逢见到被下定义的那个物体就听到非常相似的声音而建立的一种联想所构成的。由此可见，一个实指的定义必须应用到一类相似的可感觉到的事件上；这个过程是不能应用到任何其他事件上去的。一个实指的定义是永远也不能应用到任何没有被人经验过的事物上去的。

现在让我们去看对于句子的理解。显然我们能够理解的每个 502
语句一定能够用具有实指定义的词表达出来，或者借着句法词从一个被这样表达出来的语句引导出来。

这个原则并不具有人们有时所认为的那样深远的后果。我从来没见过一匹带翼的马，但是我却能理解"有一匹带翼的马"这个语句。因为如果 A 是一个我已经命名的物体,那么我就能够理解“A 是一匹马”和“A 有双翼”;所以我能够理解“A 是一匹带翼的马”;所以我能理解“某种东西是一匹带翼的马”。同一个原理表示我能理解“这个世界在我降生以前就存在”。因为我能理解“A 在 B 之前”和“B 是我个人生活中的一个事件”;所以我能理解“如果 B 是我个人生活中的一个事件,那么 A 在 B 之前”,我还能够理解就某个 A 来说,对于每个 B 都为真这个语句;而这就是“这个世界在我降生以前就存在”这个语句。

上面所说的话中唯一可以争论的地方是这个断言,即我能理解“A 是我个人生活中一个事件”这个语句。给我个人生活下定义有着各种不同的方法,它们同样适合我们的目的。下面的定义是可取的。“我的生活”是由所有那些以有限数目的向后或向前伸展的记忆(即忆起或被忆起)与这相连接的事件所组成的。各种不同的另外可能的方法将使我们所说的这个语句变得同样可以理解。

与此相似,如果已知“经验”的一个定义,我们就能够理解“有些我没有经验过的事件”这个语句,甚至也能理解“有些任何人都没有经验过的事件”。这个连接我们的词汇与经验的原则中没有什么东西排除这样一个语句的可理解性。但是是否能够找到任何理由认为这样一个语句真实,或者认为它虚妄,那就是另外一个问题了。

为了举实例说明,让我们看一下“有不曾被任何人知觉过的物质”。“物质”这个词可以通过各种不同的方法来下定义,而在所有这些方法中定义所使用的名词都具有实指的定义。如果我们研究一下“有不曾被任何人知觉过的事件”这个命题，那么我们就将把我们的命题简化。显然，如果“知觉”这个词是可理解的，那么这个命题就是可理解的。照我看来，一块物质是一个事件的集 503 合；因此我们能够理解那个认为有不曾被知觉过的物质的假设。（我们可以说一块物质的被知觉是在构成它的事件之一与一次知觉通过因果线连接起来时发生的。）

我们之所以能够理解那些在它们为真的情形下关于经验以外的事物的句子，原因在于在我们能够理解这类句子时，它们包含着变项（即“所有”或“有些”或一个与之意义相同的字眼），而变项并不是在其语言表达形式中出现变项的那些命题的组成部分。比方说，让我们举“有些人我从来没听说过”为例。这句话说：“‘X是人并且我没有听说过X’这个命题函项有时为真。”这里“X”不是一个组成部分；我们没有遇到过的那些人的名字也同样不是。但是对于我能够理解的词是从我的经验中得出它们的意义的那个原理却没有承认存在什么例外的必要。看来经验主义学说的这一部分的真实性是不受任何条件限制的。与文字意义的知识对比来看，关于真与伪的知识情况就与此不同。我们现在必须把我们的注意转到这种知识上来，事实上只有这种知识严格说来配称为“知识”。

把这个问题首先作为一个逻辑问题来看，我们必须问我们自己：“我们是不是认识，并且如果认识的话，又是怎样认识：(1)具有‘永远$f(x)$’形式的命题，(2)在我们不知道任何具有‘$f(a)$’形式的命题的情况下，具有‘有时/(x)’形式的命题？”我们将把前者叫作“全称”命题，而把后者叫作“存在”命题。一个具有“$f(a)$”

形式的命题，其中没有任何变项，我们将把它叫作一个“特称”命题。

作为一个逻辑上的问题，全称命题，如果被推论出来的话，只能从全称命题推论出来，而存在命题则不是从其他存在命题就是从特称命题推论出来，因为“$f(a)$”蕴涵“有时 $f(x)$”。如果我们认识“有时 $f(x)$”而不知道任何具有“$f(a)$”形式的命题，那么我将把“有时 $f(x)$”叫作一个“无例证的”存在命题。

根据前面的一些讨论，我将假定我们有某些全称命题的知识，也有某些存在命题的知识。我们必须探讨这类知识是否可以完全建立在经验的基础之上。

504 1. **全称命题**　看来这种说法是很自然的，即我们借知觉得到的知识永远是特殊的，所以如果我们有什么普遍知识的话，这一定至少有一部分是从某种另外的来源得到的。但是读者可能记得通过第二部分第十章的讨论，这个看法已经受到了怀疑。在那里我们断定有否定的知觉判断，并且这些判断有时蕴涵否定的普遍命题。例如，如果我正在收听英国广播公司的广播，我可以作出“我听不到报时”这个否定的知觉判断，并推论说：“我听不到报时信号。”我们看到每个经验上的列举性质的判断，例如“我只有三个孩子”，都包含上面所说的这种过程。这是和第四部分第八章中所发展的关于个别化的原则的学说相关联的。这个规则很简单：如果我们可以知觉到某一种性质不存在，那么我们就可以推论出一切以这种性质为组成部分的复合都不存在。因此就存在着经验主义许可我们认识的全称命题。不幸的是它们都是否定的，并且不能够和所有那些我们相信我们自己认识的一般命题大体上相符合。

仅仅根据知觉的全称命题只能应用于一定的一段时间，在这段时间内一直有着不断的观察；这些命题一点也不能告诉我们关于在其他时间所发生的事情。特别是它们不能告诉我们任何关于将来的事情。知识的全部**实际**效用都靠它预测将来的能力，如果让这一点成为可能，我们就必须具有不属于上面这一种的普遍知识。

但是另外一种不同的普遍知识只有在人们不借推论就知道某些这类知识的情况下才有可能；作为一个逻辑上的问题，这是显而易见的。例如，让我们研究一下归纳法的粗糙形式。那些相信归纳法的人认为，已知 n 个观察过的事实 $f(a_1)$，$f(a_2)$，……$f(a_n)$ 并且没有一个观察过的事实为非 $f(b)$，那么“永远 $f(x)$”这个普遍命题就具有随着 n 的增加而接近必然的概率。但是在这个原理的叙述中，“a_1”，“a_2”，……“a_n”以及“f”是变项，并且这个原理是一个全称命题。只有凭借这个全称命题，那些归纳法的拥护者才相信他们自己能够在遇到一个特殊的“f”的情况下推论出“永远 $f(x)$”来。

我们已经看到，归纳法并不恰好就是我们需要用来给科学的推论找出合理根据的普遍命题。但是我们却确实十分需要**某种**或 505
某些普遍命题，不管是前面一章里所提过的那五个准则还是某种另外的东西。不管这些推论的原理是什么样子，它们却必然不能从经验中的事实演绎出来。所以要么就是我们认识某种不依靠经验的事物，要么就是科学是一种无稽之谈。

主张科学可以在实用上有效而不是在理论上正确是无意义的胡说，因为只有在它预测的事物发生的情况下，它在实用上才是有效的，并且如果我们的准则（或某种代替它们的东西）不正确，那么就没有理由相信科学的预测。

为了减轻上面结论的严酷程度，我们还有几句话要讲。我们只需要大体上认识我们的公设；从主观上说，它们可能只是某些我们据以推理的习惯；我们只需要知道它们的实例，而不是它们的一般形式；它们都只不过说出通常有某种事情发生。但是尽管这种说法减轻了我们必须用以认识它们的那种意义，减轻它们一定为真的那种意义却只存在着有限的可能性；因为如果它们在事实上不真，那么我们所期待的事物就将不会发生。它们可能具有近似的和通常的性质，而不是不变的性质；但是尽管有着这些限制，它们却必须表示出实际发生的情况。

2. 无例证的存在命题[①]　这里有两种不同的情况：(a)在我的经验中没有例证时，(b)在全部人类经验中没有例证时。

(a)如果你说："今天我看见了一只翠鸟"，并且我相信你的话，那么我就是在相信一个就我来说没有任何例证的存在命题。在我相信"有个名叫塞尔克斯的波斯国王"或者任何其他一件在我出生以前发生的历史事实时，情况也是这样。同样的说法也适用于地理：我相信圣文森角的存在是因为我看见过圣文森角，但是我相信好恩角的存在就只是凭着证词了。

我认为，由推论推导出这种无例证的存在命题永远要依靠因果律。我们已经看到，在涉及证词的情况下，我们依靠我们的第五公设，这个公设就涉及"原因"。任何想试验见证的真实性的尝试

① 在这里我是总结这一部分第三章的论证。

也涉及其他公设。一切证词的证实只有在一个公共的人所共见的世界结构中才有可能，而我们的公设对于这个世界结构的认识却是必不可少的。因此除非假定充分的公设，我们就不能知道上面 506
所说的那类存在命题。

(b)从另一方面讲，给对于在任何人的经验中没有例证的存在命题所抱的信念提供合理根据并不比给对于在我个人的经验中没有例证时所抱的信念提供合理根据需要更多的公设。从原则上说，我相信地球在它上面有生物以前就存在的理由和我在听你说你看见一只翠鸟时相信你看见了翠鸟的理由是完全一样的。我相信有时在无人看见的地方下雨的理由比我在听你说你看见一只翠鸟时相信你的理由要强；我相信埃非尔士山[①]在人们看不见它的时候存在的理由也是这样。

因此我们必须得出这个结论，即这两种无例证的存在命题对于平常的知识都是必要的，没有任何理由可以认为其中一种比另外一种更容易被人认识，而且如果人们能够认识它们的话，两者都需要完全相同的公设，也就是那些让我们得以从观察到的自然界进程推论出因果律来的公设。

关于那种认为所有我们的综合性知识都建立在经验的基础上的学说的真实性的程度，我们现在可以总结出我们的结论。

首先，如果这个学说为真的话，它是不能被人认识的，因为它是一个恰好属于那种单靠经验不能证明的普遍命题。这并不证明这个学说不真；这只证明它不是虚妄便是不可知。然而这个论证

① 即珠穆朗玛峰。——译者

可以被人看成是一种诡辩;从正面探讨我们知识的来源是比较更有意思的事情。

一切不待推论就被人认识的特殊事实都是通过知觉或记忆被人认识的,这就是说,都是通过经验而被人认识的。在这一方面,这个经验主义的原理不需要受到任何限制。

推论出来的特殊事实,例如历史上的特殊事实,永远要求以被人经验到的特殊事实作为它们的前提之一。但是因为在演绎逻辑中,一件或一组事实不能蕴涵任何其他事实,从事实引导出其他事实的推论只有在这个世界具有在逻辑上并非必然的某些特征时才能正确。我们是从经验中认识到这些特征的吗?看来好像不是。

507 在实际生活当中,经验引导我们得出一些概括,例如“狗吠”。作为科学的一个起点,如果这些概括在大多数情况下为真就够了。但是尽管吠叫的狗足够**引起**对于“狗吠”这个概括的信念,它本身却不能提供任何相信这个概括在未试验过的情况下为真的理由。如果经验可以提供这样的理由,那么它一定要由那些将使某些类概括具有先在的可信性的因果律作出补充。这些原理,如果我们假定它们成立的话,会引导出与经验相符合的结论,但是从逻辑上讲这件事实连使这些原理具有概然性也做不到。

我们关于这些原理的知识——如果这可以叫作“知识”的话——最初仅仅以趋近那类提供合理根据的推论的倾向的形式而存在。通过对于这类推论的思考,我们才得以明确说出这些原理。在它们已被明确说出之后,我们就能使用逻辑技巧改进叙述它们的形式,并去掉多余的东西。

我们“认识”这些原理与我们认识特殊事实在意义上是不相

同的。我们是在这种意义上认识这些原理的，那就是说当我们使用经验来让我们相信一个类似“狗吠”的普遍命题时，我们是按照这些原理来进行概括的。随着人类理智的进步，他们的推理习惯已经逐渐变得更加接近自然律，而这些自然律已经使这些习惯变得从始至终常常是真实的期待而不是虚妄的期待的来源。养成引起真实期待的推理习惯是生物赖以生存的适应环境的一部分。

但是尽管我们的公设能够以这种方式装进一个具有我们可以叫作经验主义“味道”的框架里去，然而不可否认的是：我们关于公设的知识，就我们确实认识它们的范围来说，是不能建立在经验的基础之上的，尽管它们所有可证实的后果都是被经验所证实的。我们必须承认，从这个意义上讲，经验主义作为一种认识论来看，已经证明不适当了，尽管它比以前任何一种认识论要好。的确，我们似乎已经在经验主义身上找出的这类不适当的地方是由于严格遵守一种唤起过经验主义哲学的学说而发现的：即认为人类的全部知识都是不确定的、不准确的和片面性的。对于这个学说我们还没有发现任何一种限制。

索　引

（数字表示原书页数，参照排在本书书页外侧的边码）

人 名 索 引

（索引中的数字为原书页码，即本书边码）

图书在版编目(CIP)数据

人类的知识:其范围与限度/(英)罗素著;张金言译.—北京:商务印书馆,2017
(汉译世界学术名著丛书:120年纪念版:珍藏本)
ISBN 978-7-100-14752-1

Ⅰ.①人… Ⅱ.①罗… ②张… Ⅲ.①科学哲学 Ⅳ.①N02

中国版本图书馆 CIP 数据核字(2017)第 159905 号

汉译世界学术名著丛书
(120年纪念版·珍藏本)
人类的知识
其范围与限度
〔英〕罗素 著
张金言 译

商务印书馆出版
(北京王府井大街36号 邮政编码100710)
商务印书馆发行
北京冠中印刷厂印刷
ISBN 978-7-100-14752-1

2017年12月第1版 开本 710×1000 1/16
2017年12月北京第1次印刷 印张 41
定价:208.00元